U0897019

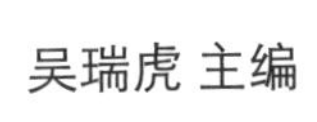

吴瑞虎 主编

人物类博物馆
与文化产业的互动发展

——中国博物馆协会名人故居专业委员会
2019年年会论文集

主　　　编：吴瑞虎
执行副主编：潘伟玲
执 行 编 辑：刘晶晶
编委会委员（按姓氏笔画为序）：

王玉茹　云文俊　邓成功　李洪福
阮建平　阳国利　周玉儿　林华煊
庞廷娅　邵　莉　聂　勇　钱　奇
胡海龙　张连兴　符国凡　盛　懿

目录

文旅融合建设

博物馆教育

场馆建设与人物思想

博物馆技术与管理

馆长寄语

韶山毛泽东同志纪念馆馆长阳国利寄语

韶山毛泽东同志纪念馆作为首批国家一级博物馆，近 3 年（2017—2019）游客年均保持在 1 100 万人次以上，其中青少年约 480 万人次，占比达 43.7％。馆藏文物藏品 6 万余件，其中毛主席晚年生活遗物6 400余件为全国独有。如何利用好这些红色资源，对源源不断来韶山的游客开展爱国主义教育是新时代赋予我们的光荣使命，更是必须履行好的职责。

传承红色基因、坚守精神家园，这是我们纪念馆人的头等大事。我们要通过对伟人业绩思想风范的宣传教育，让广大人民群众形成共同的历史认知，形成共同的价值追求。在这个基础上，达到凝心聚力、统一步调，为资政育人、执政兴国做好教育服务。

因此我们在把握正确政治方向，强化时代特征办展览；突出资政育人效果，创新多种形式抓宣教；突出公益特性，坚持多措并举，强化教育服务等方面着手，依托特色资源，对到韶山的广大游客开展爱国主义教育。“毛泽东与反腐倡廉”“毛主席家风展”等展览，契合了时代主旋律，好评如潮。2018 年推出的“不忘初心牢记使命——学习宣传贯彻党的十九大精神”特展，是十九大以来全国第一个宣传十九大精神和习近平新时代中国特色社会主义思想的主题展览。同时，馆际交流已成常态，将展览送到了祖国的大江南北，还办到了俄罗斯，在世界舞台上讲述红色故事，传播红色精神。开办的党性教育网上展馆，在全国网上展馆评比中排名第三。大胆推行宣教改革，实现了展厅讲解有组织、分批次（每 15 分钟 1 批）、全免费、全覆盖，年免费讲解达 1.5 万余批次。着力参与打造韶山党性教育现场教学基地，牵头组织研发多个主题的精品党课，近 5 年（2015—2019）来基地进行党性教育现场教学 1 000 余批次，“睹主席遗物学伟人风范做合格党员”党课讲授 500 多场，听课人数近 10 万人次，2019 年 12 月入选“全国革命文物保护利用十佳案例”。2018 年，还成功组织打造了全国中小学生研学实践教育基地，香港、澳门、安徽、江西等各地中小学生来馆开展研学实践教育活动。

新时代，新起点，我们将坚持以习近平新时代中国特色社会主义思想为指导，守初心、勇担当、善作为、求效果，让大家知道我们从哪里来，正在做什么，要往哪里去。传承红色基因，坚守精神家园！

周恩来故居管理处主任庞廷娅寄语

名人故居是名人精神和文化延续的一个重要载体，它不只是陈旧的宅院，还是城市的亮点和文脉，又是一笔丰厚的物质和精神的遗产，更是一部内涵深刻、生动形象的“立体教科书”。

周恩来故居是一代伟人、党员楷模周恩来的诞生地，童年周恩来在这里的12年，留下了许许多多催人奋进的励志故事，优良的家风、严爱适度的家教，对其崇高品格的养成奠定了坚实的基础。周恩来故居不仅是一份极其丰富、极其珍贵的遗产，还是新形势下青少年爱国主义教育、党员干部党风廉政教育的生动课堂。

带着弘扬和传承周恩来精神的使命，我们始终坚持保护、建设与利用并举的原则，遵照习近平总书记“重视家庭建设，注重家庭、注重家教、注重家风”的指示精神，致力于挖掘资源优势，服务社会教育，为建设精神家园努力奋进。未来，我们将继续不断汲取经验，弥补不足，和名人故居委员会的各成员单位一起，将一部部“立体教科书”书写得更准确系统全面，更好地肩负起展示名人精神、爱国主义教育、弘扬红色文化的重要使命！

刘少奇同志纪念馆馆长聂勇寄语

2018 年 11 月 23 日，习近平总书记在纪念刘少奇同志诞辰 120 周年座谈会上指出：刘少奇同志的崇高品德和高尚情操，无论过去、现在、将来都是中国共产党人和中国人民学习的光辉榜样。

近现代以来，中华大地涌现了伟人领袖和众多英雄榜样，书写了波澜壮阔的奋斗史，他们的生平事迹、丰功伟绩在纪念馆、博物馆里焕发着新的生机，名人故居就是其中重要的组成部分。中国博物馆协会名人故居专业委员会是中国博物馆协会的分支机构，成立于 2006 年，陈云纪念馆作为主任委员单位，把国内外名人纪念地团结在一起，积极开展学术交流，广泛接纳会员，不断提高各名人故居的管理水平和学术研究水平，为促进社会主义文化大发展、大繁荣贡献了巨大力量。

郁达夫在纪念鲁迅大会上说："一个没有英雄的民族是不幸的，一个有英雄却不知敬重爱惜的民族是不可救药的，有了伟大的人物，而不知拥护、爱戴、崇仰的国家，是没有希望的奴隶之邦。"名人故居专业委员会集合了国内外对中华历史发展做出巨大贡献的历史名人纪念馆，这里也凝聚着共产党人的初心，期待各成员单位在名人故居专业委员会带领之下，通过宣传推广名人故居纪念馆，进一步弘扬伟人精神，营造学习伟人的浓厚氛围，增强社会影响力，推动人物类纪念馆的事业发展，为实现中华民族伟大复兴中国梦的使命做出应有的贡献。

朱德同志故居纪念馆馆长邓成功寄语

博物馆及其文化产业的发展，对加强公共文化服务体系建设，推动文化事业的全面繁荣和文化产业的快速发展，起着重要的助推作用。本届中国博物馆协会名人故居专业委员会年会暨学术研讨会，以“新时代人物类博物馆与文化产业的互动发展”作为讨论主题，很好因应了新时代文化大发展的需要，可谓正当其时、立意深远。要实现人物类博物馆与文化产业的互动，我们必须立足于人物类博物馆自身内涵和文化的开发，在内涵和外延上下功夫。

就内涵而言，人物类博物馆应该立足本馆历史人物，加强历史研究，挖掘人物思想精神，打造具有特色的陈列展览。我们要通过研究和展陈，让观众在参观中有驻足点、记忆点，让观众能够由物见事、见人、见精神，让观众能够看到、想到、悟到。这是我们参与文化产业互动的文化立足点。就外延而言，参与文化产业的互动，就必须考虑相对的市场。在这方面，具有独特标识的文化产品的开发和基于人物馆的系列运营模式的打造值得认真思考。

邓小平故居陈列馆馆长彭兴建寄语

伟人纪念馆是传承中国历史文化，弘扬爱国主义精神，展示革命传统教育的载体，是红色文化的重要组成部分。邓小平故居陈列馆最重要的社会责任就是讲好邓小平故事、弘扬好伟人风范、传承好改革开放精神，把邓小平故里打造成为改革开放的精神家园。纪念馆特别是伟人馆也必须从自身独特优势出发，突出差异性，关注时代性，注重实效性，充分发挥教育功能，推出系列有影响的活动品牌，不断做深、做细、做精，做出特色。

纪念馆与博物馆一样，是保护和传承人类文明的殿堂，是连接过去、现在和未来的桥梁，是汇聚向上、向善道德力量的源泉。让文物活起来、让历史不再遥远、让大众亲近纪念馆，是我们工作的最终目标。我们愿与名人故居专委会各成员单位就如何发挥好爱国主义教育基地功能，加强合作、共享资源，努力做出自己应有的贡献。

陈云纪念馆党委书记、馆长吴瑞虎寄语

彩云常在霞满天，山高水长越千秋。2020 年 6 月 13 日是陈云同志诞辰 115 周年纪念日，陈云同志一生坚守信仰、党性坚强、一心为民、实事求是、刻苦学习的精神和品格，属于我们伟大的党、伟大的祖国、伟大的民族，是红色基因的重要组成部分，也是初心使命教育最生动、最深刻的鲜活教材，永远值得我们学习、传承和弘扬。

陈云纪念馆作为全国唯一系统展示陈云同志生平业绩的爱国主义教育示范基地，要始终把传承和弘扬陈云同志精神风范，着力建设共产党人的精神家园，作为纪念馆担当的根本使命、发展的根本目标、建设的根本遵循，要全力打造陈云文物史料的发掘高地、思想的研究高地、精神的宣教高地、风范的展示高地，把老一辈革命家开创的伟大事业继续推向前进。

作为名人故居专业委员会主任委员单位，陈云纪念馆也将主动服务大局，认真履行职责，探索发展新路，在凝心聚力、联动资源中充分发挥桥梁纽带作用，为推进文化强国建设，不断增强广大党员干部和人民群众的道路自信、理论自信、制度自信、文化自信，激发爱党、爱国、爱中国特色社会主义的政治热情，凝聚共同奋斗的磅礴力量，为实现中华民族伟大复兴中国梦提供强大精神动力。

张氏帅府博物馆馆长张连兴寄语

名人故居在世界各国都是宝贵的文化遗产，它镌刻着一个民族的文化记忆，浓缩了一个时代的历史风云，具有颇高的历史文化价值，是不可再生的人文资源，也是发展当地文化旅游业的宝贵财富。张氏帅府博物馆正是这样一座名人故居类博物馆，它曾是奉系军阀首领张作霖及其长子、伟大的爱国者张学良将军的私宅和官邸。这里楼宇林立，庭院相连。仿王府式的四合院，飞檐翘脊，雕梁画栋；欧式风情的大青楼、边业银行、帅府办事处、西院红楼群，瑰丽壮观，富丽堂皇；中西合璧式的小青楼和赵一荻故居，温柔婉约，小巧雅致。

一座建筑就是一部凝固的历史，就是一份宝贵的文化遗产。张氏帅府蕴含着丰富的人文资源，积淀着深厚的历史记忆，素有“东北第一名人故居”的美誉。但历史所赋予我们的不仅是记忆，更重要的是使命。我们所要继承的不仅是一座固体的建筑，更是一种精神，一份信念，一种责任。张氏帅府博物馆作为中国博物馆协会名人故居专业委员会的会员单位，一直积极参加和支持专委会的各项工作。今后，希望专委会继续发挥其示范引领和桥梁纽带作用，在为会员单位搭建交流沟通平台的同时，带领会员单位集思广益、凝聚共识，不断探索创新名人故居类博物馆的内涵和外延，挖掘和弘扬名人故居资源，传承名人精神风范，推动新时代下中国文博事业不断发展。

孔繁森同志纪念馆馆长高杉寄语

这里有先贤的欢笑和泪水，这里有英烈的奋斗和牺牲，这里有前人求索的思考，

这里有上辈的血汗与荣光。每一道门坎都曾跨过坚实的脚步，

每一扇窗口都曾有眺望真理的目光，

每一盏灯、每一本书、每一棵树、每一朵花，

都蕴含着向上向善向美的能量。

我在这里等你，

陪你一起走进名人的精神家园；

我在这里等你，

和你一起见证名人的伟大成长；

我在这里等你，和你一起感受乡愁的分量；

我在这里等你，

和你一起体悟一代英才的使命担当。

在这里，我们名人故居人，沐浴高洁灵魂的芬芳；

在这里，我们名人故居人，汲取信念和忠诚的力量；

在这里，我们名人故居人，守护民族复兴的梦想，

在这里，我们名人故居人，凝聚推动世界大同的力量。

我在名人故居扫阶以待，等待你的足音，你的目光，你的崇敬和向往，

希望你远大理想在这里展翅翱翔！

伪满皇宫博物院院长王志强寄语

中国博物馆协会名人故居专业委员会是中国名人故居类纪念馆、博物馆在中国博协旗下的权威组织，自成立以来在馆际交流、学术研讨、人员培训等多个领域发挥着不可替代的作用，特别是在如今文旅融合的有力推动下，名人故居类纪念馆、博物馆已然成为提供大众社会教育，丰富精神文化生活的重要物质载体。

伪满皇宫博物院作为遗址型博物馆，是清朝末代皇帝爱新觉罗·溥仪充当伪满洲国傀儡皇帝时居住的宫殿，是日本武力侵占中国东北、炮制傀儡政权，推行法西斯殖民统治的重要历史见证。作为中国博协名人故居专委会的一员，多年来我院积极参与专委会组织的各项活动，通过专委会成员间的真挚交流与经验分享，特别是专委会举办的学术研讨会，充满真知灼见，使我院在展馆业务领域与文博学术层面有了显著提升，获益良多。学术作为博物馆建设的重要一环，是博物馆发展的理论指导与知识动力，希望专委会继续组织推出更多有关名人故居领域的学术出版物，在分享成员单位研究成果的同时，助力我国文博行业的理论建设与学术发展。在全国博物馆大家庭里发出我们的声音，讲好名人故居，讲好中国故事。

重庆宋庆龄旧居陈列馆馆长王玉茹寄语

“千里为重，广大为庆。”

国家历史文明名城的重庆所拥有的众多的古建筑、古城镇和名人故居，延续了历史文脉、见证了地域文化、承载着历史记忆。时间回溯到20世纪40年代，宋庆龄两次来到重庆，曾寓居于中三路，这是宋庆龄在北京上海武汉之外的寓所，也是其在抗日战争最复杂最困难的时期，最能体现其独一无二的气节和贡献的一段时光。

重庆代表性抗战遗址重庆宋庆龄旧居于1993年建馆面向公众开放。光阴流转间弹指一瞬，时光划过漫长的七十余年，宋先生曾寓居的旧址在一代又一代的守护者手中度过几十年的春去秋来，迎来送往了无数的缅怀者。

如今历史远去，宋庆龄旧居已不限于寓所的定义束缚，它已成为那一代人的精神留影，艰难困苦的岁月里对国家与民族的灼热信念渗透于每块砖墙，一路跨过历史长河的烽烟，傲然挺立在城市森林中，在一系列富有创意又生动活泼的爱国主义教育活动中不断迸发新的生机。

“嘉陵天气好，百里见双流。帆影线巴宇，钟声出汉州。”这是一个大有可为的新时代，重庆抗战遗址遗迹的保护，如重庆宋庆龄旧居保护利用一样，将历史文脉有机融合在城市风貌之中，不断增强重庆的魅力，重庆抗战遗址遗迹的保护未来将更加美好。

绍兴鲁迅纪念馆
副馆长周玉儿寄语

时光荏苒，岁月激荡。转眼间，绍兴鲁迅纪念馆也即将步入她的第六十七个春秋。六十七年，纪念馆规模从小到大，展品从少到多，管理由粗到精，研究由浅到深，始终将纪念先生品行、弘扬先生精神当成自己的责任。鲁迅先生曾经说过："巨大的建筑，总是一木一石叠起来的，我们何妨做做这一木一石呢?"在一代代纪念馆人的努力下，绍兴鲁迅纪念馆先后赢得了全国红色旅游经典景区、全国中小学爱国主义教育基地、国家5A级旅游景区、全国研学旅游示范基地、全国中小学生研学实践教育基地等数十项沉甸甸的荣誉。同时，开展一系列富有创意又生动活泼的爱国主义教育活动，为广大群众补足精神之钙，筑牢信仰之基，成为育人铸魂的"第二课堂"。面向未来，新一代纪念馆人满怀希望，我们将以先生的民本意识、博爱之心为圭臬，继承其志，肩负起更大的重任，砥砺前行，续写华彩乐章!

冰心文学馆副馆长黄文明寄语

博物馆协会名人故居专业委员会是弘扬中华民族精神，传播正能量的阵地；是缅怀先贤，激励后人的“爱国主义”教育基地；是“新时代”育新人的摇篮；是凝神聚力研讨工作，探索美好未来的集体。

名人纪念馆承载着赋能文化事业和文化产业协同发展的重要功能，在发展文化产业、推动文旅融合等方面，具有显著优势。而学术研究是其发挥教育功能的基础性工作。我相信，各位专家、学者的热烈讨论和观点交流碰撞，一定会提供有益的经验与思路，产生有理论深度和指导作用的学术成果，成为推动我们自身发展的强劲动力！

张闻天故居管理所
执行馆长阮建平寄语

名人故居是名人成长和生活的见证，具有颇高的历史和文化价值。政府对名人故居的重视和保护程度在逐年加大，名人故居作为一种独特的人文历史资源正受到社会各界越来越多的关注和重视。我希望，通过全体同行的共同努力，让名人故居不仅要传承好优秀的历史和文化，还要发挥好对社会公众积极的教育引导功能，让名人故居在新的历史时期发挥更大作用，体现更大价值。

习近平总书记说“功成名就时做到居安思危、保持创业初期那种励精图治的精神状态不容易，执掌政权后做到节俭内敛、敬终如始不容易，承平时期严以治吏、防腐戒奢不容易，重大变革关头顺乎潮流、顺应民心不容易”。这就要求我们牢记初心和使命，在新时代把党的自我革命推向深入。历史名人，在这些方面为我们作出了极好的榜样。我们一定要以习近平新时代中国特色社会主义思想为指导，通过发挥名人的教育效应，使名人故居在新的历史时期为加强党的建设和促进社会主义经济建设作出更大贡献。

张闻天故居是国家重点文物保护单位、上海市爱国主义教育基地，也是名人故居专业委员会副主任单位，深感自己肩上责任重大。在浦东新区政府领导下，张闻天故居在长效保护、有序开发、合理利用等方面，做出了一些有益的尝试，推动了纪念馆事业的发展，同时也促进了城镇多元化的发展，使张闻天故居成了展示伟人生平、弘扬闻天精神，传承历史文脉的精神文明建设窗口。

近年来，张闻天故居正在不断探索新形势下宣传教育新模式，如拓展临展厅，举办“不忘初心、牢记使命——陈云与党风廉政建设”专题展览；与地方政府合作，打造红色旅游基地，共同开展三公里文化服务圈建设，组织系列有时代特色的参观活动，进一步提升学习教育效果；走出上海，与肇庆市博物馆联合主办“声闻于天——张闻天同志生平事迹”巡展活动，加强了上海与肇庆两地的文化合作；与学校进行互动，积极开展青少年践行社会主义核心价值观教育，培养故居小小义务讲解员志愿者，让更多学生走进故居接受教育，为学生健康成长提供优质服务平台；成立张闻天研究会，出版纪念张闻天系列丛书，为深入研究、发掘张闻天生平事迹和当地乡土文化，深入开展学术研究创造条件。上述工作的正常开展，已在提升名人故居的宣传教育效果上取得了喜人的成效。

学习无止境，探索无止境。张闻天故居一定会积极参与名人故居专业委员会各项活动，虚心向各位同行学习，争取把张闻天故居办出上海质量、上海高度，使名人故居在新的历史时期发挥更大作用。

文化产业发展

从近年出台的政策法规谈新时代人物类博物馆文化产业发展

杨晔城

摘要：十八大以来，党和国家从顶层设计开始先后出台了一系列有关博物馆文化产业发展的政策法规，为新形势下文博事业的发展指出了方向。联系实际，梳理和细研这些重要文件，对于推进新时代人物类博物馆文化产业可持续发展具有重要的意义。

关键词：政策；产业；发展

一、以制度建设为基石，迈向文旅融合新时代

2015 年 3 月 20 日，国务院公布《博物馆条例》，标志着我国博物馆行业第一个全国性法规文件出台。《条例》根据全面深化改革的新形势和我国博物馆事业发展的实际情况，针对亟待解决的主要问题作出规定，为促进我国博物馆事业健康发展提供了法制保障。

关于博物馆开展经营性活动，《条例》第 19 条规定："博物馆不得从事文物等藏品的商业经营活动。博物馆从事其他商业经营活动，不得违反办馆宗旨，不得损害观众利益。博物馆从事其他商业经营活动的具体办法由国家文物主管部门制定"。这明确了博物馆可以开展除文物等藏品的商业经营活动以外的、符合博物馆宗旨的营利性活动。第四章"博物馆社会服务"明确"博物馆应当根据自身特点、条件，运用现代信息技术，开展形式多样、生动活泼的社会教育和服务活动，参与社区

文化建设和对外文化交流与合作”。同时指出：“国家鼓励博物馆挖掘藏品内涵，与文化创意、旅游等产业相结合，开发衍生产品，增强博物馆发展能力。”习近平总书记关于文化遗产保护的系列重要讲话，特别强调“要系统梳理传统文化资源，让收藏在禁宫里的文物、陈列在广阔大地上的遗产、书写在古籍里的文字都活起来”。博物馆文化产业大发展大繁荣的时代已经来临，对人物类博物馆赋予了新的时代使命，主要有以下几个特点：

一是文旅融合。免费开放以来，走进人物类博物馆的观众越来越多，博物馆逐渐成为休闲观光旅游的一处热点，挖掘藏品内涵，开发相关衍生产品，包括出版普及类图书、开展研学游活动、实施公共文化项目等，并不局限于开发旅游纪念品、发展第三产业。加强文物文化和旅游融合研究，满足观众日益增长的精神文化需求和审美文化期待，已是大势所趋。

二是内外兼顾。《条例》进一步要求“参与社区文化建设和对外文化交流”，一方面，要求博物馆在社区文化建设中发挥更大的作用，成为对外展示社区的窗口和基础性公共服务设施。人物类博物馆中的地域文化、乡贤文化、家风文化都是文化产业的载体。另一方面，充分发挥博物馆在国际“民间外交”中的桥梁与纽带作用。人物类博物馆因有具体的人物思想、相关藏品和研究成果，相较于一般博物馆更有利于开展国际化人文交流。以绍兴鲁迅纪念馆为例，通过举办“大师对话”活动，其以鲁迅符号链接世界文化符号，开展国际化馆际交流，从2014年开始，先后和法国的雨果、俄罗斯的托尔斯泰、印度的泰戈尔、日本的夏目漱石、意大利的但丁、德国的海涅进行了6届跨时空的“对话”，提供了中华文化中国精神走向世界的“绍兴模式”。

三是信息革命。人物类博物馆以老馆居多，面对新的历史机遇，应采用现代信息技术，焕发新的时代活力，以智慧博物馆、数字化博物馆建设为导向，让收藏在库房里的文物、陈列在博物馆里的展品、书写在作品里的文字都“活”起来。信息革命是人物类博物馆接轨时代的有效途径。

四是经营责任。《条例》允许博物馆从事其他商业经营活动，相当于给人物类博物馆文化产业颁发了“营业执照”，目的在于增强博物馆自身造血能力，助力博物馆健康发展。同样，对习惯于“吃财政”的国有博物馆而言，市场化商业运作提出了更高要求。

人物类博物馆文化产业的发展历程，伴随着改革开放的步伐，先后走过了萌芽期、成长期和发展期，正处于繁荣期向成熟期的转变。

萌芽期仅仅作为人物类博物馆的配套存在，囿于当时的社会发展水平和现实需求，数量有限，质量不高，市场意识淡薄，主要依靠馆内工作团队完成；成长期的文化产业在市场经济的刺激下，数量递增，主要是拓展馆内第三产业。以旅游纪念品为例，受当时材质、工艺、设计能力等限制，粗加工低档次同质化现象较为普遍，整体效益不高；发展期主要体现在知识产权、品牌意识的觉醒，品牌文化的推广和应用。以绍兴鲁迅纪念馆为例，先是注册了一些同鲁迅有关的商标，通过社会化合作试点相继开发了一些产品上市，受到观众欢迎。2002 年实施鲁迅故里保护工程后，恢复原汁原味、古朴厚重的鲁迅故里历史街区，基本形成涵盖“吃住行游购娱”“吃鲁迅饭”的街区文化业态；繁荣期人物类博物馆文化产业以“文创热”为标志，与此同时，借助四通八达的网络，新的传播手段和传播形式不断出现，“文博物热”持续升温，然而哪些才是博物馆真正应该倡导和提供给受众的？一些深层次的问题已经引起有识之士的关注。博物馆守护的还是文物的真实和厚重，收藏和学术基础越深厚，越可以为与时俱进的艺术实践提供坚实可信的灵感。这表明博物馆文化产业正由繁荣期向成熟期转变。

二、以文化创意为核心，谱写时代发展新篇章

2016 年 3 月，国务院印发《关于进一步加强文物工作的指导意见》，在“拓展利用”方面，提出文物工作要“为促进经济社会发展服务”“大力发展文博创意产业”“为扩大中华文化影响力服务”。同年 5 月，国务院办公厅转发文化部、国家发展改革委、财政部、国家文物局等部门出台的《关于推动文化文物单位文化创意产品开发的若干意见》，首

次提出“文化创意产品”这一概述，指出“依托文化文物单位馆藏文化资源，开发各类文化创意产品，是推动中华文化创造性转化和创新性发展、使中国梦和社会主义核心价值观更加深入人心的重要途径，是推动中华文化走向世界、提升国家文化软实力的重要渠道，是丰富人民群众精神文化生活、满足多样化消费需求的重要手段，是增强文化文物单位服务能力、提升服务水平、丰富服务内容的必然要求，对推动优秀传统文化与当代文化相适应、与现代社会相协调，推陈出新、以文化人，具有重要意义”。《意见》把深入发掘文化文物单位馆藏文化资源，发展文化创意产业，开发文化创意产品，和弘扬中华优秀文化、传承中华文明、推进经济社会协调发展、提升国家软实力紧密联系起来，这样的高度前所未有。

文化创意产品是指依靠创意人的智慧、技能和天赋，借助于现代科技手段对文化资源、文化用品进行创造与提升，通过知识产权的开发和运用而产出的高附加值产品。文化、创意、产品三者缺一不可。博物馆丰富的馆藏文化资源是文创开发之源。有人专门做过分析，博物馆文创产品经历了四个不同版本，分别是直接复仿制某件馆藏品的 1.0 版本；将文物的图片直接印到现有的日用品上的 2.0 版本；打破原来的器型，打破原来的质地，抽取文物的纹饰、色彩，融入日用品设计的 3.0 版本；目前正处在与互联网相结合的 4.0 版本，如事先设置小程序，借助手机扫码，获取产品背后更多的故事内容等。而事实上，由于办馆理念、公共资金支持力度、人才队伍、专业水平以及经济活动中繁杂的社会经济关系等因素，这 4 个版本目前都有不同程度的存在，东北某名人故居旅游纪念品商店甚至还在出售土鸡蛋当文创，可见仍存在一定的认识误区。

近年来，我国文化产业正以前所未有的规模和加速度持续增长，各地对文化产业的支持力度空前。以浙江为例，2017 年全省文化及相关特色产业增加值达到 3 744.68 亿元，占 GDP 的 7.23%，增长 15.8%，《关于推进文化浙江建设的意见》《关于加快把文化产业打造成为万亿级产业的意见》《之江文化产业带建设规划》等相关政策文件的密集制定实施，更是全面激活浙江文化产业发展动力，为文化产业高质量发展聚势集能，达到万亿级支柱产业并非天方夜谭。绍兴已编制“文创大走廊建设”三年行动计划，三年内计划总投资超过 1 100 亿元。绍兴还启动了文旅融合样板地打造，提出了“十大支撑”和“十大举措”，开发一批特色文创产品，培育一批文旅企业，用“文学之城”建设推动融合绍兴文化旅游发展等。处在这样的发展大背景下，人物类博物馆文化产业不能仅仅满足于开发各类文化创意产品，更要努力实现从产品到产业的转型升级。

结合不同阶段鲁迅文化类文创产品的发展特点，我曾作过市场探源，提出了满足公众需求、开发有故事的产品、植入“文化＋”的新理念、创新市场营销策略和加强知识产权的保护和运用等一些观点[1]，文创产品并不局限于文化日用品，应涵盖群众生活的方方面面，包括衣食住行等，像名称源于鲁迅笔下的咸亨酒店，也是广义上的文创。以绍兴鲁迅纪念馆为例，先后开发了系列文创产品，推出了老绍兴臭豆腐店、树人书屋、鲁迅文化主题民宿等品牌业态。目前正在规划中国越菜博物馆，其中名人饮食文化的挖掘与传播，有助于从老百姓关心的美食文化入手做大做强名人文化，从文化创意产品到文博创意产业，逐渐形成一条完整的产业链。

三、以研学旅行为抓手，开创公共服务新模式

2016 年 12 月，教育部等 11 部门联合印发《关于推进中小学生研学旅行的意见》，明确研学旅行教育性、实践性、安全性和公益性四大基本原则，要求各地将研学旅行摆在更加重要的位置。推动研学旅行健康快速发展，同样成为博物馆研学游的行动纲领。随后，国家旅游局、教育部先后发布《研学旅行服务规范》《中小学德育工作指南》《中小学综合实践活动课程指导纲要》等系列文件，公布第一批“全国中小学生研学实践教育基地或营地”名单，连同此前公布的全国首批 10 个“中国

［1］ 杨晔城：《鲁迅文化类文创产品价值论》，《鲁迅研究月刊》2016 年 3 月。

研学旅游目的地”城市及首批 20 家“全国研学旅游示范基地”名单，把研学游纳入学校综合素质教育的范畴，从有序实施、安全管理到教育实践、示范引领作了全面指导解读，研学游成为博物馆文化产业发展的有机组成部分。

长期以来，人物类博物馆作为中小学校的校外爱国主义德育教育基地，以举办入队入团仪式、成人仪式，帮助开展一些义务讲解和卫生保洁、文明志愿服务工作为主，受到学校和青少年学生的欢迎，也在一定程度上提升了学生的综合素养和实践能力，但这样对人物形象的理解深度还是十分有限。绍兴鲁迅纪念馆在深化校外基地建设方面起步相对较早，先是利用景点实景资源，以百草园公开课、三味书屋公开课为主题邀请名师上名课，解读课本中的鲁迅名篇，组织学生现场听讲，再是作为“跟着课本游绍兴”活动的主要实施地，设计互动体验环节，让学生寓学于游。在此基础上，2014 年 5 月，推出原创宣教品牌中小学生“走近鲁迅”主题活动，把学语文与观人文紧密结合起来，作为“跟着课本游绍兴”的延伸和深化，获浙江“全省首届（2015 年度）博物馆十佳青少年教育项目”。2016 年 1 月，“绍兴市三味书屋——鲁迅故里”入选全国首批 20 家“全国研学旅游示范基地”。纪念馆进一步整合馆区演艺、讲解、物业等资源，当年暑期推出三味书屋——鲁迅故里“研学游”品牌，还开发了相关研学游衍生产品。随后落成研学游新教室，全面升级研学游文创产品，增加名人故居辛亥一课，把海外华侨、来绍经商、创业和工作的外国人子弟、来绍访问的国外学生纳入研学游的范畴，受众从团队扩大到散客……在动态提升中不断提高研学游的鲜活度。纪念馆每年年初推出新版研学游，每年公开出版研学游专辑《走近鲁迅》，还组织举办了全国中小学生“走近鲁迅”征文大赛，受到学校、学生和家长的普遍欢迎。2017 年 12 月绍兴鲁迅纪念馆入选教育部第一批“全国中小学生研学实践教育基地”，获得中央专项彩票公益金 50 万元预算支持。在第三届浙江全省博物馆免费开放最佳做法推介活动中，又获“最佳社会教育奖”。

绍兴是名士之乡，不同时代、不同历史文化背景的名人和名人故居众多，几乎是全国人物类博物馆的缩影，鲁迅故里研学游以“走近鲁迅”为发轫，提供了一种可资借鉴的范本，推而广之，走近治水英雄大禹、书圣王羲之、爱国诗人陆游、大画家徐渭、巾帼英雄秋瑾、人民公仆周恩来……文化产业既有整合发力优势，又有个性拓展空间，研学旅行市场前景广阔。

四、以创造创新为动力，开辟传统文化新空间

中共中央办公厅、国务院办公厅联合出台的文件由于规格高、覆盖面广，一般被视为基本国策，文物工作有关“两办”文件的出台意味着文物工作已被纳入中央全面深化改革的整体战略部署，文物保护迎来了新时代。对其中文化产业发展相关内容的解读，对人物类博物馆具有重要的指导意义。

2017 年 1 月，中共中央办公厅、国务院办公厅出台《关于实施中华优秀传统文化发展工程的意见》，把“坚持创造性转化和创新性发展”作为基本原则之一，同时还把深入阐发文化精髓、贯穿国民教育始终、保护传承文化遗产、融入生产生活、滋养文艺创作、加大宣传教育力度、推动中外文化交流互鉴等列为重点任务。在“加强文化法治环境建设”方面，明确要求“制定文化产业促进法”，对中华优秀传统文化传承发展有关工作作出制度性安排。

《意见》出台不久，我以全国鲁迅博物馆（纪念馆）资源特性和融合发展为课题对全国现有的六家国有鲁迅博物馆、纪念馆进行调研，提出强化鲁迅文化遗产的供给侧改革、构建中国鲁迅文化研究联合体、打造鲁迅文化城市长廊、开辟鲁迅文化游专线、做强鲁迅“文创”事业、发挥国有馆在民间的专业优势等一些可行性思路。[1]近年来，全国六家国有鲁迅馆本着资源共享、优势互补的原则，签署文创开发与运营推广战略合作协议，联合办展、出版图书、举办活动、开发文创产品、参加

---

［1］ 杨晔城：《释放鲁迅文化的时代活力——全国鲁迅博物馆（纪念馆）资源特性与融合发展初探》，《绍兴文理学院学报》2017 年 3 月。

博览会，整体展示了鲁迅文化产业的潜质和实力。同时，利用名人故居委员会这个平台，发挥人物类博物馆在产业开发上的整体优势，打响整体品牌，联合办展、开发文创，依托各馆所在地丰富的城市旅游资源开辟名人文化游专线，贯彻响应“一带一路”倡议精神，开启名人文化世界行、加大与国外名人馆的交流合作等，许多工作大有可为。总体来说，人物类博物馆要变文化优势为产业优势，坚定文化自信，促进文化事业和文化产业双赢发展，努力当好“两创”（创造性转化、创新性发展）的探路人先行者。

人物类博物馆中有很多属于革命类，通过挖掘红色资源拓展社教服务内容、创新宣教思路和形式，充分发挥其在党性教育、廉政建设、红色旅游中的重要作用，红色文化产业的拓展空间同样广阔。2018 年 7 月，中共中央办公厅、国务院办公厅印发《关于实施革命文物保护利用工程（2018—2022 年）的意见》，提出革命文物保护利用的五年规划。在主要任务方面，要求“拓展革命文物利用途径”，明确“宣传、文化、文物部门管理使用的革命文物类文物保护单位应全部对外开放，其他部门管理使用的应尽可能对外开放。结合重大历史事件、重要历史人物和中华民族传统节庆，依托革命文物资源组织开展重大纪念活动，精心设计活动内容和载体，整体纳入中央统一规划。深入挖掘革命文物的价值内涵和文化元素，运用市场机制开发更多文化创意产品，促进文化消费。打造红色旅游品牌，推出一批研学旅行和体验旅游精品线路，促进革命老区振兴发展。加大军队系统革命文物展示利用力度，在做好安全保密工作的前提下，适时对外组织开展参观、瞻仰、纪念等活动”。在“提升革命文物展示水平”方面，要求“坚持有址可寻、有物可看、有史可讲、有事可说，着力策划打造主题突出、导向鲜明、内涵丰富的革命文物陈列展览精品，做到见人见物见精神。完善革命文物改陈布展管理机制和支持政策，深化研究、及时补充体现时代精神的展陈内容，革命博物馆纪念馆基本陈列超过 5 年的可进行局部改陈布展，基本陈列超过 10 年的可进行全面改陈布展……坚持展示方式与展陈内容相得益彰，适度运用现代科技手段，增强革命文物陈列展览的互动性体验性。坚持节俭办展、绿色办展，做到因地制宜、够用适用，力戒贪大求洋、富丽堂皇”。同时，要求实施长征文化线路整体保护工程、百年党史文物保护展示工程、革命文物集中连片保护利用工程、革命文物主题保护展示工程、革命文物陈列展览精品工程、革命文物宣传传播工程六个重点项目。

《意见》为革命人物类博物馆文化产业发展指出了方向。以绍兴鲁迅纪念馆为例，近年来引进“鲁迅精神与廉洁文化专题展览”，与属地街道联合摄制清廉微电影《立人为本——鲁迅先生的家风》，通过整合馆区红色资源，挖掘红色人文内涵，举办“红色记忆·鲁迅与共产党人”“五四潮·中国梦——鲁迅与同时期绍兴乡贤”原创展，面向党员推出“鲁迅与共产党人”研学游，和中国人民解放军东部战区陆军签署《红色教育共建协议书》，加强军地合作，在党建工作和文博业务结合上努力走出一条新路。值得一提的是，拓展革命人物类博物馆文化产业并非只有公益而无商机，如在基本陈列改陈布展时，可以适当考虑融入文商旅相融合的一些文创产品，把革命题材与美的生活联系起来，这样的“收费”，与其说是为心仪的文化产品买单，不如说是借助社会力量合力推进博物馆事业发展，同样会受观众欢迎。

其实对于博物馆经营、收费这样的敏感问题，“两办”文件已有提及。2018 年 10 月，中共中央办公厅、国务院办公厅印发《关于加强文物保护利用改革的若干意见》，在主要任务方面，要求“激发博物馆创新活力”，“鼓励文物博物馆单位开发文化创意产品，其所得收入按规定纳入本单位预算统一管理，可用于公共服务、藏品征集、对符合规定的人员予以绩效奖励等”。不仅出台博物馆开发文创产品的激励措施，而且明确收益分配，具有很强的可操作性。这对人物类博物馆文化产业开发可持续发展无疑是利好消息。

五、以改革发展为导向，增强文博产业新活力

党的十八大以来，在习近平新时代中国特色社会主义思想指引下，让文物“活”起来、让博物馆热起来的呼声日益高涨，只有打破各种有

形无形的藩篱，理顺机制体制，明确发展方向，激发内部活力，博物馆文化产业才能适应形势需要。

2019 年 5 月 5 日，在国家文物局举办的 2019 年国际博物馆日活动新闻发布会上，国家文物局副局长关强表示，国家文物局已起草完成《关于推进博物馆改革发展的实施意见》，在 2018 年年底全国博物馆工作座谈会上征求了意见。其明确指出“让文物活起来”已成为我国博物馆事业的鲜明特征。应深化博物馆供给侧改革，创新博物馆传播内容、形式和手段，变“政府端菜”为“群众点菜”，实现博物馆“以需定供”的互动式、菜单式服务。这明确传递了博物馆在互联网新时代应具备“以人为本”的思维理念。

人物类博物馆文化产业意味着由卖方市场向买方市场转型。伴随改革开放 40 年，尤其是在博物馆免费开放初期，政府主导是人物类博物馆文化产业从无到有、发展壮大的显著特点，主要体现在规范运作、全程督导、政治性强，符合不同时期的宣教工作需要，突出社会效益但经济效益偏弱或说要求不高。党的十九大提出习近平新时代中国特色社会主义思想，明确新时代我国社会主要矛盾是人民日益增长的美好生活需要和不平衡不充分的发展之间的矛盾，坚持以人民为中心的发展思想是实现共同富裕和人的全面发展的必由之路。博物馆在新时代“以人为本”的思维理念正是以人民为中心的发展思想的生动体现。同样，这要求人物类博物馆文化产业坚持不懈践行党的群众路线，把“高大上”的人物形象与“真善美”的群众生活紧密联系起来，以更加开放、包容、亲民的姿态弘扬名人文化，吸纳更多社会专业机构尤其是高校参与博物馆文化产业开发，把社会效益放在首位的同时，做到社会效益和经济效益相统一。

如果说利用博物馆现有的场馆、藏品资源、专业力量和观众流量是人物类博物馆开发文化产业的“第一空间”，那么线上线下相结合，打通文物行业联通社会的道路、引导社会各种要素、多方力量的有序参与、构建文物事业开放式发展格局就是人物类博物馆开发文化产业更加广阔的“第二空间”。2019 年 5 月 8 日，在第二届数字中国建设峰会闭幕式上，国家文物局公布《博物馆馆藏资源著作权、商标权和品牌授权操作指引》，以适应文物合理利用改革发展形势并以此为出发点和立足点，清晰规划了博物馆馆藏资源著作权、商标权和品牌授权操作路线图。可谓构建数字时代文物事业创新性发展、高质量发展的操作指南，旨在促进博物馆、文化遗产单位有序开放文物资源信息，促进社会各界合理利用文物资源。人物类博物馆所围绕宣传研究弘扬的“人物大 IP”其“知识财产”（Intellectual Property）有望完全释放。北京鲁迅博物馆开发的资料查询在线检测系统成为“网红”就是例证。人物类博物馆无形资产极其丰富，并且人物本身就有广告效应。一定程度上，有效落实馆藏资源著作权、商标权和品牌授权，能够解决文化产业的资金来源问题，与“两办”文件《关于加强文物保护利用改革的若干意见》中有关收益分配相配套，可实现良性循环，推动博物馆事业繁荣发展。

结语

跟着时代发展的步伐，和博物馆发展有关的政策法规也在不断完善，如 2019 年 1 月国家文物局印发《革命旧址保护利用导则》，对革命文物旧址的管理、保护、展示、教育等方面进行规范。而现有政策法规中每个阶段的表述也会有所不同，如《博物馆条例》提到“参与对外文化交流与合作”，“两办”文件《关于实施中华优秀传统文化发展工程的意见》，把“推动中外文化交流互鉴”列为重点任务，其中有加强“一带一路”沿线国家文化交流合作的表述。接着，《关于加强文物保护利用改革的若干意见》又把深化“一带一路”文物交流合作作为重要任务，对外文化交流与合作的内容更加具体明确，要求博物馆在国家政治文化生活中发挥更大的作用。用联系的观点研判这些文件，再结合自身实际落实，相信人物类博物馆文化产业的明天一定会更好。

（杨晔城，绍兴鲁迅纪念馆副研究馆员）

诠释伟人精神、挖掘文化价值 做好文化产业的创新与发展

——以重庆宋庆龄旧居的保护与利用为例

王玉茹

摘要：实行全面抗战后，宋庆龄在重庆重建了保卫中国同盟总部，并以此为依托联系国际友人，开展外宣、筹集物资、支援后方建设等，为抗日战争的伟大胜利作出了贡献。宋庆龄伟人精神蕴含了丰富的文化价值，本文试从社会教育、巡展活动、公共服务等多方面挖掘宋庆龄伟人精神的文化内涵，并就重庆宋庆龄旧居在文化产业上开展有益探索，以期为其他名人故居文化产业创新提供参考。

关键词：文化遗产；名人故居；文化产业；社会教育

文化遗产是一个国家与民族历史文化成就的重要标志，不仅对于研究人类文明的演进具有重要意义，而且对于展现世界文化多样性具有独特作用，是人类共同的财富。名人故居属于城市文化遗产，加强保护有利于后人铭记历史，彰显城市文化，保护人类历史遗产，并维持文化的多样性。重庆作为民国政府的陪都，承载了许多 20 世纪三四十年代的历史文化，记载了许多中国人民顽强抗击日本侵略的历史事件，重庆大轰炸、川军出川奔赴抗日前线、建立民族抗日统一战线等事件均在这里留下了深刻的印记。坐落在重庆市两路口新村 5 号的宋庆龄旧居，作为重要的历史遗迹，承载着历史，生动地再现了已经逝去的过往云烟。

一、守护国保文化

1941 年太平洋战争爆发，在中国共产党的帮助下宋庆龄从香港来到重庆，准备重建“保卫中国同盟”。她先暂住大姐宋霭龄家，宋霭龄的丈夫是国民党的财政部部长孔祥熙。她在孔家根本无法开展“保盟”日常工作。后在弟弟宋子文的帮助下，她住进了两路口新村 3 号（现两路口新村 5 号）。宋庆龄非常高兴地告诉邓颖超，说她争得了“一楼之中的自由”。

宋庆龄一搬到新村 3 号，就着手重建“保卫中国同盟”。1942 年 8 月，保盟中央委员会在重庆重新建立，宋庆龄仍然担任主席，保盟的办公地点便设在宋庆龄的两路口寓所。重庆是战时首都，在国统区开展保盟工作非常困难，在保盟办事处——宋庆龄寓所周围，常常有特务监视。但宋庆龄毫不退缩，运用她在国际上的崇高声誉，冲破国民党的种种封锁，不断写信与国外联系，报告中国人民抗战的真实情况，争取国际援助。在重庆的这座小楼里她为支援中国人民抗战作出了卓越的贡献，两路口的寓所也成为极为重要的历史保留地。

保护历史文化首要的任务便是保护历史文物，保护历史遗迹的首要原则是以文物安全为核心，做好开放、保护相关工作。文物安全工作是双国保单位宋庆龄旧居陈列馆工作中的重中之重，在近年中我们坚持“安全第一、预防为主、综合治理”方针，按照“谁主管、谁负责”的原则，持续按规定升级消防设备，提高安全意识，逢会学习与强调，日日巡查并留痕。同时，抓好安全消防演练，每年均邀请专业团队指导组织开展消防、安全技能培训及演练。全年随时接受市文物局、区旅游局、区消防支队等相关单位的意识形态、安全、教育、接待等工作的检查，确保宋庆龄旧居开放安全无事故。

二、创造历史文化品牌

历史的意义在于折射过去、投影未来，保护文化遗产，对未来的发展有着重要影响，历史伟人是顺应时代的需求而产生的，随之又推动了时代的发展。

宋庆龄先生作为时代转折点上无法略过的重要人物，其驻留过的寓所便也有着重要的精神教育作用。故而通过向人民群众大力推展文旅活动，弘扬时代精神，从而创造相应的文化品牌，便是文博工作的核心内容。因此，在确保文物安全的前提下，应不断打造品牌，寻求创新点，通过挖掘最具特色的馆藏文物或人物精神与事迹，开展各项工作。

（一）社会教育

“时代小先生计划”示范基地作为宋庆龄旧居的明星品牌项目，无论是宋庆龄旧居的接待讲解还是寒暑节假日，小先生们用稚嫩的童音讲述着厚重的历史，用忙碌的小身影温暖着一方热土。同时，紧紧围绕这一品牌不断创新，使项目内容更加丰富多元。以“华协杯钢琴赛”和“讲好中国故事”比赛活动为例，在“遗址内做活动、广泛联系社会力量进行捐赠、用宋居钢琴文物作为活动主体”，通过这三个元素，让伟人精神活了起来、让文物遗址活了起来、让文物活了起来。特别是已经举办了五期的“时代小先生”培训班，火爆程度名额一员难求。培训班主要打的是服务品牌，因为硬件和可开发的课程素材完全不能与大馆相比，所以，全天候的课程、课程安排的趣味性，还有请时代小先生授课的模式，不仅诠释了小先生“即学即传”的理念，更给新加入的小先生提高了兴趣和信心。同时，表彰的形式也很丰富，如给学校发表扬信，孩子们把表扬信拿到学校后在开学典礼上进行展示，不仅再一次使孩子们享受到付出后的收获感，也是一次校级的活广告。还有就是到北京领奖、获奖者参加免费游学等，在游学期间工作人员和孩子们穿上印有三峡博物馆 LOGO 和“重庆宋庆龄旧居陈列馆”字样的 T 恤，穿梭在游学城市的各大博物馆，是一道暑期参观高峰中最美最亮丽的风景线。

“关爱”主题的系列活动是最使人难忘的，如每年重阳节组织的“时代小先生”赴重庆市第一社会福利院（前身是抗战时期宋庆龄三姊妹倡导并于 1942 年创建的重庆试验救济院）去看望孤寡老人、为贫困学校的孩子捐书并创办图书角，这些活动潜移默化形成无形而强大的品牌效应。

（二）巡展活动

为让更多没有时间和机会走进宋庆龄旧居的人了解宋庆龄的精神，推进历史文化品牌，宋庆龄旧居开展了“四进”的巡展工作。巡展展板为“宋庆龄精神进校园”，2017 年，推出原创展览“伟大女性——宋庆龄在重庆图片展”填补了宋庆龄旧居没有交流展览的空白，这两个展览按不同层次的受众群体选择推出，每到一处人们都积极观展，深受好评。

（三）公共服务

在文旅大融合和重庆成为网红打卡城市之前，宋庆龄旧居在纷繁有序的工作中迎接着每天慕名而来的观众，并随之成为解码这座城市历史的网红打卡点。从 2014 年的 7 万多人次到后面 20 万的观众量来看，观众稳中有升。

三、加强馆际交流，加强文化产业纵向发展

近年来文博馆顺应时代的需求全力发展，但在传统媒体与新媒体等公众视野内的大多还是综合类博物馆为主。但人物类博物馆承担的社会责任与教育功能也不应忽视，由于各种客观条件限制，作为人物类博物馆的宋庆龄旧居很容易被淹没其中。

因此，近几年宋庆龄旧居采取与同一类型的纪念馆抱团取暖主动出击的方式，使之得以在近年中不断扩展传播宽度，不仅在重庆市内开展了多样的展览活动，并逐渐将宋庆龄旧居的展览带到全国，使宋庆龄旧居的文化得到更为广泛的延伸。

（一）承办会议，在业界得到专业认可

2015 年宋庆龄旧居承办孙中山、宋庆龄纪念地暨国际学术研讨会，并在会议作主旨发言，在 2019 年承办名人故居中国博物馆协会名人故居专委会常务理事会议，两次会议的圆满完成使宋庆龄旧居在名人馆业界声望更加凸显。

（二）馆际交流平台宽，展览引进与推出

2017 年，原创展览“伟大女性——宋庆龄在重庆图片展”推出后，

相继在广东孙中山纪念馆、汉口宋庆龄旧居、江苏淮安周恩来故居进行展出，展览均受参观者的好评。我们不仅把展览带出去，还引进来，如“孙中山、宋庆龄卫士长姚观顺图片展”“不忘初心　缔造未来——中国福利会成立 80 周年事业成果展”“周恩来家风展”“菊石之谊——宋庆龄与何香凝图片展”等。不仅为宋庆龄旧居增加了展览内容，同时也从更多角度延伸扩展了宋庆龄文化的多面性，为宋庆龄旧居文化的发展注入了新的血液。

四、学术研究出成果

加强对宋庆龄人物本身的研究，不仅是深化中国近代史、党史、国史研究的需要，也缘于伟人的思想、精神具有重要的当代价值和现实意义，同时也是对工作实践的理论提升。其对文化产业深入发展的探讨，基于历史和当下的社会状况有机结合而产生，有现实可观的实际作用与意义，是文化产业在理论发展中不可或缺的一环。宋庆龄旧居近几年通过宋庆龄人物的研究，和工作实践理论的提升，在各大刊物不断发表文章，同时也将研究成果不断转化为展览再一次地进行宣传。

五、全国奖项不断

重庆宋庆龄旧居“时代小先生”教育品牌多次获得奖项，又如“十佳时代小先生”“最美教师”“优秀辅导员”等称号均是中国宋庆龄基金会在国内外 30 多所示范校、基地校及 4 个示范基地 3 万余名学生和辅导员中进行评选表彰而产生的。

奖项是对文博产业发展的肯定，是文化产业发展中切实有效的助力方式，可以为文化产业的发展提供引导，使文博行业在发展过程中更具有方向性。

六、结语

名人故居是人物类博物馆的重要组成部分，对名人故居文化精神进行延伸，是文化产业发展过程中不可缺少的一环。名人故居文化的发展要围绕伟人精神的核心，顺应时代创造多样化的发展，满足当下人民群众日益增长的对文化的需求，有针对性、有重点地进行发展，跟随国家政策有取舍地进行扩展延伸，从而推动文化产业能够更好更快地发展。

（王玉茹，重庆中国三峡博物馆宋庆龄旧居管理处处长、文博副研究员）

高举红色引擎：探索红色场馆资源优化之路

潘伟玲

摘要：红色文化涵盖着强大的凝聚力和引领力，是坚定文化自信、实现中国梦的精神动力。上海作为中国共产党的诞生地，是中国革命和红色文化的源头，红色基因构筑起这座城市的红色血脉，研究挖掘上海丰富的红色文化资源，查找上海这座城市红色场馆宣教工作中存在的若干问题，有助于我们更好地传承上海在革命、建设、改革中创造的革命文化和社会主义先进文化，有助于我们在深入思考中做好现实工作，更好地传承红色基因，传播红色文化，推进中国特色社会主义事业和实现伟大的中国梦。

关键词：上海；红色场馆；宣传教育；问题；对策

红色文化是在革命战争年代，由中国共产党人、先进分子和人民群众共同创造并极具中国特色的先进文化，蕴含着丰富的革命精神和厚重的历史文化内涵。上海是中国共产党的诞生地，是中国共产党初心孕育之地，无数仁人志士和革命先烈为了国家富强、民族复兴在上海留下了深刻的红色印痕，红色基因流淌在这座城市的大街小巷，构筑起这座城市的红色血脉。1949 年后，上海相继建立了一些革命纪念性场馆，丰富的红色文化资源是上海城市血脉中红色基因的具体表现，也是重要的爱国主义教育基地。

如今，上海作为改革开放的排头兵和创新发展的先行地，把社会主义现代化国际大都市建设作为奋斗目标，努力朝着建成具有全球影响力的科技创新中心进军。新时代探讨如何挖掘传承红色文化理论和精神，对于全面提升市民素质，培育上海城市精神，指引新时代上海文化发展繁荣的方向，有着重要的现实意义和历史意义。

一、红色文化是上海近代历史文化的重要组成

关于中国红色文化的内涵，大家达成了共识，普遍认为红色文化是一个形成、发展、积淀、丰富、创新的文化演进过程，是在革命战争年代，由中国共产党人、先进分子和人民群众共同创造并极具中国特色的先进文化，蕴含着丰富的革命精神和厚重的历史文化内涵。红色文化作为一种重要资源，一般包括物质和非物质文化两个方面。其中，物质资源表现为遗物、遗址等革命历史遗存与纪念场所；非物质资源表现为包括井冈山精神、延安精神、长征精神、红船精神等。为此，有专家论述：红色文化，是中国共产党领导中国人民进行艰苦卓绝的斗争、建立独立主权国家的革命文化，是我们党领导人民在革命、建设、改革开放和社会主义现代化历史进程中形成的思想理论、价值观念、行为方式等一套符号体系。红色文化的精神实质，是文化主权、主体与价值观的问题。它的核心是人民幸福、民族复兴、人类大同。

1921 年，中国共产党第一次全国代表大会在上海举行，并通过了中国共产党的第一个纲领。中国共产党“从这里诞生”“从这里出征”“从这里走向全国执政”，这是我们所有人的精神家园，也是中国共产党不忘初心、牢记使命、砥砺前行，实现为人民谋幸福、为民族谋复兴的中国梦的过程。

上海作为中国共产党的诞生地，是中国红色文化之源头，现存革命遗址 440 多处。这些遗址遗迹及在其基础上建立的红色场馆作为上海红色历史的见证物，承载着信仰之光和理想之火，并让红色基因融入城市血脉、根植市民心中。习近平总书记指出：“我们要铭记光辉历史，传承红色基因，在新的起点上把革命先辈开创的伟大事业不断推向前进。”

这表明，红色文化从诞生之初，就成为中国革命与社会实践的思想引领，是中国红色文化特定历史时期的产物，是中国人民在中国共产党领导的长期革命建设实践过程中，不断选择、融合中外优秀文化思想而形成的一系列先进文化的综合体。上海红色文化体现了中国共产党领导的新民主主义革命初期的新时代气息，同时也具有中华人民共和国成立后的改革创新的时代性，更具有改革开放排头兵的时代精神。当前，上海海纳百川，群贤毕至，需要革命精神和红色文化来引领当代青年和党员干部的思想阵地，激励新时代的人们去追寻革命先烈的脚步，为国家为社会为这座城市贡献自己的智慧和力量，彰显上海独具特色的城市精神和红色文化勇立潮头的气质和风范。

二、红色文化赋予新时代上海文化的重要内涵

第一，红色文化是对中华优秀传统文化历史传承。文化兴则国运兴，文化强则民族强。一个民族的复兴需要强大的物质力量，也需要强大的精神力量。近代以来，中华民族的仁人志士目睹外来入侵、国家动荡、人民疾苦的现状，激起他们心中的民族忧患意识和民族责任感，在民族独立、国家富强和人民幸福的实践中外化为行动、内化为革命精神，实现了中华民族的一个巨大飞跃。

第二，红色文化是坚定文化自信的重要内容。坚持什么样的文化，建设什么样的文化，凝聚着一个民族最深层的精神积淀，反映着一个政党的理想追求。只有把社会主义核心价值观融入社会发展各方面，才能把红色文化转化为人们的情感认同和行为习惯。

第三，开发利用红色资源有利于推动红色文化发展。历史是最好的教科书，把红色基因代代传下去，必须用好红色资源，讲好红色故事，讲好中国故事。红色旅游资源作为“历史的见证者”，是红色文化的重要载体之一。发展红色旅游关键是要深入挖掘红色旅游资源，红色旅游资源蕴含革命纪念地、革命活动旧址和革命志士工作或生活过的旧址、战斗战场遗址、纪念碑、陵园、伟人与英雄故居、纪念馆、博物馆、惨案遗址、历史遗产等，为红色文化旅游资源的开发和利用，提供了充分

的条件和基础。以红色旅游服务为载体，传承红色文化，科学规划，以资源为基础，以市场为导向，在以人为本的文旅结合过程中，红色文化资源的挖掘和红色文化的传承运用起着至关重要的作用。聚焦文化主业，在服务的各个环节，围绕红色文化主题，注入红色文化元素。可以提升旅游的文化内涵，这两者的融合，为经济、文化、环境发展提供了强有力的支柱和动力。另外，红色文化不仅包含有形的红色遗迹和场馆等实体，还包括独具创新的红色文化创意衍生产品，这些有着红色记忆元素的文化产品，不仅能满足人民群众多样化、分众化的精神文化需求，让收藏在纪念馆里的革命文物、陈列在广阔大地上的红色遗产更加生动鲜活，走进人们的内心，形成共鸣，成为人们精神的滋养，更是对一段红色之旅的印证，实现了红色文化的广泛传播。

三、上海红色文化纪念地宣教工作存在的突出问题

党的十九大以来，上海市委、市政府高度重视红色文化的保护与利用，将“红色文化”作为打造上海文化品牌的首要内涵，并制定《全力打响“上海文化”品牌 加快建成国际文化大都市三年行动计划（2018—2020年）》。通过《上海主要革命遗址分布图》编撰、上海历史博物馆（上海革命历史博物馆）和《共产党宣言》展示馆建设、中共一大会址、中共二大会址、龙华烈士陵园纪念馆改陈布展等多项措施，切实加强了上海市红色文化宣传的整体氛围，但各红色文化场馆在宣教方面的发展还存在着一些差异和突出问题，值得关注和研究：

各场馆社会宣教各自为政，缺乏宏观体系。各个场馆由于自身定位不同，在社会宣教中往往主题有所限制，在功能定位、场馆主题、展陈形式、观众构成、宣传活动等方面都有自己的特色。在陈云纪念馆了解陈云生平业绩和思想风范，在一大会址纪念馆了解共产党的成立和党的纲领，在二大会址纪念馆了解党的民主革命纲领和党的统一战线及第一部《党章》，在四大纪念馆了解第一次提出无产阶级在民主革命中的领导权和工农联盟，在龙华烈士陵园了解革命先烈为人民解放、民族复兴的过程中百折不挠、慨然赴死的英雄气节和精神等等，以上这些，参观

者都能在单一主题的参观学习上有所启发，却难以从中国共产党把马克思主义运用于中国实际形成的成果有宏观上的认识，造成总体上把握上海红色文化发展脉络，理解不深，缺乏一个有效的协同机制，形成一个开放、多元的研究团队和一个合作、共建、互赢的红色文化宣传教育联盟机制的平台，来推动上海红色起源地精神挖掘和传播。

场馆红色文化资源没能得到充分开发利用。一些场馆受限于机制、经费、人员、经验、场地、环境等因素，面临着对红色文化内涵挖掘不够深入、形式单一枯燥、精品意识不强等问题，对于与本馆相关的红色资源的辐射作用未能赋予其适当的表现形式，如在红色文化研究、产品开发、品牌创意、文艺表演等方面，有的文化内涵薄弱，造成环境开发力度不强，有的又雷同开发，同质化现象严重，在一定程度上造成资源的浪费，社会接受度和关注度不高。在开发利用方面，红色基因融入城市血脉不够，不能很好地将党史国史发展的规律，与上海城市建设的高速发展相匹配。

场馆接待能力与观众需求存在差异。如一大会址纪念馆，作为党的初心发源地，社会知名度高，又毗邻新天地旅游景区内，客流量大，但场馆面积有限，有时甚至影响参观体验和教育效果；而一些知名度较小的场馆，同样有着丰富的历史和文化资源馆藏，却苦于观众较少，未能实现社会效益最大化。部分场馆存在单一场馆陈列内容讲解层面，不能满足当下文旅结合下参观者的需求。

单一场馆开展社会宣教，规模难以放大。单一场馆由于影响力水平不同，缺乏相对聚焦的主题提炼，利用社会资源寻求合作，开展社会宣教的难度有所不同。即使大馆、名馆，在开展社会宣教活动时，也必然受限于自身的人力、精力等因素，开展活动的频次无法持续增长，红色场馆的社会宣传效果存在上限，从而造成上海在红色资源开发、利用上没有充分发挥应有作用。

由上可以看出，满足社会对于高质量红色文化产品不断增长的旺盛需求，不仅要依靠场馆自身发展，更需要上海市红色文化场馆切实加强合作，资源互补，提高红色文化宣教整体水平。

四、开展合作优化红色宣教的建议及对策

上海红色文化场馆要抓住历史机遇，开展集聚性、发散型的红色文化宣传教育合作与交流，让每个红色场馆的宣传、教育能在更多的空间发出声音、起到效应，让红色文化走进社会、深入人心，充分发挥红色文化在增强文化自信中的重要作用，为擦亮上海红色名片，打响上海红色品牌作出自己的贡献。

统筹规划资源，服务全国的使命担当。红色文化场馆作为上海这座城市蕴含红色文化的承载者、见证者、传播者，需要有一个机构或平台统一管理规划，建立政府管辖红色文化资源共享机制，来聚焦红色之地、光荣之城的上海特色。让每个场馆充分发挥红色资源的独特作用，深入挖掘红色旅游景点的文化内涵，将红色教育资源保护好、发展好、利用好，服务全国。上海除了开展全市红色文化史料的挖掘、整理、保护、研究外，将所有红色文化场馆按主题和主线分门别类，注重从各种史料中统筹谋划布局，推出共同愿景和目标，凝炼主题，打造建党文献的研究高地、建党历史的教育高地、建党精神的宣传高地、建党成果的展示高地等精神“硬核”，开发数字纪念馆的 App、红色文化的线路，提炼红色故事，打造红色讲坛等一系列宣传教育载体和形式，将历史资源转化为教育资源，擦亮上海作为中国共产党诞生地的红色文化底色，充分发挥优秀传统文化的滋养作用，传承并发展上海城市精神，使上海城市精神转化为上海人民的生活方式、精神气质和文明素质。

打造整体品牌，红色宣讲团走进社会。通过平台共享机制下的场馆合作，组建各成员单位共同参与、可分可合的红色宣讲团，在更高层次上推进红色研究的成果转换，共建共享，形成整体品牌，扩大品牌影响力，减少原本场馆与社会机构分别对接、协商的难度。在发挥规模效应上，增加活动总量和活动形式，变单场单次为系列宣教。在不增加成员负担的前提下，丰富完善红色文化内涵和表现形式，提高宣传教育的深度、广度、高度，让观众获得更加丰富立体的红色文化认知。

立足场馆阵地，推出红色文化联线产品。根据每个场馆主题、地理

位置、自身特色等不同条件，研发打造具有上海特有的城市风貌，体现上海红色基因内涵，体现上海城市精神的红色文化展示品牌、红色经典文艺作品、红色文化研学项目、红色文化创意产品。可以利用红色场馆地图、导图、红色书籍、音像作品、影视作品等宣传形式和内容，设计开辟具有观赏性、趣味性、可操作性的红色文化联线产品，满足不同参观者的需求。可以利用新时代新媒体新技术的传播方式，共同发声发力，形成广泛、深入人心的宣传氛围，赋予红色文化新时代特征，增强红色文化的生命力和感染力。

注重宏观架构，打造红色经典课程体系。以市委党史研究室、市委党校等权威性研究机构牵头，服务大局部署，根据实际需求，打造在全国有影响力的党性教育品牌，积极推动全市党性教育资源的挖掘，开发具有整体性、个性化、通用类的课程，形成符合党员、干部特点的学习读本读物；创建主题鲜明、内容丰富、形式创新、具有针对性的红色文化课程体系，培育精品课程，并通过开发过程中的经验交流、研讨，达到互补和不断提高课程质量和场馆科研能力，让上海成为红色文化、革命文化、先进文化多种特征的红色之城、光荣之城、卓越之城。

开展人才培训，共同推进行业人才培养。建立健全红色文化形态方面的专家人才库，充分利用各场馆在场馆管理、宣传教育、学术科研等不同领域的特长优势，通过专题培训、轮岗、挂职和讲解员大赛等途径，促进人才的交流培养和专业研究人员成长成才，建设一支作风素质过硬、能力水平全面的红色文化宣教队伍。

（潘伟玲，陈云纪念馆馆员）

博物馆的文化开发与社会教育的融合

——以绍兴鲁迅纪念馆为例

夏劲风

摘要：随着社会的不断进步，人们对于精神文化的需求不断提升，具有公众教育性、公益性的博物馆，在新形势下需要为公众提供更多的德育教育功能，博物馆只有不断加强文化开发，突出文化特色，才能在社会教育中更好地发挥文化职能，本文以绍兴鲁迅纪念馆为例，探讨博物馆的文化开发与社会教育的融合，以期为我国文化事业的发展提供参考。

关键词：博物馆；文化开发；社会教育；融合

引言

博物馆自诞生以后在社会公共服务领域发挥着重要的职能，很多地方的博物馆成为当地教育机构开展“第二课堂”教育的重要场所，担负着重要的教育职能。博物馆收藏和研究的藏品，具有丰富的历史价值和人文价值，承载了人类的文化和记忆。在新形势下，博物馆只有不断创新社会教育方式，做好博物馆的文化开发，充分发挥社会教育功能，才能永葆博物馆的生机和活力。

一、当代博物馆的社会教育职能

“博物”一词，早在《山海经》就出现了，它的意思是能辨识多种事物；《尚书》称博识多闻的人为“博物君子”；《汉书·楚元王传赞》中也有“博物洽闻，通达古今”之意。虽然“博物”二字很早见于典籍，但是与博物馆的含义相差很远。“博物”与“馆”连成一个词作为一种文化教育机构在中国出现较晚。在1933年，以蔡元培为首创建的国立中央博物院（今南京博物院），是中国第一座也是当时唯一一座现代综合性博物馆。当时国立中央博物院不是单纯的收藏展示，而是以弘扬中华民族传统文化精神为宗旨。由此可见，中国第一座博物馆的建立就被赋予了弘扬中华民族传统文化精神的职责。“蔡元培对博物馆的认识已不是一鳞半爪或单纯的概念，而是把握住博物馆的本质，概括出博物馆的一般规律。”著名的德国文学家歌德曾说：“博物馆者，非古董品之墓地，乃活思想之育种场。”随着社会经济的不断发展，博物馆的职能也随之不断充实发展，博物馆成了实施实物教育和精神教育的基地。

2015年颁布的《博物馆条例》显示：“博物馆，是指以教育、研究和欣赏为目的，收藏、保护并向公众展示人类活动和自然环境的见证物，经登记管理机关依法登记的非营利组织。博物馆开展社会服务应当坚持为人民服务、为社会主义服务的方向和贴近实际、贴近生活、贴近群众的原则，丰富人民群众精神文化生活。”这对博物馆的职能作出了明确的规定。博物馆不仅是收藏、保护机构，也是以教育、研究和欣赏为目的，服务人民、丰富人民群众精神文化生活的场所。因此，在社会经济迅速发展的当代，博物馆应该根据自己的实际条件，努力满足社会对博物馆的需求，充分利用博物馆资源所蕴含的历史文化，真正发挥博物馆的社会教育职能。

二、绍兴鲁迅纪念馆的文化开发

绍兴鲁迅纪念馆，始建于1953年，是全国重点文保单位、全国爱国主义教育基地、全国红色旅游经典景区、国家5A级旅游景区，包含鲁迅故居、祖居、三味书屋、百草园等景点。2016年被评为首批20家全国“研学旅游示范基地”之一和“全国旅游系统先进集体”，2017年被推荐为“全国鲁迅文化旅游知名品牌创建单位”，2018年入选“中国优质服务景区 100 强”，2019 年上半年再次获得浙江省“首批中小学生研学实践教育基地”称号。自 2008 年实施整体免费开放以来，年接待量达 200 万人次，其中 30 万左右为学生。绍兴鲁迅纪念馆因地制宜，积极探索，总结经验，推陈出新，绍兴鲁迅纪念馆加强自己的文化开发能力建设，积极和社会教育机构进行对接，不断丰富提升绍兴鲁迅纪念馆的社会教育内容，让更多的人从中体会到更多乐趣，增长文化见识。

（一）突破求变，挖掘博物馆文化内涵

绍兴鲁迅纪念馆“三味书屋——鲁迅故里”社会教育活动自推出之后就深受师生、家长的青睐，逐渐积累了固定的消费群体，形成了良好的口碑。2017 年以后，绍兴鲁迅纪念馆对社会教育内容进行了多次改版升级，不断深挖鲁迅文化内涵，丰富文化内容，提升文化品质。2019 年在原来的基础上，将社会教育内容总体分成三个板块：鲁迅作品展示课、历史文化体验课、三味早读情景课。教育机构老师将带领学生实地参观鲁迅故居以及百草园，重温诵读鲁迅经典散文《从百草园到三味书屋》，体验旧时私塾课，制作与鲁迅故里、鲁迅生活息息相关的工艺模型，观看鲁迅童年生活状态的全息影像。同时，社会教育活动体验结束后，学生还可以将“三个成果带回家”：把智慧带回家——私塾发放的“是给你的智慧”学习包，乌篷船的手工模型；把希望带回家——百草园的种子；把童趣带回家——“亲子闯关图”。升级后的社会教育内容更丰富，形式更多样，趣味互动性更强，使学生对鲁迅的生平事迹、作品成果有了更深入的了解。

（二）辐射延伸，开发特色文化趣味项目

“三味书屋——鲁迅故里”社会教育活动自推出以后，截至 2019 年接待各界旅游者一万五千余人次，绍兴鲁迅纪念馆依托此强大基础，开展了一系列社会教育延伸活动，如向参与社会教育的学生征稿，每年择优结集出版。已出版“走进鲁迅”系列书籍三本，最新出版的《2018 走进鲁迅》收录了 51 篇来自全国各地中小学生优秀作品，学生用天真烂漫的文字将参观鲁迅故里、体验社会教育活动后的所感所想记录下来。此外，书籍中还首次加入绍兴鲁迅幼儿园孩子们的绘画作品，孩子们用自己稚嫩的画笔和天马行空的想象描绘下自己心中的鲁迅形象。2019年是纪念五四运动100周年，绍兴鲁迅纪念馆举办了名为“五四潮·中国梦——鲁迅与同时期绍兴乡贤”的展览，绍兴鲁迅纪念馆为参观展览的学生提供免费讲解服务，让学生能够更好了解以鲁迅为代表的37位绍兴乡贤在五四时期的奋斗事迹。“住台门人家，品名人家宴”，学生还可以入住以鲁迅文化为主题的台门人家文宿酒店，感受鲁迅儿时台门生活环境，品尝绍兴地方特色美食。

（三）宣传推广，扩大鲁迅文化影响力

绍兴鲁迅纪念馆通过电视台、报刊等传统媒体以及微博、微信、今日头条等网络新媒体平台，多管齐下宣传推介研学旅游，扩大鲁迅文化研学旅游品牌影响力。如今，绍兴鲁迅纪念馆的社会教育活动已成为绍兴景区研学旅游活动的“金字招牌”。截至2019年5月，绍兴鲁迅纪念馆累计推出社会教育活动456场，接待一万七千余人次。参与绍兴鲁迅纪念馆研学旅游活动的不仅有绍兴本地的学生，还有全国各地慕名而来的中小学生，其中约80%来自浙江和江苏，约20%来自北京、陕西、山东等省份。近年来，众多国外友人们也纷纷慕名而来，走进鲁迅故里，走近鲁迅。如日本南蛎市中学生，比利时列日圣路易斯中学学生，牛津大学、伦敦大学、哈佛大学等世界名校学子。他们穿上长衫，带上瓜皮帽，走进中国旧时私塾课堂，诵读《三字经》，学写毛笔字。他们用生疏的汉语，稚嫩的汉字表达了对中国文化的喜爱，中外文化在这里相互交流，相互碰撞，构建起中外友谊的重要桥梁。以绍兴鲁迅纪念馆为代表的广大地方博物馆应创新宣教模式，深挖文化内涵，以传播地方文化、地方精神为己任，让更多人走近伟人，读懂伟人，促进文化的开发和社会教育的融合。

三、绍兴博物馆的文化开发与社会教育融合的实践展示

绍兴鲁迅纪念馆因地制宜，把课堂搬进博物馆，针对不同年龄段推出多版本的社会教育活动。本文以小学低年级版的社会教育内容为例进行实践展示，以此传播绍兴博物馆的文化开发与社会教育融合的成功经验。

本项目展示时长共计两小时，由优秀讲解员担任指导老师，分“鲁迅作品展示课”“历史文化体验课”“三味早读情景课”三个部分，充分体现绍兴鲁迅纪念馆的文化内涵和社会教育的有机融合。

首先是鲁迅作品展示课：据粗略统计，在我国中小学教科书中，鲁迅的文章多达 16 篇，其中 11 篇与绍兴有关。如《从百草园到三味书屋》里的百草园与三味书屋，《故乡》里的少年闰土，《孔乙己》里的咸亨酒店，等等，学生可以跟着课本游实景，找课文里的皂荚树、何首乌；也可以上公开课，扮演课本剧，让原本枯燥的课堂在百草园里充满欢笑。

其次是历史文化体验课：学生可以在指导老师的带领下前往鲁迅笔下风情园，感受绍兴非遗“水乡社戏”，了解鲁迅作品中关于“社戏”的描述。也可以结合鲁迅小说《祝福》来欣赏“绍俗祝福”。还可以自己动手制作鲁迅笔下的乌篷船模型。

最后是三味早读情景课：在课堂上，绍兴鲁迅纪念馆为学生准备了长衫、瓜皮帽、戒尺、《三字经》等教具和一份学习包。在这里学生既可以和私塾老先生一起读《三字经》、学对课、习大字、影描绣像、拓“早”字、做书签、猜风物；也可以参加小组对抗赛，完成“名句连连看”“人物对对碰”等游戏；还可以结合“早字故事”参加角色扮演的互动环节，私塾老师会邀请课堂上的两名学生分别饰演小鲁迅和寿老先生，演绎小鲁迅为了给父亲抓药上学迟到，老先生批评鲁迅并拿戒尺痛打鲁迅三下手掌心的画面片段，加深学生对于“早字故事”的印象，重温鲁迅儿时的求学场景。

经过连续几年的鲁迅文化的开发和创新，绍兴鲁迅纪念馆开辟了两间仿真私塾教室，还创造性地引入了视频互动、“互联网 + ”等新技术。社会教育活动推出 4 年，场次增加 3 倍，旺季时两间教室同时启用，仍一座难求。参与学生的满意率达到 100%。2017 年，国家批准绍兴鲁迅纪念馆为首批中小学生研学实践教育基地，每年划拨 50 万元彩票公益金。绍兴鲁迅纪念馆用这笔资金精心制作社会教育手册，赠送给走进景区的孩子。此外绍兴鲁迅纪念馆还连续推出“走近鲁迅”征文集，至

2019年已出版4期。

绍兴鲁迅纪念馆通过深入开发文化资源，创新社会教育形式，使得鲁迅精神在江浙大地薪火相传，经久不息，让全国各地乃至国外的友人都感受到了鲁迅文化的无限魅力。

四、博物馆的文化开发与社会教育的融合路径

（一）通过改变博物馆陈列设计来增强吸引力

博物馆的文化开发需要对自身的资源进行合理开发和挖掘，博物馆的陈列通常布局合理、美轮美奂，是提升文化质量的重要手段，充分体现着博物馆藏品的品质、管理水平和科研能力。博物馆陈列设计首先需要满足游客的观光需要，展览的主体要展现出生活元素和科技的创新，进而体现出博物馆的风采。陈列设计主要在以下两方面入手：首先需要改变展览内容，要求博物馆的相关工作人员经常关注时事新闻，把不同地区的经济、文化、政治、科技、历史等元素融入陈列，在展区展示出地区的文化，陈列一定要精，应避免出现冗杂的情况，同时还需要加强与现代社会的紧密联系。合理的陈列设计会吸引群众前来参观学习，使之受到启发和感染，体现出博物馆的社会教育功能。同时，博物馆需要改变展览的方法，传统的展览方法稍显呆板，不能很好地吸引群众的目光。为了改变这种现状，博物馆需要在现代化的技术支持下开展展览活动，通过立体成像展示以及3D展示，让群众看到更多活灵活现的动态画面。在吸引群众的同时，更可利用声效带领群众进入相应的情境，进而增强互动和交流，从而强化教育，起到寓教于乐的效果。比如，近年来北京的“云南少数民族风情展”，不仅展示云南地区民族文化的实物，也利用投影技术和实地表演方法，充分呈现云南少数地区人文风情，让观众在视觉上得到极大满足，同时更发挥出社会教育功能，让更多的人领略云南历史文化和人文风情。

（二）提高博物馆的文化服务水准

在当前的社会服务中，消费者消费是为了花钱买服务，服务不到位会导致客源的流失。作为博物馆来说，需要在服务中始终贯彻“以人为

本”的理念，全面提升服务水准，管理人员应引导群众参观，让观众感受热情和周到的服务，比如对于展出相关物品的历史情况没有深入了解的观众，讲解人员对该物品的历史朝代、文化价值等方面应作出详细讲解，使观众在愉悦的状态下进行参观和学习。再如，一些博物馆具有先进的设备，可以告知观众在某天来感受科技的魅力，更好地感受文化。这样，观众就会在良好的感受下对博物馆的奇妙之处进行宣传，从而吸引更多的观众前来参观和学习，扩大社会教育群体。

(三) 提高讲解员文化水平

讲解质量关系到博物馆的社会教育功能可以发挥出多大的效用，因此对于讲解人员来说，需要具备良好的语言表达能力和专业素养，将展览物品相关的历史背景以及文化教育功能通过趣味性的语言和严谨的态度表达出来，使群众有主动接受和学习历史文化知识的意愿。要提升讲解员的讲解水平需要做到以下几点：第一，宣讲的内容必须尊重历史的客观事实，真实地还原本真。第二，讲解时对于不同的群众要采用灵活的讲解方法，比如对于青少年群体就要更多地采用风趣幽默的语言讲解，对于前来参观的老年群体，要时刻在语言中充满关切，同时注重语速要慢。第三，由于来到博物馆的群众文化存在不同的差异，在讲解中要时刻关注群众的反应情况，灵活采用讲解方法。第四，讲解人员的语言使用要规范得体，保证条理清晰，确保观众在轻松的氛围中接受教育。第五，讲解人员需要保证在讲解后达到社会教育的效果，让观众印象深刻。

(四) 提高博物馆的社会影响力

博物馆所藏的资源文化价值较强，具有很大优势，但在传统观念的影响下，对其进行宣传重视不够，而是等着游客上门，这种现状使得博物馆的教育功能无法得到充分的发挥。在互联网时代背景下，博物馆应利用先进的网络技术，对博物馆概况、种类等进行宣传，加强人们对博物馆的了解，激发游客的兴趣，使其真正走进博物馆进行学习，接受教育。青少年群体是社会发展的后备力量，要想提升博物馆的社会影响力，必须加强对青少年的社会教育服务。通过对青少年的教育，可以帮助其树立正确的思想价值观念。博物馆要做好青少年的爱国教育工作，发挥出社会教育功能。

结论

本文以绍兴鲁迅纪念馆为例，探讨博物馆的文化开发与社会教育的融合研究，分析了新形势下的博物馆的社会教育的功能，为博物馆的文化开发和社会教育的融合提供可供参考的路径选择，有力地支撑了博物馆的文化开发和可持续发展，为当地的社会教育开展提供了更为丰富的内容，有助于新时代中国特色社会主义文化建设的发展和繁荣。

（夏劲风，绍兴鲁迅纪念馆沈园景区工作人员）

参考文献：

[1] 陈畅、马瑶：《学校文化遗产教育对博物馆社会教育的新要求——基于山西博物院“‘时光飞船’博物馆进校园”项目的分析》，《文物春秋》2019 年第 2 期。

[2] 谢显纹：《浅析博物馆社会教育——以江西省赣州市博物馆教育为例》，《文物鉴定与鉴赏》2019 年第 6 期。

[3] 钟旭：《基层博物馆社会教育宣传职能调整优化》，《文物世界》2019 年第 2 期。

[4] 马婧：《浅析地方性博物馆社会教育与非物质文化遗产的相互作用——以常州博物馆为例》，《文物鉴定与鉴赏》2019 年第 4 期。

[5] 单丹：《流动博物馆在社会教育中的作用》，《长春师范大学学报》2018 年第 12 期。

[6] 王玉茹：《抗战遗址类博物馆青少年社会教育案例分析——以重庆宋庆龄旧居陈列馆为例》，《中国博物馆》2018 年第 3 期。

[7] 临夏州博物馆：《“博物馆在我身边”——临夏州博物馆 2018 年“四进”社会教育活动走进积石山县桥头小学和临夏县双城中心小学》，《中国博物馆通讯》2018 年 4 月。

浅谈博物馆文化开发与城市发展

徐　丝

摘要：历史是城市之根，文化是城市之魂。博物馆是城市文化发展的关键环节。城市的文化资源和博物馆的功能属性是紧密结合的。博物馆作为城市文化资源的比重越来越大，博物馆充分发挥其基本功能的同时给城市发展带来了新的契机。这也给博物馆事业提出了更高的要求，文化对于城市发展的重要意义前所未有地凸显，文化产业应运而生。文化产业与文化设施为城市文化及城市经济的发展注入了新的内容和活力，可以促进博物馆与其他产业领域融合，也可以创造更高附加值。本文浅略地谈了几点关于博物馆文化与旅游、教育、传媒、文创的认识和想法。

关键词：博物馆；城市发展；文化开发

历史是城市之根，文化是城市之魂。一座有独特韵味的个性化城市，不单单是靠建筑设计和城市景观来装点的，最根本还是要涵养自身独特的文化底蕴，追求自身独特的文化品格，通过城市个性和特征的培养，使城市形成独一无二的文化风景和自身独特的文化名片。而博物馆作为城市文化的名片之一，象征着这个城市的人文底蕴和历史内涵，发挥着不可替代的城市文明坐标的作用。其藏品带来的是一个地区的积淀，一个国家的缩影，一个民族的自信。博物馆既是文化输出的场所，也是对外交流的平台，更是在城市文明构建中作为无可比拟的关键环节。

一、博物馆是城市文化发展的关键环节

想要了解一座城市，我们需要了解的是这座城市的文化资源，而想要快速了解这座城市的文化资源，我们首先便会想到博物馆。博物馆是城市文化的记忆载体，是城市文化的结晶。其不仅盛载了记录城市文化记忆的各种藏品，特别是古建筑及遗址类博物馆的本身同时就代表着一种文化。

城市的文化资源体现在城市的历史、习俗与昔日的知识中，通过形成实际可行的方案来发挥价值，从形式上可分为物质和非物质（有形与无形资产）。文化资源主要涵盖四个方面：一是历史文化资源，包括生活方式、考古成果、地方习俗、节日庆典、文学、饮食文化、地方方言等；二是社会文化资源，包括当地手工业、文化及创意产业、艺术与媒体机构及其活动、文化活动、教育培训等；三是城市建成环境，包括历史文物、建筑、区域、艺术收藏、文化设施、文化生产与消费场所、文化地区、公共空间及开放绿地等；四是城市文化品牌，即城市文化资源影响力。[1]

城市的文化资源和博物馆的功能属性是紧密结合的。第一，博物馆的基本任务是适应社会主义现代化建设的需要，收藏保护文物和标本，进行科学研究，举办各种陈列展览，提高整个中华民族的思想道德素质和科学文化素质，促进社会主义精神文明建设，为社会主义现代化建设服务。[2]刘易斯·芒福德在《城市文化》中指出城市的基本使命就是：储存文化、传承文化和创造文化。他论述的城市史就是文明史，城市凝聚了文明的力量与文化，保存了社会遗产。城市文化具备“遗传基因”一般的独特力量，文化为城市的历久弥新提供了可能。

第二，博物馆作为征集、收藏、展示的平台，是一个庞大的信息资源的集散中心，应发挥好信息资源中心的作用。一家博物馆如没有信息

---

[1] 黄鹤：《文化规划：基于文化资源的城市整体发展策略》，中国建筑工业出版社 2010 年版，第 6 页。

[2] 王宏钧主编：《中国博物馆学基础》，上海古籍出版社 2001 年版，第 46 页。

资源的摄入就不可能以完美的形式输送，无论是在讲解中，还是在陈列展览中，这是一个互相传送信息的过程。在馆与馆之间的互动中，信息也在不断调整，最后要总结归纳、推陈出新、锐意进取，更好地向社会大众输出，最终服务于人民。

第三，博物馆在社会教育中发挥着重要的作用，是再教育的场所，要发挥好社会教育的功能。不仅仅是针对学生，其作为课堂教育的实践场所，更是面对社会大众。现在的博物馆并不是像网络调侃的“一个人一辈子只会进两次博物馆，第一次是少年时期跟随父母参观，第二次是成年时期带着孩子参观”。现在以及将来我们的愿望是“我不在博物馆，就在去博物馆的路上”，让博物馆成为居民终身学习的场所，让博物馆成为居民生活方式的一个组成部分。据统计，2018 年，我国博物馆举办展览约 2.6 万个，教育活动近 26 万次，参观人数达 11.26 亿人次，比上年增加 1 亿多人次。我们要带着对历史文化的尊重感走进博物馆。

第四，博物馆展览与城市文化、与市民生活越来越紧密，随之“社区博物馆”这个新名词出现了。综合性大博物馆能够做到在参观体验上的世界性、普遍性，但同时也是缺乏针对性的。而基于社区的区域性博物馆则具有这种优势；它扎根于社区，能够通过开设与社区记忆相关的展览，将公众与博物馆展览连成一体，提高公众的参与度。这种社区博物馆的建设，就像是一个个文化板块，不同的文化板块拼贴为一个多元、完整的城市记忆，从而打造出独特的城市文化。社区文化展览的建设可以有效增加城市文化展览的丰富性。

第五，博物馆作为城市文化的资产比重越来越大。随着社会经济的发展和变化，博物馆的公益性、社会性在城市文明中的作用日益凸显。在 2019 年“博物馆 · 文化中枢”论坛上，国家文物局局长刘玉珠公布了一系列关于我国博物馆事业发展的最新数据。截至 2018 年底，我国登记备案的博物馆达 5 354 家，比上年增加 218 家，免费开放博物馆 4 743 家，占博物馆总数的 88.6％。2008 年，全国非国有博物馆仅 319 座。2018 年，总数已超过 1 600 座，十年间增长 5 倍多，并且还在以每年 200 座左右的速度增长。中央财政和地方财政补助博物馆免费开放资金每年达上百亿元；平均 26 万人拥有 1 座博物馆，北京、甘肃、陕西等一些省份已达到 12 万 13 万人拥有 1 座博物馆；目前全国博物馆场馆建筑总面积超过 2 600 万平方米、馆均约 5 500 平方米；展厅总面积超过 1 200 万平方米，馆均超过 2 500 平方米；全国博物馆藏品 4 000 余万件；近五年来，全国博物馆举办出入境展览近 500 个，与 20 多个国家签订文化遗产领域合作协定。

伴随着城市文化的大发展、大繁荣，博物馆将越来越全面地面向广大群众，服务于社会，促进城市的发展。然而，这也给博物馆事业提出了更高的要求。文化对于城市发展的重要意义前所未有地凸显，文化产业应运而生。文化产业与文化设施为城市文化及城市经济的发展注入了新的内容和活力，可以促进博物馆与其他产业融合，也可以产生、创造更高附加值。

二、博物馆作为文化产业的重要因素

2000 年党的十五届五中全会通过的《关于制定国民经济和社会发展第十个五年计划的建议》，第一次明确提出文化产业概念，从而将文化产业逐步从理论层面上升为国家发展规划的层面。

据统计，2018 年全国有 92 家博物馆被纳入文创试点单位。据不完全统计，2017 年度全国博物馆的文化创意产品开发收入约 35.2 亿元，开发文创产品超过 4 万种。

馆藏资源是博物馆进行文化产业开发的基础。基于馆藏资源可生成信息出版、展览参观、文化交流、教育培训、文创衍生等文化产品或文化服务，规模数量、富集程度、品质品级、资源价值、特色优势决定了博物馆的文化产业开发潜力。

（一）博物馆文化与旅游产业

随着居民生活水平的提高，文化消费需求逐步上升，博物馆文化和旅游产业的融合，可谓“诗”和“远方”的完美结合，在现阶段文化事业建设过程中，我国政府将以往文化部门、旅游局进行有机整合，从职责层面入手，构建统一的文化旅游部。文化旅游部的组建及《关于进一步加强文物工作的指导意见》《关于推进文化创意和设计服务与相关产业融合发展的若干意见》《关于全国博物馆、纪念馆免费开放的通知》等一系列文件的颁布，不仅为文化、旅游深度融合及统筹发展提供了依据，而且为进一步提升旅游内涵及文化要素传递提供了制度支持。

随着我国博物馆数量的增加，博物馆类型包括综合类、艺术类、历史类、自然类等等。可以依据博物馆的分类细化旅游产业，例如，革命类博物馆、纪念馆带动了红色旅游热。发展红色旅游是党中央、国务院从巩固党的执政地位、加强爱国主义教育、促进革命老区经济社会发展、弘扬红色文化的战略高度作出的重要决策。先后实施的《2004—2010 年全国红色旅游发展规划纲要》和《2011—2015 年全国红色旅游发展规划纲要》，在全国掀起红色旅游的热潮，发挥了红色旅游重要而深远的社会影响。红色旅游的兴起，很大程度上是人们在经济社会发展、生活水平提高的前提下，追求丰富多彩的精神文化生活的结果。革命历史文化遗产是中华民族宝贵的精神财富。

据媒体报道，2017—2019 年，我国博物馆每年参观人次增量都在 1 亿左右，2018 年博物馆参观人次达到 10.08 亿。“博物馆热”体现了人民群众对于高品质精神文化产品的旺盛的需求。过去，由于国家和地方财政对博物馆事业的支持能力有限，我国的博物馆大多采取收费制度以填补财政缺口。2008 年，博物馆、纪念馆实行免费开放，目前全国近九成博物馆实现了免费开放，参观人数一直呈上升趋势。以博物馆为代表的公共文化机构向社会免费开放，是改革开放以来文化领域影响最大的惠民政策之一，对满足广大群众的精神文化需求和新时代中国博物馆事业全面发展起到了推动作用。博物馆免费开放政策，不仅顺应时代要求，满足人民群众日益增长的精神文化需求，也是国家进行文化大发展大繁荣的具体实践，是进一步提高政府为全社会提供公共文化服务水平的重要举措，是经济社会发展的必然趋势。

（二）博物馆文化与教育产业

教育作为博物馆最重要的功能，博物馆教育在提升国民素质和国家文化实力方面有重要作用。博物馆不仅提供象牙塔内教育学生的场所，也可作为走出象牙塔的再教育场所，培养观众的品位、指导观众观赏、引导观众消费活动。

结合博物馆的特色，提供免费的公开公益讲座，博物馆可以选择与我国或国际历史专家、学者、高等院校从教人员或艺术家合作。通过学术座谈会、考古成果发布会、文化高峰论坛、文化资源推介会等形式，也可以推出系列课程，提供艺术或者职业类培训。博物馆可以与区域教育机构合作，通过寻宝之旅、随博物馆旅行等科普研学，或夏令营活动，为博物馆旅游事业积累受众群体。博物馆通过与区域教育机构合作，举办“博物馆+新型教育”模式。为不同年龄层次学生提供系统的文化教育资源。例如武汉革命博物馆为实现博物馆教育创新发展需要，提出“互联网+”行动计划。打造满足不同年龄层次参观者精神文化需求的可视化红色系列教育品牌，以更为直观、立体、动态的方式传播红色文化，给博物馆教育生态注入新的生机。充分结合互联网流量平台资源，可形成博物馆领域特色教育品牌平台化、聚合化及场景化联动效应。该馆积极发挥爱国主义教育示范基地作用，开展了系列特色社教活动，有“红色小课堂”进校园系列活动、传统节日活动、讲座活动、红色文化主题活动、“学雷锋”主题活动、公祭活动等众多特色活动，让公众特别是青少年在博物馆参观展览的同时，通过形式多样的活动进一步了解博物馆、了解传统文化、认识民族的历史，从而激发他们的爱国情怀。

博物馆文化的教育产业是用最大的社会效益为社会主义的物质文明和精神文明建设服务，通过开放型教育服务，广泛提供国内外文化资源，积极传播时代信息，以满足人们对高雅殿堂及知识吸收的需要，从观众覆盖率的提高和社会文化艺术传统素质提高中，使人们认识到博物馆既是人类社会生活和大自然的缩影，又是昨天人类创造物质文明和精神文明的档案库。现代的博物馆要深刻认识到这种优势，充分利用这种优势，根据不同种类的博物馆发挥不同领域的教育工作，促进社会经济、博物馆事业和城市文化的全面发展。

（三）博物馆文化与传媒产业

当今社会是个信息化的时代，是一个信息可以产生价值的时代，信息化是当今时代发展的大趋势，代表着先进的生产力。大众传媒对于社会的影响日益增强，手机、网络在日常生活中发挥着越来越大的影响力。博物馆在这个大环境下，与各种媒体合作，是势在必行的趋势。博物馆要顺应时代要求，打造属于博物馆独有的原创 IP，运用传媒的技术手段，让博物馆的文化成为普通民众喜闻乐见的纪录片、电影、电视、动漫、游戏等传媒产品。

博物馆借助媒体，可以达到扩展观众群和开拓市场的功效。随着大众传媒，尤其是互联网等新兴媒体的出现和发展，各种信息以惊人的速度传输到社会的每一个角落。博物馆可以借助传媒产业，扩大教育、宣传等功能。可以将枯燥的知识，用多种方式展现，比如纪录片、电影、动画、游戏等等，以增加群众对于博物馆的认识和来博物馆参观的兴趣和愿望。

博物馆可以通过传媒产业，扩大社会影响力，大众传媒的受众多到数以十万计，在社会各个阶层和不同职业的人群中有广泛的普及率，当今社会的刷抖音、玩微博、发朋友圈等等，让大家足不出户便可以第一时间掌握资讯。一条优秀的推文，传播速度之快，知晓率之高，令人瞠目结舌。这是一把双刃剑，对于博物馆也是一种“正衣冠”“照镜子”的机会，需要博物馆提升管理水平和运营意识，增强学术人才的培养。博物馆要善于利用这个特点，在摆正自身站位的基础上，宣传正能量。与传媒有效合作，策划宣传专业知识，宣传文物保护，让全民参与博物馆事业，有保护城市发展、了解历史保护文化的意识。

（四）博物馆文化与文化创意产业

创意是利用文化资源并促使文化资本形成与增长的方式之一。当今如日中天的文化产业、创意产业，就是通过创意，将文化资源以产业化的形式转化成相对有形的、能被消费的产品，实现文化资源向经济资本的转化，发挥文化资源的经济社会效益。

博物馆需要打开思维，博物馆功能要向多元发展，从单一的“参观”向多元的“体验”，从文化的“展示”向文化的“消费”，从传统理念的“高冷”向现在的“亲民”。博物馆要放下架子，主动营销。

其次，博物馆展览要高品质发展。随着人民群众生活水平的提高，受教育的机会增加，人们对高品质审美活动的需求越来越旺盛，高品质文化与时尚文化紧密结合的趋势也越来越明显。博物馆要在展览水平、展陈内容、多媒体运用、参观者互动体验等方面进行创新。2016 年，文化部、国家发展改革委、财政部、国家文物局发布的《关于推动文化文物单位文化创意产品开发的若干意见》，对博物馆文创产品开发工作任务作了明确的指示，认为这“是推动中华文化创造性转化和创新性发展、使中国梦和社会主义核心价值观更加深入人心的重要途径，是推动中华文化走向世界、提升国家文化软实力的重要渠道，是丰富人民群众精神文化生活、满足多样化消费需求的重要手段”。

2013 年，一款台北故宫带“朕知道了”字样的纸胶带在互联网走红，引发公众对博物馆文创的高度关注，故宫博物院、苏州博物馆、山西博物院等博物馆相继推出的文创产品引发了新的网络关注。如故宫博物院大胆探索文创产品，从“故宫商店”到“故宫文化创意馆”，故宫积极主动开展文化创意产品设计和文创产品的营销。以我国文创试点单位在 2015、2016 两年间的变化为例：2015 年我国文创试点单位共开发文创产品 7 874 种，2016 年增加至 10 296 种，增长 30.76%；试点单位近两年所获得的知识产权数量共计 3 345 项，包括注册商标 514 个和其他知识产权 2 831 项。2016 年其他知识产权数量（1 535 项）较上年（1 296 项）同比增加 239 项，增长 18.44%；2015 年和 2016 年的相关经营收入分别为 2.58 亿元和 3.06 亿元，增长 18.62%。苏州博物馆虽非试点单位，其经营收入也以每年平均超 40%的增长率快速发展。2017 年，文创产品已经突破了 1 万种，文创产品年收入达 15 亿元。

一系列数据说明文创产业规模不断增长，不论在数量上，还是在质量上都在以欣欣向荣的趋势增长。博物馆的文化创意产业正在形成和完善。

近年来，我国博物馆事业快速发展，社会贡献力与日俱增，这给博物馆提出了更高的要求。作为文博工作者，我们要思考如何进一步发挥博物馆在服务城市发展、凝聚文化认同、提升公民道德素养、维护社会和谐等方面的作用，更好满足人民群众多层次、多元化美好生活需要，使博物馆成为提升城市文化水平、提高生活品质的新动力。

（徐丝，武汉革命博物馆旧址保护部副主任、文博馆员）

博物馆文化产业发展与构建文化自信的互动关系

刘晶晶

摘要：在经济社会的发展浪潮中，人民的生活方式发生了改变，博物馆在人们日常生活中的地位不断提升。近年来，我国的博物馆行业越来越注重文化产业的发展，虽然在发展过程中还存在一定的问题，但通过文化产业发展，能有效促进文化自信的构建与培育，再以文化自信促进文化产业发展。

关键词：博物馆；文化产业；文化自信

随着社会经济的不断发展，人们生活方式的转变以及对美好生活的向往，博物馆日益成为人们日常生活的“打卡地”，随之带来的博物馆文化产业发展、文化创意产品开发也越来越受到关注。党的十九大报告提出，“要推动中华优秀传统文化创造性转化、创新性发展”。博物馆作为中华优秀传统文化的重要载体，随着文化产业的发展，也要注重文化自信的培育，将两者有机结合，共同推进。

一、博物馆文化产业发展现状

2015 年 3 月《博物馆条例》出台实施，首次在国家层面以法律法规的形式明确“国家鼓励博物馆挖掘藏品内涵，与文化创意、旅游等产业相结合，开发衍生产品，增强博物馆发展能力”。博物馆作为文化产业市场主体的重要组成部分，近年来逐渐强化着文化产业发展的理念。

故宫是我国古代宫城发展史上现存的唯一实例和最高典范，是历史的缩影，是中国文化传统的结晶，是源远流长的中华文明的见证与载体。故宫博物院是世界上极少数同时具备艺术博物馆、建筑博物馆、历史博物馆、宫廷文化博物馆等特色，并且符合国际公认的“原址保护”“原状陈列”基本原则的博物馆和文化遗产，在弘扬中华文明上起着不可替代的作用。故宫博物院的文创产品以其深厚的文化底蕴为基础，加上符合现代年轻人的审美观念，一经推出便大获成功，同时，借助《我在故宫修文物》、《上新了，故宫》等纪录片或综艺节目，为文创产品的宣传提供持续热度，成为国内博物馆行业中当之无愧的“网红”。

上海博物馆在 2017 年举办“大英博物馆藏百物展”时，结合展览的 IP，开发了 160 余种相关文创产品，观展者不仅可以隔着玻璃观赏精美藏品，还能亲手选购上博为展览推出的咖啡、饼干、文具、手袋等产品，直接把“大英博物馆”带回家。据上海博物馆官方统计，仅这一场展览，文创产品的总销售额就达到了 1 700 万元，创下特展相关文创产品销售纪录。2018 年 10 月，上海博物馆又与迪士尼合作，共同开发了六大类 66 种文创产品，米奇与大克鼎穿越时空相会，一举夺下上博天猫旗舰店的销量冠军。

随着博物馆文化创意产品受到越来越多公众的关注和喜爱，博物馆文化产业发展进入黄金机遇期，全国各地博物馆都开始重视文化产品的发展，逐渐将文化产品的开发提升至博物馆建设的重要位置，在数量、质量、宣传力度以及创新程度上都有所进步。

二、博物馆文化产业发展存在的问题

当前，虽然博物馆在文化产业发展方面的潜力逐渐受到重视，在国家政策支持和民众鼓励下，博物馆文化产业将进入快速发展期，但文化产业的发展仍然处于探索阶段，尚未形成可以支撑产业完善发展的系统的理论体系，在政策、研发、营销等方面也存在不少问题。

（一）机制体制受限制

我国的博物馆以国有的居多，主要为非营利性事业单位，在资金方面多依靠政府和国家的财政拨款，所拨经费除了维持博物馆日常运营和基本的文物保护研究费用之外，可机动运用的经费往往相当有限，因此在资金使用方面缺乏一定的灵活度和可操作性；而且，在现行财政制度下，财政拨款逐年减少，文化创意产品的经营收益难以保持稳定，发展文化产业反而有可能影响博物馆的业务开展和自身建设。财政制度、财政理念和烦琐的拨款申请流程，一定程度上制约了博物馆开发文化创意产品的内在动力和博物馆文化创意产业的发展速度。

（二）研发理念显陈旧

博物馆在开发文化产品时，缺乏地域风格和本馆特色，类型过于单一，同质化严重，缺乏自主研发能力和团队，“有些产品只是对文物实体按比例简单复制，有些只是将文物的平面图案或者书画作品上的图案直接印制在丝巾、抱枕、手机壳上，有些文创产品与旅游纪念品毫无差异，并不能真正体现博物馆特色”。当一些博物馆推出有代表性产品后，其余博物馆找不到馆内颇具特色的文物并再针对其特征制作文化衍生产品，只会模仿，例如台北故宫博物院 2013 年开发的“朕知道了”胶带大火，随之其他各馆均推出了类似的产品，缺乏创新性。2016 年 5 月，文化部、国家文物局等部门下发《关于推动文化文物单位文化创意产品开发的若干意见》，提出要“深入挖掘文化资源的价值内涵和文化元素，广泛应用多种载体和表现形式，开发艺术性和实用性有机统一，适应现代生活需求的文化创意产品，满足多样化消费需求”。博物馆具备开发文化藏品的权利，应该高度重视对文化产品的加工与开发，将自身特色充分体现出来，尤其是要加大对特色藏品的挖掘力度，将其中蕴含的艺术气息展示出来，这样既能够提升博物馆的文化品位，也达到创新驱动文化产业发展的目的。

（三）营销模式不完善

个别博物馆在经营管理上缺乏市场意识和效益意识，忽视文化创意产品开发流通的社会功能，在营销方面，往往采用被动的营销模式，造成营销推广方面的滞后。在文化部、国家文物局等部门下发的《关于推动文化文物单位文化创意产品开发的若干意见》中还提出，“创新文化创意产品营销推广理念、方式和渠道，促进线上线下融合”。在新媒体时代，博物馆文创产品的营销推广有了新的模式和途径，可综合利用各种媒体的优势，迅速地传播文化，让人们对博物馆的藏品有更深的理解和更多的兴趣；可通过互联网在线销售平台打破传统模式的局限性，让人们轻松获取文创产品的信息，自主选择喜爱的产品。故宫博物院在这方面积极探索，运用整合营销理念，形成独特的品牌效应，引领了消费风潮。线上线下的宣传联动，使其文化产品受到追捧。据故宫博物院发布，2017 年，故宫所有的文创产品全年总收入达 15 亿元。

三、博物馆文化产业发展的意义

2016 年 2 月，《国务院关于进一步加强文物工作的指导意见》提出要大力发展文博创意产业，“深入挖掘文物资源的价值内涵和文化元素，更加注重实用性，更多体现生活气息，延伸文博衍生产品链条，进一步拓展产业发展空间，进一步调动博物馆利用馆藏资源开发创意产品的积极性，扩大引导文化消费，培育新型文化业态。鼓励众创、众筹，以创新创意为动力，以文博单位和文化创意设计企业为主体，开发原创文化产品，打造文化创意品牌，为社会资本广泛参与研发、经营等活动提供指导和便利条件”。使博物馆更有效地传达历史文化信息，就要使博物馆的文物保护具有时代性，从利用中求发展，也有助于文化的传承。

（一）增强文化自信

文化兴则国运兴，文化的繁荣兴盛，与国家和民族的兴衰息息相关。要实现中华民族伟大复兴的目标，既要大力发展实体经济，也要注重大力发展文化产业。加强博物馆文化创意产品开发工作，推动文化产业蓬勃发展，有利于更好地提振公众的文化自信，朝着实现中华民族伟大复兴的中国梦砥砺前行。在经济全球化、文化多元化的大背景下，我们既要扩大开放，积极参与经济全球化进程，直面国际上缤纷多彩的多元文化，又要保持中华文明的优点和特质，坚持中国特色文化的发展方向，因此，必须具备主动进行文化交流的意识。通过博物馆文化创意产品的开发与保护，可以增进文化发展与交流，互通有无，促进国际交往。

（二）符合时代需要

在快速发展的当代社会，生活质量得到提高，人们对精神文化也更加重视，对于社会文化产生了一定的需求和认知能力，对于文物从文化层面的理解更为深刻，有了一定的鉴别力和鉴赏力。观众到博物馆参观时不再满足于观赏，而是需要了解文物的内涵及背后的文化。这就要求博物馆超越传统的文化传播理念，积极探索新的发展道路，创新产业发展途径，将文化发展向产业化方向推进，并在文化产业发展中适应时代环境，有所创新，形成自己的文化品牌，做出自己的品牌特色，将博物馆文化推广到普通大众的日常生活中，真正有效地做到文化的传承与发展，创造多元的文化产业发展空间。

（三）提供多元文化

博物馆文化创意产品的开发与保护，对中国的文化遗产和非物质文化遗产的保护和文化多样性的留存均具有特殊意义。通过博物馆文化创意产品的开发，传播优秀传统文化，是保护人类文化多样性，实现文化多元共存的有效途径。

在文化产业发展过程中，博物馆要发挥作用，就要注重设计上的创新，选择与自身文化内涵相当的产业模式，发挥现代化技术的功能，提升文化审美趣味。随着文化多元化进程的加快，博物馆的创新设计要准确定位，通过合理应用现代技术提高文化产品质量，发挥博物馆的特色，推进文化产业的发展。

（四）促进持续发展

博物馆拥有丰富的文化资源，包括博物馆的品牌、专家和文物等。博物馆要充分利用已有的资源，发挥品牌价值，增强社会影响力。文化创意产品就是在博物馆藏品与公众参观者之间构筑起联系的上佳纽带。观众到博物馆会选择一些产品作为纪念品，而他们的目光一般会停留在一些有标志性、代表性的产品上，这就需要博物馆提供适宜的产品，让人们的心理需求得到满足，并刺激人们的消费。

文化创意产品的开发不仅是博物馆传承文明、传播文化等固有职能的有益拓展，还能增加博物馆的经济收入，部分弥补日常资金的短缺，有利于实现博物馆事业的可持续发展。

四、文化自信与文化产业的互动关系

党的十九大报告上提出：“文化是一个国家、一个民族的灵魂。文化兴国运兴，文化强民族强。没有高度的文化自信，没有文化的繁荣兴盛，就没有中华民族伟大复兴。”

文化产业是以文化产品、文化理念等为表现形式，以满足社会文化消费为价值目标的现代产业形态。文化产业发展和文化自信培育之间的内在联系，有助于促进文化产业发展和文化自信培育的双向互动，以更好地实现文化建设的多维目标。

（一）文化自信不足制约文化产业发展

文化自信需要在日常生活中不断培育和强化，文化产业正是提升文化自信的重要平台。文化自信往往能够促进文化创新、丰富文化内容，这些对文化产业发展具有重要意义。文化自信不足往往会影响文化产业的可持续发展，也会给文化产业发展带来负面影响。

（二）文化产业发展滞后影响文化自信构建

文化产业发展能够推动文化内容及形式创新，满足社会成员多样化的文化需要，对于培育文化自信具有重要意义。文化产业的繁荣发展，可以增强文化认同感和归属感，可以使传统文化资源通过市场运作和商业包装等形式获得新的生命，为提升文化自信提供资源支持，从而提高全民族的文化自信。大力发展文化产业，提高中国文化产业的国际竞争力，才能增强中华文化的国际影响力，增强中华民族的文化自信。

故宫博物院在文化产品开发的过程中，注重内容营销，以受众需求为导向，对藏品背后的故事进行趣味性“解码”和现代化“再创作”。在《我在故宫修文物》的纪录片中，以文物修复师的视角来传递“匠心精神”“师徒传承”“名与利”等宏观的主题，帮助受众选择想象，并由此传播文化自信和为人处世的精神内核，让中国青年一代，自豪又懂得深思，也借此在全球文化中，表达中国文化能够长存的独特魅力。

（三）以自信促发展，在发展中育自信

文化产业具有文化、社会、经济等多重属性，文化产业的健康发展不仅能够收到良好的经济效益，还能弘扬传统文化，促进文化创新，提高国人的文化自信，应当将文化自信培育作为文化产业发展的重要前提，在文化产业的发展过程中培育文化自信。文化产业发展和文化自信培育都是文化建设发展的重要方式，文化产业发展能够较好地发挥文化的经济属性、产业功能等，满足人民群众多元化的文化需要，促进民族文化的繁荣发展；文化自信培育能够增强国人的文化自信心、民族自豪感，为文化产业发展提供精神动力。

2019 年度“5·18 国际博物馆日”的主题为“作为文化中枢的博物馆：传统的未来”，聚焦于博物馆作为社区、社群、社会活跃参与者的角色定位，倡导博物馆以高质量的文化供给增强公众的幸福感和获得感。文化只有像阳光、空气和水那样融入每个人的血液中，国民素质和生活品质才会得到有效提升，文化产业的发展才有生生不息的内在动力，文化自信才有取之不竭的源头活水。

（刘晶晶，陈云纪念馆馆员）

关于新时代纪念馆发展文化产业相关问题的研究与思考

王　越

摘要：在新时代的背景下，纪念馆被赋予新的使命和职责。随着社会公众对纪念馆文化产业关注度和需求量的日益增加，特别是习近平总书记多次对文物博物馆工作作出重要指示，如何有效地发展文化产业，已经成为纪念馆重要的课题项目和整体运营的必要组成部分。本文将从纪念馆文化产业构成尤其是文化产品内容、发展文化产业的优势和不足以及针对今后如何更好地开展提出建议等相关问题展开研究和思考，以期为纪念馆文化产业的发展提出有益的借鉴。

关键词：纪念馆；文化产业；文化产品；文化资源；文旅融合

近年来，随着博物馆、纪念馆事业的不断发展，特别是习近平总书记多次到博物馆、纪念馆开展考察并对文物博物馆工作作出重要指示，越来越多的社会公众开始了解博物馆、纪念馆等公共文化场所，走到里面去参观、学习，共享社会文化建设的繁荣成果，同时，博物馆、纪念馆文化产业也受到更为广泛的关注。

在新时代，纪念馆被赋予新的使命和职责。随着社会公众对纪念馆文化产业需求量的日益增加，如何认识文化产业的重要性，如何明确发展文化产业的优势与不足，对于纪念馆业务工作的开展，甚至是整体运营都具有非常重要的意义。纪念馆应当抓住机遇、迎接挑战，创新模式、多措并举，实现与文化产业的良性互动式发展。

一、纪念馆文化产业的构成

自1947年“文化产业”这一概念首次被提出以来，至2020年不过60多年的发展历史，与传统产业相比，还是一个相对新兴的产业，而文化产业与纪念馆的结合发展则起步更晚。

纪念馆文化产业是整个大文化产业的重要组成部分，包括文化服务和文化产品两部分，前者是基础，后者是核心。纪念馆作为公共服务机构，对于如何进行文化服务应该是较为熟悉的，在此不再赘述，下面主要就纪念馆文化产业的核心部分——文化产品，谈一下认知。

任何一个文化机构发展文化产业，首先一定要明确自身可以“生产”出的文化产品有哪些，以供“消费者”进行“消费”。就纪念馆而言，文化产品主要是通过自身的文化资源、文化符号而设计、研发、生产出可供观众（消费者）满足其文化需求的产品，包括精神产品和物质产品两方面。按照产品的属性，文化产品可进一步划分为文化教育产品、文化研究产品和文化创意产品。从产品的功能来看，前两者属于精神文化产品，后一个则属于物质文化产品。

（一）文化教育产品

文化教育产品包括以纪念馆馆藏文化资源为基础，设计出的基本陈列、专题陈列和临时展览等文化形式的输出，对产品“消费者”也就是观众，通过相关主题、相关内容的展示来实现纪念馆社会教育的目的。除此之外，文化教育产品还包括以社交活动为主体的公共教育项目，比如精品教育课程、体验式活动、专题文化讲座、公众参与式研学等。这些都属于以观众为主导，用纪念馆独特的文化资源研发出来的文化教育产品。从产品的构成、数量以及发挥的作用来看，文化教育产品应该是纪念馆文化产品中最基础、最核心的部分。

（二）文化研究产品

研究是纪念馆无论开展文化事业还是发展文化产业都必须坚持和遵循的职能。通过研究，可以深入挖掘馆藏文化资源的内涵和价值，带动其他文化产品的开发与设计，还能在此过程中，根据研究成果创造出文化研究产品，成为学术水平高、技术含量高的一类，也可以称作纪念馆文化产品中的高端产品，例如精品文物图录、代表性图书刊物、研究性著作以及举办的学术研讨会、学术性讲座等。这类高水平的文化研究产品，可以充分提升文化产业整体发展的高度和质量。

（三）文化创意产品[1]

纪念馆文化创意产品是“指纪念馆结合自身馆藏文化资源的文化特征与文化符号，通过与文化创意产业的结合，将创造性思维与纪念馆馆藏文化进行结合，将文化和创意思维这两种抽象的意识相统一，并整合加工成带有纪念馆文化特色的创意产品”。[2]

纪念馆作为社会教育机构，无论采取何种形式进行文化创意产品的设计与开发，都是通过弘扬纪念对象的精神和价值，将公共教育这一社会效益作为首要目的和第一原则。纪念馆文化创意产品的意义在于，以文化促进经济，借助文化产业和文化创意产品的发展趋势，一方面可以使纪念馆丰富的文化资源与创意产业相结合，实现通过文化创意产品来对纪念馆进行宣传的目的，可以形成独具本馆特色的品牌形象；另一方面，通过实现文创产品良好的产销模式，可以为纪念馆带来一定的经济效益，用于场所设施的维护、馆藏文物的保护以及员工工作效率的激励措施等，使纪念馆增强财政自主支配权，提高员工工作积极性，形成更好的良性发展与管理模式。

纪念馆文化创意产品除了应具有博物馆文化创意产品的一般特性（例如审美性、艺术性、实用性）之外，还应具有自身的政治性和纪念性。纪念馆通过挖掘馆藏文物资源、进行纪念对象研究、配合展览主题、结合地域特色等，将人物精神、故事转化成受游客和观众喜爱的文

---

[1] 本部分内容主要引自拙文《关于新时代人物类纪念馆文创产品设计与开发相关问题的思考与研究》，载陈麟辉主编：《名人故居的建设与发展——中国博物馆协会名人故居专业委员会2018年年会论文集》，上海人民出版社2019年版，第406—407页。

[2] 关于纪念馆文化创意产品的定义，参阅金青梅、张鑫：《博物馆文创产品开发研究》，《西安建筑科技大学学报（社会科学版）》2016年第6期。

化创意产品。

二、纪念馆发展文化产业的优势

（一）馆藏文化资源丰富

纪念馆作为“杰出历史人物或重大历史事件有关遗址、遗物和纪念建筑的保护收藏机构、宣传教育机构和科学研究机构”[1]，是传统文化和红色文化的重要载体，一方面所具有的收藏、保护的功能以及历来重视对相关藏品征集的使命和实践，使得纪念馆藏品不断丰富，达到一定程度的积聚，这些具有元典意义、物证意义的馆藏“物”之资源，成为纪念馆区别于其他文化机构、研究机构所特有的藏品资源优势；另一方面，纪念馆又需要通过对纪念馆对象的生平事迹（人物类）或发生经过(事件类)、价值内涵等相关历史知识和精神价值的研究，从而形成对纪念馆对象的思考和感知，并向公众进行展示和宣传教育。这两方面的结合，就是“物证”“历史”“精神”的相互融合，由此开展对社会公众的爱国主义、革命传统、红色文化、思想道德等方面的教育，从而形成纪念馆的人文资源优势。

此外，每个纪念馆也基本上是“当地的标志性地标、政治宣传窗口、民族文化精髓和精神高地”[2]，加上藏品资源优势和人文资源优势，就成为纪念馆丰富的文化资源优势，也是纪念馆发展文化产业最基础性的优势。

（二）相关条例、政策和指导性意见的扶持[3]

2015 年 3 月 20 日，国务院颁布我国第一个全国性的博物馆行业法规性文件——《博物馆条例》。这一条例的颁布与实施，标志着我国博物馆

---

[1] 安廷山：《中国纪念馆概论》，文物出版社 1996 年版，第 10 页。

[2] 农逢新：《纪念馆文化产业发展探析——以百色起义纪念馆为例》，《歌海》2018 年第 4 期。

[3] 本部分内容主要引自笔者文章：《关于新时代人物类纪念馆文创产品设计与开发相关问题的思考与研究》，载陈麟辉主编：《名人故居的建设与发展——中国博物馆协会名人故居专业委员会 2018 年年会论文集》，上海人民出版社 2019 年版，第 402—403 页。

事业进入崭新的发展阶段。该条例也对纪念馆文化创意产品和文化产业的发展作出指导和规定，指出："国家鼓励博物馆挖掘藏品内涵，与文化创意、旅游等产业相结合，开发衍生产品，增强博物馆发展能力。"[1]

2016年3月，《国务院关于进一步加强文物工作的指导意见》印发，明确指出要"大力发展文博创意产业。深入挖掘文物资源的价值内涵和文化元素，更加注重实用性，更多体现生活气息，延伸文博衍生产品链条，进一步拓展产业发展空间，进一步调动博物馆利用馆藏资源开发创意产品的积极性，扩大引导文化消费，培育新型文化业态。鼓励众创、众筹，以创新创意为动力，以文博单位和文化创意设计企业为主体，开发原创文化产品，打造文化创意品牌，为社会资本广泛参与研发、经营等活动提供指导和便利条件"。[2]

2016年11月，国务院办公厅转发由文化部、国家发展改革委、财政部、国家文物局四部门《关于推动文化文物单位文化创意产品开发的若干意见》[3]。该文件是进一步贯彻落实《博物馆条例》和《国务院进一步加强文物工作的指导意见》的具体举措，对于深入发掘纪念馆文化资源，推动文化创意产业发展，弘扬中华优秀传统文化具有重大意义。

以上涉及的主要行业性条例、政策和指导性意见，为纪念馆文化产业的发展提供政策上的支持与保障，指明了前进的方向，同时也必将促进我国纪念馆事业的大发展、大繁荣。

（三）文旅融合的上层推动

2016年10月，中央办公厅和国务院办公厅联合印发《2016—2020年全国红色旅游发展规划纲要》。同年12月，国家发展改革委、国家旅游局等"协调小组"14个单位联合印发《全国红色旅游经典景区名录》，成为党和国家指导"十三五"期间促进红色旅游发展的纲领性文件，也是各级党委、政府推进红色旅游持续健康发展的基本遵循。

2017年5月，中央办公厅和国务院办公厅联合引发《国家"十三

---

[1] 引自：http://www.sach.gov.cn/col/col1806/index.html。

[2] 引自：http://www.gov.cn/zhengce/content/2016-03/08/content_5050721.htm。

[3] 引自：http://www.sach.gov.cn/art/2016/6/14/art_1329_131739.html。

五”时期文化发展改革规划纲要》（简称《纲要》），《纲要》中指出，在“十三五”末要实现文化产业成为国民经济支柱性产业。同时，“十三五”以来一系列促进文化产业和旅游产业发展的政策也陆续出台，进一步推动文化与旅游的融合。

文化与旅游的紧密结合还体现在管理体制的变动上。2018 年，根据十三届全国人大一次会议审议通过的国务院机构改革方案，文化部与国家旅游局合并，成立文化和旅游部，以此来统筹全国文化事业与文化产业的发展、文化资源与旅游资源的开发和利用，推动文化事业、文化产业和旅游业的融合，将文化产业作为文化事业和旅游业融合发展的重要桥梁，在社会主义文化建设中扮演着日益重要的角色。

以上涉及的主要实施纲要和管理体制的变动，为纪念馆文化产业的发展提供来自上层的驱动力——文旅融合，尤其是日臻成熟和如火如荼的红色旅游，成为纪念馆发展文化产业的优良渠道，纪念馆应该紧握文旅融合发展的时代契机，抓住机遇、迎接挑战，从而促进我国文化产业的繁荣发展。

三、纪念馆发展文化产业的不足

（一）体制机制的约束

纪念馆作为文化事业单位，面对发展文化产业首先受到来自管理体制上的制约。产业需要以市场运作为主导，而纪念馆的运营模式和灵活的市场却不相匹配，这一方面致使企业成功发展的案例和实践经验在纪念馆中得不到有效的借鉴与应用，使得创新性和有效性的构想无法得到充分的贯彻与实施；另一方面国有单位的性质还使个别纪念馆的领导层对于文化产业重要作用的认识不够充分，传统的理念认为纪念馆文化事业不能市场化、产业化，没有将文化产业作为重要的业务工作和发展规划来看待，甚至对于文化产业这种市场行为有抵触思想，不敢或根本不愿有所作为。这种体制机制的约束，导致纪念馆发展文化产业的原动力不足。

（二）资金支持的缺乏

近年来，随着纪念馆事业的长足进步以及社会主义文化建设的繁荣发展，虽然从国家层面加大了对纪念馆的资金投入并逐年增加，但从总量上看仍然处于偏下的程度。加上免费开放以来，纪念馆面临陡然增加且每年较大增长率的客流量，来自国家全额拨款的资金主要用于维持日常运转以及临时展览、文物保护、消防安防、设备维护等基本项目，根本无法满足文化产业尤其是文化创意产品设计与研发所需要的资金支持，致使文化教育产品内容陈旧、形式单一，文化研究产品质量低、学术性较差，文化创意产品缺乏特色、品种单一、泛大众化倾向严重。资金支持的缺乏导致纪念馆文化产业发展的驱动力不足。

（三）复合型高端人才的匮乏

人才是决定文化产业能否顺利开展的重要因素。首先，纪念馆内部专业人才的教育背景主要集中在博物馆学、历史学、教育学、语言学等相关学科，这些专业背景对于纪念馆的运营管理、藏品及纪念对象的研究、宣教活动的策划与实施都比较有利，但是具体到产业经济、产业效益、产业的投入与产出、产业的运营与管理等方面，尤其是对于文化创意产品的设计与研发缺乏足够的专业知识支持。其次，虽然有些纪念馆已经通过人才引进、人事招聘等渠道获得具有经济学、营销管理、艺术设计等专业背景的人员，但他们在短时间内对纪念馆文化产业发展所必需的馆藏文化资源又缺乏深刻的领悟和研究，设计出来的文化产品缺乏独特的藏品元素和人文情怀，无法获得消费者的青睐。复合型高端人才的匮乏导致纪念馆文化产业发展的创新性和创造力不足。

（四）地域之间、各馆之间发展的不平衡

纪念馆文化产业从整体上看是向前推进、不断发展的，但从各地域之间、各纪念馆之间的比较来看还是很不平衡。具体实践中，中东部较为发达地区例如北京、上海、浙江等地的纪念馆文化产业发展较为迅速，在各纪念馆中又以韶山毛泽东同志纪念馆、刘少奇同志纪念馆、北京鲁迅纪念馆、齐白石纪念馆、沈阳张氏帅府等较大规模纪念馆的经验和做法较为突出，逐渐探索出符合自身的文化产业发展之路。其中，又以韶山毛泽东同志纪念馆最为出色，对文化产品已探索出一套从设计、开发、制作再到营销的发展模式，并形成成熟的原则和方法。

而在中西部偏远地区和一些中小型纪念馆，文化产业的发展则非常滞后甚至无从谈起，领导层不重视、资金支持不到位、没有专门的发展部门等因素致使文化教育产品或许还是那常年未曾改动过的基本陈列，临时展览和配套的教育项目尚未建构；文化研究产品只有几本薄薄的人物故事会、科普性图录等书籍；而文化创意产品，更是几乎可有可无。这种呈现出两极分化的不平衡态势，必将严重影响整体发展水平，不利于统筹兼顾、协调发展，导致纪念馆文化产业发展的均衡性、协调性不足。

四、纪念馆发展文化产业的建议

（一）多渠道争取资金支持，探索体制机制的创新

积极争取上级主管财政部门的资金投入和政府在经营上给予适当税收减免，获得政策层面的大力扶持。在坚持事企分离的管理原则下，适当引入企业运营模式，成立相关的经营管理或文化产业发展部门，在隶属于纪念馆整体管辖的前提下对文化产业尤其是文化创意产品进行专门管理，可以拥有一定自主的经营权和核算权，但所得利润不能归部门独立所有，必须上缴纪念馆，该类资金一部分可用于纪念馆公共文化服务项目的支出，一部分可用于文化产业的深度再发展，特别是文化创意产品的设计与研发，剩余资金纪念馆也无权扣留，上缴上级财政部门。

通过馆藏文化资源授权的方式与专业公司开展合作，由公司提供资金，纪念馆以知识产权作价获得股权，共同进行文化产业的开发与经营。需要注意的是，纪念馆在给予公司某些自主权的前提下，一定要加强监督管理职责，确保公司在发展定位、发展方向、经营理念、经营模式、具体实施等方面与纪念馆作为社会教育机构、公共服务机构的性质保持一致，确保纪念馆文化产业的良性发展，以免带来不良的社会负面影响。

（二）加快复合型人才的引进、培养，建设专业人才队伍

创新人事管理体制，有针对性地招聘和引进复合型人才，尤其是既熟悉经营管理又懂得艺术创作与设计，对馆藏文化资源更有一定研究的

高端复合型人才作为带头人，委托其负责文化产业的发展。

加大对各馆已有业务人员的培养力度，优化专业和年龄结构，因才调整工作岗位，并通过业务培训、继续教育、专题讲座、对外交流、学术研讨等方式对已有员工开展专业知识的教授，引入适当的奖励性机制，充分调动员工的积极性，发挥员工的创造力。

加强志愿者团队建设以作为有效补充，充分利用志愿者团队知识结构和社会阅历的广博性，让志愿者团队积极参与文化教育产品的策划与实施、文化研究产品的编纂与出版、文化创意产品的开发与设计，兼顾他们具有创新性的建议和想法，拓展思路、推陈出新。

（三）加强区域统筹管理，开展馆际对口帮扶和经验交流

地方各级文化、文物主管部门，要有效整合本地区的文化资源，统筹推进本地区纪念馆文化产业发展的协调性、均衡性，加强政府的主导地位，在资金扶持和税收减免方面提供更大帮助，在技术和人员上给予大力支持，提升社会大众的广泛参与度，为纪念馆文化产业的快速发展提供良好的环境。

文化产业发展较好的地区和纪念馆，要加大对较差地区和纪念馆的指导与帮助力度，提供成功的案例和实践经验，加强各馆之间沟通、交流与合作，必要时可提供资金、技术和人员上的帮扶，实现区域和馆际之间的资源补充。

文化产业发展较差的地区和纪念馆从自身来看，首先要创新工作思路、改进管理的方式方法，增强干事创业的主观能动性和创造性，不能有“等、靠、要”的传统思想，要主动出击，主动向“强者”学习，借鉴成功的案例和实践经验，努力探索出一条适合本馆的文化产业发展之路，推进纪念馆文化产业整体发展的均衡性和协调性。

结语

综上所述，纪念馆发展文化产业既是作为文化机构的职责，也是新时代赋予的使命，更是实现社会主义文化自信的必然要求。纪念馆要在明确自身文化产业构成尤其是文化产品内容的基础上，充分利用馆藏文化资源丰富、相关政策扶持、文旅融合推动等优势，把握住千载难逢的发展机遇，又要克服体制机制约束、资金支持缺乏、复合型人才匮乏以及整体发展不平衡等不足，迎接前进道路上的各种挑战，创新竞进，始终把社会教育职能放在首位，履行好公共服务职责，将文化事业、文化产业合理有效地进行结合，相辅相成、共同进步，推动纪念馆文化产业整体的不断向前和繁荣发展，谱写新时代社会主义文化建设的新篇章！

（王越，周恩来邓颖超纪念馆文博馆员）

博物馆在文化产业发展中的作用
——以陆游纪念馆为例

冯　婷

摘要：博物馆对文化产业的发展和形成有着重要的作用，作为历史发展进程的缩影，博物馆是人们进行文化教育的重要场所，是一种公益性质的旅游资源，为满足人类文化需求，带动文化产业发展，奠定了基础。本文以绍兴陆游纪念馆为例，阐述博物馆在文化产业发展中的作用。

关键词：博物馆；纪念馆；文化产业；陆游；沈园

一、陆游纪念馆简介

绍兴陆游纪念馆位于绍兴鲁迅中路沈园景区内，沈园是见证南宋大诗人陆游与表妹唐琬凄美爱情故事的宋朝私家园林。陆游，字务观，号放翁，南宋文学家、史学家、爱国诗人。生于北宋灭亡之际，少年时即深受家庭爱国思想的熏陶。励志报效国家，后因仕途不顺，投身军旅，立下“上马击狂胡，下马草军书”的壮志。但陆游的主战思想与当时的主流思想相悖，所以一生仕途不顺，最后郁郁而终，临死前留下“王师北定中原日，家祭无忘告乃翁”的遗愿。一生跌宕起伏的经历，让陆游成为中国存诗最多的诗人，有 9 300 多首留存至今。他的诗语言流畅，章法严谨，兼具李白的雄奇奔放和杜甫的沉郁悲凉，尤其因饱含爱国热情而对后人影响深远。

陆游纪念馆位于景区南苑，是一个仿宋的两进建筑，分为两大部分：安丰堂和务观堂。务观堂展示的主要是陆游的书法作品，陆游在南宋是非常有名的书法家，备受当代人推崇。安丰堂主要是陆游史迹陈列馆，向游客展示陆游一生的轨迹，分三部分：爱国、爱乡和爱情。每每游客走到这里，都会驻足观看，然后长叹一声“原来陆游这么厉害啊!”绍兴人才辈出，也正是陆游这种名人的号召力，才使得沈园乃至绍兴成为现代人们出行必选的旅游打卡地。

二、博物馆与文化产业的关系

博物馆是征集、典藏、陈列和研究代表自然和人类文化遗产的实物的场所，并对那些有科学性、历史性或者艺术价值的物品进行分类，为公众提供知识、教育和欣赏的文化教育的地点或者社会公共机构。博物馆是非营利性机构，对公众开放，为社会发展提供服务，以学习、教育、娱乐为目的。

文化产业以生产和提供精神产品为主要活动，以满足人们的文化需要为目标。文化产业基本上可以划分为三类：

一是生产与销售以相对独立的物态形式呈现文化产品的行业（如生产与销售图书、报刊、影视、音像制品等行业）；二是以劳务形式出现的文化服务行业（如戏剧舞蹈的演出、体育、娱乐、策划、经纪业等）；三是向其他商品和行业提供文化附加值的行业（如装潢、装饰、形象设计、文化旅游等）。2003 年 9 月，中国文化部制定下发的《关于支持和促进文化产业发展的若干意见》，将文化产业界定为：“从事文化产品生产和提供文化服务的经营性行业。文化产业是与文化事业相对应的概念，两者都是社会主义文化建设的重要组成部分。文化产业是社会生产力发展的必然产物，是随着中国社会主义市场经济的逐步完善和现代生产方式的不断进步而发展起来的新兴产业。”

博物馆虽然是非营利性的公益机构，但从博物馆衍生出的信息、活动、产品和服务，可以具有营利的目的，是文化产业的一部分。

三、博物馆在文化产业发展中的作用

（一）博物馆是文化产业的重要资源

文化产业是文化建设的重要组成部分，与博物馆相比，它以文化为基础，更加注重经济效益。博物馆则属于注重社会效益和历史传承的纯粹公益单位，对于文化产业的发展有重要影响。在文化产业发展过程中，可以充分利用博物馆中的各种文物资源、信息及其精神内涵去创造经济效益和社会效益。例如游客把绍兴作为旅游目的地，主要原因是绍兴名人多，慕名而来。周恩来、陆游、蔡元培、鲁迅等名人故居纪念馆资源非常丰富。且陆游的诗经常出现在小学的教材中，“跟着课本游绍兴”是吸引很多游客来绍兴游玩的关键。来沈园的游客，都是为大诗人陆游而来，游客每每提到陆游都会吟上一句他的名句，如“山重水复疑无路，柳暗花明又一村”“王师北定中原日，家祭无忘告乃翁”“红酥手，黄滕酒，满城春色宫墙柳”等。上文提到，文化产业是提供文化服务和生产文化产品的经营性行业。沈园景区也正是依托陆游，为游客提供了许多文化服务与文化产品，如讲解服务、文创产品销售以及以陆游的爱情故事演变而来的沈园之夜堂会表演等。

（二）促使博物馆衍生文化产品的发展

如今，随着社会经济的快速发展，人们的生活水平不断提高，人们对于博物馆的期待已不光是博物馆的藏品或陈列。为了满足人们对文化的需求，博物馆也在助推着其他产业的发展，如旅游产业、博物馆衍生产品开发、文创产品、图书产业等。以陆游纪念馆来说，衍生产品还是比较丰富的。

1. 打造 5A 级景区

2010 年 1 月，绍兴召开绍兴古城创建国家 5A 级旅游景区动员大会，发出全城创建“动员令”。为配合鲁迅故里 · 沈园景区创建 5A 级景区，绍兴市共投入 1 493 万元。终于在 2012 年创建成功，鲁迅故里 · 沈园景区被列为绍兴首个 5A 级旅游景区。鲁迅故里 · 沈园景区是依托名人纪念馆建设的组合景区，鲁迅故里是绍兴市区保存最完好、最具文化内涵、水乡古城经典风貌和独具江南风情的历史街区，占地 50 公顷。鲁迅故里由鲁迅纪念馆演化而来，景区再现了鲁迅当年生活的故居、祖居、三味书屋、百草园的原貌，是立体解读中国近代文豪鲁迅先生的场所。沈园景区位于鲁迅故里东侧 200 米，又名“沈氏园”，是宋代著名园林，占地 57 亩之多，是绍兴历代众多古典园林中唯一保存至今的宋式园林。1963 年被确定为浙江省文物保护单位。游客来到这里不但可以参观近代文豪鲁迅小时候生活的地方，还可以体验一把穿越，乘坐绍兴特色乌篷船“穿越回”800 多年前的南宋时期，南宋大诗人陆游的悲欢离合与爱国情怀。

打包创建 5A 景区，不是简单的 1 + 1 = 2，为了给游客提供 1 + 1＞2 的服务，绍兴市政府针对鲁迅故里、沈园景区甚至是绍兴市区五大景区的旅游交通、游览、旅游安全、卫生、邮电、购物、综合管理、资源和环境等方面进行了整改和提升，极大地改善了景区的环境和面貌；在服务上，改版旅游资讯网，强化景区管理服务，优化讲解服务质量。

2. 绍兴夜间旅游品牌——“沈园之夜”

陆游与表妹唐琬的爱情故事是沈园成为爱情名园的主因，为使游客领略不一样的风情，体验不一样的感受，鲁迅故里 · 沈园景区精心打造了绍兴夜间旅游品牌——“沈园之夜”古典夜游。夜幕降临，走近沈园仿佛回到 800 年前的南宋，在家丁和侍引领下换取宋币、品宋街风味小吃，随管家进园赏景，品尝绍兴特色的红酥手香糕和黄縢酒，最后在南苑剧场观看《沈园情》演出。沈园之夜讲述的是陆游与表妹唐琬的爱情故事，以《钗头凤》为主线，以绍兴地方戏曲为主进行融合性演出，从 2008 年开演至今，已经成为绍兴夜游文化的标志性品牌。为了满足大家对“沈园之夜”更高的要求和期待，提升夜游品牌，绍兴市文旅集团邀请国家一级导演陈伟龙、绍兴市民盟艺术团团长汪嘉宝等专业人士加入，重新编排剧目，充实内容，丰富表演形式，以“游园”“别园”“归园”“题园”“惜园”为主题，生动演绎了沈园的浪漫柔美，把陆游和唐琬的爱情故事讲得更加凄婉动人。表演形式以越剧为主，穿插莲花落、绍剧、鹦哥戏等绍兴本土剧种，还增加了现代歌曲元素。新版演出于

2018 年 9 月与观众见面，深受游客好评。

3. 文创产品设计开发

博物馆文创产品，是博物馆衍生产品的一种，是以博物馆馆藏文物为创作基础或对象，经过创意设计生产出的能够承担传播、教育、实用和装饰功能的产品。博物馆文创产品的概念有广义和狭义之分。广义的博物馆文创产品包括博物馆展览、博物馆出版物、博物馆社教产品、博物馆知识产权，狭义指的是博物馆与其他行业嫁接出的产品及有形的、在博物馆商店或其他渠道销售的文创产品。

（1）编辑并出版相关图书和组织特殊展览

对于我国的许多博物馆来说，参观的人只能够通过博物馆的展柜看到展出的文物，其中绝大部分文物藏在博物馆的藏品库房中，参观的人想了解博物馆的全部藏品非常困难，这样就让人们对博物馆的认知产生一定的偏差。再如陆游纪念馆这类名人博物馆，由于受到场馆限制，能展出的陈列非常有限，因此，要想让人们对自己所参观的博物馆有一个全面而深刻的了解，出版本馆相关的图书或者组织临时展览就显得十分必要。在 2004 年和 2007 年，沈园景区分别承办“沈园杯”中国爱情诗词大奖赛和“沈园杯”首届全国青年爱情诗大赛。并于 2004 年和 2008 年出版《爱在沈园》和《宋朝以来的爱情》两本书，这两届大赛受到诗词爱好者、陆游爱好者的热烈响应，收到来自全国各地的上万份投稿，可以说将中国爱情诗词的创作推向了一个高潮，而沈园也被誉为中国第一爱情名园。陆游似乎不再只是那个“夜阑卧听风吹雨，铁马冰河入梦来”的高冷诗人，他也有心之所爱，也有儿女情长，也有“问世间情为何物，直教人生死相许”的刻骨铭心。结合陆游纪念馆爱情部分的陈列内容，游客对陆游与唐琬的情爱故事印象也会非常深刻。组织特殊展览与出版图书的作用其实比较相仿，都是为了补充有限展览的不足，让人们能更多地了解博物馆的主题，接受更多的信息。在陆游博物馆隔壁就有这样一个陈列“醉歌 · 陆游书法展”。“醉歌 · 陆游书法展”2013 年 12 月 27 日在原绍兴博物馆延安路馆一楼展厅展出，展品以故宫博物院、国家图书馆、美国波士顿美术馆等所藏陆游书札、尺牍、榜书、碑刻、摩崖题字拓本等书法墨迹为蓝本，向世人展示了陆游诗家之外少为人知的书家真容。陆游的书法造诣颇深，擅楷、行、草，行草之间最见风采。并根据展览内容出版了国内首部《陆游书法全集》。

(2) 设计文物仿制品与特色纪念品

随着物质生活水平的提高，人们更加注重精神生活。一部分游客在游览博物馆时并不只是单纯观看各种陈列和展览，人们想在他们参观完博物馆后能够买一些内涵丰富的或者是自己喜欢的文物仿品或纪念品，来进行摆设和欣赏，或者收藏。当然，有些文物的仿品也能为科研单位提供必要的研究使用。博物馆一些具有代表性、社会影响大、观赏性强的文物复仿制品也可作为相应的馈赠礼品，这都为博物馆制作文物复仿制品提供了更多更大的市场空间。沈园最受游客欢迎的文物仿品是陆游与唐琬《钗头凤》手迹拓片，园中的问梅槛上，有工作人员现场为游客手工拓印拓片，往往会吸引很多游客的注意力，为博物馆增加经济效益。

除文物仿制品，沈园最多的文创产品还是特色纪念品，比如印有《钗头凤》的折扇，绍兴本土茶叶“日铸茶”，可以抒写愿望的许愿风铃。最受游客欢迎的是许愿风铃，进入沈园后的长廊两边为游客提供挂许愿风铃长绳，游客在参观完沈园之后，可以把心里的感想，想要说的话写在风铃木牌上，这成了沈园的一道风景。但国内的文博景点在这方面还是存在不足之处，许多纪念品存在着品种单一且文化含量低的现象。博物馆应该利用特殊优势，依托馆藏资源和人文特点开发出具有多样性的，有收藏价值的纪念品。

4. 陆游研讨会举办

为纪念南宋爱国诗人陆游，早在 1985 年，绍兴就开始举办陆游学术研讨会，并吸引来自全国各地的陆游研究专家、学者，外国陆游研究专家，绍兴陆游研究会会员以及各界新闻媒体参加。30 余年间，陆游研究灿烂辉煌，人才辈出。通过举办世界性的陆游研讨会，陆游研究成果斐然，陆游也变得更加声名远播，为沈园提供了很好的宣传传播渠道。

(三) 博物馆所产生的经济效益

博物馆的经济效益主要包括直接收益和间接收益两部分。直接收益主要来自门票、展览、旅游纪念品等。博物馆作为公益性质的文化事业单位，大多是免费参观，即使是部分参观的场馆收门票，也都是将这些收入用于博物馆的维护和一些公益事业。它建立的初衷就是服务大众，让人们了解国家或地方的历史与文化。博物馆内部的文创商店和书店等，收入微薄，收入也都用于博物馆的日常维护与支出，与博物馆创造的社会效益相比微乎其微。间接收益主要来源于博物馆发展带动产业产生的效益。博物馆在获得间接收益的同时，也为其他产业的发展提供了广阔的市场。以沈园为例，2018 年，沈园景区门票总收入 1 408.5 万元，沈园之夜门票收入 188.7 万元，讲解收入 27.7 万元。发展景区的衍生产品，提供更优质更高水平的服务，提升沈园之夜演出的水平，设计更有创意的文创产品，更深入地研究陆游文化，扩大宣传，等等，都是提高间接经济效益，促使直接经济效益利益最大化的办法与途径。

四、存在的不足与发展的方向

以绍兴陆游纪念馆为例，下面论述存在的不足与发展的方向。

注重服务项目的发展。由于传统观念的束缚，博物馆往往忽略了其他一些服务性功能。游客在参观一段时间后往往会出现审美或视觉疲劳，如果在参观过程中穿插一些比较休闲的活动，整个游览过程可能会比较轻松愉快。沈园景区提供的最受游客欢迎的服务项目是讲解服务，景区为了更好地让游客了解陆游文化，组建了一支非常优秀的星级讲解员队伍，游客可以根据自己的需求，挑选讲解员陪同参观景区，更加深入地了解沈园。但其他的服务项目沈园相对比较弱势，其实可以从自身实际出发，在不影响参观环境与整体氛围的情况下，开设一些茶座、咖啡吧和快餐店、画廊、文博书店等。通过开设各种服务项目，可延长游客在博物馆逗留的时间，为其他的产业活动提供更多的机会。

注重品牌文化。在现今社会中，品牌作为一种战略性资产和重要的核心竞争力，是一个产品被人们所熟知的有效手段。文化产业的发展需要注重品牌意识，在博物馆进行文化产品的开发过程中，要鼓励支持博物馆在产品开发经营中实施品牌化战略，从而刺激游客的消费欲，扩大博物馆的影响。沈园景区在文化产品开发中，对于品牌文化的意识不够强烈，景区周边的衍生产品较少，文创产品形式单一，类型雷同。树立品牌，整合资源，增强核心竞争力是发展景区的重心，如何发展沈园品牌的文化产品则是值得思考的问题。

综上所述，博物馆对于文化产业的发展有着十分重要的推进作用。

（冯婷，沈园景区管理处助理馆员）

参考文献：

［1］游克义：《发展博物馆文化打造文物旅游名牌》，《文物世界》2001 年第 6 期。

［2］曾红玲：《试论对博物馆发展文化产业的认识》，《大众文艺（理论）》2009 年第 18 期。

［3］李金生：《博物馆与文化产业的互动发展》，《时代文学》2008 年第 3 期。

［4］张尧：《基于博物馆资源的文化创意产品开发设计研究》，苏州大学 2015 年硕士学位论文。

论铁人王进喜纪念馆文化产业现状与发展

关　键

摘要：随着生活水平的提高，人们的精神文化需求不断增强。博物馆作为为人民群众提供文化服务的场所，开始被广泛接受。本文首先分析铁人王进喜纪念馆文化产品发展的现状，进而提出博物馆发展文化产业的对策。

关键词：博物馆；文化产业；现状；对策

人们生活水平的提高，促进了文化产业的发展。文化是一个民族的精神食粮，是一个国家综合实力的象征。当前，由于物质生活得到较大的满足，人们更加关注文化产业的发展。博物馆作为文化及艺术品收藏保管和展示的重要场所，主要为文物及艺术品信息传播和海内外文化交流提供服务。但是，当前博物馆文化产业的发展现状不容乐观，因此必须加强博物馆发展文化产品的对策，促进博物馆健康、和谐地发展。

一、博物馆文化产业发展的现状

（一）资金缺乏

长期以来，博物馆遵循的是免费开放的原则，因此在资金使用方面一直是靠政府补贴。政府给予的财政补贴较大地缓解了博物馆运营上的资金短缺问题，但多数博物馆想要进行文化产业发展往往缺乏足够的启动资金，资金不足，相关的技术和人力资源都难以得到补充并发挥应有的作用。由于文物保护的能力有限，在濒危文物的抢救性保护和更大范围内的文物预防性保护方面，都有大量难题尚未突破，尽管需求复杂而巨大，技术手段却十分有限。

（二）博物馆文化产业运作模式尚不健全

博物馆文化产业模式不够健全主要体现在以下方面：一是行政管理痕迹过重。二是文化产品的开发脱离市场，还是以纪念品为主，多是简单的模仿和复制，缺少创新性。很多文化产品没有从文化产业的角度入手，“大路货”和“地摊货”绝不是高质量的文化产品，更与产业规模化相差甚远。三是组建懂经营、懂研发、懂营销的复合型专业人才团队颇为困难。四是多数博物馆对市场需求不够敏感，市场营销水平低，缺乏熟练掌握、运用市场化手段的能力。全球对于博物馆已有统一认识，着重强调收藏、保管和教育功能，并面向社会公众。如国际博物馆对于博物馆的定义：博物馆是一个为社会及其发展服务的，向公众开放的非营利性常设机构，为教育、研究、欣赏的目的征集、保护、研究、传播并展出人类及人类环境的物质及非物质遗产。

（三）博物馆文化产业的商品缺乏自身特色

博物馆文化产品缺乏自身特色主要集中于博物馆的建设方面。对于一些综合实力较强的博物馆要相对好一些。目前，博物馆作为一个地区文化的集中地，每天都吸引着大量的游客前来参观，但在参观完展览后选购旅游商品时就会发现博物馆所提供的文化商品基本上都是社会上的“山寨货”，没有一点博物馆的自身特色，游客的选择范围很窄。这主要是由于中小型的博物馆在这方面资金投入不足以及对文化产业商品开发能力较弱。但在近几年，国内一些大型的博物馆借鉴了国外的先进经验，及时开发出一些具有自身特色的文化商品，这些文化商品有的是自身馆藏文物的复制品，有的是带有博物馆标志的商品，这种做法既能较好地宣传博物馆本身，又具有一定的实用性，还增强了游客对博物馆的信赖。由于优秀传统文化的传承能力有限，展示传播方法陈旧，形式雷同，事倍功半，难以满足广大人民群众日益增长的公共文化需求，急需通过创新管理理念和技术，突破装备革新，以提高文物保护利用的质量与效果。

随着我国国民经济水平、人民生活水平的提高，国家开始将越来越多的公共服务免费向公众开放，博物馆即是其中之一。博物馆免费开放政策的实施，进一步加快博物馆融入社会的步伐，并与社会各阶层建立起广泛的联系，极大发挥了博物馆的公共教育与文化传播功能，也极大满足了社会各阶层的认识、了解需求；相反，博物馆参观者结构的变化，以及参观需求的变化，特别是参观需求的多元化发展趋势，都成为博物馆改进其管理工作及讲解工作的动力。具体言之，每天当博物馆打开大门迎接参观者的时候，每一波参观者的知识结构、专业领域、经济条件、年龄阶段、民族地区等都会有所不同，特别是受免费参观政策的影响，未成年人、老年人、低收入者及外来务工人员等参观者的数量大幅增加，这些参观者中不少是有生以来第一次走进博物馆，他们对博物馆中的展品有着极大好奇心与关注兴趣，但是受到文化水平、知识层次等的影响而无法深层理解展品及其所蕴含的深刻文化，在给博物馆讲解工作增加难度的同时，也对博物馆讲解工作的水平提出了更高要求，所以需要有特色的讲解。

二、博物馆发展文化产业的对策

（一）坚持办馆宗旨，明晰文化产业发展理念

“以人为本，服务大众”，这是博物馆的办馆宗旨，必须牢固树立服务社会和人民的核心思想。博物馆文化产业的发展要始终围绕这一核心，不可片面追求经济效益，使博物馆商业气息过分浓厚，从而削弱其公益性质。简单来说就是既要重视经济效益又要重视社会效益。因此，博物馆发展文化产业从某种角度来说依然是社会教育、文化宣传功能的延展。

把观众置于博物馆工作的中心，意味着博物馆视角的巨大转变：从机构或博物馆的知识与内容转向观众的需求和期待。如果根据观众定制博物馆的内容和体验，博物馆就需要更多地了解观众，不仅包括观众的

统计数据，还有他们的兴趣、动机和行为。

内容是关键，它能够让藏品具有更广泛的可及性，吸引新的观众，提升参观体验和质量。为吸引用户，博物馆创建各种各样的平台和渠道，在为这些平台和渠道提供大量内容时，可以通过完善的内容规划、创建和管理过程为观众提供有意义的、前后一致的、以用户为导向的内容。

（二）健全博物馆文化产业运作机制

健全博物馆文化产业运作机制可以从以下几个方面做起：首先，有条件的博物馆可以成立独立的文化产品开发部门，与其他业务部门积极进行业务交流、协作，发掘文化产品的创作灵感。其次，根据自身特点，积极与其他行业如影视、旅游、动漫、其他社会团体组织合作形成产业互动网。第三，形成完整严密的产品开发流程，产品概念的提出、论证、生产、销售、盈利分配等环节紧密联系。第四，完善财务审计制度，确保产业健康发展。第五，在文化产业团队内部建立科学的竞争激励机制，实现人力资源的优化配置。第六，重视博物馆商店建设，改善营销策略，提升营销场所的吸引力。第七，树立博物馆品牌意识，制定品牌经营战略，扩大品牌市场号召力。博物馆事业不仅可在维系国家记忆、涵养社会主义核心价值观、彰显文化自信和扩大国家文化影响力等方面发挥更为重要的作用，也将在培育文化创意产业、促进产业结构调整方面具有极大的潜力和空间，急需通过科技创新与体制机制创新的“双轮驱动”，来优化发展方式，进一步提高文物工作的公共服务能力，提升文物工作的影响力。

（三）博物馆文化产业发展，要加强特色产品的开发和创新

创新是一切事物发展的动力，博物馆的藏品是文化产业实现发展的文化宝库和艺术源泉，创新更是文化产业发展的灵魂。博物馆拥有对文化藏品进行开发的权利，也有着文化产品加工和开发的先天性条件。由于不同地区和类型的博物馆，其主打特色是不同的。这个时候，博物馆应当结合特色藏品进行特色开发，激发消费者兴趣和购买欲。文化产业的灵魂就是创新和创意，当消费者看到千篇一律、简单粗糙的纪念品时，购买欲会大打折扣。所以，博物馆在发展其文化产品的时候，一定要坚持自身的特色，对特色藏品进行深入发掘，提炼其中的艺术气息，并选择合适的载体予以表现，从而促进博物馆文化品位的提升。

尽快把大庆油田地区的博物馆建设提上文化建设的议事日程。随着经济的快速发展，省、市两级政府财力已大大增强，市、县均已具备发展建设博物馆的经济能力和文化需求。民族地区博物馆建设需要各级政府的大力支持，专项工作经费应纳入各级政府年度财政预算，切实为黑龙江省民族地区博物馆事业健康发展提供坚实的资金保障。建议出台相应的市县级博物馆建设指导性文件，规范对民族地区博物馆建设的统筹管理。

与此同时，建议抓住博物馆服务的核心问题，营造博物馆服务文化，吸引更多民众走进博物馆，让博物馆真正成为公众参观、学习、休闲的场所。

大庆市以博物馆为主题的旅游线路还很少见，游客对博物馆游览的热情也一般。建议通过扶持政策，发动旅行社，将博物馆与旅游相结合，在旅游线路安排上，应把博物馆与景点串联起来，让更多的游客感受到铁人馆的魅力。

（四）建立多元化的开发和宣传平台，促进博物馆的发展

时代的发展，要求博物馆与时俱进，建立多元化的开发平台。这可以从两个方面做起：一是在文化产业开发的模式上，由原来的博物馆文化产业部门单一的开发模式向跨行业、跨部门合作开发模式转变，这种转变可大大提高文化产品的开发效率，有效降低产品的开发成本，更加符合市场经济的发展规律。二是在文化产品开发的种类上，由原来的以旅游纪念品为主，向非遗演出、名家讲堂、文物咨询等文化教育多元化产品转变，这种转变可极大丰富文化产品的发展空间，有效增加文化产品的休闲服务功能，加深游客对博物馆的整体印象。

博物馆的应用程序还有发展的空间。尽管现在应用程序铺天盖地，而且用户不愿意仅仅为一次博物馆参观而下载一个应用程序，但是现实表明，如果设计精美、内容可及并提供附加价值，那么观众依然乐于通

过应用程序来欣赏博物馆的内容，并与之进行互动。

虚拟现实技术正在蓬勃发展，但还有很长的路要走，以实现更有深度的内容和令人难忘的体验。虚拟现实提供了一种新的观众参与方式，具有很大的潜力，且可用性在不断提升。让虚拟现实提供有意义的浸入式体验，关键在于内容和情境。

展陈成为博物馆开展社会教育、提供文化服务和宣传推广博物馆的活动平台，是公众社会化学习、自主学习的重要途径，参观是观众在博物馆中的主要活动，博物馆教育要与参观活动有机结合。博物馆教育工作者应认识到博物馆教育需要从灌输知识转变为与观众分享学习的快乐，应积极激励、支持观众的学习活动，帮助观众获得积极的参观体验。鉴于我国博物馆展陈仍强调知识性、科学性、艺术性，强调知识的系统表述，教育性展览在我国文史类博物馆中已非凤毛麟角。一些博物馆通过在展陈中设置教育空间提供教学服务，如儿童教室、阅读区等。更多的博物馆提供着多样化讲解导览为观众提供学习服务，如讲解员导览、志愿者导览、语音导览、微信文字语音导览等。很多博物馆结合展陈，组织相关主题的学术讲座、手工制作、影视放映、戏剧演出、非遗展演等教育活动。一些博物馆开展馆校合作教育活动，协助中小学校设计组织博物馆教学活动，编写课本教材，如国家博物馆与北京东城区史家胡同小学开展的“走进国博”活动，河南博物院协助中小学开设历史教室。一些博物馆组织了“流动博物馆”，将展陈送到交通不便的偏远地方。一些博物馆组织“流动展览”，将展陈送到社区居民身边，送进学校、机关企业和军营，扩大了博物馆社会服务领域。

（五）挖掘特色展馆文化

博物馆建设应当成为一个区域的文明标志。应根据本土的经济和社会发展水平、文化遗产资源条件以及公众精神文化需求，特别是根据振兴发展新目标来发展基层博物馆，不能贪大求全，必须立足本土本地，挖掘特色，如此才能实现基层博物馆的复苏与繁荣。

要创建体现民族文化特点、区域特色，服务于经济、社会发展的特色博物馆。比如，馆舍建筑设计要紧密围绕各民族方言文化特点，大做

“特”字文章。新建、改建博物馆要面向群众，方便群众，尽量规划建设在文化园区，以创建一个便民舒适的文化环境。避免千馆一面，防止低水平重复建设。严格按照博物馆建筑设计规范要求，满足藏品的收藏保管、科学研究和陈列展览等基本功能，并设置配套的观众服务设施，为文物保护和展示工作提供良好条件。

同时，要注意避免博物馆发展过程中重建筑轻功能、重硬件轻软件、重设施轻管理的不良倾向。建议主管部门认真研究市、县民间博物馆的人才问题，积极引进人才、留住人才、用好人才，建设一批博物馆专业人才队伍。

在过去，博物馆的解释模式比较简单，讲解员背诵一遍讲解词，从不思考参观者在思考什么，宣讲效果不理想。所以，为了适应时代发展的趋势，讲解员有必要改变单一的讲解模式，将部分话语权交给参观者，与受众进行互动。首先，让参观者说出他们对展品的看法和感受，以此来增强他们的投入感。其次，讲解员可以通过互动来了解参观者的思想感情，探索出最适合他们的讲解方式和途径，从而达到参观者从讲解员那里增长才识，接受教育，获得情感上的愉悦效果。最后，讲解员通过观众反馈获得新的讲解思路，进一步提升自身水平，实现讲解员与参观者之间真正的交流与提升。

三、结语

总之，不管社会如何发展，科技如何进步，功能如何演进，博物馆保护历史遗产，传承优秀文化的终极使命，始终不会改变。不管是收藏、保护、研究、展示，还是其他什么功能，博物馆最终是要为人服务的。博物馆是我国文化产业产生和发展的主要阵地，加强博物馆文化产业的发展，适应了我国当前市场经济的发展和民众精神文化不断增长的需求，是构建现代产业体系的重要组成部分，是我国经济转型的关键着力点。

（关键，黑龙江大庆油田铁人王进喜纪念馆讲解员）

参考文献：

[1] 陈晖：《博物馆讲解语言比较研究》，《中国纪念馆研究》2016年第2期。

[2] 徐康：《新形势下博物馆讲解的突出问题及解决策略》，《赤子》2015年第20期。

[3] 冯海萍：《新形势下博物馆讲解工作的研究》，《黑龙江史志》2015年第5期。

[4] 张娟：《博物馆讲解队伍建设中应注意的几个问题》，《科技视界》2014年第22期。

浅谈人物类博物馆文化产业的发展

——以绍兴鲁迅纪念馆为中心的考察

金芳炜

摘要："观乎天文，以察时变，观乎人文，以化成天下"，"文化"一词由此而来，文化之于社会的强大渗透力，决定了其产生的产业具有无限扩大的发展优势与巨大潜能。本文以绍兴鲁迅纪念馆为例，在择要梳理人物类博物馆文化产业的发展意义和发展状况的基础上，结合实际，探讨人物类博物馆的文化产业发展将何去何从。

关键词：博物馆；产业；发展

人物类博物馆是以人物为主体，对人物事迹进行记录，传播人物精神，缅怀先烈，典藏并陈列珍贵历史实物的场所。同时，人物类博物馆也是人物精神和优秀文化传承的重要载体。随着国家文化和经济的快速发展，人物类博物馆除了发扬人物精神，延续传统文化，还应意识到文化产业在未来博物馆发展中的巨大潜力。在文化与经济之间的关系日益紧密的当下，人物类博物馆如何紧跟时代，推动博物馆文化产业稳步前行，已经成为行业内亟须讨论的课题。

一、文化产业发展的意义

文化产业以生产和提供精神产品为主要活动，以满足人们的文化需要为目标。文化产业的核心是文化，是以文化作为支撑的产业。从最初由德国提出的“文化产业”这一概念[1]，到2000年我国“十五”计划明确提出发展文化产业，其间我国的文化产业发展更注重于对文化本身意识形势领域的宣教作用。随后，在加快转变经济发展方式的大背景下，“十二五”规划提出，要“推动文化产业成为国民经济支柱性产业”。在物质文明发达的今天，人们的物质需求已基本得到满足，进而开始寻求文化、精神层面的消费。此时，文化便成为社会大众的普遍需求。无需求则无市场。随着文化需求日益上升，文化产业迎来了发展的春天。

绍兴鲁迅纪念馆始建于1953年1月，鲁迅故乡人民出于对鲁迅先生的敬仰，比邻鲁迅故居，建立了相应馆舍。馆内收藏着大量珍贵的历史文献和实物资料，这些都是先生馈赠于后人特别是故乡的精神财富。建馆次年的9月，以鲁迅纪念馆为中心，鲁迅故居、百草园、三味书屋等原状陈列全部开放，“鲁迅故里”初见雏形。而后在省、市政府的重视和支持下，馆舍一度搬迁，多次修建，尤其21世纪初实施鲁迅故里保持工程后，各景点互相连通成为一个整体。鲁迅故里街区也在不断演进中成为绍兴古城区内的重要历史街区，成为原汁原味解读鲁迅作品，品味鲁迅笔下风物，感受鲁迅青少年时期生活情境之地。

进入新时代的鲁迅纪念馆被越来越多的人所熟识，同时也吸引了越来越多游客来此造访“打卡”。作为中华人民共和国成立后首批人物类纪念馆，弘扬鲁迅精神、普及鲁迅文化是绍兴鲁迅纪念馆义不容辞的责任。在绍兴鲁迅纪念馆中长期文化产业发展规划中，只有深入挖掘馆藏内涵，与文创、旅游产业相结合，开发更好更多的鲁迅文化衍生产品，做强做大鲁迅文化事业，提升景区文化服务质量，才能适应未来的旅游市场发展需要。

二、文化产业的发展历程及现状

中华人民共和国成立初期，我国对文化的关注更多的是公共事业领

---

[1]“文化产业”（又译“文化工业”）是阿多诺和霍克海默在《启蒙辩证法》（1947年）一书中率先使用的概念。

域，即对外教育、宣传文化精神等方面。文化发展尽管受国家财政资金的支持，但此时人们并未认识到文化对社会经济方面的重要作用。

随着改革开放的推进，人们对文化产业的经济效应有了更深入的了解，文化产业步入萌芽阶段。此时的文化产业由于受多方面的影响约束，更多的是配合人物类博物馆进行对外宣传教育。绍兴鲁迅纪念馆自 1962 年《绍兴鲁迅纪念馆馆刊》创刊起，自主编印鲁迅研究书籍，多次与图书馆、教育机构、鲁迅研究会等单位组织合作编印鲁迅相关书刊。同时举办各类鲁迅相关展览、讲座，加大对鲁迅文化鲁迅精神的传承发扬。

新时代人们生活质量不断提升，越来越多的人选择走出家门，领略各地不同的人文资源。来到景区参观的游客逐年增多，之前投入的文化产业也给予了良好的反馈，人们逐渐认识到文化产业自身的“造血”功能，文化产业自此步入发展阶段。市场经济作用下的文化产业渐渐显露出了巨大潜力及发展优势，对于一个拥有庞大人口规模及深厚历史积淀的国家，文化接受面广，文化渗透力强，文化产业发展前景看好。我国 14 亿的人口规模决定了博物馆、景区游客基数，除此之外大量的海外华侨和世界观光客决定了附加值，总体而言，文化产业吸引的人口规模便远远超过其他国家。同时，中国上下五千年的文化历史沉淀为文化产业提供了大量可供挖掘的优秀传统文化资源。在文化产业的持续发展下，绍兴鲁迅纪念馆也由早期的宣传展览、刊物出版、旅游纪念品制作等相对局限的方面，逐渐向文创品牌、文博方向延伸发展。

（一）故土重构，文旅融合

2002 年，鲁迅故里历史街区保护工程开工。历时两年，除鲁迅纪念馆新馆移建开放外，鲁迅故里历史街区也建成对外开放。涵盖“吃住行游购娱”、体现鲁迅笔下风情特色商铺沿街而开，基于传统又紧跟时代潮流，在不断改进中推陈出新，深受游客喜爱。故土重构，为绍兴鲁迅纪念馆文化产业发展奠定坚实基础。2018 年景区主动导入鲁迅文化主题民宿新理念，启动“台门人家”文宿项目，2019 年春节前开张营业，作为绍兴全市首家鲁迅文化主题文宿，酒店内植入鲁迅文化元素，上桌的是具有绍兴传统风味的鲁迅家宴，别具一格的鲁迅主题文化，高品质的就餐环境，高规格的住宿环境，使得“住台门人家，品鲁迅家宴”声名远播，文商旅融合发展，景区业态迈向多元化。

（二）市场运作，合作共赢

自市场品牌意识的出现起，绍兴鲁迅纪念馆抢先注册了诸如“金不换”“三味”“阿Q”“老台门”等与鲁迅文化有关的商标。通过合作经营，上市了一批具有地域、文化、人物精神内涵的文创产品，“金不换”毛笔、“老台门”酒系列等，同时与各地鲁字号馆联合举办展览、活动，互相交流，互相补充鲁迅文化内涵，扩大鲁迅文化影响，利用爱国主义教育基地的优势，社教活动也由“打主题”向“打品牌”转型升级。代表性的有2014年景区在市区二级教育主管部门、鲁迅文化基金会和上级主管部门的大力支持下承办绍兴全市中小学生“走近鲁迅”主题活动启动仪式，活动首先向绍兴“鲁字号”学校推出，随着影响的不断扩大，吸引了来自全国各地师生、家长的参加。通过提升硬件和软件，增加“学”的分量和互动体验环节，开发鲁迅文化有关的益智文创产品，每年推出“升级版”，持续保持活动的新鲜度和吸引力，还向参加这一项目的学生发出约稿，每年公开出版《走近鲁迅》专辑。2017年，绍兴鲁迅纪念馆还与鲁迅文化基金会联合举办了“走近鲁迅”全国中小学生征文大赛，得到了学生的热情响应。全国小学生“走近鲁迅”活动还荣获“全省首届（2015年度）博物馆十佳青少年教育项目”。此外，绍兴鲁迅纪念馆积极与其他组织单位合作编印鲁迅相关书籍刊物，挖掘馆藏内涵，发扬鲁迅精神。自2014年起，鲁迅纪念馆积极践行习近平总书记“文明交流互鉴”的重要指示，走出国门开展国际化的人文交流，用鲁迅符号连接世界文化符号，与鲁迅文化基金会合作，先后承办了“鲁迅与雨果”“鲁迅与托尔斯泰”“鲁迅与泰戈尔”“鲁迅与夏目漱石”“鲁迅与但丁”“鲁迅与海涅”等跨时空的“大师对话”活动，通过鲁迅与世界文豪，架起不同民族、不同国家、不同时代之间的桥梁，开启一扇民间世界文化交流之窗。

（三）以人为本，与时俱进

随着现代信息技术的发展，数字化技术开始广泛应用于博物馆，特别是文化推广方面。同时，随着社会的进步，人们对精神需求的增加，像绍兴鲁迅纪念馆这样的人物类博物馆，日益成为人们提升自我境界、开阔视野的好去处。绍兴鲁迅纪念馆深入了解游客需求，在各景点安排了各具特色的活动，向游客深入展示鲁迅笔下风情。绍兴年俗——“祝福”便是在鲁迅祖居“大堂前”定时开展；在三味书屋景点内开辟一角仿建了一间“三余书屋”，给游客体验老底子的私塾课；婉转动听的绍兴越剧表演安排在鲁迅故居风情园内定时开演。除了景区整体活动项目提升外，自2004年新馆建成开放同时开通鲁迅纪念馆官方网站，通过互联网连通游客，方便景区提供更好的公共服务。而后，景区官方微信、微博也相继开通，游客通过微博了解鲁迅纪念馆展览、活动情况，应用微信App为游客提供购票、入园、游园、智慧导览等多项便民服务，提升游客参观体验。

（四）基地教育，打响品牌

硬件景观设施趋于全面的人物类博物馆，在接受大众检阅中，文化服务初露端倪成为博物馆之间的差异点。自2008年实施整体免费开放以后，绍兴鲁迅故里年接待量达200万人次，其中30万左右为学生。人物类博物馆作为中小学生接受爱国主义教育，提升综合素质的旅游教育基地，其作用十分重要。2012年，以绍兴鲁迅纪念馆为中心的鲁迅故里景区与相距不远的沈园景区一体化运作，以5A级景区这一特殊身份与游客见面。以“跟着课本游绍兴”这一活动为契机，利用景区实景资源，沿着名人足迹，走进三味书屋私塾课堂体验，感受鲁迅先生儿时读书意境以及旧私塾的课堂氛围；在百草园寻找书本里的“桑葚、菜畦、皂荚树、泥墙根、石井栏”，感受先生儿时的快乐与幸福；深入讲解素材，在原讲解鲁迅先生生平内容的基础上，走进台门聆听先生耐人寻味的故事。当年，绍兴鲁迅纪念馆被浙江省文物局评为“博物馆免费开放最佳做法——最佳讲解导览服务奖”，鲁迅故里接待量达250万人次。2016年，在中小学生“走近鲁迅”主题活动基础上升级的本馆自主原创的“三味书屋——鲁迅故里”研学游推出，通过景区高星级讲解员解读引领，重走“从百草园到三味书屋”这条经典游线，结合开设国学课程，提供系列参与性互动性强的活动环节，让学生实现由“走近鲁迅”到“走进鲁迅”的心灵感动，当年，“绍兴市三味书味——鲁迅故里”入选国家旅游局全国首批20家“全国研学旅游示范基地”。2017年入选“全国中小学生研学实践教育基地”。2018年，鲁迅纪念馆激活红色旅游资源，针对党员推出了成人版的“鲁迅与共产党人”党课研学游，各企事业单位党组织纷纷预约上课，反响热烈。当年，鲁迅故里景区被授予第三批省级“红色旅游教育基地”称号。鲁迅故里已然成为各地党员群众传承红色基因，践行红色精神的重要殿堂。

二、深入推进文化产业发展探析

随着社会文明的不断发展进步，文化渗透进生产生活的各个领域，人物类博物馆在整合文化、旅游资源的同时，要充分利用有限资源，挖掘文化精神内涵，助力文化产业稳步发展。

（一）开发景区资源与文化产业发展齐头并进

国内文化旅游产业发展初具规模，文化消费进入高峰期。如何在开发文化旅游资源的同时发展本地文化产业？这正是绍兴鲁迅纪念馆将遇到的问题。以鲁迅纪念馆为中心建立的鲁迅故里景区，拥有绍兴城极具特色的历史街区，而这条古街区范围内便是整个景区文化产业的集聚之地。在下一阶段的景区策划中，将以现有鲁迅故里为基础，扩大发展鲁迅故里历史街区。自“舌尖上的中国”“风味人间”等节目的大热，越来越多热爱美食的“吃货”“老饕”四处寻味，“文物之邦、鱼米之乡”的绍兴便成为饮食文化的热门之地，有些竟是循着鲁迅先生笔下不经意透出的老绍兴风味慕名而来。绍兴鲁迅纪念馆规划在街区延伸段建立中国越菜博物馆、越菜一条街，将历史街区一部分区域收回利用，打通鲁迅纪念馆与越菜博物馆，使其成为鲁迅故里展示鲁迅笔下风情、越菜文化的载体。从名人到美食，发现名人名篇里的越地美食，越菜文化融入历史街区。其建成后将是景区展示绍兴越地风情，集纪念馆、博物馆、购物、休闲、旅游、饮食于一体的历史文化街区。同时，古街区的开发必将引入大量文化产业，此时鲁迅纪念馆应把控好街区新进文化产业项目，通过整合传统文化和鲁迅精神，促进景区旅游文化产业的升级。

（二）创新科技“复活”人物类博物馆

“只要你想得到，那就做得到”，很多曾经受各种因素影响的事情，在科技发达的今天轻而易举地变成了可能。一些有创意，甚至脑洞大开的智能产品已在不知不觉中渗入我们生活的方方面面。而回顾科技发展至今，人物类博物馆利用创新科技发展本馆文化产业的行为并不多，也可以说并没有普通大众那么接受创新科技的另类思维。其实，博物馆所拥有的丰富馆藏文化正是创新、创意的直接资源。“让收藏在博物馆里的文物、陈列在广阔大地上的遗产、书写在古籍里的文字都活起来”，而创新科技将会让博物馆沉寂已久的文物“发声”，让古籍里的文字“跳动”，将人物类博物馆“复活”，与游客进行对话。

鲁迅故里内庞大的故居古建筑正是运用立体地图虚拟游，模仿游客踏上历史街区的每一块青石板，让游客足不出户更方便地畅游鲁迅故里。而馆藏文物大量的图片资源将用高清拍摄展示给大家。景区数字化建设利用高科技将陈展变得生动，陈展简洁直观，却又能通过独特的展陈方式体现展品内涵，触及真心，引起不同人群的共鸣。

（三）文化服务、文化创新工作精益求精

博物馆文化产业中最能体现人文的便是文化服务，可满足广大人民群众日益增长的文化需求。不断健全的网络环境，不断完善的网络平台将是各个博物馆向公众提供文化服务的必要渠道。文化服务质量已逐渐成为纪念馆新的竞争力、吸引点，而人员是服务的核心，应建立健全职工培训成长体系，针对不同岗位，改变培训形式，培养员工既能掌握专业知识，又具有独立创新思维。一个寻求创新的博物馆必然是孕育创新型人才的摇篮。

三、结语

随着生活质量的提升，游客从“过来转一圈就走”这一传统旅游方式，逐渐向度假中拓展，休闲中增学识的旅游方式进行转变。各个人物类博物馆应结合自身发展特点，通过整合社会资源，挖掘馆藏文物文化内涵，将博物馆资源优势转化为经济优势，以推动本馆文化产业不断发展壮大。

（金芳炜，绍兴鲁迅纪念馆文博助理馆员）

参考文献：

［1］华梅：《要让文化产业健康发展》，《中国产业》2011 年 3 月。

［2］张小平：《文化事业与文化产业协调发展的关键》，《前线月刊》2011 年 10 月。

遇见即未来，发展即传承

王美苏

摘要：我国经济快速发展，人们物质文化生活水平不断提高，其精神文化需求也在不断增加，而多层次特别是高层次的文化产品和大众服务却存在较大缺口。博物馆是传播历史和科学文化知识以及对社会大众进行爱国主义教育和社会主义教育的基地，运用科学的技术和其他辅助表达方式，将知识、精神、文明传递给观众。博物馆是社会的桥梁和文明的纽带，也成了民众文化消费的重要选择之一。博物馆开发经营文化创意产品，不仅能起到宣传展示博物馆藏品的重要作用，也能满足观众日益增长的精神文化消费需求。经营文化创意产品有助于提升博物馆的知名度，蕴含特色的创意产品在弘扬传统文化的同时，能够拉近博物馆与社会观众之间的距离，更好地体现并发挥博物馆的社会职能。

关键词：博物馆；历史精神；文化产品；传承思想；发展

中国现代博物馆大体可分为三大类，专门性博物馆、纪念性博物馆和综合性博物馆。专门性博物馆是对某一种科学类、自然类、艺术类等展品予以展示的博物馆。纪念性博物馆是指纪念重要的历史人物和重要的历史事件的博物馆，也包括民族史、少数民族历史遗迹等，对某一地区人民的风俗习惯、生活、生产、文化深入研究并公开展示的博物馆。综合性博物馆是较大型的博物馆，如故宫博物院、中国国家博物馆等，是兼具社会科学和自然科学双重性质的博物馆。博物馆是传播历史和科学文化知识以及对人民群众进行爱国主义教育和社会主义教育的基地。其以陈列为基础，运用科学的语言和其他辅助表达方式，将文化、精神、内涵传递给观众。

铁人王进喜纪念馆位于黑龙江省大庆市，是中国第一个工人纪念馆，也是唯一一座工人纪念馆。其建造历史不算悠久，于 2003 年 10 月 8 日铁人王进喜诞辰 80 周年之际奠基。2006 年 9 月 26 日，大庆油田发现 47 周年之际正式开馆。先后获省部级以上荣誉三十余项，许多单位和部门将铁人王进喜纪念馆作为教育基地，它是全国中小学爱国主义教育基地，以及黑龙江省和中石油集团公司的廉政教育基地；并被中纪委列为“全国廉政教育基地”，被中宣部列为“全国爱国主义教育示范基地”。2008 年，列入“首批国家一级博物馆”，温家宝总理为铁人王进喜纪念馆题写馆名。

20 世纪 60 年代，国家既缺油又缺钱，大庆石油会战队伍顶住压力，战胜困难，仅用一年零三个月拿下大油田，三年基本实现原油自给。“文革”期间累计为国家上缴资金 230 多亿元。爱国、创业、求实、奉献的大庆精神正是在艰苦卓绝的石油大会战中逐步培育、形成的。1964 年初，毛主席发出工业学大庆的号召，使大庆成为整个工业战线的标杆和旗帜。会战职工忘我地投入生产，出现了以铁人王进喜为代表的英雄人物，凝聚成铁人精神。60 年的时间转瞬即逝，一代英雄人物，虽已逝去，但我们要把这种精神继续传递下去，感染更多群众。

我国经济快速发展，物质文化生活水平不断提高，人们的精神文化需求也在不断增加，而多层次特别是高层次的文化产品和大众服务却存在较大缺口。博物馆开发经营文化创意产品，不仅能起到宣传展示博物馆藏品的重要作用，也能满足观众日益增长的精神文化消费需求。经营文化创意产品有助于提升博物馆的知名度，蕴含特色的创意产品在弘扬传统文化的同时，能够拉近博物馆与社会观众之间的距离，更好地体现并发挥博物馆的社会职能。

博物馆的文化产业不仅需要讲述历史、传播精神，随着科技发展，公众的需求也有所改变。公众的年纪不同，喜好不一，兴趣爱好及接受新鲜事物的方式方法也大不相同。以铁人王进喜纪念馆为例，参观博物馆时间虽然因人而异，但讲解时间一般在 50 分钟左右。讲解过程中，如果讲解员一味灌输知识，气氛持续维持在同一频率，观众容易产生疲劳、注意力无法集中的情况。

据统计，不同年龄段的人，注意力能够集中的时间是不一样的。一般的幼儿注意力集中时间为 15 分钟左右，小学儿童能达到 40 分钟左右，青少年也不过 50 分钟左右，课堂安排 45 分钟就是这个道理。对以休闲、旅游兼获取知识为目的的观众来说，参观博物馆边走边看，是一项不小的体力活，注意力更难持续。因此，要完成一次成功的讲解，调动气氛、适当互动、启迪思维显得尤为重要。如何让枯燥无味的参观体验变得生动有趣、意犹未尽呢？如何让历史人物鲜活起来呢？曾经轰动上海世博会的动态《清明上河图》就是把北宋的汴京以及汴河两岸的自然风光、闹市街亭，进行完美的还原。让游客仿佛置身古代，并跟随着画中人一同游览郊外春光、汴河风景及城内喧嚣的集市。有一种静看画中人身似画中人的错觉。还有博物馆巧妙地运用现代科技把声音、影像、触觉融为一体，让展馆中的生僻实物名词变得一目了然。这才是科技历史相结合的现代文化博物馆。铁人王进喜纪念馆是为纪念铁人王进喜而修建的。王进喜是大庆油田开发初期在油田钻井战线上涌现的一位英雄，他为大庆油田的开发建设和中国石油工业的发展立下了不可磨灭的功勋，他崇高的精神和感人的事迹一直激励着几代大庆石油人。铁人王进喜是中国石油工人的光辉典范，中国工人阶级的先锋战士，中国共产党人的优秀楷模。科技文化是促进铁人纪念馆发展的重要推进力量。如何让每一位铁人纪念馆的参观者切实感受到铁人实干肯干带头干的精神呢？如何让他们切身感受到铁人依然在我们身边呢？我馆序厅的大型群雕“石油魂”，以宏大的气势表现出以铁人王进喜为代表的英雄石油工人，头顶蓝天，脚踏荒原，在极端困难的情况下，自力更生、艰苦创业，高速度、高水平开发大油田的英雄气概。一组高 7 米、长 27 米的大型铜雕，加上灯光投影效果把形象更立体地展现给观众。铁人王进喜当年戴的“前进帽”，用过的石枕，盖过的被子，打井时使用的圆形管钳，等等，1 170 余件文物，如何用科技效果把它们更生动立体地展现给观众，让他们看到的不仅是墙上的一幅黑白照片或橱窗里一件有历史味道的物品？纪念馆复原景观“牛棚指挥所”，展现的是当年大会战的指挥部、当时的油田领导艰苦办公开发油田的场景。年轻观众完全没有那个年代的体会。纪念馆不断地丰富铁人的精神。在推广宣传、馆内介绍乃至全馆上下都花了很大的功夫。传承文化，不光是当代青年人需要去倾听、思考、领会老一辈的精神，更需要当代社会全员去参观学习会战年代的重要地点。只有对比才有不同的感受，只有走进当年的氛围，才能感受当年的艰苦。

这一件件感人的故事，展现的是人物事迹，传达的是各界精神，1960 年 4 月 2 日，一套钻井设备总重 60 多吨，在玉门拆散搬家，需要吊车、拖拉机各 4 部，大型载重汽车 10 辆。然而刚组建在大庆的萨中探区吊运设备非常少，怎么办？王进喜说：“我们绝对不能等，就是人拉肩扛也要把钻机全都拉上井场。”一场人与钢铁、力量与困难的较量开始了。三天三夜，王进喜带领队友撬杠撬、滚杠滚、大绳拉，硬是靠双手和双肩把钻机卸下火车，装上汽车，搬运到井场并安装就位。在人拉肩扛过程中，王进喜和几个司钻轮流喊着号子来鼓舞全队士气，他们喊出了“石油工人一声吼，地球也要抖三抖。石油工人干劲大，天大困难也不怕”的豪迈口号。在油田打井离不开水，但当时水管线没有接通，等罐车送水大约要三天。为了早日开钻，王进喜就带领全队职工到距井场一公里外的水泡子，把厚厚的冰砸开一个大窟窿，盆端、桶提，连铝盔、灭火器外壳也用来装水运水。经过一天一夜的艰苦奋战，终于端足了 50 多吨水。这样的故事王进喜演绎了一个又一个。观众的情绪并不在于一件件文物的感染，而是在于一个幻灯片的制作。它把在场的观众完全带入当时的场景，大家双手握拳，恨不得加把劲帮帮铁人解决这个困难。对于博物馆的提升不光需要科技设备、讲解人员的整体进步，还需要社会的力量，让观众走进博物馆的那一刻就有一颗谦卑学习的心。

当代中国处于从站起来、富起来向强起来的转换中，当代中国人的需求也在发生深刻变化，已经由主要满足物质需求，转化为需要满足精神需求。文化建设的核心就是满足人的精神需求。满足文化需求是满足人民日益增长的美好生活需要的重要内容。要满足人民过上美好生活的新期待，必须提供丰富的精神食粮。在中国特色社会主义新时代，文化建设的地位更加重要，必须激发全民族文化创新创造活力，建设社会主义文化强国。作为宣传石油精神的博物馆，我们要立足于当代中国的文化发展现状，提出相适应的文化方案。取长补短，对照优秀的博物馆找差距，坚持百花齐放、百家争鸣。

党的十九大报告提到“没有高度的文化自信，没有文化的繁荣兴盛，就没有中华民族伟大复兴”。“四个自信”中，文化自信是更基础、更广泛、更深厚的自信，文化自信是最根本的自信。文化自信处于一种基础性的地位。那么当代博物馆该如何做呢?

(1) 统筹谋划，思考现状，改变创新。宣传推广，激发潜力去研究开发。释放馆内活力，让博物馆活起来动起来。找准制约发展的局限性思维，打破瓶颈性问题。

(2) 意识创新，思想灵活。让馆内文物、文献“活”起来，让参观者对博物馆有与其他博物馆不同的感受和收获。

(3) 加快改进再推广，借鉴、研究，再发展。

故宫博物院非常值得借鉴，把文物的样式图文与纪念品结合在一起的设计，既推动了文物的认知也发展了经济效益。如顺治皇帝书写的乾清宫匾额“正大光明”就设计成钥匙扣。各式各样的故宫标识物做成冰箱贴等。这给游客带来的不光是兴趣还是一种回忆，这种体验对文化精神的传播与经济发展都是一种助推器。现展馆制作铁人文化衫“踏着铁人脚步走”，风趣的动画形象直观展现铁人精神。纪念馆主体建筑由“工人”二字组合，象征这是一座工人纪念馆。主体建筑高 47 米，我们现在走过的台阶共 47 级，寓意着铁人王进喜 47 年短暂而不平凡的人生。1205 钻井队打井时用的 B 型大钳，王进喜戴过的铝盔和打萨 55 井时用的刹把，都是国家一级文物，铝盔和刹把还进京参加过中华人民共和国 60 周年成就展。这样的文物比比皆是，可以设计成小摆件，或者生活用品。门前铁人王进喜的大型花岗岩雕像，头戴“前进帽”，身穿羊皮袄，手握刹把，目光刚毅，巍然挺立。这经典形象不光在大庆能看见，书本里能看到，也可以设计成小 U 盘等纪念品去传递出铁人的精神。

“推动中华优秀传统文化创造性转化、创新性发展”；“激发全民族文化创新创造活力，建设社会主义文化强国”；“提升文艺原创能力，推动文艺创新”。十九大报告中不断提及文化创新，这对博物馆有深刻的改革意义：营造一个宽松的环境，用创新的思维去发展去创新。在展馆内，我们不光要让观众听到、看到、摸到、感受到，还要让观众去分享、去交流，时刻能想起。

在铁人馆内，可以看到几处复原景观，都是用干草和泥土盖的土房子，过去我们当地人称为“干打垒”。会战初期，正值我国三年困难时期。大庆会战队伍提出，要先全局，后局部；先国家，后个人；先生产，后生活。为节约资金，因陋就简、就地取材盖起“干打垒”，来解决工人过冬的问题。上至部长，下至工人，男女老少齐上阵，下了班就卷起袖子动手挖土、打夯，挑水和泥，脱坯抹墙，一起建房子。经过 120 天的日夜奋战，全油田完成了 30 万平方米的“干打垒”，当时建造 30 万平方米干打垒只投资了 900 万元，如果建成砖瓦结构的房屋，大约需要 6 000 万元，在那个年代，为国家节省了半个多亿的资金。“干打垒精神”感动了国人，《人民日报》报道大庆油田时这样写道：看到了“干打垒”就像看到了当年的延安窑洞；来到大庆，就像回到了战争年代的延安。随后，在油田全面发展、快速上产阶段，“干打垒”依然是大庆干部职工生产生活的主要场所。直到 1978 年，邓小平来大庆视察时指出：“大庆职工贡献大，收入应该高一些，鼓励学习，鼓励上进。今后油田发展了，房子要盖得好一点，要盖楼房，搞点新型建筑材料，把大庆建设成美丽的油田。”1979 年，大庆油田才盖起了第一批楼房。讲解员讲解时穿的文化衫上印着铁人说过的话“讲进步不要忘了党”“讲本领不要忘了群众”“讲成绩不要忘了大多数”“讲缺点不要忘了自己”“讲现在不要割断历史”，等等。让观众重温会战职工一心只为国家的奉献精神，让游客切实体会到那段峥嵘岁月，让观众真正理解大庆精神的内涵。

时代在进步，但传承未曾止步。大庆精神、铁人精神依旧是大庆油田发展再学习、再教育、再实践之不变的主题思想。铁人王进喜纪念馆将继续发挥优势，努力宣扬精神；进入新时代，迈向新征程，以文化振兴为主旋律，奏响新时代博物馆传承的美好乐章；以文化创意，开拓文化传承新思路。

（王美苏，大庆油田铁人王进喜纪念馆讲解员）

“两微一网”在人物类博物馆文化产业中的运用

彭 茜

摘要：新时代是信息时代，是“微”时代，也是大数据时代，在新时代如何更好地发展博物馆文化产业是每一个博物馆人需要思考和学习的。博物馆作为文化产业发展的重要组成部分和历史传承的主体，在新时代如何发展显得尤为重要。而人物类博物馆如何在新时代打造属于自己的名人文化名片从而促进博物馆文化产业的发展是其中重要的一环。可以多运用新媒体、运用大家熟悉的“两微一网”来促进博物馆发展、促进文化产业的发展。而博物馆见证着一个城市一个国家的历史，表现着一个地区一个民族的文化内涵，承载着“全民教育”“终身教育”的职能，因此博物馆发展的好坏也是这个地区乃至这个国家的文化软实力的重要因素，而博物馆文化产业发展的好坏也是博物馆发展至关重要的一环。

关键词：两微一网；众包；创意；文化产业

早在2013年，台北故宫博物院首次推出了一张带有康熙皇帝康熙字样“朕知道了”的纸带。这是简单而霸气的四个字，是康熙皇帝真迹的复制品。由于康熙在批阅奏折的时候，他喜欢在奏折末尾朱批“朕知道了”，因此故宫将其字迹与胶带做了一个很有创意的结合。这款文创产品在当时火速流行起来，成为游客去台北故宫必买的旅游纪念品。而这款胶带纸最开始的创意是来源于2005年台北故宫策划的“朕知道了：朱批奏折展”。之前台北故宫也有过类似的文创衍生产品，例如书签等，但并没有产生如此大的影响力，而这款“朕知道了”胶带纸却一举成名，实属一款非常成功的博物馆文创产品。

到底何为文化产业？关于“文化产业”的研究，起源于对“文化”的研究。当时，有一批学者关注文化艺术的“商业化”，法兰克福学派的本雅明首次提出了“文化工业”的理念。之后阿多诺和霍克海默合著的《启蒙辩证法》，就使用了“文化工业”这个概念，它也可以翻译为“文化产业”。而联合国教科文组织对文化产业下了这样的定义：文化产业就是按照工业标准，生产、再生产、储存以及分配文化产品和服务的一系列活动。1997年，英国首相布莱尔首先提出了“创意产业”的概念和明确的发展方法。从那时起，西方逐渐认识到“文化”也可以作为“产业”运作和获利。

一、我国文化产业发展的现状

近年来，随着我国经济的快速发展，物质生活水平的不断提高，各种物质消费品也不断丰富，人们将眼光逐渐转向文化消费。博物馆作为文化生活的重要组成部分，是一个国家、一段历史的文化象征与窗口，在文化产业里有着举足轻重的作用。

2008年，中宣部、财政部、文化部、国家文物局四部委联合下发《关于全国博物馆、纪念馆免费开放的通知》，渐渐地，中国的各个博物馆和纪念馆都开始免费开放。虽然吸引了更多观众进入博物馆，但在各个方面也给博物馆带来无形的压力和挑战。公众日益多样化的文化需求以及日益高要求的精神享受势必要求博物馆提供更加优质的服务、更加精良的展览、更加独特的文创产品和更有吸引力的教育活动。

博物馆不仅是文化旅游的重点，也是文化价值和产业链的中心，汇集历史、艺术和科学于一体，通过吸引观众产生各方面的经济效益，还为该地区的文化产品提供了特殊的文化标志和文化象征。最重要的是，博物馆还可以通过多元化渠道将信息传播给公众，在培养当地文化的消费群体的同时，还与当地经济和博物馆的收益产生了各种互动关系。

（一）我国文化产业的有利条件

首先，国家政策导向的大力支持。博物馆是否可以从事商业活动这个问题，一直是博物馆文化产业发展的主要制约因素。多年来，随着国民经济中文化产业比重逐年增加，国家越来越重视博物馆文化产业的发展，先后出台了一些政策法规。《博物馆条例》第 5 条规定：国家鼓励设立公益性基金为博物馆提供经费，鼓励博物馆多渠道筹措资金促进自身发展。2011 年颁布的《国家文物博物馆事业发展“十二五”规划》第 19 条对文物博物馆相关文化产业作了专门论述：以国家一级博物馆为龙头，以文化创意产品为核心，培育博物馆文化产品示范项目和研发基地，创新博物馆衍生产品和文化产品。以及后来出台的《关于推动文化文物单位文化创意产品开发的若干意见》等文件，进一步指明了博物馆文化产业的发展道路。

其次，文化需求逐年增强。根据中国文化消费指数显示，我国文化消费综合指数一直呈现上升趋势，文化消费环境、文化消费能力、文化消费水平指数等一级指标都在稳步上升。从这些数据可以分析出来，随着人民生活水平的提高，人们的消费观念和消费结构也同时在发生变化。文化消费在人们的日常消费比例中变得越来越重要，文化需求逐年上升，文化产业市场前景更加广阔。

第三，拥有丰富的馆藏资源。我国历史悠久，源远流长，拥有着丰富的文化内涵和文物资源，博物馆投入文化产业的条件得天独厚。每一个博物馆都有自己的个性与特点，而且博物馆所依托的当地大环境也有其特别的属性，所以应合理利用这些馆藏和资源，找准自身定位和城市定位，去创造和开发独一无二的文创产品，彰显本馆个性、本地属性的文创产品，让博物馆馆藏真正活起来，火起来。

第四，博物馆文化产业学术研究逐年增加。根据“中国知网”等数据库搜索显示，21 世纪以来，我国关于博物馆文化产业相关研究的论文，呈现出数量逐渐增多、内容逐渐深化的趋势。按照文献数量的增长趋势和对应的政策发布时间节点，我国有关博物馆发展文化产业的研究大体上可以分为萌芽期（2007 年以前）、发展期（2007—2009 年）、深化期（2010—2014 年）、高峰期（2015 年之后）四个阶段。2015 年《博物馆条例》被业界誉为博物馆发展文化创意产业的“加速器”。既然已经有越来越多的有价值的学术研究论文，下一步就是发挥博物馆的学术研究功能，利用已经出现的博物馆文化产业的研究成果和自身博物馆的特点优势，整合资源，理论与实践相结合，将学术研究成果运用到文创产品的开发中，落实到博物馆文化产业发展的各个方面各个细节上，开发出独特的文创产品并形成独特的博物馆文化产业链。

（二）我国文化产业的不利因素

首先，观众需求得不到满足。观众需求是博物馆发展与社会影响的支撑，观众对博物馆的需求除了提供文物展览、文物收藏等以外，更需要深层次的文化底蕴和视觉冲击。往往“走心”的东西，能够从内心冲击人的东西是最受欢迎的。所以有学者指出：文化产品的价值主要是在于满足精神层面，而不是满足其功能性，应试图让消费者融入由产品象征符号所暗示的某种理想化生活风格中，让消费者自己把生活转变为艺术品。所以洞察消费者心理和广大受众需求是做好文化产业和产品营销的关键。博物馆文化产业的发展要求将思维从“以物为本”转化到“以人为本”上来，从“管理的思维”转化到“营销的思维”上来，提高文化产业的创造活力。

其次，产品的创意明显不足。国内很多博物馆设计的文创产品造型陈旧，价格昂贵，创意明显不足，没有将顾客真正的需求考虑到设计之中。大多数产品对于观众来说没有吸引力，不足以从精神上打动他们，观众自然也不会买账。真正优秀的设计是从“人”出发的，好的设计产品可以打动你，会让人不由自主地想带回家，让人可以回忆起自己曾经来过这一座特别的博物馆。这就是优秀的文创产品的力量：有记忆点、有创意点、有趣味点。北京故宫博物院和台北故宫博物院给其他博物馆在文化产业方面提供了一个很好的范例与榜样。

第三，专业人才的极度匮乏。开发博物馆文创产品其实是一个专业性很强的工作，如今国内设计人才其实很多，但是怎样吸引他们前来为博物馆服务，怎样留住优秀的人才都是博物馆需要考虑和解决的问题。文创产品的设计和开发需要在设计、法律、管理、销售等相关专业中引进和培养人才。只有少数大型博物馆有足够的人才组成专业的发展团队，其余的中小型博物馆大部分人才储备远远不够。不仅仅是设计方面的人才，优秀的营销人才都有些后劲不足，因此基本上都是采取外包的方法，将设计等专业工作交给博物馆外的人才与团队。

第四，"互联网＋"的运用力度不够。如今互联网发展迅速，各个行业各个领域几乎都离不开互联网。而博物馆行业作为一个历史人文气息重的"老行业"也不得不跟上时代的步伐，有效运用"互联网＋"来吸引更多的观众尤其是年轻一代的观众。博物馆文化产业就更加离不开"互联网＋"，不论在产品设计初期还是在产品营销环节，都可以运用互联网来取得优势。然而，国内很多博物馆却忽略了互联网忽略了新媒体对博物馆的"助力"，再加上博物馆人员在理念上没有跟上时代的步伐，依然在用传统的方法做新鲜的事物，很多博物馆至今还没有属于自己的官网、微信公号和微博，在宣传上和观众接受度上就已经慢了一步，所以国内博物馆文化产业的发展有些"疲惫"是难免的。

二、针对我国博物馆文化产业现状，运用"两微一网"在人物类博物馆的整改措施

"两微一网"，顾名思义即微信、微博、互联网。我们现在所处的大环境是信息时代，一个信息爆炸的时代，同时也是"微时代"。微信是腾讯在 2011 年初在智能手机上推出的免费应用程序。其最初的计划是即时通信服务，推出的第三年，也就是 2013 年 11 月微信注册用户数已突破 6 亿。与此同时，微信自媒体也就是公众账号的发展也非常火热。通过公众号，公众号运营者可以在微信平台上与关注自己的群体进行全方位互动，形成线上线下互动的营销方式，进入一个良性循环。微信在信息处理上同时也凸显了专业性与即时性。与此同时，公众也可以更容易和更快地完成与媒体的互动与协作。

而微博是微型博客的简称，实际上是博客的一种，它属于广播社交网络平台，通过关注机制共享简短的实时信息。它是一个基于用户关系的信息获取和共享与传播平台。现在提到“微博”时，即默认为新浪微博。作为基于互联网的信息共享和通信平台，微博具有高度时效性、敏感性、随机性、原创性、流行性、大众性，同时还有短小精悍的特点。随着移动网络的快速发展和微博移动客户端的出现和应用，微博信息发布的及时性得到了显著提升，交互功能变得更加及时有效。并且最近几年微博上的 vlog 开始增多，vlog 是视频博客即 video blog（简称 vlog，也称为“视频网络日志”），也是博客的一类，vlog 作者以影像代替文字或相片，写其个人网志，上传并与网友分享。Vlog 就像一种私人纪录片，像电影里的长镜头，一镜到底，非常真实地反映了拍摄内容的状态，可以让大家进一步了解到内容的背后与细节。

互联网的出现比前面两者都早，微信和微博是基于互联网的出现而衍生出来的新产品。互联网作为一种信息传播工具、社交工具不仅促成了诸多商业神话的诞生，而且深刻改变了人们的生产方式和生活方式。对于博物馆行业而言，“互联网 + ”在近几年也备受关注，它给整个博物馆行业带来了新的发展趋势与方向。“互联网 + 博物馆”利用了互联网思维、互联网的特点来经营博物馆，将吸引更多的观众走进博物馆、爱上博物馆，从而更好地为公众服务。

博物馆群中，有一种特殊的类型，即人物类博物馆（纪念馆)。应抓住人物类博物馆的特点，把握好其特殊性，结合地方特色，努力打造属于人物类博物馆的名人文化名片。以名人作为切入点，将文学、美术、历史、音乐等各个方面牵引进来，让名人效应更好地影响观众与后人。而一旦这张专属于名人博物馆的名片树立起来，人物类博物馆的文化产业也会因为名人文化名片的传播跟着进一步发展与壮大。

（一）树立品牌意识，运用“两微一网”打造名人文化名片

很多商品因为有了品牌的包装，价值也会随之不一样。而人物类博物馆自身就是一个品牌：博物馆要宣传的人物主体，他所承载的意义与力量，带给后人的巨大影响，可以在各个方面进行深入挖掘，将其放

大。而“两微一网”就是这个窗口，即让观众熟悉人物类博物馆主体的窗口。人物类博物馆的微信公号、微博账号以及互联网官网同步推送名人故事，让名人精神名人魅力发扬光大，让其成为人物类博物馆本身的文化名片。同时让观众逐渐对这个人物有更加深刻的了解，吸引“潜在客户”变为“实际客户”走入博物馆。人物类博物馆的文创产品也围绕名人本身以及人物类博物馆藏品展开，配合“两微一网”发布的内容进行设计与开发，逐渐打造品牌效应，形成一定规模的产业链。名人文化的形成，最终也是人物类博物馆品牌的确立，两者相辅相成，共同为人物类博物馆的文化产业助大力。

（二）加大宣传力度，运用“两微一网”打造名人文化名片

人物类博物馆在微信公众号上可设置微店，在官网上设置网店，同时开设官方淘宝旗舰店，微博上进行同步宣传，三者结合一起加大宣传力度。微信上可以采用“微商”的形式，鼓励自己的博物馆员工或者文创产品销售人员同步进行“微商”销售。而“两微一网”的宣传不仅仅是在文创产品上，整个博物馆的营销与宣传以及博物馆内动态都可以运用“两微一网”同步更新。而且可以采用 vlog 的方式，让博物馆人员拍摄文创产品的设计过程，讲述设计师的设计理念，人物类博物馆的教育活动，某件文物的保护与修护，等等，拍成几十秒或者几分钟的 vlog 进行编辑、上传，从而进行宣传，加大人物类博物馆和文创产品的曝光度，让更多观众知晓人物类博物馆以及背后的故事。

（三）采取“众包”方式，运用“两微一网”打造名人文化名片

何为“众包”，这个词语最早出现于 2006 年，原用于描述利用互联网向未知群体征集内容创意、解决方案、建议等的新型组织生产模式。“众包”不仅有利于博物馆获取广大公众的无私支持，还能让越来越多不仅想“看”还想“做”的观众更深入地参与博物馆工作。不论是教育活动策划或是文创产品开发，还是小到人物类博物馆临时展览主题的设定或者 logo 的设计，都可以采用“众包”的方式，在“两微一网”上面向公众发布征集信息，或者用比赛的方式来征集，最终胜出者可以获得奖金以及人物类博物馆的相应福利。在征集信息的同时，不仅可了解广大博物馆观众的心理需求，同时又对人物类博物馆进行了一波新的宣传，最后还帮博物馆工作人员想到了绝妙的点子。一举三得的方式为何不做呢?！芝加哥历史博物馆馆长曾说："我们生活在'众包'的时代。但我觉得博物馆界并没有充分认识到网络即时沟通的本质，也没有充分利用'众包''全民参与'的优势。我们总是花费大量的财力和心思专门雇人研究观众的需求，却忽略了生活的世界早已改变。我们可以直接向观众询问他们想要的究竟是什么。"

（四）大数据为驱动，运用"两微一网"打造名人文化名片

这是信息时代、"微"时代，同时也是大数据时代，观众在浏览"两微一网"的同时，产生了大量的数据信息。比如网民和游客的浏览习惯、兴趣点、身份信息、购买记录等内容。通过对这些信息数据的整理和计算，可以实时精准预测人物类博物馆的吸引群体和文化产业的市场需求，使得人物类博物馆文化产业提供的文化产品和服务可以更加社会化和大众化，更加贴近受众的心理需求，从而促进整个博物馆文化产业链的生态发展。"云计算 + 大数据"也是今后博物馆行业和博物馆文化产业发展的重要动力所在。

（五）创新文创产品，运用"两微一网"打造名人文化名片

如今国内很多博物馆的文创产品大同小异，没有特色，但是北京故宫博物院和台北故宫博物院的文创产品却非常成功，堪称榜样。其中最重要的一点是它们的创新力和品牌力。它们的文创产品已经自成品牌与特色，看一眼就知道来自哪里，让人爱不释手。创新其实并不简单，需要众多的积累，只有积累多了才会在每一个细节上和设计上有更多的选择和灵感。博物馆文创人员需要多学习、多积累、多看、多听、多思考，洞察人物博物馆受众心理需求，创造出观众真正喜爱的东西又可以代表人物类博物馆自身文化名片的文创产品，是每一个人物类博物馆文创人员需要去做的。

（彭茜，湖南省韶山毛泽东同志纪念馆助理馆员）

参考文献：

[1] 陈凌云：《博物馆发展文化创意产业研究现状述评》，《上海文化》2018年4月。

[2] 郑奕：《博物馆教育活动研究》，复旦大学2015年博士学位论文。

[3] 王元伦、王乐乐：《新旧动能转换背景下我国博物馆文化产业发展路径研究》，《九江学院学报》2018年4月。

[4] 张春：《新媒介环境下的博物馆文创研究——以台北故宫博物院为例》，兰州大学2016年硕士学位论文。

[5] 黄剑青：《浅谈博物馆文化产业发展》，《文物鉴定与鉴赏》2017年7月。

[6] 敖思、黄德荣：《信息时代博物馆教育刍议——以“两微”为例》，《中国博物馆》2016年11月。

根守与垂训：略论博物馆文化的开发与传承

余　洋

摘要：博物馆以物为载体，承担着历史记忆的世代传承和情感态度的传递升华。这是博物馆文化赖以存在的前提条件和价值基础。博物馆应基于收藏和研究两项基础职能，打造具有特色识别度的陈列展览，这是博物馆文化得以开发的立足根本。博物馆作为高度社会化的人文场所，具有重要的文化教育功能，其文化的传承，与宣传教育和文化创意密切相关。其中，“讲解”过程的三极能动、超越空间的跨距宣传、故事情景的艺术再现和文创产品的品牌打造等拓展式举措，是延续历史记忆、重塑情感价值的重要体现，是实现博物馆文化在场，传承博物馆文化的应有之义。

关键词：博物馆文化；收藏；研究；开发；传承

如果以缪斯神庙的建立算起，那么博物馆已经有两千多年的历史。在这两千多年的时间里，博物馆由最初收藏、保存珍物的私密场所，逐渐转变为社会化的公益性文化教育机构。其职能早已超越收藏、研究的范畴，而拓展扩大至服务社会和服务公众。但是，不论博物馆职能如何拓展，对物的收藏和研究始终是最稳定的两项基本职能，即便是十分倡导博物馆社会教育的今天，两者仍然占据重要的位置，是博物馆文化赖以生成的立足点，只有坚守好这两点，博物馆文化才会得到更好的开发。由于科学技术的进步，收藏兼具起部分陈列的功能，博物馆功能区域的严格划分在一定程度上被打破，相对性逐渐凸显。从收藏视域出发，致力于博物馆文化的开发，是一条重要的途径。博物馆作为公益性文化教育机构，对社会的发展，尤其是文化价值观念的塑造，有着潜移默化的推动作用，这是博物馆社会服务和教育功能的重要体现，是博物馆文化传承的结果。因而博物馆文化的传承的重要性不言而喻。博物馆文化的传承，说到底就是对知识信息与历史记忆和情感态度的传承，需要借助多种宣传手段和形式。其一，需要守护好“讲解”这一传统方式，同时不断予以升华，实现“讲解员、展品知识信息与观众”的三极能动，塑造观众的情感、态度和价值观。其二，通过虚拟博物馆、展览的输送、主题活动、微信党课等形式，拓展宣传阵地，打破空间距离的局限，实现跨距宣传。其三，结合博物馆的特色资源，创造适当的艺术形式和故事情景，反映博物馆文化主题精神，增强视觉印象和感染。其四，博物馆文化的传承，需要借助馆藏特色元素，打造具有“人我之别”的文化创意产品，甚至通过文创产品的授权等手段，作进一步的渗透式宣传。

有收藏有物即有博物馆文化，有研究即有博物馆文化的挖掘和延展，博物馆文化的开发根守于此，得益于此。博物馆文化的开发扎根于收藏和研究，博物馆文化的传承借助于宣传手段和形式，以下我们将对这两方面作具体的阐述。

一、收藏与研究：博物馆文化开发的根守之点

在博物馆诞生后的两千多年里，收藏和研究几乎是博物馆最为稳定的两项基本职能。其间，博物馆的职能由于因应时代的变化，而有所分化和拓展，但是收藏和研究所扮演的基础作用角色始终没有改变。

从起源的角度来看，正如严建强教授所言“博物馆文化源于收藏文化”。[1]收藏文化从动机到目的都具有显著的私人性家族性特征。现在

[1] 严建强：《拓展式教育：博物馆文化的新内涵》，《中国博物馆》2013年第1期。

公认的世界上最早的博物馆，是公元前 3 世纪埃及的缪斯神庙。在早期的博物馆中，缪斯神庙具有显赫的位置。王室和贵族出于私人的占有欲和评鉴的雅趣，将掠夺而来的战利品，大量收藏于神庙之中，甚至召集博学之士对奇珍异宝、古籍珍典进行研究。我们可以看到，早期的博物馆虽然已经有一些研究工作，但是比重并不大，收藏仍占据着核心的位置，甚至收藏本身就是目的，在此基础上发展起来的博物馆文化具有典型的“收藏控”特征。

这种以收藏为目的的情况，一直延续到文艺复兴。文艺复兴，尤其是启蒙运动期间，博物馆开始打破收藏的垄断性职能，先前蛰伏于贵族雅趣下的研究逐渐独立出来，几乎成为与收藏并立的两大职能。而且研究的目的，开始由关注个人和小圈子的雅趣，扩大到民众与社会的层面，即传播新知识、新思想，以启迪民智，服务社会。博物馆开始面对现实、面对市民。1789 年的法国大革命，革命人士将巴士底狱对广大市民开放，满足广大市民的参观欲望。尽管巴士底狱并非真正意义上的博物馆，但它确实有其象征，即博物馆不再是处于私的领域，而是要回应社会需求的场所。博物馆在初步显现出公共性的同时，其注重藏品的特征得到持续强调，成为其对外界开放的重要支撑。19 世纪中叶，为了更好地启迪民智和服务民众生活，美国的阿卡西斯提出“二元配置”的理念，据此以主题先行，挑选藏品，在放置藏品以外的空间，进行独立展示，因而开了博物馆功能区域划分的先河，于收藏职能中分离出陈列展示的功能。此后，陈列展览这一方式，被逐渐采用并推广，时至今日仍然是博物馆最为基础的宣传阵地。随着陈列展览的举办，博物馆服务社会的文化功能的发展，研究不仅仅出自个人的兴趣和局限在贵族圈子，而是作为一项基础职能在博物馆中得到越来越多的重视。

博物馆在经历了两千多年的发展后，从收藏中分离出陈列功能，而先前蛰伏于收藏下的研究，也成为了衔接藏品、支撑陈列展览的重要基础。如果我们以 2007 年 8 月国际博协关于博物馆的定义，作为衡量标准，那么在 19 世纪中后期，具有现代意义的收藏、研究和陈列职能基本已经出现。[1]就中华人民共和国而言，1961 年 11 月问世的《博物馆工作概论》就对博物馆给出了定义，即博物馆是“文物和标本的主要收藏机构，宣传教育机构和科学研究机构，是我国社会主义科学文化事业的重要组成部分”。[2]这个定义言简意赅地点出了博物馆的三大职能，即“收藏”“研究”和“教育”。博物馆发展到今天，不论人们赋予和期待它多少内涵，但是“收藏”和“研究”这两大基础职能始终得到认可却是不争的事实。回顾博物馆史和博物馆的定义，“收藏”和“研究”于博物馆的基础性地位已不言而喻。博物馆文化的基础就在这两项职能中。博物馆文化的开发，其前提条件就应该牢牢固守好“收藏”和“研究”，进而打造出更有创意的陈列展览。

（一）根守好“收藏”的三个方面

一要熟悉和掌握相关的文物法律法规。以法律的形式保护文物，尤其是馆藏文物，是根守好“收藏”的重要途径。在这方面，中华人民共和国从 1982 年到 2017 年先后颁布并多次修订、修正《文物保护法》，其中专设“馆藏文物”一章，规范对馆藏文物的保护，并提供法理依据。2010 年国家文物局、中国博协又汇编出《博物馆法规文件选编》，增强业界和世界对中国博物馆法制建设成果的认知。[3]博物馆及博物馆文物工作者，应该熟悉、掌握以上有关馆藏文物等法律内容，明确自己在文物保护上的职责和法律边界，使法律法规等要素，对博物馆文化的开发有更好的导向作用。[4]二要从宏观环境与微观环境的角度保护好馆藏文物。宏观环境，就是打造良好的文物库房环境，在湿度、温度、防火防盗等层面，给予馆藏文物贴合的保护。所谓微观环境，就是具体到

---

［1］ 2007 年 8 月，国际博物馆协会对博物馆的定义是：“一个为社会及其发展服务的、向公众开放的非营利性常设机构，为教育、研究、欣赏的目的征集、保护、研究、传播并展出人类及人类环境的物质及非物质遗产。”

［2］ 宋向光：《博物馆定义与当代博物馆的发展》，《中国博物馆》2003 年第 4 期。

［3］ 中国国家文物局、中国博物馆协会编：《博物馆法规文件选编》，科学出版社 2010 年版，第 1—2 页。

［4］ 黄璐：《博物馆文化与人的现代化》，载《博物馆与记忆——广西壮族自治区博物馆第四届学术研讨会论文集》，广西科学技术出版社 2012 年版，第 160—167 页。

每一件馆藏文物，必须保证其存放设备的科学性与合理性。从文物存放柜，到文物包装，再到内置保护材料等等，都必须有科学的依据和符合实际的合理性。三要根据博物馆性质和陈展需要，在以上两点的基础上，进一步广泛地征集文物，扩充藏品数量和提高藏品质量。守先待后，“收藏是博物馆文化形成的物质前提”，[1]博物馆只有先牢牢立足于馆藏文物的存续和保护，才会有藏品信息和记忆的挖掘，才会推动博物馆文化的开发。博物馆文化的开发，重点不在于我们直接开发出了什么，而在于我们守住了什么，保存了什么，存蓄了什么。而且从广义的角度讲，根守于收藏，这一行为本身就是博物馆文化的重要组成部分。

（二）创造良好的研究环境

研究是博物馆的一项重要常态职能，与收藏一样都是博物馆文化的立足点，同时又是介乎藏品与陈列展览的中间环节，具有独特的桥梁作用。研究对于藏品历史信息、艺术价值、科学价值等的挖掘及挖掘程度，直接反映出博物馆文化的基本状况。一个陈列展览质量的高低，直接受到研究水准的影响。加强研究、提高研究水准，是博物馆文化的必由之路。如何做好研究是一个大的课题，这里只从研究环境作简要的说明。

创设良好的制度规则环境是保证研究得以持续推进的基础。研究推动了博物馆文化的开发，支撑了陈列展览，提升了宣传讲解。但是研究毕竟不同于宣讲等活动。宣讲等活动除非遇到新馆新情况，一般而言其讲解词整体的变动修改并不大，甚至几年都是如此，因而可以取得立竿见影的即时效果。但是研究则不然，从材料的收集、阅读、整理、考核，观点的提炼，文章的构思和写作，再到文章落成，是一个十分花费时间的过程。无论研究者还是直接领导部门都需要有耐心和魄力，尤其是后者需要更多的从顶层设计，创设制度规则环境，为研究保驾护航。在改革开放中，邓小平就特别强调要尊重知识、尊重劳动、尊重人才。

---

［1］ 严建强、邵晨花：《论收藏视域拓展对博物馆文化及展览的影响》，《博物院》2017 年第 1 期。

只有用制度、规则强调对研究者时间成本、脑力劳动、知识产权的尊重和保护，维护研究者的这些正当权益，才能保护好研究者的使命感和奉献精神，促进研究者的成长，孕育出群起奋发、积极良好的科研生态环境。凡是研究方面取得卓有成效的纪念馆，除了研究者数量较多和长期学术积淀外，都在创设制度规则环境方面有建设性的举措。研究需要一环一环落实，创设制度规则环境，切实维护研究者的劳动和知识产权，同样如此。

（三）拓展陈列展览

博物馆文化是通过收藏、保护、研究、展示、传播等特有形式呈现的。[1]收藏和研究均属于博物馆文化的特有形式，是博物馆文化的重要立足点，以两者为基础的陈列展览是博物馆文化的重要载体。博物馆文化的开发，其重要的显性体现就在陈列展览上。自从收藏中分离出来之后，陈列展览在博物馆文化的开发中扮演着举足轻重的角色。陈列展览是博物馆因应社会，履行服务社会的职责和使命感而发展起来的，并一直处于变革中。正因如此，陈列展览的类别也更加丰富起来。经过拓展，博物馆已经超越传统展览类型，而发展出信息定位型展览、理解式展览、思考式展览、教育性展览和叙事性展览等类别，[2]这些具有高度识别度的展览类型的涌现，使博物馆文化的开发呈现出向好的发展势头。

高度识别度成为博物馆陈列和博物馆文化开发的重要特征之一。只有独特的具有高度识别度的陈列，才更能获得观众的认可，更好地服务社会，满足观众日益增长的文化需要。如何做到高度识别度，这与展馆的性质、藏品的情况和展览的主题定位以及策展人的思想紧密相关。这

[1] 傅强在《博物馆文化与社会可持续发展》一文中强调从博物馆的特有文化方式来看待博物馆文化。他指出，博物馆文化是“博物馆对文化的保护、保存、展示、传播、利用、创造……这些文化活动形成了其特有的方式，这些特有的方式就是博物馆文化的特性，正是这些特性最终形成了我们对博物馆文化的理解”。本文赞同这种睿见，详见《中国博物馆协会博物馆学专业委员会 2015 年“致力于社会可持续发展的博物馆”学术研讨会论文集》，中国书店 2016 年版，第 108—114 页。

[2] 孟胜兵：《博物馆文化教育功能的拓展性研究》，《艺术科技》2017 年第 10 期。

里无意展开讨论，仅以收藏与陈列的“二元分离”为切入点，简要作一点分享。“二元分离”的背景：一是之前的博物馆多以收藏为主要功能和目的，而且具有私人性贵族性的圈子局限；二是当时启迪民智、服务社会的使命感，使得博物馆文化呈现出公共性的特点。也就是说观念的变化，引发了博物馆功能区的“二元分离”。那么，我们现在可否在坚持“公共性”“服务性”这一观念下，逆流而上，实现“二元合一”，即收藏与展览高度融合的新展览？新展览集收藏、保护、展陈、观赏性、信息性于一体。这样在原有展览类别的基础上，拓展出新的展览类别。再者，仅仅就收藏而收藏，就陈列而陈列，已经远远不能满足文化开发和传承的需要。从历史的角度看，收藏本身就是一个发展的过程，陈列也是从收藏中分离而来。随着时代的发展，收藏也可以兼具数项职能，比如规格质量较好的收藏，本身就是一种陈列。在这方面，毛泽东纪念馆和胡耀邦纪念馆，作出了新示范，值得我们作进一步思考。

二、垂训的多样化：博物馆文化的多样传承

如前所言，早期博物馆文化具有私密化的特征，并无自觉的社会传承。自 19 世纪中后期博物馆“二元配置”理论问世并被广泛实践后，博物馆的社会服务使命与文化教育责任愈发凸显。博物馆跨出私领域，而进入公共领域，实现了社会化的转变。正如安来顺指出：“20 世纪以前以欧洲为代表的博物馆主要是从私人、皇室、贵族和学者的收藏中脱胎而来，并逐步演变成公共机构。”[1]博物馆的公共性和高度社会化，决定了博物馆文化的公共性和社会化，即博物馆文化具有服务社会、以文化人、知往鉴来、引领精神风范的垂训功能。这些功能对于繁荣社会文化、形塑民族精神、提升文化软实力都具有重要的作用。因而，如何传承博物馆文化，发挥好博物馆文化的社会垂训功能，显得尤为重要。结合工作实践经验和参观总结，我们认为，博物馆文化的传承可以从以下几个方面努力：

---

［1］ 安来顺：《二十世纪博物馆的回顾与展望》，《中国博物馆》2001 年第 1 期。

（一）三极能动升华传统讲解

博物馆文化的传承，实质是对藏品中的知识信息与历史记忆和情感态度的传承。时至今日，博物馆文化的传承，其手段已经十分丰富，但是以陈列展览为直接依托的讲解，仍然是人们主要采用的手段。升华讲解这一宣传手段，对于提升博物馆文化的传承意义重大。而每一场讲解，实际上在于处理展品信息、讲解员和观众三者之间的关系，具体而言就是努力实现展品信息、讲解员与观众之间的三极能动，感染观众的情感、态度和价值观。

在以上三极关系中，讲解员处于最为核心的位置。实现三极的能动，讲解员的角色最重，因而必须有自觉的职业素养。首先，讲解员对陈列展览的主题、结构、部分之间的相互关系等要有深入的把握，在讲解中做到既能高屋建瓴又能庖丁解牛。其次，讲解员要吃透展品信息和背后的故事及人文精神。展品能不能“活”起来，能给观众多少印象，重点就在于讲解员对展品信息的把握程度。一方面，要对展陈中的任何一个展品的信息都有所把握，能够达到见物即讲的程度；另一方面，又要结合讲解词，对与主题尤为密切并在展线变化中有重要代表性的展品，给予特别关注乃至时代的、个性化的解读。立论在我，成立在人。讲解员只有做好这方面的储备，达到胸中有丘壑，方能适时调整自我对展品信息的自如发挥。第三，讲解始终是借助展品而进行的人与人的对话，这种对话既有讲解员对观众的宣讲，又有观众向讲解员的咨询或诉说，甚至于两者肢体语言和表情语言的互相传递。这就要求讲解员能够认真听取观众的诉求，观察观众的情感变化，从而把握观众的心理变化，张弛有度地调整讲解的故事的结构、内容、情感升华点、语速和状态，以带动观众。最后，也是最重要的一点，即讲解员对待观众的心态应该是讲故事的心态，而非宣传的心态。这种心态，有助于讲解员更为主动、积极地去思考，如何构思故事的开头、讲述思路和技巧、故事带动点、小结、情感升华点和结尾词，等等。如此，讲解员就可能更好地把展品信息和背后故事内化成个性化的生动的语言，进行表达，在心理上说服自己，更好地带动观众，实现主题的升华、情绪的感染和价值观的传递。

三极动能的目标只有在实践中才能更好把握，因此讲解员在体验讲解之后，应该多加以总结，再回到实践中根据观众的类型和反应，去把握三极的能动程度。

（二）跨距式宣传拓展宣传阵地

在博物馆文化的传承过程中，纪念馆及其陈列展览是最为主要的宣传舆论阵地，其讲解更是最主要最常见的宣传手段。观众对博物馆文化的汲取、体验和感悟，往往大多是在纪念馆参观陈列展览的过程中实现的。因为任何一个博物馆，都常年扎根于某地某环境之中，这很容易导致博物馆文化在传承中，面临可视的地域局限。地域局限突出表现在两个方面，一是观众与博物馆的空间视距，二是时间矛盾。在坚守博物馆及其陈列这一固定宣传阵地的同时，坚持“走出去”的思想，突破地域局限，实现跨距式宣传，是拓展宣传阵地，传承博物馆文化的重要途径之一。

坚持“走出去”，实现跨距式宣传，除了送展览出去等传统形式外，可以进一步推进数字博物馆的建设，大力推广讲座进社区进校园等措施。

首先，大力建设数字博物馆。数字博物馆不仅仅是博物馆的网络版，而是可以容纳视觉、听觉、触觉等于一体的博物馆文化服务平台。通过它，实体博物馆所提供的讲解、体验、互动等形式，观众都可以随时随地获取。而且，数字博物馆创造和容纳的图文资料、音频讲解、模拟场景、动画、互动项目、虚拟漫游等手段，可以给观众带来更丰富的知识、感官和情感体验，使观众对博物馆的认识更为全面。这方面，中国国家博物馆、三星堆博物馆、上海博物馆、韶山毛泽东纪念馆、刘少奇纪念馆等业界代表可以作为借鉴。随着互联网技术的发展，数字博物馆这个平台将拥有更多的文化宣传功能，聚集更高的人气，是一个极具潜力和现实效应的自我宣传平台。总之，数字博物馆可以打破空间距离、时间矛盾，随时随地为观众提供全天候、无差别的博物馆文化，在增强知识，增进情感和调动价值观方面，都十分简洁、方便。博物馆应该着眼于其数字化的建设，做好跨距式宣传，更好地满足观众对博物馆文化的需要，发挥博物馆文化的服务社会和文化教育功能，使博物馆文化能够随时随地在场。此外，在这个自媒体时代，微信、微博和抖音等自媒体平台，应该加以利用。这些宣传手段，可以帮助博物馆人在宣传上主动出击，增强博物馆与观众、社会的互动，而且实效性、传递性都显而易见。以微博为例，它可以为博物馆提供一个低成本平台，迅速广泛地与社会进行参与，获得真实的信息，提高博物馆文化的宣传力度和水平。[1]面对这样的自媒体宣传平台，博物馆人又何乐而不为呢？

其次，专题教育进社区、进校园。博物馆文化的传承仅仅靠博物馆讲解是远远不够，也很难满足观众的需求。而且博物馆的讲解，主要根据陈列展览而来，往往信息量比较全比较大，虽然有一个大的主题，但是存在“散”的缺点。博物馆的地域局限，也使得观众具有更大的流动特性。因此，开拓新的宣传方式，打破空间局限，走出去扩大宣传，势在必行。我们这里主要倡导的是，以专题讲座的形式，走进社区，走进校园进行宣传。专题讲座，主题更为鲜明，故事感更强，情感的突出更为聚集，具有近距离、拉家常式的融入感。社区的观众和学校的师生作为比较固定的宣传对象，他们更适合讲座这种故事感、亲近感更强的形式。比如，我们“不忘初心”主题教育活动，毛泽东、朱德、周恩来、刘少奇、邓小平、陈云等革命先辈，他们每个人的一生都是一个丰富的素材。但是，一堂课讲一个人的一生如何不忘初心，时间上会显得很匆忙，故事也会显得很赶，无法从容地展开。但是，同样是一堂课的时间，如果我们用专题的方式，选取与专题紧密相关的若干故事，以讲座的形式呈现出来，这个专题宣传就会更加有层次感，更加有主干，更加从容，革命先辈的事迹也更加集中突出，人物形象也更加有血有肉，精神也更加饱满，留给观众的印象也更为深刻。

现实博物馆文化的跨距宣传，打破博物馆地域局限，是实现博物馆文化在场和传承的重要途径，数字博物馆、自媒体软件平台和走出去的

---

[1] 谢晓婷、陆军：《沟通与互动——“微环境”下的博物馆文化推广》，《中国博物馆》2012年第1期。

专题讲座是我们应该努力而且可以进一步落实的跨距宣传手段。

（三）多彩艺术形式演绎博物馆文化

博物馆文化的传承形式是多样性的。以博物馆陈列展览为阵地依托的传统讲解，以数字博物馆和专题讲座为平台的跨距宣传，是博物馆文化传承形式多样化的重要表征。在这个多样化的趋势下，一些传统的文艺形式可以借鉴过来，结合博物馆自身的主题、挖掘特色文物故事和情境，生活化、休闲化地传播博物馆文化的主题思想。

传统的文艺形式，包括歌曲、舞蹈、相声、小品等，相较于时下流行的社交平台如微博、微信等而言，在传播的速度和广泛性方面，虽然难以相提并论；但是，在故事的演绎、情感的表达、精神的传递等方面，感染力、穿透力、移情力不可小觑。在博物馆越来越现代化甚至同质化的今天，以传统文艺形式为载体的文艺宣讲，闪光点应足以引起我们的重视。以革命史题材为例，以八路军抗战为专题，我们如何更能演绎出他们的精神面貌，如何更能引起观众对于他们事迹的情感共鸣，如何更能给观众留下深刻印象？这是值得我们时常深思的。对于每一个人而言，他对外部信息的了解和情感知觉，都是通过视觉、听觉、触觉等感觉来实现的。博物馆观众也是如此。在博物馆文化的传承中，讲解占据着重要的位置，如果我们以互补的眼光来看，事实上传统的文艺形式比起讲解而言，更容易给观众以听觉、视觉的刺激和享受，留下的印象和记忆也更为深刻。

以博物馆的特色资源为基础，挖掘出别致的故事情境，以适当的传统文艺形式进行演绎和合适的创造，反映博物馆的主题精神，是传承博物馆文化的重要参考。在这方面，太行山八路军纪念馆就有非常成功的案例。该馆“组织战史研究人员将八路军的先进事迹改编成歌曲、舞蹈、小品、诗歌、相声等文艺节目，提供给‘八路军精神宣讲小分队’演职人员，让他们外出表演宣传”。[1]截至 2018 年，该馆“由讲解员组

---

［1］ 李东光：《论历史研究在挖掘与弘扬博物馆文化中的重要作用——八路军纪念馆历史研究工作的实践与体会》，载《秦晋豫三省博物馆理论与实践研讨会会议交流论文集》，2008 年印，第 42—45 页。

成的‘八路军精神宣讲小分队’，常年活跃在部队、学校、机关、厂矿、社区，宣传八路军抗战历史、传播爱国主义精神，累计演出700多场次”。[1]从该馆跨距宣传的阵地之多，演出场次之多，大致可以看出其文艺节目的质量之高和受欢迎程度。我2018年参观该馆时，有幸观赏了他们的文艺节目，其中《左权家书》《我要上春晚》两个节目令人印象深刻。就以《我要上春晚》这一小品为例，它主要讲述的是，该馆要从四个讲解员中选出一位最优秀的去参加春晚，由此引出四位讲解员为争取上春晚，而进行的红色才艺竞争。这一节目中，每一位讲解员都以自己工作中宣讲的精彩故事为基础，进行表演，并融合了时尚的元素。出彩的表演引起观众的阵阵掌声，现场收效奇好。这节目既反映了该馆讲解员的素养，又以喜闻乐见的方式，传播了红色知识，引发了共鸣，实现了情感和态度的有效传递，很好地丰富和宣传了博物馆文化。这种接地气的传统文艺宣传形式，远远胜过一众论文和空洞乏味的宣传。

在声光电等技术已经成为博物馆的熟客之后，博物馆现代化的步伐仍然迅速，我们确实在物质的基础上，给予了博物馆耳目一新、非同寻常的外貌和展陈。同时，不妨从物化以外的角度思考，比如加强藏品故事和内涵的挖掘的同时，是不是可以因地制宜、因时制宜地以传统文艺的形式，实现对故事情境的艺术再现，和博物馆主题的升华，对博物馆文化进行创造性宣传和传承？

（四）打造文化创意产品

发挥好博物馆的社会服务和文化教育功能，促进博物馆文化的传承，需要多管齐下的举措。如前所述，博物馆文化最初仅仅限于藏品文化，其社会化的服务、教育功能，也是因应时代的变革和需求不断延伸、拓展而来。在博物馆文化的传承中，依托博物馆的讲解、外展、主题讲座、传统文艺节目宣传等，是较为常见的宣传手段。它们都极具语言特色。然而从博物馆形象的维护和文化教育功能的发挥角度看，仍需

---

[1] 笔者于2018年9月参观八路军太行山纪念馆时，有幸观赏了该馆的文艺宣传节目，并从该馆宣传手册上了解到这一信息。

要在语言类宣传手段之外，立足博物馆藏品，打造具有符号特色的文化创意产品。所谓具有符号特色的文化创意产品，就是从博物馆特色藏品中提取出个性鲜明、特征突出的内涵元素，配以创新的艺术造型，打造出的具有“人我之别”识别度的、可用于交流乃至售出的文化产品。博物馆文创产品，实质是一道别致的文化符号。符号在信息传递和价值输出中具有暗示性、提示性、传递性、象征性，可以起到此时无声胜有声的效果。具有符号特色的博物馆文创产品，是博物馆服务社会和宣传教育基础上的继续和延伸，对博物馆文化的传承同样具有无声胜有声的重要价值。打造博物馆文创产品是拓展博物馆文化和实现其传承的重要举措，值得博物馆用心加以投入。

如何投入？已有研究者从各个角度作过不少论述。有的对“博物馆文化产品（商品）的设计、开发、营销、激励政策等方面进行探究”，[1]并提出建议；有的则从文化授权的角度，提出“博物馆转变文化创意产业的发展模式，由以博物馆‘自我中心意识’主导下的非市场化结构模式转变为以‘公众为中心’的文化授权模式”。[2]显而易见，这些学者已经将博物馆文化创意产品当作一项产业来对待，这些研究者立意深远，具有长视角的眼光，非常值得重视。就目前而言，我国博物馆文化创意产品事业还处于起步的阶段，在这一阶段，招引人才，增强对藏品研究的积累更为重要，这是最为基础的环节。其他的环节可以考察国外，结合中国的具体情况加以借鉴，但唯独基础研究是不可以的，因为要实现文创产品的“人我之别”，出新创新，绝非一朝一夕之事。凡事预则立，不预则废，博物馆文创产品的打造，还是要立足实际，从人才培养、藏品研究这一基础做起。许多文创商店沦落为卖玩具、酒水的小卖铺，有的在文创外形上出现严重的同质化现象。这些现象尤其值得重视。唯其如此，文创产品才能在博物馆文化的传承中发挥应有的价值。

---

[1] 葛偲毅：《国外博物馆文化产品开发与营销对我国的启示》，复旦大学 2012 年硕士学位论文，第 6 页。

[2] 王秀伟：《文化创意产业视域下的博物馆文化授权研究》，中国科学技术大学 2016 年博士学位论文，摘要第 1 页。

结语

博物馆是以藏品和研究为基础的公益性文化教育机构，具有传承历史记忆、传递情感态度、形塑文化性格的重要社会功能。收藏和研究是博物馆古已有之的基础职能，博物馆文化的开发离不开对这两项基础职能的坚守和深入，唯其如此博物馆才能打造出具有特色识别度的陈列展览，在博物馆文化的开发上长足发展。博物馆文化的开发和传承，具有一定的先行后序。立足好收藏和研究，打造出特色陈列，才能进一步推动传承工作。博物馆文化的传承，维度是多方面的，因此努力的方向也是多方面的：一是立足博物馆视域内的“三极能动”讲解；二是跨越博物馆视域、虚实视域的跨距宣传；三是传统文艺形式下的情景再现和故事演绎；四是以专门人才培养和藏品研究为基础的文创研发。

博物馆文化是延续历史记忆、传承情感态度的重要推手，通过以上举措实现博物馆文化的在场，对于社会文化的繁荣、观众价值观的塑造、文化软实力的提升都有重要的作用。对此，我们有责任承担起博物馆人的职责，做好博物馆文化的开发者和传承者，或者为开发者和传承者营造良好的开发、传承氛围和条件。

（余洋，朱德故居管理局助理馆员）

博物馆在文化产业发展中的定位和功能

——以武汉革命博物馆为例

杨露雯

摘要：为满足人民日益增长的精神文化需求，建设好包括博物馆在内的公共文化服务体系尤为重要。博物馆在文化产业中传统的功能定位包括收藏、研究、教育、展示。如今社会经济迅猛发展，社会环境不断变化，公众对博物馆的功能定位不断提出新要求。在激烈的市场竞争中，公益性质的博物馆如何生存，需要博物馆的功能与社会发展合理融合，从传统博物馆向参与式博物馆转变，重视市场营销模式，引入新科技，与旅游业合作，找到一条博物馆功能演变与社会协调发展的新路。本文以武汉革命博物馆为例，以博物馆传统功能定位和拓展后的博物馆功能定位，证明博物馆与社会协调发展的重要性，以及博物馆的社会功能是随着社会的变迁而演变的。

关键词：博物馆；文化产业；功能；武汉革命博物馆

一、博物馆在文化产业发展中的背景

党的十九大明确文化建设在中国特色社会主义建设总体布局中的定位，指出当代中国人的需求，已经由主要满足物质需求，转化为主要满足精神需求。满足文化需求是满足人民日益增长的美好生活需要的重要内容。正如习近平所说，满足人民过上美好生活的新期待，必须提供丰富的精神食粮。这说明，在中国特色社会主义新时代，文化建设的地位更加重要，作用更加凸显。党的十九大报告中还提到“没有高度的文化自信，没有文化的繁荣兴盛，就没有中华民族伟大复兴”。习近平说“四个自信”中，文化自信是更基础、更广泛、更深厚的自信，文化自信是最根本的自信。创新是党的十九大报告的主线，也是推动新时代文化繁荣兴盛的主线，创新贯穿在总书记有关文化建设论述的全过程。这也提示我们要鼓励创新创造，需要营造一个宽松的环境。

二、博物馆文化产业中传统的功能定位

1946 年，国际博物馆协会在巴黎成立，博物馆的定义多次被讨论和修改，1989 年第十六届国际博物馆协会大会确立了迄今国际上比较通用的博物馆概念：博物馆是为社会及其发展服务的非营利的永久机构，并向大众开放。它为研究、教育、欣赏之目的征集、保护、研究、传播并展示人类及人类环境的见证物。这一定义同时揭示了博物馆的四大基本功能：收藏、研究、教育、展示。进入 21 世纪后，中国博物馆的数量迅猛增加，博物馆在社会生活中的重要性日渐凸显。博物馆被称为“精神的家园”“文化的绿洲”“城市的客厅”“文明的窗口”，成为一股城市新文化势力，也成为人们休闲、旅游、教育的重要目的地。

（一）收藏

收藏是博物馆最原始、最基础的功能。收藏使博物馆成为自然界和人类物质文化遗产的保护者和集大成的机构。这是任何其他机构不能完全替代的一项社会任务。博物馆藏有标本、纸制文件等实物藏品。非物质文化遗产等相关文物的收藏与维护是博物馆的基础与命脉，也是博物馆建立的前提。博物馆藏品具有多方面的意义。它是教育的资源，陈列的展品，研究的根据，也是博物馆与观众沟通的媒体。随着时代进步与世界人类文明发展，博物馆收藏从仅仅收藏价值连城的“金银珠宝”和无价的“字画碑帖”等，到有意识地系统收集并保护人类历史上具有历史、科学和艺术研究价值的自然文化遗产，收藏功能不断强化。

博物馆藏品的范围如今扩大到人类社会一切可以收藏的物件，而且

藏品的搜集，也得到全体民众的广泛参与，藏品来源途径也越来越普遍。大众的私人收藏品也可在博物馆中展出，加大了公众博物馆收藏的参与度，充实了展陈内容，藏品也得到更专业的保护，恒温恒湿的环境延长了藏品尤其是纸质文物的寿命，专业的文物修复人员使藏品焕发出勃勃生机。

以革命博物馆为例，以往藏品收藏数量少，多为实体文物，其来源也多为调拨或者随机征集，并且文物多为纸质文物，品相不佳，保存手段较为原始，也缺少修复文物文件的人才。藏品来源，具体而言，“在我国，博物馆文物藏品的来源，主要依靠社会搜集和考古发掘（自然、地矿类博物馆的标本采集不在讨论之列）。社会搜集的方式大体有收购、捐赠、调拨、移交和馆际交换五种”。武汉革命博物馆由农民运动讲习所、中共五大会址、毛泽东旧居、中国共产党纪律建设历史陈列等主要场馆组成。2019 年 5 月开馆的中国共产党纪律建设历史陈列展出藏品 405 件，农民运动讲习所展出藏品近 200 件，中共五大会址与毛泽东旧居展出文物近百件，而藏品达两万余件。革命博物馆的收藏是旧民主主义革命时期、新民主主义革命时期、社会主义革命和建设时期中国史的片段，不仅能帮助我们理解中国革命历史，还能引导人们对中国的现在和未来进行一些思考，获得相关启示。但由于馆藏品数量多，展览场地有限，展出藏品一般不足其藏品总量的 4%，大多数藏品放在库房。近年来，为了更好地发挥博物馆功能，发挥藏品价值，包括革命博物馆在内越来越多的博物馆通过预约制开放库房，以满足高层次观众和专业观众的需求，使博物馆收藏功能更贴近社会，贴近公众。博物馆开始走进百姓的日常生活，成为提高民众个体文化修养和整体文化素质的积极力量。博物馆将通过文化的传承、培育、积淀和创新，使自身成为文化的绿洲。

（二）研究

研究是博物馆的又一重要功能。博物馆不仅要向观众介绍博物馆藏品“是什么”，更重要的是要向观众介绍“为什么”。博物馆要从客观的角度介绍藏品的知识内涵，学术研究成果，也要介绍博物馆藏品价值、文化、审美和现实意义，还要介绍博物馆陈列主题，讨论博物馆与观众共同感兴趣的社会、文化课题。博物馆的研究是在揭示事物的真相，藏品的展示提供给观众了解事实真相的机会，两者互为一体。博物馆研究也必须满足陈列的需要，根据观众的知识结构和学习能力，准确揭示博物馆藏品特定层面的意义。博物馆对藏品的深入研究与发现，会激发大众的求知欲与好奇心。只有深入研究，才可能对藏品进行科学的整理、保管、分类和展示。博物馆研究是以服务社会、传播知识和教育观众为己任的一项公益性工作，博物馆乃至人类文明的科学文化发展需要科研提供重要的支撑。

国内很多地区缺乏文物修复人才，武汉革命博物馆却有文物修复人才。革命博物馆很多藏品都是手稿、信件、证章、书本、照片等，难保存、易损坏，因此具有专业文物修复技巧的人才对博物馆意义重大。武汉革命博物馆具有众多硕士及以上学历人才，人年均发表论文在两篇以上。虽然武汉博物馆在学科专业研究方面无条件与重点大学和马克思主义研究院相比，但双方研究侧重不同。后者的研究宏观上包括中国的革命史、马克思主义在中国的传播或与国外的对比研究等，而武汉革命博物馆重视对藏品和相关历史人物的全面阐释、形象表述、科学传播、展陈方式、背后的故事等相关方面细节的研究。如果没有研究做基础，不管陈列形式多么新颖，都难以彰显博物馆的特色与个性，难以形成自身品牌。研究是现代博物馆不容割舍的功能，是广大博物馆工作者的职责所在，也符合国家发展、时代进步的要求。

（三）教育

科学研究工作是博物馆工作的重点，社会教育工作是博物馆工作的核心。教育应是博物馆最突出的功能，博物馆在许多国家被看作人们理想的终身教育场所。狭义教育，指专门通过教育机构进行的有目的、有计划、有组织的教育过程，即在学校接受教育。广义教育，指所有有目的性的影响他人的知识结构、思想品德，促进其发展的教育。毫无疑问，博物馆的教育属于后者。在现代博物馆的经营理念中，教育不仅是博物馆对国家社会的责任，也是最重要的任务。因此博物馆在教育上所扮演的角色，不只是让历史重新活跃在人间，更是要引发公众的学习欲望，扩展个人的眼界，最终目的是提高全社会受教育程度，促进国家发展进步。博物馆的社会教育形式多样，从最初的让观众参观、听讲解等被动接受知识到如今具有广博的教育内容、直观清晰的教育形式、生动活泼的教育流程。

以武汉革命博物馆为例，武汉革命博物馆被评为全国爱国主义教育基地，教育一直是其最重视的领域之一。博物馆的一切工作归结到一点，就是给不同的观众提供教育。武汉革命博物馆所有宣教部的讲解员都从事教育及相关工作，同时馆内其他工作人员给予充分支持与配合。武汉革命博物馆针对不同文化程度的观众制定不同的教育措施，最大程度地发挥着博物馆的教育功能。对于中小学生，博物馆与学校配合、协调制定教育项目，开展“红色小课堂”进校园活动，开设“接毛泽东上井冈山的人”“人民的好总理——周恩来”“航空英雄”等爱国主义教育课程，每年进校园的小课堂活动达三十次。在寒暑假会开展“小小讲解员培训班”公益活动，活动期间邀请学生参观展览，请他们学习讲解员的讲解技巧和相关历史知识，同时会开设普通话正音、讲解礼仪、讲解规范、情景剧表演等相关课程，全方位提升学生的综合素质。对于大学生和馆内员工，武汉革命博物馆定期提供专家讲座。对于社区民众，每到中国传统节日，武汉革命博物馆都会开展大型活动。如元宵节，会邀请社区民众带孩子们来革命博物馆观看红色文化主题表演，让孩子们做花灯、画花灯、做汤圆等，将传统节日与红色文化爱国主义教育相结合，寓教于乐。武汉革命博物馆的教育对象也并不局限在年幼的孩子。随着 2019 年 5 月中国共产党纪律教育历史陈列开展，众多党员干部来馆内参观，众多党政机关组织前来接受“不忘初心，牢记使命”主题教育活动。开馆之后，在中国共产党纪律建设历史陈列展，专业讲解员讲解近 1 800 批次。专业的讲解，为参观者从事相关研究学习提供方便。武汉革命博物馆也尽可能地开放一些过去隐藏的博物馆空间，观众可以通过预约参观借阅库房文件，让更多的专业观众有机会一睹博物馆全貌。此外，武汉革命博物馆还设计了一些移动的博物馆，使得博物馆突破传统地域的限制，走进小区，走进部队，让更多的人有机会掌握中国革命史、中国伟大历史人物的相关知识，感受历史文化的熏陶。武汉革命博物馆每年举办社教活动近六十次。如果说收藏是博物馆的心脏，那么社会教育则是博物馆的灵魂。传统博物馆是以藏品为中心，侧重藏品的保护与研究；而包括武汉革命博物馆在内的现代博物馆则是以公众为中心，以社会教育与文化传承为主，面向社会发展服务，逐渐成为新时期人们心灵的净土和知识的殿堂。

（四）展示

博物馆主要通过展览对外宣传科学、艺术、历史等文化知识。博物馆作为文化使者，展示功能承担最重要的历史使命，展现了博物馆的形象、定位与水准，因此展览功能在博物馆设计中举足轻重。博物馆的展陈受政策、专家、展厅位置布局和观众的期待等相关方面影响。大多数博物馆的展览都分为基本陈列和临时展览两种形式，基本陈列大多依托历史场馆或藏品，可反映地方历史文化发展，也可分类展示具有科学、历史和艺术价值的藏品。临时展览既充实博物馆教育的内容，时常可对基本陈列相关历史信息起到补充说明作用，也是博物馆的主要工作任务，使博物馆保持活力，吸引观众不断重复前来，更是提升知名度的重要手段之一。

以武汉革命博物馆为例，对外开放的复原陈列有 26 处，基本陈列有 9 个：“探索与奠基——武昌农讲所历史陈列”“毛泽东在武汉——毛泽东旧居基本陈列”“中国共产党第五次全国代表大会历史陈列”“陈潭秋在武汉”“武汉走出的革命军、军事家、外交家——伍修权”“湖北有个黄负生”“起义门基本陈列”“纪律建设永远在路上”“中国共产党首届中央监察委员会委员生平展”，其中“探索与奠基——武昌中央农民运动讲习所历史陈列”获第十二届（2014 年度）全国博物馆十大精品推介优胜奖。所有陈列均免费对公众开放，并且每年举办、引进、输出展览 10 多场。2016 年引进、输出、自办展览达 16 场，2017 年引进、输出、自办展览达 11 场，2018 年引进、输出、自办展览达 12 场。展览包括“从一大到十九大——中国共产党全国代表大会”“用生命诠释忠诚——追寻首届中央监察委员会八烈士精神”“北上先锋——纪念中国工农红军长征胜利 80 周年”等高质量展示。

三、博物馆功能定位的转变

2018 年 3 月国务院机构改革，文化部与旅游部改组为文化与旅游部，文化产业作为文旅融合的重要桥梁和国民经济支柱产业，在文化建设中扮演越来越重要的角色。在此背景下，博物馆应对文化和旅游业的快速发展及不断升级的文化消费，需依托馆藏资源，坚持以人民为中心的工作导向等原则，大力发展博物馆文化产业，才能有效实现博物馆的可持续发展。这也是推动传统文化创造性转化、创新性发展的重要途径，以及博物馆在新时代肩负的重要使命。

（一）从传统博物馆向参与式博物馆转变

人们现在更愿意在网上娱乐、学习和交流，博物馆要重建与公众的联系，必须让观众成为主动的参与者而不是被动的消费者。博物馆需通过征集并回应观众的想法，让观众参与运营，内容需要推陈出新，让自身成为观众可以分享创意并与他人交流的平台，接纳各种声音，让观众在多元视角背景下享有充分的自主选择权并建构自身理解。武汉革命博物馆每年提供十几场临展，内容新颖别致，提供观众留言簿，同时定期举行博物馆讲座，邀请观众参与分享，尽量做到成为参与式博物馆。

（二）重视市场营销模式

在市场经济的大背景下，博物馆开始运用营销学进行经营管理。2006 年 1 月，文化部颁布《博物馆管理办法》，规定“鼓励博物馆发展相关文化产业，多渠道筹措资金，促进自身发展”，这为博物馆走向市场，运用市场管理的方法和手段提供法律支持。博物馆产品一般指博物馆举办的各种展览，包括基本陈列、临时展览或专题展览等。同时，博物馆的各种教育活动、讲解导览、剧场、体验活动也属于其产品的范畴。如今博物馆产品的延伸部分包括博物馆纪念品销售、文物标本复制、实地考察、网站信息、图书资料服务等。武汉革命博物馆成立了产品开发部，开发各种展览纪念品和相关衍生产品，满足了观众对博物馆休闲、学习、探索。

（三）引入新科技

要使博物馆承载的相关文化更有吸引力，更有新意，博物馆需依托展陈内容理性适度地引入高新科技，使文化能以多元方式深入社会大众，让文化传递的过程更为丰富有趣，通过语音导览、网络、多媒体电影等的使用，使参观博物馆者不再只是单向被动地隔着冰冷的橱窗静观文物，观看展板，而应让观众以实际操作、亲身体验等方式了解感受博物馆的展示内容。武汉革命博物馆的中国共产党纪律建设历史陈列注重沉浸式观展体验。序厅中，通过共产党员代表雕塑的升起，结合投影在背景浮雕上的短视频，突出了共产党员的刚毅与正气和共产党纪律建设走过的光辉历程。同时武汉革命博物馆各个场馆均有数字化博物馆，人们足不出户就可以在网上参观，感受中国革命史的魅力。

（四）与旅游业融合

博物馆的发展趋向于功能多样化、服务人性化、布局合理化和影响国际化等特点，给旅游业带来生机与活力。博物馆不仅成为国家或地区文明的起点和窗口，衡量地区经济发达、文化繁荣和教育普及水平高低的一个重要准则，而且由于博物馆藏有丰富的文化遗产及其地域文化色彩，使其成为旅游业中最具吸引力的项目之一。武汉革命博物馆免费开放，周边设施齐备，展陈精美，寓教于乐；同时，把通过展览与游客沟通看成博物馆旅游工作的核心。因为只有游客理解展示的主题以及展览的深层次内涵，才能使展览具有说服力。而游客也会通过参观，产生自我满足感，提高自身历史文化素养。

在博物馆文化产业发展的过程中，可以参照国外 3E 功能的理念发展文化产业，即 Educate（教育国民）、Entertain（提供娱乐）、Enrich（充实人生）。同时，还需要整合资源，创新运营模式，加强知识产权保护与利用，加大科研投入，建设人才队伍，提高科研产出率。

（杨露雯，武汉革命博物馆讲解员、助理馆员）

关于博物馆文化产品开发的几点思考

周 静

摘要：博物馆文化产品作为博物馆文化的延伸，是传播博物馆文化的新载体，实现博物馆教育功能的新方式，发展博物馆文化产品对于博物馆更好地收藏、研究和传播文化都具有重要意义，博物馆文化产品的经营在国外有着较长的历史，也是国内博物馆发展的趋势。本文叙述了对于博物馆文化产品的性质、发展意义以及开发技巧的一些思考。

关键词：博物馆；文化产品；开发

博物馆文化产品在国外有着相当长的发展历史，第二次世界大战以后，由于经济衰退，资金紧张，许多博物馆开始尝试拓宽经营思路，开发博物馆文化产品以增加收入。比如世界三大博物馆之一的美国纽约大都会艺术博物馆，就是全世界最早开始经营博物馆文化产品的博物馆之一。早在1871年，大都会博物馆就开始有意识地挑选典藏品进行复制工作，到1949年，该馆的首家博物馆商店正式对外营业，除书籍、图录等出版物外，率先开始经营博物馆文化产品并大获成功，其他博物馆纷纷跟进效仿。[1]从1949年至今，大都会博物馆总计开发了2万多种衍生品，每年借此获利4亿—5亿美元，占全部收入的80%，另外15%

[1] 段勇：《当代美国博物馆》，北京科学出版社2003年版。

来自门票收入，仅5%来自政府资助。[1]此外，大英博物馆和法国卢浮宫博物馆在2010年的销售额则分别高达800万英镑和1 800万欧元。[2]其实，在国外，无论是像大都会博物馆、大英博物馆和卢浮宫博物馆这样的大型博物馆，还是小型博物馆，例如德国波恩的贝多芬纪念馆和瑞典的东方博物馆等，人潮最涌动的地方无一不是博物馆商店。[3]就像《老友记》中几个朋友询问约在何处见面，大家异口同声地说“艺术品商店”，在国外，去博物馆商店购物或逛逛是特别平常的一种休闲方式，相比较而言，国内民众则对此比较陌生。

这是因为在博物馆产品发展方面，我国起步较晚，基础较弱。直到20世纪90年代中期以后，随着改革开放的深入，市场经济的活跃发展，才开始了经营博物馆文化产品的尝试。比如上海博物馆从1996年至今，已经开发出1 600多种文化产品，2004年销售额达2 400万元，已超过当年的门票收入，在随后的几年里，每年的收益也都在2 000万至3 000万元左右。2009年8月，故宫博物院东长房观众服务区开始接待游客，其所售的文化产品中60%以上为故宫原创文化产品。[4]

可以说，发展至今，不过一二十年的时间，我国的博物馆文化创意产业取得了不错的成绩，但是仍有许多不足，发展也很不平衡。2009年，国家文物局对全国博物馆文化产品开发情况进行调查，文化产品开发较好的博物馆大多处于省会城市，地级市极少，县级市几乎没有，并且博物馆文化产品产值超过2 500万元的博物馆，仅有北京故宫博物院和上海博物馆两家，此外，很大一部分博物馆在文化产品开发上是空白，出现了“零”产值情况。[5]总之，我国博物馆文化产品的开发还处在初级阶

---

[1] 李婷：《捧着手机套　赏读〈兰亭序〉》，《文汇报》2010年8月19日第1版。

[2] 杨帆：《浅议博物馆文化产品的开发及营销——以大英博物馆和卢浮宫博物馆为例》，《故宫博物院院刊》2013年第4期。

[3] 陆建松、葛偲毅：《成功的博物馆文化产品开发的七个要素》，《中国文物报》2012年4月4日，第7版。

[4] 乔欣：《文化产品开发——博物馆的创意经济》，《中国文化报》2010年3月24日。

[5] 国家文物局博物馆与社会文物司：《新形势下博物馆工作实践与思考》，北京文物出版社2010年版。

段，未来还有很大的提升空间，需要更积极更努力的探索。

一、开发博物馆文化产品的意义

随着博物馆学的发展，“以人为本”的思想和对博物馆教育功能的重视已成为世界博物馆界普遍的共识，博物馆文化产品是博物馆文化的延伸，是根植于博物馆博大精深的文化资源的特殊文化商品，因被注入现代创意元素而获得了新生，散发出全新的活力，受到大众的喜爱。博物馆文化产品让古老灿烂的文化成为一种新的时尚，沉睡的文物由此活了起来，走入了普通民众的生活。

第一，传播博物馆文化的新载体，实现博物馆教育功能的新方式。

随着现代社会经济的快速发展，物质财富的空前繁荣，人们对于文化精神方面的需求日益增长，文化亦进入大发展大繁荣时期。

博物馆文化产品是取材于博物馆文化资源，被专业设计人员加入文化创意新元素，集教育性、艺术性和亲民性等性质于一体的特殊商品。它既能满足公众对于文化与审美的精神需求，还能切实运用到生活中，以满足购买者改善与提升生活品质的物质需求。

承载着古老的文化精粹的文化产品，被购买者带回家，或自用，或馈赠，拥有者每每看到，便能回忆起在博物馆的文化体验，再次感悟到产品背后的文化内涵，甚至引发他们对于文化的追索与探寻，激起民族自豪感。精美有趣实用的文化产品能吸引越来越多的人到博物馆参观、互动，或再次购买，便如滚雪球，博物馆文化传播的受众面越来越广，人们对于博物馆文化的认知体悟也日益增长和深刻。

第二，促进博物馆自身的发展。

博物馆文化产品的成功发展需要博物馆学、市场营销学、设计学、管理学、教育心理学等各方面人才的通力合作。因此，开发博物馆文化产品对于博物馆系统引进各行业优秀人才，或自己培养综合性人才是个机遇。

同理，发展博物馆文化产品可以推进博物馆学吸纳其他学科诸如市场营销学、设计学、教育学、心理学及管理学的理论方法，融百家之长，为己所用。

以发展文化产品为基点也有助于促进我国博物馆事业理念的转变改善，以及体制的改革创新，使博物馆更加“以人为本”，以观众为中心，更具有观众吸引力，并且更具有活力，更易吸纳人才，运营管理更加科学。

发展博物馆文化产品亦可提升博物馆的知名度，扩大博物馆的社会影响力，增强民众对博物馆的认同感，这样博物馆也能更好地进行文化教育，传播优秀文化。

第三，解决博物馆资金问题。

博物馆是非营利性机构，资金困难一直是全球博物馆面对的共同难题。2008 年，我国中宣部、财政部、文化部和国家文物局联合发布《关于全国博物馆、纪念馆免费开放的通知》[1]，表 1 为 2009—2012 年博物馆机构数与财政拨款数，虽然拨款数额 4 年增长了一倍多，但是考虑到通货膨胀以及博物馆数量的迅猛增长，并且随着博物馆的免费开放，门票收入的锐减与日常维护成本的增加，许多博物馆仍然面临着资金缺乏的困境，对于顺利开展博物馆各项工作十分不利。而发展博物馆文化产品所带来的收益毫无疑问可以有效解决这个问题。

表 1　博物馆机构数与财政拨款

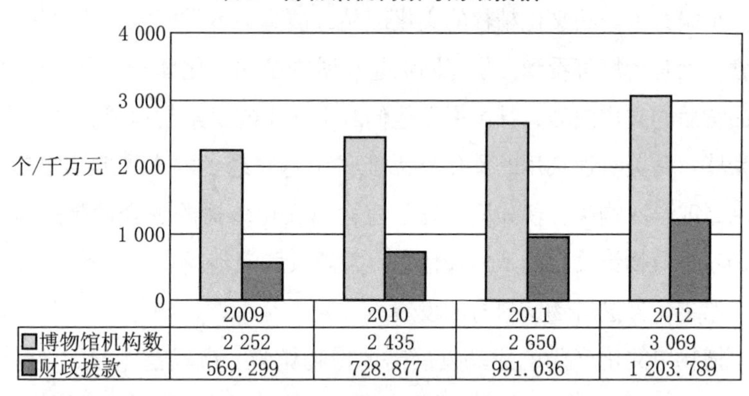

	2009	2010	2011	2012
□博物馆机构数	2 252	2 435	2 650	3 069
■财政拨款	569.299	728.877	991.036	1 203.789

资料来源：基于《中国文化及相关产业统计年鉴2013》[2]绘制。

---

[1]《关于全国博物馆、纪念馆免费开放的通知》，《中国文物报》2008 年 2 月 6 日第 1 版。

[2] 国家统计局社会科技和文化产业统计司，中宣部文化体制改革和发展办公室：《中国文化及相关产业统计年鉴》，北京中国统计出版社 2013 年版。

博物馆文化产品来源于博物馆宝贵稀缺的文化资源，它的经营所带来的收益又回流到博物馆中，用于更好地保存、研究、诠释藏品，而富有文化历史艺术科技价值的藏品又能不断地给文化产品的创作提供宝贵素材。这样一个循环，不仅能带来可观的经济效益，更能产生良好的文化与社会效益。

第四，潜藏巨大的社会效益。

博物馆文化产品可以提升博物馆的社会影响力，使民众更了解博物馆，更喜爱博物馆。越来越多的民众愿意来博物馆，接受博物馆的教育，并参与其中，感受文化艺术的魅力，科学技术的奇妙，提高文化艺术修养，了解自然科学知识，潜移默化地提升个人综合素质，而整体公民素质的提升便可以推动整个社会的发展。

博物馆文化创意产业属第三产业，是朝阳产业，具有低投入、低污染、高回报的特点。它的大力发展可以带动相关行业的发展，帮助整合形成完整的产业链，吸引大量人才、资金及相关资源的投入，提供大量就业机会，且符合国家关于加快产业升级、产业结构调整的规划要求。

承载着中国灿烂的文化艺术内涵的文化产品若销往国外，对于传播中国文化，提升国家形象，增强国内外文化交流，增强民族自信心自豪感，增加外汇收入等都有一定的促进作用。

二、博物馆文化产品的定义和性质

（一）博物馆文化产品的定义

广义的博物馆文化产品是指博物馆系统的所有出产，包括博物馆衍生产品、各种展览、研究成果等等，狭义的博物馆文化产品则是指基于博物馆文化资源的经过设计人员创意设计的特殊文化产品，它承载着历史、文化和艺术信息，能起到传播博物馆文化的作用。

2010 年，由国家文物局主办，故宫博物院和中国博物馆学会承办的全国博物馆文化产品开发工作座谈会上，中国博物馆学会发布了《关于加强博物馆文化产品开发的倡议书》。[1]可见，“博物馆文化产品”已是学界公认的一个叫法。

其实，关于博物馆文化产品的名称有许多说法，比如博物馆衍生产品、艺术衍生产品、文创产品，等等。如何定名并不重要，深切理解把握它的性质属性，以及与一般商品的区别才能有助于推动它的发展。

（二）博物馆文化产品的性质

博物馆文化产品应该具有教育性、衍生性、艺术性、亲民性和反哺性。

教育性：开发博物馆文化产品的主要目的是拓宽实现博物馆教育功能的途径。博物馆文化产品具有教育性是指该产品一定要有文化内涵，能给拥有者以艺术文化的熏陶，或使其了解认知科学知识等，满足其精神需求，于潜移默化中提升素质。

衍生性：博物馆商店可以售卖少量与博物馆无关的产品，比如旅游纪念品等，但博物馆文化产品需要牢牢扎根于博物馆文化资源，与本馆的藏品，展览或建筑等相关。没有衍生性的博物馆文化产品，不仅没有本馆特色，甚至没有文化产品的特色，泯然于一般商品之中，便不能再称作博物馆文化产品。把握衍生性是成功开发博物馆文化产品，打造博物馆特色品牌的基础与关键。

艺术性：经过专业设计人员创意设计出的博物馆文化产品应有一定的艺术价值，并具有创意性，以吸引消费者购买，满足消费者的审美需求。

亲民性：博物馆文化产品的亲民性，一是指定价要合理，要物有所值，性价比较高，如果购买者觉得无力购买或不值这个价从而放弃购买，那么将不利于实现博物馆文化产品的教育功能；二是指与民众生活相关，或实用，或可作为装饰，能满足消费者衣食住行用等方面的需求，可以改善和提升生活质量。如一些文具、衣饰、日常用品等就具有很强的实用性，而文物复制品、创意小摆件等则可以摆放在室内，起到

---

[1] 刘修兵、张弛：《全国博物馆文化产品开发工作座谈会在京召开——将资源转化为生产力，拓展博物馆文化传播渠道》，《中国文化报》2010年2月4日第1版。

装点居室，美化生活环境，供人赏玩的作用。

反哺性：许多人对博物馆经营文化产品获利的行为存在质疑，认为有悖于博物馆的非营利性，其实，开发文化产品与博物馆自身的非营利性并不矛盾，因为博物馆文化产品具有反哺性，它的获利所得将返回博物馆，用于其发展，如此，资金的充裕也更有利开展博物馆的各项工作，更好地实现博物馆收藏、研究、传播和教育等功能。

教育性与衍生性使博物馆文化产品区别于其他普通商品，是它的本质属性，在与市场走向产生矛盾时要将实现教育性与衍生性放在首位；艺术性、亲民性则是实现其教育性的重要前提与基础。对博物馆文化产品的性质要求的把握与重视对于产品的成功开发与营销都具有重要影响。此外，博物馆文化产品相较于一般商品所具有的价值与使用价值而言还应具有文化价值。

三、开发博物馆文化产品的关键

（一）牢牢扎根于博物馆文化资源

博物馆中的藏品与展览是漫长人类历史过程中沉淀下来的智慧结晶，是人类文化的宝贵财富，是提供创作灵感的不竭源泉。只有牢牢扎根于博物馆博大精深的文化资源，充分汲取优质文化养分，文化产品才能具有丰富的文化内涵，并能将这些文化信息传递给购买者，而基于本馆藏品和展览开发的文化产品才能具有本馆特色。

例如，台北故宫博物院推出的一款带“朕知道了”字迹的纸胶带，异常简单的四个字，因是清康熙皇帝真迹的复制品，而霸气十足，引发了网友的疯传和热烈讨论。一盒三条胶带，售价折合人民币 40 元，并不便宜，但仍销售火爆。“朕知道了”四字来源于博物馆所藏的康熙奏章，正是基于博物馆文化资源的巧妙开发。而这一过程虽然看似简单，其实不然，其基础便是要首先对藏品进行数字化，建立典藏文物的数据库[1]，

---

[1] 王立伟、戴一苇：《台北故宫博物院：文物“再创作”年入 9 亿元新台币》，《第一财经日报》2014 年 1 月 28 日第 A12 版。

这样，设计人员便能较快地在浩如烟海的文物藏品中深入挖掘到合适的原型，再进行创作。可以说牢牢扎根于博物馆文化资源是产品开发的首要原则，而典藏文物的数字化则是其实现的重要手段。

（二）创意设计是关键

创意是文化商品相比于一般商品的重要优势。产品设计不仅要匠心独运，有创意，而且要有一定的艺术价值，有可观赏性。成功设计的前提是了解文物本身、消费人群和市场走向，能够提取出藏品中蕴涵的文化内涵，可以是文物背后的历史故事、文物自身的花纹造型、工艺材质等等，并将这些与新载体巧妙而自然地融合，令人耳目一新，勾起消费者的购买欲。比如，大都会博物馆以荷兰著名画家梵高的画作为题材，开发了许多不同种类的文化产品，如以向日葵为主题的台历和明信片，以鸢尾花为图案的马克杯、手表和披肩，等等。艺术品因为经过了创意设计而不再仅仅是陈列在博物馆里只供观赏的奢侈品，而是以各种生活实用品的形式实实在在地走进民众的生活，成为日常生活的一部分。创意设计是成功开发文化产品的关键。

（三）既要把握市场风向，也要尊重历史文化

博物馆文化产品的竞争力不仅来源于其丰厚的文化内涵，高雅的艺术品位，还应来自对当下时尚的捕捉把握，对消费者心理需求的关注。比如，北京故宫博物院推出的熹贵妃人偶娃娃家居装饰摆件，可以说其灵感很大程度上来源于时下泛滥荧屏的宫廷戏，和火遍国内的《甄嬛传》，在这样的背景下，“熹贵妃甄嬛”几乎成了家喻户晓的人物，粉丝阵容可谓相当庞大，可见，推出具有深厚群众基础的文化产品很难不受欢迎。值得特别指出的是，剧中甄嬛其实与其原型真实的历史人物熹贵妃有较大区别，因此产品创意说明中特别简述了历史上真实的熹贵妃也就是后来的孝圣宪皇后的生平，在人物面部创作上亦参考了历史人物画像，能看出孝圣宪皇后的影子。这样对产品原型进行创意说明，产品因此而兼具趣味性和严谨性，具有了更高的历史文化价值，不仅是对历史的尊重，也起到了传播文化的作用。

（四）严格挑选合作方，注重产品质量

博物馆是人类历史的珍贵宝库，是收藏和传播文化的地方。因此，如果博物馆文化产品粗制滥造，高价低质，不仅会极大损坏博物馆的形象，也会毫无竞争力，无法完成传播文化的使命。不管是贵重的高仿品、珠宝，还是普通的生活物品，都应经过专业人员精心设计制作，使之精巧优美、独具魅力、质量过硬且包装精致，让民众乐意购买且买得起。所以博物馆应当慎重挑选合作者，尽量选择实力雄厚的知名文化组织合作。合作前博物馆应多了解对方的各种业务能力，考察对方的诚信状况和经营状况。合同中也要详细并严格约定博物馆和合作组织各自的职责。防止合作方出现"唯利是图"的现象，比如以次充好、虚假宣传、产品高价低质，等等。[1]

（五）产品系列化

对民众十分熟知的明星藏品，可以有针对性地重点开发，形成相关系列，使之成为博物馆的特色明星产品。比如，湖南博物馆开发的马王堆系列养生产品，台北故宫博物院开发的翠玉白菜系列，《清明上河图》系列等，其中翠玉白菜系列就有几百件跟它相关的产品，如翠玉白菜饰品、翠玉白菜摆件、翠玉白菜拖鞋、翠玉白菜餐具、翠玉白菜雨伞、翠玉白菜数码周边等等，而北宋《清明上河图》，除了复制品外，还将画融入放大镜、明信片、光碟，甚至餐盘、棒球帽等日常生活用品中，让拥有者在使用的同时也对文物有所认知。

（六）种类丰富，涵盖生活各方面

博物馆文化产品应种类丰富，且与日常生活相关，能满足不同消费者的不同消费需求和消费意愿。在文化产品经营方面十分成功的博物馆，像大都会博物馆、大英博物馆和台北故宫博物院等，不仅商品数量众多，而且种类齐全，一般包括复仿制品、出版物、文具、餐具、玩具、服饰、家居装饰、珠宝配饰、数码周边和其他日常用品甚至家具食品等，每个大类下又细分成许多不同的小类别，涵盖了生活的各个方面，且价格多元化，几乎没人愿意空手而归。此外，除了常年可购买的

[1] 王月芳：《博物馆文化商品开发与营销研究》，中国艺术研究院2012年硕士学位论文。

普通商品外，许多博物馆还会针对某一展览或活动开发出特展商品，也会推出一些节令商品以迎接一些重要节日的到来，比如大都会艺术博物馆在每年圣诞节前都会提前准备特别推出一系列的圣诞节日用品，如圣诞老人、麋鹿圣诞装饰等。

博物馆文化产品的开发只是成功经营文化产品的第一步，在后期的营销推广、售后服务等方面要想做好配套衔接工作同样存在诸多困难。发展博物馆文化产品对于博物馆收藏文化、研究文化、传播文化都具有重要意义，也是博物馆未来发展的一个趋势，值得所有博物馆人共同努力。

（周静，武汉革命博物馆馆员）

新时代人物类博物馆与文化产业互动发展的探讨

——以重庆宋庆龄旧居陈列馆为例

丁小峰

摘要：随着经济的发展和社会的进步，人民的文化和精神需要日益增长，本文以重庆宋庆龄旧居陈列馆为例，对新时代人物类博物馆及文化产业的互动发展作出了探讨。

关键词：人物类博物馆；文化产业；相互促进；互动发展

一、对文化产业的概述

“文化产业”是阿多诺和霍克海默在《启蒙辩证法》（1947 年）一书中率先使用的概念。在中国首次出现于 1987 年，文化产业至今没有一个公认的权威的定义，2003 年 9 月，文化部制定下发的《关于支持和促进文化产业发展的若干意见》，将文化产业界定为“从事文化产品生产和提供文化服务的经营性行业”。按照联合国教科文组织的定义，文化产业是按照工业标准生产、再生产、储存以及分配文化产品与服务的一系列文化活动。也有学者将文化产业定义为：以生产和经营文化商品和文化服务为主要业务，以创造利润为核心，以文化企业为骨干，以文化价值转化为商业价值的协作关系为纽带，所组成的社会生产的基本组织结构。不同的定义反映了学术界不同的学术立场，但对于文化产业的内涵，却保持了高度一致：一是研究对象是以文化行业、文化商品以及其面对的受众主体；二是研究目的是以文化产业如何满足社会对于文化产品的需要为出发点和归宿；三是承认文化与经济的双重属性。[1]

二、新时代人物类博物馆与文化产业的关系

（一）新时代人物类博物馆是博物馆的重要分支和组成部分，也是文化产业的构成部分

国家统计局指定的文化及相关产业的分类可看出，博物馆分在文化艺术服务类，据不完全统计，中国现有博物馆 3 200 多家，其中，人物类博物馆超过 500 家，占六分之一。[2]人物类博物馆属于公益性文化事业，是征集、典藏、陈列和研究人类文化遗产和实物的场所，并对那些有科学性、历史性或者艺术价值的物品进行分类，为公众提供知识、教育和欣赏的文化教育的机构、建筑物、地点或者社会公共机构。它一方面能丰富人们的精神生活，满足多方面的需求，另一方面能提高人民的精神素养，培养审美能力，陶冶情操，为文化产业的发展起到优化产业环境，培养潜在的消费的作用，再加上 2019 年 1 月，文化和旅游部部长雒树刚指出“理念融合、职能融合、产业融合、市场融合、服务融合、交流融合”的文旅融合的新路径，为人物类博物馆在文化旅游产业的发展提供了机遇，人物类博物馆从静态的展览逐渐向满足游客精神文化需要为主的动态经营，结合地方特色来研发文创产品，人物类博物馆逐渐向文化产业靠近，融合，是文化产业构成部分。

（二）新时代人物类博物馆与文化产业之间相互促进、相互制约、并举发展

首先，文化产业的发展对人物类博物馆的发展起到巨大的影响作用。人物类博物馆是政府部门的附属单位，它主要负责传播历史文化，保存人类遗产，是政府全额拨款的事业，不以营利为目的，它所生产的是精神产品或提供的是文化服务。经济实力增强了国家才会有更多、更

---

［1］ 见韩英、付晓青：《文化产业概论》，福建人民出版社 2016 年版。

［2］ 鄢增华：《从孙中山纪念馆看人物类博物馆的开拓创新》，《博物馆研究》2013 年第 1 期。

好、更强的人力、物力、财力促进人物类博物馆发展。

其次，新时代人物类博物馆的发展会影响文化产业的发展。随着公益性文化事业越来越受到重视，在文旅融合背景下，人物类博物馆要抓住机遇，更新观念，在深入挖掘人物类博物馆的历史文化资源及人物价值的基础上，坚持创新，让“文物”活起来，把人物类博物馆的人物精神传承下去，要结合地方的特色文化，在文创产品设计上，从受众心理、对于社会精神文明的影响作为首要考虑因素，打造出具有特色的文创产品，提高人物类博物馆的软硬件设施，创新服务模式，在搞好文化服务事业的同时，促进文化产业的发展。

三、新时代人物类博物馆及文化产业发展中的资源优势

（一）政策优势

国家要关注、扶持文化产业，在财政、金融、人才、土地、税收等方面给予政策支持。在人物类博物馆方面：改革开放 40 年来，人物类博物馆事业在规模总量和内容质量方面都取得显著的成绩，特别是 2008 年《关于全国博物馆、纪念馆免费开放的通知》的公布，有利于释放人物类博物馆的文化活力，培育了深厚的群众基础，再加上 2019 年 1 月，文化和旅游部部长雒树刚指出“理念融合、职能融合、产业融合、市场融合、服务融合、交流融合”的文旅融合理念，对人物类博物馆的发展提供了机遇；在文化产业方面：从 1978 年改革开放到 2002 年党的十六大召开，我国的文化事业经历了萌芽、兴起和快速发展的过程，文化产业政策从计划性管制调控逐步演进为方向性导航，实行了从自发到自觉、从全面封闭到逐渐开放，从单一到多元，从由政府主导型向政府与市场二元推动型发展转变。[1]

（二）文化资源优势

文化是一个国家（或地区）和一个民族的传承血脉，精神支柱，是

［1］ 蔡尚伟、何鹏程：《回眸与展望：中国文化产业政策的创新演化》，《成都大学学报（社科版）》2012 年第 2 期。

文化产业的内在之魂、无形之魅，我国文化以华夏文明为基础，充分整合全国各地域和各民族文化要素而形成的，我国是一个人口大国，大众文化为文化产业的起源提供了前提和基础，一个城市的文化离不开历史名人、历史艺术、建筑经典，而人物类博物馆正是集这几点于一身，是为了保存那些在中华民族历史上和近现代革命史上作出杰出贡献、留下丰功伟绩的历史文化名人和革命先烈的遗物，保护他们的故居和活动旧址，宣传、学习他们的精神，研究和继承他们留下的丰富的文化遗产而设立的，在社会主义精神文明建设中具有重要地位。[1]丰厚的文化资源和历史资源为新时代人物类博物馆和文化产业的发展提供了强大的优势。

（三）网络技术及多媒体优势

随着我国近年来互联网技术的快速发展并走向普及，在我国各个领域及各个行业的发展过程中，将互联网技术与文化产业及新时代人物类博物馆发展相结合，充分利用互联网和信息化手段为载体，利用QQ、微博、微信、博客等多媒体平台，整合产业信息资源，加强对人物类博物馆的服务、教育、展览等宣传工作，文化产品借助网络传媒技术，彻底突破实践、空间的局限，无限拓展了流通领域，提升了营利空间，创造了惊人的财富。有利于新时代人物类博物馆及文化产业的发展。

（四）资本优势

加大资金投入，扶持文化产业发展，有资本才可以加大对文化事业的人力、财力、物力的投入，有资本才是文化产业得以启动、发展、壮大的基本前提和保障。我国文化产业的投资体系不断完善，从单纯依靠国家财政支持，开始向政府投资、民间投资、引进外资并举的投资模式，文化产业的资本来源多元化，新时代人物类博物馆也在转变观念，创新发展，吸取社会力量，积极创造更多的资本，让文化变成财富。

---

［1］ 任仲伦：《发挥优势、开拓进取，努力开创人物类博物馆、纪念馆工作的新局面》，《人物类博物馆、纪念馆现状与发展前瞻性学术研讨会论文集》。

四、从重庆宋庆龄旧居陈列馆更新观念、夯实基础，发挥资源优势，创新服务模式来看人物类博物馆与文化产业双轨发展

（一）利用地理优势，优化人员结构，转变思想观念，促进产业理念融合，是提高人物类博物馆及文化产业向前发展的保障

人是文化产业及人物类博物馆发展的保证，21 世纪是知识经济的时代，拥有知识、技能和创新理念的人才是最为宝贵的财富。人物类博物馆大多数是以故居为依托建立起来的，场馆面积、交通条件和人员老化问题严重，重庆宋庆龄旧居博物馆陈列馆占地 1 200 平方米，建筑面积为 740 平方米，由主楼、后楼、防空洞等构成，共展出实物和历史照片 110 件，地处位于渝中区两路口新村 5 号，轨道交通 1 号线两路口站，交通便利，人流量极大，重庆宋庆龄旧居陈列馆善于抓住这些有利因素，优化人员结构，把事业编制与临时工编制混合，以利于减轻财政压力。在招聘临时工时，根据陈列馆的实际需求，岗位的需要进行择优录取，招到满意的人才，馆领导定期对员工进行业务培训，加强业务学习，与时俱进，创新思路，提高文化产业的认识及对人物类博物馆的发展提出探讨。

（二）彰显地方特色，塑造地方文化，加强抗战遗址保护与研究，丰富重庆的抗战文化，是人物类博物馆及文化产业发展的重要支撑

抗战遗址本身具有不可再生和不可替代的特性，而且遗址蕴含和凝固重要的历史信息，包括但不限于遗址的时间空间结构、人与物的关系、人与自然的关系、人物历史过程等方面的反映，简而言之，“遗址的物质和精神内涵已经成为历史，不可能再重新创造”。[1]重庆是我国八年抗日战争期间国民政府的陪都，也就是战时的临时首都，是历史文化资源的重点城市，拥有丰富的抗战文化资源，应加强对抗日战争遗址

---

［1］ 黄晓东、张荣祥：《重庆抗战遗址遗迹保护研究》，重庆出版社 2013 年版，第 34 页。

的保护利用，继承中华民族优秀的历史文化遗产。重庆宋庆龄故居为1942年至1945年宋庆龄的寓所和“保卫中国大同盟”中央委员会旧址，一般按照“修旧如旧”原则，开展本体修复，即在不得损毁，擅自改建、添建或者拆除与抗战遗址相关的建筑的基础上定期对它进行修缮、保养和加强安全管理[1]，精心研究抗战文化，更好保护了抗战遗址，丰富了重庆抗战文化。

（三）挖掘内涵，打造品牌，让文物“活”起来，加强文化传播和知识教育，实施文化扶贫，是人物类博物馆及文化产业发展的重要内容

人物类博物馆，是征集、典藏、陈列和研究人类文化遗产和实物的场所，是一种特殊的文化载体，它历经时间的洗刷依然记录并留下了名人日常生活的点点滴滴，具有一定的文化价值；如毛主席故居、宋庆龄故居、老舍故居、茅盾故居，等等。2014年提出“让收藏在博物馆里的文物、陈列在广阔大地上的遗产、书写在古籍里的文字都活起来”的倡议，并在多个场合强调保护、传承和发展中华优秀传统文化遗产工作是涵养社会主义核心价值观、激发中华民族自信心最深沉、最持久的文化力量和重要源泉。新时代人物类博物馆要充分挖掘人物留下的文化内涵，让文物“活”起来，把名人的精神传承下去，并在馆内馆外开展文化传播和知识教育。重庆宋庆龄旧居以“爱心、责任、知识、能力”为内容，针对8—14岁少年儿童，开展志愿者服务、校外实践、集中培训、为指导学校四屏小学捐建“时代小先生”图书阅览角等各种形式的活动加强文化知识传播和文化扶贫工作，2015年被授予“中国宋庆龄基金会时代小先生计划”示范基地，2018年以宋庆龄在渝曾使用过的一台英国“JOHN BRINSMEAD & SONS”牌钢琴为纽带，吸引社会力量加入青少年教育，用钢琴表演和社会爱心活动等形式开展适应青少年的主题社会教育活动[2]，吸引社会力量参与，节约了财政开支，做好

[1]《重庆市抗日战争遗址保护利用办法》（重庆市人民政府令第293号），《重庆日报》2015年12月1日，第12版。

[2] 王玉茹：《抗战遗址类博物馆青少年社会教育案例分析——以重庆宋庆龄旧居陈列馆为例》，《中国博物馆》2018年第3期。

了文化传播，加强了人物类博物馆及文化事业的发展。

结语

随着经济的发展、文化消费水平的提高、国家政策上的重视与扶持、高新科技的有力支撑，总的来说，我国人物类博物馆及文化产业呈现出健康向上、蓬勃发展的良好态势，相信在各行各业的共同努力下，新时代人物类博物馆及文化产业的发展会更好。

（丁小峰，重庆中国三峡博物馆工程师）

聂荣臻与江津中学

——江津中学聂荣臻陈列与文化产业开发

李晓松

摘要：江津中学是聂荣臻学习生涯中一个重要的时间节点，他在这里学到了先进的科学文化知识，从这里远赴法国寻找救国救民的真理，由此走上革命的道路，成为党和国家的卓越领导人。江津中学的聂荣臻陈列室，在有效利用本校资源进行爱国主义教育的同时，吸引观众参观学习，这对江津中学及江津市的旅游资源的开发也大有裨益。

关键词：江津中学与聂荣臻；陈列展览；文化产业开发利用

江津是聂荣臻的故乡，江津中学是聂荣臻学习生涯中一个重要的时间节点，他在这里学到了先进的科学文化知识，开阔了眼界，在这里开始了第一次的革命活动，也从这里远渡重洋，赴法国寻找救国救民的真理，由此走上革命的道路，成为党和国家的卓越领导人，中国人民解放军的创建人之一，新中国的开国元勋、国防科技事业的主要奠基人和杰出领导人。

江津县立中学创建于1906年，是在维新思想影响下，学习日本近代教育制度而创办的一所四年制中学，学校的设备和教师，在四川算是一流的。首任校长杨仕钦倡导“保粹开新”的办学理念，他认为“究中国学者，排斥西学是为守旧，习西方科学者，诋毁中学是谓忘本”，以此作为学校的办学思想。在课程安排上既遵照学部规定学习国文，又仿照日本体制，开设物理、化学、生物课程，并将实验引入课堂，令人耳目一新。正是学校施行引进新文化、新思想的教学理念，影响了在此就读的青年学子，对他们后来的发展产生了巨大影响。学校的主体建筑坐西向东，呈四合院布局四进院落，建筑风格仿日本海军学校格局，院内红墙青瓦、飞檐斗拱古意盎然。

1917 年 18 岁的聂荣臻以优异的成绩考上江津县立中学，开始了新的学习生活。学校开放式的教学理念给在校的学生打开了放眼看世界的大门，这对于立志“要以报国为根本，为中华的崛起建功立业”的聂荣臻而言是一个非常好的学习机会。在学习中他勤奋严谨一丝不苟，同时十分关注国内外重大事件，寻求救国真理，探索人生道路。

一、确立主题，理清主线

江津中学的校史陈列室，珍藏着聂荣臻当年在江津中学上课时的课桌、老师给聂荣臻的“学生操行评语”、毕业证等文物资料，学校辟出四间教室设为“聂荣臻与江津中学”陈列室，纪念聂帅在江津的日子，向人们讲述一个青年如何成长为开国元勋的历程。

少年时的聂荣臻留给我们可供陈列的实物资料有限，老师朋友口中讲述的故事很多，线索较为繁复，我们需要在这些故事里整理出展览所需的线索，在有限的实物资料的基础上配合相关的图片、图书、插图等展览手法，经过对历史史料的认真研究，我们确立了以聂帅与江津中学的关系的主题，突出江津中学聂荣臻陈列室鲜明的地域性和历史的独特性。以聂荣臻勤奋好学、勇于进取、意志坚强的优秀品质为主线，讲述聂荣臻在江津中学的学习、生活经历和他进行的早期革命工作，通过学校给聂荣臻的“操行评语”、考试成绩单、毕业证等实物资料，和面壁读书、操场健儿、同学情谊等口述故事，向观众展示青年聂荣臻的努力学习、风趣乐观、扶危济困。通过“家国天下”的历史资料，讲述聂荣臻响应五四运动的号召，参加并领导了江津县城学生“抵制日货”的行动。而“中八班”这个优秀的团体给优秀人物的成长营造了良好的氛围，同时一个优秀人物的言行可以引导一个团队成长的方向，聂荣臻就是一个引导团队前行的代表。

二、展览结构的创立与梳理

展览分三个单元，第一单元是“少年心”，讲述少年聂荣臻从吴滩石院子的小孩子，到永川县陈食高等学堂接受新思想的少年，怀揣着“国要强，民要富，心要齐”的理想认真读书希望将来能为国出力。通过“三更灯火五更鸡，正是男儿立志时”、“破睡”、《新青年》杂志等图片展示，介绍少年聂荣臻为激励自己努力学习而刻下的铭言警句，以及《新青年》杂志带给他的新思想，由此他立志“要以报国为根本，为中华的崛起建功立业”，做一个“背黑暗而向光明”的勇士。

第二单元是“新青年”。聂荣臻在回忆录中描述自己在江津中学学习的经历时写道，我“一面读书，吸收文化科学知识，一面从当时国内国外所发生的许多重大事变中，不断地思考，寻求真理，摸索自己要走的人生道路”。这个单元是整个展览的重心，聂荣臻与江津中学的关系在此呈现，学习生活也在该内容中得以表现。因此第二单元划分为五个小节。第一节“优秀学生”：讲述考入江津中学后的聂荣臻在勤奋严谨学习的同时，关注国内外重大事件，寻求救国真理，探索人生道路。在老师和同学的眼里，聂荣臻是个好学习但不死读书，身体矫健谈吐儒雅，有思想有见识的青年。展览分别用“面壁读书”的故事、操行评语和成绩单等图片，向人们展示一个品学兼优的青年聂荣臻。第二节“操场健儿”：聂荣臻非常重视体育锻炼。小时候的劳动生活，中学时有意识地锻炼身体，均为将来革命斗争的需要打下了良好的基础。第三节“同学情”：青年聂荣臻为人正直，热心助人深受同学的爱戴，在他的周围聚集了一大批爱国有为的青年学生，他们经常在一起讨论国事相互激励，使生活和学习有了明确目标。第四节“家国天下”：聂荣臻响应五四号召，领导江津县城学生抵制日货运动，同反动军政当局进行直接斗争。从此，开始了他青年时代的报国实践活动。第五节“中八班”：在中国近现代史上留下浓墨重彩的一笔，聂荣臻、钟汝梅、越坤忠、吴平地一个个光辉的名字，似一个个闪亮的音符，谱出一曲又一曲英雄的赞歌，这就是 1917 年江津中学的“中八班”。第三单元“故园情”，展示了许多聂帅给江津和母校的题词，从这些题词中反映出他无时无刻不在牵挂着家乡的发展、母校的变化。虽离家三十六载，虽工作繁忙不能回乡探望，但他时时想念着关注着。

在参观的路线上，专门考虑了观众的休息区，让观众在可观可游的舒适环境中参观学习。无论是博物馆还是纪念馆，它既是学习和教育的场所，也是休闲娱乐的地方，做好展览，吸引观众参观，也是历史文化开发与旅游资源有效结合的实例。

青山在，情意浓，聂帅无时无刻不在牵挂着家乡的发展母校的变化。元帅临终前说道：“就是要改革，要开放，要不江津不能发展。我们老家特产米花糖，很不错，可是我们包装上不去。产品要打出去，就要有所改进。”毫无疑问，江津的文化发展和旅游资源的开发都应该遵循聂帅的嘱托，努力把江津建设得更加美好！

千帆竞渡，百鸟争鸣。江津是聂荣臻家乡也是他人生的起点，我们的元帅在这个起点上走上了革命的道路。巴山蜀水、滕王阁上、太行山巅、沙漠戈壁都有他的身影，他和战友用他们的丰功伟绩，在 20 世纪的史册中书写了一部辉煌的革命史诗。聂荣臻这个光荣的名字将永远铭刻在人们的心中！

（李晓松，重庆中国三峡博物馆馆员）

文旅融合建设

谈全域旅游视角下人物类博物馆纪念馆的文旅融合

——以刘少奇故居纪念馆为例

李桂芳

摘要：在全域旅游视角下，人物类博物馆（纪念馆）的文化如何与旅游融合发展，如何全面提升文旅融合下的公众服务，是文博工作者必须认真思考的问题。刘少奇故居纪念馆文旅融合发展的路径是：确立“以人为本”的管理服务原则，做好基本陈列与临时陈列，坚持红色功能与绿色环境紧密结合，利用现代网络多媒体加大宣传促销，加大对文创产品的研发，完善基础设施建设，推进服务保障体系。

关键词：全域旅游；人物类博物馆；文旅融合

当今，随着社会经济的发展，人民生活水平的提高，闲暇时间的增多，人们精神文化需求不断增强，旅游已成为一种新的生活方式。尤其是《国民旅游休闲纲要（2013—2020 年）》以及《旅游法》（2013 年）颁布和实施后，越来越多的人加入旅游休闲大军，我国进入了大众旅游时代。旅游的发展正在从小旅游格局向大旅游格局转变，从景点旅游模式向全域旅游模式转变，传统的以点为特征的门票式观光景点旅游模式，已不能满足大众旅游的需要。在全域旅游视角下，人物类博物馆纪念馆的文化如何与旅游融合发展，是文博工作者必须认真思考的问题。

一、全域旅游的概念内涵

旅游，即旅行游览，指在旅途行进过程中观看、欣赏沿途风景、名胜，带有一定的体验、娱乐性质。旅游是人们丰富生活、了解世界最为主要的方式。近年来，旅游作为一个大众化的休闲活动已经成为人们生活不可或缺的一部分，而全域旅游这个概念更是成为旅游行业热门的话题。国家旅游局局长李金早在 2015 年全国旅游工作研讨班上首次提出推进全域旅游发展。在 2016 年 1 月全国旅游工作会议上，他作的《从景点旅游走向全域旅游——努力开创我国“十三五”旅游发展新局面》工作报告中，提出了全域旅游发展模式，将全域旅游作为新时期的旅游发展战略。2017 年全域旅游被首次写入政府工作报告中，报告明确提出，要“完善旅游设施和服务，大力发展乡村、休闲、全域旅游”[1]，借旅游业带动区域产业融合升级，促进区域经济联动协调发展。

那么，什么是全域旅游？它的内涵是什么？

全域旅游源于中国的旅游发展实践，是适应我国大众旅游时代和旅游业供给侧结构性改革需求应运而生的一种新的区域协调发展理念和模式。它是指以大众休闲旅游为背景，以产业观光旅游为依托，将某个特定的区域，或在原有核心景点景区的基础上，作为旅游目的地来建设和运作，根据国家相关政策法规，对其旅游资源、旅游环境、旅游服务等要素重新整合优化，吸引更多的消费者来参观，以旅游业带动其他产业，促进本地区经济社会协调发展。它所追求的，是旅游质量的提升，是旅游对人们生活品质提升的意义，是旅游在人们新财富革命中的价值。它为旅游打上了更为“人性化”的标签，也为区域多个领域提供了“融合发展”的契机。全域旅游在于旅游景观的全域优化、旅游服务的全域配套、旅游治理的全域覆盖、旅游产业的全域联动、旅游成果的全民共享。全域旅游是一种新的发展路径，意义在于在更高的起点上开创我国旅游发展的新局面。

---

[1] http：//www.gov.cn/premier/2017-03/16/content_5177940.htm.

二、人物类博物馆纪念馆是旅游事业发展的重要文化资源和场所

文化与旅游向来不可分割，博物馆是文化的象征。从旅游的角度来讲，博物馆是个非常特殊的旅游资源，具有很强的旅游吸引力。

人物类博物馆纪念馆是博物馆的一个分支，是以人物作为主体而建立起来的，是人物事迹的记录者、缅怀先烈的纪念地、传播人物精神的平台。它反映了革命先辈的崇高革命精神，蕴含着丰富的革命传统文化、民族精神和民族优秀传统文化；是我国重要的文化资源，是进行爱国主义教育和革命传统教育的重要基地和阵地，也是旅游业尤其是红色旅游发展的重要文化资源和场所。人们通过对人物类博物馆纪念馆历史遗迹、遗址和文物的参观畅游，可以达到振奋精神、放松身心、开阔心境，增加阅历的目的。

2008年，全国博物馆（纪念馆）对社会公众实行免费开放。免费开放让更多社会公众有机会近距离接触社会遗产，了解中国文化历史，满足日益增长的精神文化需求。继《2004—2010年全国红色旅游发展规划纲要》之后，中共中央办公厅、国务院办公厅又印发《2011—2015年全国红色旅游发展规划纲要》，我国红色旅游事业发展十分迅速。

为推动文博旅游业的发展，2018年3月我国组建文化和旅游部，标志着文化事业、文化产业和旅游业进入全面融合发展的新阶段。同年3月22日，国务院办公厅发布《关于促进全域旅游发展的指导意见》，明确提出要推动文化旅游融合发展，推动科学利用文物遗迹及博物馆、纪念馆等文化场所开展文化、文物旅游。可见，博物馆、纪念馆旅游在全域旅游中占有一定的地位。

文化是实现旅游价值的灵魂和内核，旅游是实现文化价值的载体和途径，文化和旅游的融合已成为现实社会发展的必然要求。“博物馆从旅游中产生出更大的社会效益，增加一些收入来补充博物馆发展需要的资金；而旅游业在取得最大化利润的同时，也在增加旅游的文化含量。”[1]游客要

---

[1] 张敏：《博物馆与旅游》，《中国博物馆》2004年第1期。

想真正了解一个地区的文化历史，就必须通过博物馆来完成，这是其他类别旅游景区所不具备的。当今人物类博物馆以其独特的魅力受到社会公众的普遍关注，在我国社会主义三个文明建设中发挥着越来越重要的作用。

博物馆旅游是一种文化旅游，为各方游客提供了一个教育、旅游、休闲的场所。博物馆通过自身的完善和提升，将助推我国旅游业的发展，也将成为传播中华民族历史文化的重要载体。

三、全域旅游视角下刘少奇故居纪念馆文旅融合的发展路径

当前，博物馆发展全域旅游，推广旅游文化产品，满足了人们对于文化与休闲的美好生活的需求，是历史发展的必然。且文化与旅游的融合是国家重大战略部署，面对新时期文旅融合新要求，人物类博物馆纪念馆如何融入文化旅游，如何全面提升文旅融合下的公众服务，是我们每一个人物类博物馆（纪念馆）工作者面临的新课题。

刘少奇故居是全国重点文物保护单位，刘少奇同志纪念馆是以故居为依托建立起来的，是全国唯一一座完整、系统介绍刘少奇生平业绩的传记性专馆。馆区占地面积 1 300 亩，主要包括以刘少奇同志故居、铜像广场、纪念馆、文物馆、刘少奇母校炭子冲学校旧址为主要内容的纪念场馆；以花明楼、修养亭、万德鼎、刘少奇坐过的飞机、一叶湖、安湖塘山水太极图、炭子冲民俗文化村为主要内容的旅游景观。刘少奇故居是全国首批爱国主义教育示范基地，全国 5A 级旅游景区，国家一级博物馆，湖南省最佳等级旅游景区，长沙市“十佳旅游景区”，连续 9 年被评为中国十大红色经典景区。其现已经成为湖南省最重要的人物类博物馆和旅游观光区之一。

多年来，尤其是 2008 年面向社会公众实行免费开放以来，刘少奇故居纪念馆以“弘扬中华文化，宣传少奇思想，促进旅游繁荣，服务社会发展”为指导思想，坚持以人为本，强化服务意识，努力寻求纪念馆文旅融合发展的特色路径。经过多年探索和实践，该馆由事业接待型向旅游产业型转变，由最初的单一教育接待功能，向现在的旅游服务吃、

住、行、游、购、娱综合功能转变，有效带动和促进了当地经济的发展。

（一）确立“以人为本”的管理服务原则，提高服务水平

刘少奇故居纪念馆为了增强文旅融合，提升景区品位，确立了“以人为本”的管理服务原则。一是培养全体员工的服务意识。逐步完成了“从教育者”到“服务者”的角色转换。一切为了观众，为了观众的一切。提高服务质量和服务水平，让观众高兴、游客满意。二是采用先进的现代管理方法。制定了 ISO9001 质量和 ISO14001 环境兼容管理手册，各部门工作手册，制定了服务质量管理规范和岗位责任制。三是抓好推动文旅融合发展的人才队伍建设。随着旅游业的发展和观众受教育程度的提高，建设一支政治强、业务精、作风正的高素质的研究、宣教人才队伍，是人物类博物馆纪念馆适应旅游发展、树立自身品牌形象的关键。近年来，该馆不断深化人事制度改革，引进与选拔干部和专业技术人才。推行全员聘任制，实行职工与部门双向选择。同时，加强在职员工的素质提高和业务培训。创新讲解员选拔和培养机制，对讲解员进行有针对性的培训，外塑形象、内修素质，打造专业的宣教人才队伍。

（二）做好基本陈列与临时陈列，并注重陈列的教育性、观赏性和参与性

陈列展览是人物类博物馆纪念馆向社会推出的文化产品，是游客参观的主要内容。好的展览是赢得观众、促进旅游发展的关键。想吸引广大游客来此参观，需要在旅游资源上突出特色。高质量、高品位的休闲性，是当今观众对博物馆陈列展览的要求。因此，博物馆要强化精品意识，创精品工程。深入挖掘藏品内涵，在内容和展览形式上不断创新，将教育性、趣味性、观赏性和参与性有机结合。运用各种现代科学技术手段，加强展览的视觉效果，营造旅游热点。推出主题鲜明、内容丰富、形式精美、具有本馆特色和时代特色的基本陈列与临时陈列。观众不仅可以通过视觉、听觉来参观博物馆，甚至还可以用触觉来触摸博物馆。

例如，2018 年刘少奇同志纪念馆重新设计和布展的“共和国主席刘少奇”新陈列，采用生平加专题的形式，充分利用馆藏文物和近年来研究刘少奇的最新成果，运用景观、影视、复制场景、浮雕、电子多媒体等现代化艺术表现手法，生动展示刘少奇在工人运动、白区工作、经济建设、党的建设等方面的光辉思想和丰功伟绩，再现了一代伟人的高尚人格和精神风采。展厅增设多处趣味互动空间，注重观众参观体验。同时引进最新智慧导览系统与手机二维码互动，实现展品的语音导览、三维展示，让观众耳听眼观手动，在互动中体验并接受教育，极大地提高了观众的参观兴趣。近十年来，该馆也非常注重结合形势，以求新意识、紧扣时代主题设计制作刘少奇专题临时陈列展览。或在馆陈列，或对外交流。如有“为民务实清廉——党风楷模刘少奇”“刘少奇与抗日战争”“从严治家——刘少奇家风专题展览”等，获得了观众和专家的高度肯定。

（三）坚持红色功能与绿色环境紧密结合，加大馆区及周边环境的保护和改造

博物馆景区环境和服务的好坏直接影响着游客的游览质量。刘少奇故居纪念馆在馆区整体规划上，坚持突出“红色”功能，聘请专家编制了红色旅游景区建设方案，确立了红色旅游事业发展的近期目标和整体目标。同时，该馆不断加大对馆区环境保护和改造的力度，尤其是故居的周边环境。为尽量保持过去的田园风光，留住观众，通过征地，拆迁了与故居整体环境风貌不协调的民居及其他建筑，搞好了故居周边环境的绿化和美化，恢复了故居原始风貌。另外，自筹资金建设了一个以“花明楼”“修养亭”、刘少奇坐过的飞机等为主体，面积200多亩的集游览观光、思想教育于一体的文化主题公园“花明德育园”。还专门增设园林环卫部（2019年4月改为规划建设部），对馆区园林进行统一规划、建设。并配有专门的保洁人员，维护环境卫生的洁净。这样刘少奇故里就形成春花烂漫、夏荫浓郁、秋色绚丽、冬景苍翠的，集纪念、瞻仰、游览、参与于一体的具有园林特色的旅游景观。

（四）加大宣传促销力度，扩大纪念馆的影响力

传统展览受到展示空间、展示手段、博物馆区位交通、展出时间等多种因素的限制，具有一定的局限性。随着信息化时代的到来以及新媒体的发展，博物馆与科技的融合成为当今发展的必然。人物类博物馆要主动与报刊、广播、电视、互联网等新闻媒体合作，抓住有利时机、策划重点活动、做活宣传文章，加大宣传与传播力度。有效利用微博、微信和互联网等媒体平台，利用现代传媒，进行宣传促销。近年来，刘少奇故居纪念馆为了扩大自己的知名度，吸引更多的潜在观众，在宣传促销上下了很大的功夫。

一是充分利用网络和微博、微信等新媒体，积极办好“一网双微三号四台”(即官方网站；官方微博、官方微信；百度新闻号、腾讯新闻号、今日头条号；“一直播”直播平台，抖音、梨视频、喜马拉雅 FM 等音视频平台)，多形式宣传刘少奇生平业绩和精神风范，吸引游客走进纪念馆参观。打造微信二维码语音导览平台，游客观众只要用手机扫一扫景区的“二维码”，即可进入刘少奇同志纪念馆微信平台，在任意选择的景点和展厅中即可获取讲解信息和导览服务。还可以进入 VR 虚拟展厅和数字景区，满足游客观众在任意时刻“身临其境，畅游无限”的需要。这是一次“互联网 + 教育”的完美尝试，无须支付任何费用，且受到观众网友热情的关注和欢迎。

二是坚持走联合促销之路。依托长沙，联动韶山，面向全国，加大宣传促销力度，不断拓宽旅游发展空间。由于长韶娄高速公路直达刘少奇故里，交通更加便利，刘少奇故居纪念馆坚持主动融入韶山、张家界的旅游市场。同时，注意加强与旅游部门及旅行社的联系，走联合促销之路。

三是策划各类主题活动。充分利用各种节日、纪念活动和庆典活动，采用多种形式的宣传运作，扩大影响，做活旅游文章，提高知名度。同时注意加强与各新闻媒体的联系与合作。如策划刘少奇坐过的飞机落户花明楼、“聚焦刘少奇故里”全国摄影大赛。联合主办“开心讲廉——伟人风范”“开心讲廉——公仆情怀”等电视演播活动。在 2018 年 5 月 18 日国际博物馆日，利用“一直播”平台对当天的馆长、研究员签名赠书活动和“新时代新作为”演讲比赛进行现场直播。坚持开展

“三送六进”活动，主动走出景区、走向社会、走进基层，将流动展览、移动党课、文艺演出送进工厂、农村、机关、社区、学校、军营。尤其是近年来开设的讲唱跳演，诗音画相结合的特色微党课深受公众的欢迎和喜爱。

（五）加大对文创产品的研发，让游客购得舒心

2016 年 5 月，国务院办公厅转发《关于推动文化文物单位文化创意产品开发的若干意见》的通知，拉开博物馆开发文化创意产品的序幕。文创产品的开发是博物馆陈列展览、社会教育和服务的延伸，是丰富人民群众精神文化生活、满足多样化消费需求的重要手段。人们到博物馆，自然要购买那些具有博物馆文化元素的旅游产品。人物类博物馆，要充分利用和发挥自身馆藏文物的优势，利用藏品所蕴含的传统文化底蕴，适应观众多样化文化需求，把文物中的文化精髓创意设计到文化创意产品当中。通过将文物转换成文创产品这一特殊形式，让馆藏文物走出博物馆、走向社会、走进千家万户，让游客购得舒心。

当代博物馆的文化创意产品，不再单纯地满足于文物复仿制，而是更加贴近人们的生活，更加注重实用性、功能性、设计感和时尚感。近年来，刘少奇同志纪念馆高度重视文化创意产品的开发工作，充分利用馆藏文物的资源优势和文化特色，提取“主席风采”、景区风光及馆藏文物等元素，开发了包括主席肖像、瓷器、文化出版物、工艺品四大系列的形式多样、富有创意和内涵的文创产品，不断满足观众日益增长的物质和精神文化需求。如有《刘少奇文物故事》图书，《刘少奇与长沙》连环画，刘少奇铜像，印有刘少奇手书“坚持真理　修正错误”的雨伞，印有刘少奇故居和花明楼图案的折叠扇，装有《论共产党员的修养》、钢笔、党徽、刘少奇像章的学习用品套装盒，等等。游客购买文化创意产品实际上是一次情感消费，他们带回家的不仅是产品实物，也是文物背后的故事与情感。

（六）完善基础设施，推进服务保障体系，一切方便观众

纪念馆是否处处为观众着想，是衡量其服务质量和服务水平的标准和依据。在日常的工作中，刘少奇同志纪念馆致力于打造舒适优雅的游览环境，积极完善基础设施，推进保障服务体系建设。纪念馆积极做好景区基础设施的维修与建设工作。在服务设施的完善上，坚持用公众至上的服务理念对展厅提质修缮，满足观众的需求。高标准配备了消防和安防设施，为景区安全管理工作提供保障。设置科学合理的参观路线，全程设置无障碍通道，方便特殊人群顺利参观展览。馆区内设有 3 个停车场，11 个星级厕所，增加了第三厕所。游览线路为环线，十多个景点用绿色游步道相连接。对观众提供“十项免费服务”，如免费发放门票(免费不免票)、免费提供讲解和景区导游、免费停车、免费提供饮用水、免费提供常用药品、免费提供新党员宣誓和党员重温入党誓词场地及相关便利条件和配套服务，等等。对特殊群体、弱势群体注重人文关怀，及时提供拐杖、轮椅、童车等特殊设备。另外，该馆还编制了精美的宣传资料、图册，发放给旅行社和各大酒店、宾馆。在人流集中地设立广告牌，在通往刘少奇故里的主要交通十字路口设立标志、标牌等。这些便民措施，受到观众欢迎和赞誉。

总之，文物是先进文化的载体，文化底蕴越深，旅游业发展的生命力越强。文化与旅游的结合是大势所趋，博物馆融入旅游的前景辉煌。人物类博物馆纪念馆必须适应时代发展要求，树立以旅游促发展的理念，加强与旅游企业的纵向联合，发挥资源优势，打造自己的旅游品牌，取得更好的社会效益，为文博及旅游事业的快速、健康发展作出积极贡献，为实现中华民族伟大复兴的“中国梦”而不懈努力。

（李桂芳，刘少奇同志纪念馆研究馆员）

新时代高校博物馆文化旅游功能实施途径初探*

宁文晓

摘要：新时代，随着人民日益增长的对美好精神文化生活需求的提高，旅游者逐渐由原来单纯的看景点向注重文化的体验与享受转变。高校博物馆作为我国博物馆界的重要组成部分，不仅具有博物馆的收藏、展示、研究、教育等基本功能，同时又具备高校的人才培养、科学研究、社会服务和文化传承与创新这四大特殊功能，在新时代中国特色社会主义文化建设中发挥着积极作用。本文通过对高校博物馆打造文化旅游的展品形象、服务形象、宣传形象等内容的阐释，探究高校博物馆发挥文化旅游功能的主要途径，在展品形象上，做到陈列设计“活”起来、陈列内容“活”起来；在服务形象上，做到人才队伍“强”起来、讲解“活”起来、活动“新”起来；在宣传形象上，做到打破固有模式，将传统与现代方式有机结合。最终，有效实现高校博物馆文化旅游教育功能的最大化。

关键词：我国高校博物馆；文化旅游；途径

关于文化旅游，国内外学者普遍认为其立足于文化资源，以满足游客文化需求为目的。其中，“文化旅游有两个重要的构成要件，一是强

* 本文系中央高校基本科研业务费资助项目（18QJ017）。

调以文化资源为支撑的旅游产品属性；二是强调旅游者对旅游资源内涵的深入体验和文化享受”。[1]从内容结构看，文化旅游是文化和旅游两方面要素的融合。关于文化与旅游的关系，许多研究认同文化是旅游的基础，[2]并有研究明确提出“文化是旅游的灵魂”。[3]现如今，公众已不满足于简单的游山玩水，他们希望知道景观背后蕴含的思想观念、科学精神和道德规范等，希望了解一个国家、一个民族或某一时代的历史特征。我国博物馆界的重要组成部分——高校博物馆，是出于教育、研究、欣赏的目的，由高等学校利用所收藏的文物、标本、资料等文化财产设立并向公众开放，致力于服务高等教育发展和社会文化发展的社会公益性组织。改革开放以来，特别是进入21世纪后，随着科教兴国和文化大发展大繁荣战略的实施，高校博物馆蓬勃发展，为满足广大人民群众日益增长的精神文化、教育学习需求作出了积极贡献。[4]为此，高校博物馆应该立足本馆，充分发挥自己的特色及优势，创特出新，将博物馆与校园文化资源有机结合，积极打造文化旅游的展品形象、服务形象和宣传形象，使公众在参观的同时，深刻感受到高校浓郁的学术氛围，享受到精神文化产品，接受到别样的文化教育，体验到妙趣横生的文化之旅，不断提升公众的幸福感与获得感。

一、打造高校博物馆文化旅游的展品形象

2016年4月，习近平总书记对博物馆工作作出了“系统梳理传统文化资源，让收藏在禁宫里的文物、陈列在广阔大地上的遗产、书写在古籍里的文字都活起来”的重要指示。[5]这就要求在开展文博工作时，要

[1] 侯兵等：《文化旅游的空间形态研究——基于文化空间的综述与启示》，《旅游学刊》2011年第3期。

[2] 张朝枝等：《“文化是旅游的灵魂”：误解与反思——武夷山案例研究》，《旅游科学》2010年第1期。

[3] 章采烈：《论旅游文化是旅游业发展的灵魂》，《上海大学学报》1994年第1期。

[4] 北京市文物局，中国文物信息咨询中心主编：《可移动文物保护与利用工作手册》，学苑出版社2017年版，第126页。

[5] 中共中央宣传部编：《习近平总书记系列重要讲话读本》，学习出版社，人民出版社2016年版，第203页。

进一步深入挖掘历史，深化历史研究，找寻历史和现实的“结合点”，抓住游客学习的“兴奋点”，找准触动游客心灵的“切入点”，让游客在丰富生动的实践体验中感受中华民族的优秀文化、光荣历史和民族精神的伟大魅力。作为承担着多种功能责任的高校博物馆，不仅是地域代表性文化的汇聚地，也是一所高校文化的记忆方式之一，更是国家民族文化遗产的一个窗口和培育历史考古专业人才的基地。每所高校博物馆拥有的藏品、历史资料、图片、实景复原等都是历史的活教材，是人类社会物质文明、精神文明发展的见证物，具有薪火传承文化积累的中华魅力，是更好地服务游客的文化旅游资源。

陈列设计“活”起来。高校博物馆丰富的展品资源，需要在陈列设计上下功夫，在充分了解游客兴趣取向的基础上，把能够激发其参观的内容作为切入点，通过直观、形象的展示形式全面表达展品的内涵，让游客常有新鲜感，使高校博物馆获得较高的“回头率”。例如，作为国家 4A 级旅游景区的东北民族民俗博物馆在“东北古代民族民俗”“东北近现代民族民俗”“东北代表性行业作坊”三个基本展区和“红山文化”“高句丽王城、王陵及贵族墓葬”等若干专题展区以及东北传统民居等人文景观中，采用实物、图表、文字、沙盘、场景复原等传统展出方式的同时，又结合光电等现代科技元素，使静态的实物变得更生动，将抽象的知识变得更具体、更简单、更易于游客接受，让参观效果更佳。其中，“满族院”采用了场景复原与展品体验相结合的设计手段再现原貌，突破了原赋旅游资源时空分布的局限性，在较灵活的时空下集中展示民俗文化，有利于民族文化资源的集约化开发，方便游客在短时期内获得最佳旅游观赏效果，使游客每每到此都能驻足多时，快乐进行文化体验。

陈列内容“活”起来。高校博物馆的陈列展品除了能代表本学科发展的科学体系外，更应反映与展品相关的科学知识和科学精神，使展品富有科学性、知识性、创新性、实践性和趣味性。例如，历史文化类高校博物馆应将丰富精美且能代表特定时期社会历史面貌和文化发展特点的文物或实物进行展出并加以保护，深入挖掘展品的内涵及其相互关系，恰当组合展品，使公众在感受展品美感的同时，能有效获取历史发展演变、各时代人们的社会生活、劳动成果及民族精神与文化方面的信息，让中华文化展现永久魅力，进一步坚定文化自信。

二、打造高校博物馆文化旅游的服务形象

高校博物馆作为中华优秀文化的忠实传承者和弘扬者，连接着历史与当下的纽带，是中国文化精神的体现，拥有强大的文化感染力，体现着中华民族自强不息的精神。新时代高校博物馆要打造良好的文化旅游服务新形象，就需要秉持“以人为本，卓越服务”的根本，开发各类服务资源，不断完善公共服务体系。

人才队伍“强”起来。人才是建设社会主义现代化强国的第一资源，也是高校博物馆发展壮大的根本保障，决定着高校博物馆的全面发展。近年来，我国高校博物馆人力资源队伍在质和量方面有所发展，但整体上仍然相当薄弱，存在诸多问题，如：具有较高专业素质和实际工作经验的人才缺乏，尤其是高层次的中青年业务骨干和学科带头人不多；集管理、研究、宣传于一身的复合型人才寥寥无几；专业技术人员较少；聘用的讲解员队伍不稳定、整体素质不高，等等。为此，高校博物馆应多方面采取有效措施，建设一支政治强、业务精、作风硬的高级专门人才、管理人才、讲解员、志愿者等人才队伍，促进高校博物馆文化旅游教育功能的有效发挥。首先，高校博物馆要得到高校有力的政策支持。博物馆工作是一项很具体和细致的工作，需要有专门的人员去负责和落实，因此必须分门别类，细化工作指标和任务。对于行政上隶属于高校的博物馆来说，人力资源的配备和完善是由学校来决定的，将符合博物馆事业发展的专门人才和能够适应新时代需要的人才配备到博物馆的工作岗位上，是高校实现人尽其才、才尽其用的治本之策，也是兴馆兴校的良策。为此，高校要积极为博物馆的科学可持续发展谋划，为高校博物馆的全面发展提供政策支持，为其发挥文化旅游教育功能创造有利条件，推动实现高校博物馆建设达到使用、审美、教育功能的和谐统一。其次，注重高校博物馆员工职业道德的培养。“才者，德之资也；德者，才之帅也。”人无德不立，育人的根本在于立德。加强员工思想

政治教育和职业道德的教育，让他们在高校博物馆发挥文化旅游教育功能中起到示范引领的作用。为此，高校博物馆要构建“党基层组织统筹部署、馆领导扎实推动、各部门广泛参与、主管部门着力实施”的实践育人协同体系，发挥党组织的育人保障、政治核心和战斗堡垒作用，明确党组织的职责和决策机制，推动党组织自觉担负起管党治党的主体责任。要以严格制度为主，以日常教育疏导为辅，制定员工职业行为规范；开展“不忘初心、牢记使命”主题教育，引领教育的载体与形式；开展主题鲜明、健康有益、丰富多彩的活动，引导员工把职业规划和自我修养结合起来，把思想政治教育贯穿到各项工作和活动中；引导员工树立正确的政治方向、价值取向，不断强化全馆人员的使命感与认同感，塑造员工之间的凝聚力，培育拥有自尊自信、理性平和、积极向上的社会心态，不断强化社会责任意识、规则意识、奉献意识、服务意识，做到以德立身、以德立业，充分发挥凝聚、引导、育人、育才作用，推动高校博物馆向正确、高水平的方向发展。再次，高校博物馆要建立科学有效的管理机制。高校博物馆要完善长效机制，健全依法治馆、管理育人体系，研究梳理各管理岗位的育人元素，编制岗位说明书，明确管理育人的内容和路径，丰富完善不同岗位、不同群体公约体系；把规范管理的严格要求和春风化雨、润物无声的教育方式结合起来，完善馆规馆纪；健全自律公约，加强法治教育，全面推进依法治馆，强化科学管理对道德涵育的保障功能，引导员工培育自觉、强化自律，大力营造治理有方、管理到位、风清气正的育人环境。加强干部队伍管理，按照社会主义政治家、教育家要求和好干部标准，制定管理干部培训五年规划，提高各类管理干部育人能力，引导管理干部用良好的管理模式和管理行为影响每位员工，保证博物馆各项工作的有力开展，全面加强高校博物馆的社会服务功能。最后，高校博物馆要开展各类业务培训。员工专业素养和工作能力的有效提升，需要进行各类培训。通过培训，帮助员工快速掌握专业技能，学习新技术、新理论，更新知识和提高服务的意识。培训可分为通用培训和专业培训，通用培训主要是让员工了解本馆的基本情况、规章制度、工作职责和安全应急处理措施等方面内容；专业培训是针对不同岗位进行差别培训，主要让员工了解本职工作的内容、流程、技巧以及本专业当下国内外的发展状况，例如，在文化资源服务中，开展员工素质教育培训，优化服务空间，注重博物馆体验，提高馆藏利用率和服务效率；在安全保卫服务中，全面开展安全教育培训，培养员工安全意识和法制观念，强化人防物防技防建设，提高安保效能，选树一批服务育人先进典型模范，培育“服务育人示范岗”。

讲解“活”起来。讲解作为游客了解展品的重要方式之一，能够使游客与展品之间产生交流，让游客领略展品所蕴含的文化魅力，从而潜移默化地汲取中华优秀文化的思想精华和道德精髓。高校博物馆的文化之旅不应是传统的走马观花，而应使文化旅游的讲解特色十足，使游客不仅可以在优秀讲解员的带领下进行愉快参观，还可以深入学习到各地历史文化知识，增强文化旅游体验。具体讲解中，讲解方式不能千篇一律，而应把握游客对展品的喜好，注重实效性，根据不同文化背景的游客采取不同的讲解方式与讲解语言，准确设计出观点鲜明、内容准确、符合实际的讲解词，以吸引他们对博物馆的兴致，引起对世界、人生、自身价值认识的思考，达到预设的教育目标。例如，有的讲解内容侧重于学术性与科研性；有的侧重于普及性、趣味性；为了使讲解效果更佳，也可尝试用不同人群类型的志愿者进行讲解，如专家型、学生型、特殊型、大众型等，因为他们更了解与自己身份相同的参观者聆听的喜好，会让讲解内容更加科学、生动和有趣，这些不仅为志愿者提供了自我价值体现与提高的平台，也缓解了博物馆工作人员数量紧张的状况，增强了博物馆和高校的社会影响。

活动“新”起来。高校博物馆充分挖掘高校的文化资源优势，通过活动的载体创新、方式创新等，让游客充分感受高校博物馆的独特文化气息，促使高校博物馆的文化旅游更具活力和生命力，促进高校与博物馆共创教育的良好氛围，让高校文化旅游教育得到更好的拓展与外延。一是活动的载体创新。一方面采用“请进来”的教育活动载体形式，使高校博物馆加强与企事业单位的交流互动，建立企事业单位定期参观高校博物馆的长效机制；另一方面采用“走出去”的教育活动载体形式，即高校博物馆选派业务知识丰富的专家或讲解员定期走进学校、社区、军营等开展普及博物馆知识、传播中华优秀文化的讲座报告等活动。二是教育活动方式创新。美国教育家杜威曾提出影响力巨大的“在做中学”的理论，他认为应该运用感官参与到活动中，从实践中获得生动的经验。这种理论应用到博物馆中，被称为博物馆体验，这是一种寓教于乐的教育活动方式，是一种非常适合在博物馆对游客开展文化旅游教育的主要方式。博物馆体验并非单向的，而是个人条件、社会条件、环境条件共同构成的互动的体验模式，也就是说，游客在博物馆的参观过程不应该仅仅是游客与展品，以及游客参与度较小的审美体验，而应利用各种参与性较强的互动技术与体验方式。如，通过模拟现实场景、触摸体验设置、互动游戏设计等来拓展高校博物馆展示的“参观”与“参与”空间，刺激游客的视觉、听觉和触觉，营造富有感染力的展示环境，使他们融入博物馆的文化氛围，从而得到多方位、多角度的体验，大大提升游客对文化旅游的理解力和欣赏力，使之清楚认识到自身承担的历史责任与使命。

三、打造高校博物馆文化旅游的宣传形象

随着信息化不断发展，各种信息获取方式都发生了革命性变化。新时代高校博物馆应废除“等客上门”的观念，创新思维，将传统与现代的宣传方式有效结合起来，实现“内宣”“外宣”“网宣”多渠道宣传，打造良好的文化旅游宣传形象。一是加强校内媒体和报刊宣传的力度；二是除电视、报纸上的基本宣传外，制作成本较低的宣传画册免费提供给车站、宾馆、机场等大型公共场所进行宣传；三是做好高校博物馆网站的建设工作，建设数字化网络服务平台，开发专属的移动智能软件终端，或利用微信等社交网络媒体平台；四是与具有组织旅游丰富经验和稳定客源的旅行社签订合同，让其进行推介宣传等；五是以国际博物馆日、中国旅游日、科普活动日、传统节日、助残日等重大纪念日和重要活动为契机，为游客提供优惠服务，加大教育宣传力度；六是开发文化

旅游产品，让游客充分感受高校博物馆的独特文化气息，促使高校博物馆的文化旅游更具活力和生命力，促进高校与博物馆共创文化旅游教育的良好氛围。除此之外，流动展也是一种比较受游客欢迎的文化旅游宣传形式。博物馆是一个个圣地，所展陈的都是经过考古、历史考证等发现的文物，是一部立体的百科全书。广大游客受到的学校教育，往往侧重于书本上的知识，在实物展方面比较欠缺。相比之下，高校博物馆具有内容丰富、时间灵活、方式多样等诸多优势，这就为公众获得文化旅游信息提供了多种可能性和选择性，增强了吸引力和说服力，让他们在声情俱用、图文并茂的展览中，开阔视野，洗涤心灵，自然感受到高校博物馆文化旅游的魅力。

新时代高校博物馆如何发挥文化旅游教育功能是一个需要不断探索的课题，作为博物馆工作者理应深入挖掘高校博物馆的潜在功能，使游客每一次走进高校博物馆参观，都能成为一次意义深刻的文化之旅。

（宁文晓，东北师范大学东北民俗博物馆副馆长、副研究馆员）

浅谈博物馆纪念馆与红色旅游的发展

施春生

摘要：进入新时代，博物馆纪念馆越来越受到人们的青睐。它不仅是文物的收藏展示和宣传教育的场所，而且逐渐成为人们探寻知识和旅游休闲的地方。博物馆纪念馆如何适应现实的发展要求，满足游客观众的需要，达到历史文化资源与丰富旅游资源的相互融合和交相辉映？博物馆纪念馆发展红色旅游的路径和方法很多，但重点是编好红色旅游规划，建设红色旅游馆区，开展红绿景点联合，打造精品亮点展览，广泛开展宣传促销，开发特色旅游产品，提升优质服务水平，开展文明创建活动等，全面提升博物馆纪念馆的旅游功能要素，形成博物馆纪念馆与红色旅游的共发展、双丰收。

关键词：博物馆；纪念馆；红色旅游

博物馆纪念馆是弘扬社会主义核心价值观的重要场所，是发展红色旅游的重要板块。旅游业是促进社会发展和时代进步的重要产业，是实现人与自然和谐相处、互利互助的产业，被誉为朝阳产业。而红色旅游是旅游业中的一个内涵丰富并且发展潜力巨大的旅游系列，近年来越来越受到人们青睐，发展越来越红火。中共中央办公厅和国务院办公厅曾专门印发《2011—2015 年全国红色旅游发展规划纲要》，扶持和培育红色旅游产业。推进博物馆纪念馆事业的发展，是促进红色旅游发展壮大的一个重要途径。

一、发展博物馆纪念馆红色旅游的现实意义

发展博物馆纪念馆红色旅游是民族振兴、国家走向繁荣富强的一项重要举措，是落实习近平新时代中国特色社会主义思想实现全面小康社会的一项重要参数。

（一）可以强化爱国主义教育，有利于政治工程建设

红色旅游主要是以中国共产党领导人民在革命战争时期建树丰功伟绩所形成的纪念地、标志物为载体，和近现代在中国大地上发生的中国人民反抗外来侵略，奋勇抗争，自强不息，艰苦奋斗，充分显示伟大民族精神的重大事件、重大活动和重要人物事迹的历史文化遗存为其纪念场所，以其所承载的革命历史、革命事迹和革命精神为内涵，组织接待旅游者开展缅怀学习、参观游览的主题性旅游活动。[1]博物馆纪念馆发展红色旅游可以有效地整合和挖掘红色资源，使博物馆纪念馆内容更加丰富生动，更具有吸引力和教育性。人们通过参观瞻仰红色纪念地，了解中国共产党和中国人民波澜壮阔的历史，耳染目睹先烈可歌可泣的革命事迹、革命传统和革命精神，激发爱国热情和奋发向上精神，特别是对青少年的成长将会起到正面教育促进作用，有利于他们树立正确的人生观、价值观和世界观，提高他们的思想政治道德素质，培育他们为国争光的民族精神，坚韧不拔的毅力精神和为信仰奋斗终生的追求精神，达到洗涤心灵、净化思想、凝聚人心的教育目的，便于形成团结互助、平等友爱的社会关系和融洽和谐的人际关系。

（二）可以促进地方协调发展，有利于经济工程建设

发展是改变贫穷落后提高人们生活质量的根本途径。经济发展了，百业兴旺了，这就为实现中华民族伟大复兴奠定了良好的物质基础。博物馆纪念馆发展红色旅游不仅仅是宣传爱国主义，强化思想道德建设，

---

［1］ 钟俊昆、童绍茂：《红色旅游产品的生命周期及价格策略》，《价格月刊》2005年9月。

它还有一个重要的作用就是以博物馆纪念馆为载体推动经济建设，带动地方可持续发展。红色旅游资源丰富的地方，大部分是革命老区，经济较为落后，整体发展水平普遍不高。由于受到资金、交通、技术、人才等多方面条件制约，发展工业成效较慢，而发展红色旅游对这些地方来说无疑是一条简单、快捷、高效的经济之路。它投资少、见效快、带动性强、覆盖面广，容易拉动自然景观、人文景观与其他旅游相关行业的发展，完全可以作为地方特色支柱产业加以培育发展壮大，从而将历史、文化、文物和资源优势转化为经济优势，推动景观修建、交通运输、城市道路、电力电信、宾馆饭店、商品流通、地方特产、生态环境等行业协调发展，带动区域经济结构调整，形成良好的经济互动，既增加了税收，又扩大了就业面，也解决了一大批社会人员的就业问题。据统计，每接待150名国内游客，就给地方创造一个就业机会。现在旅游业已为中国直接创造200万个就业机会，间接创造500万个就业机会，这完全是一个扶贫解困富民的经济工程。

（三）可以合理利用红色遗产，有利于文化工程建设

红色文化文物遗产是中华民族宝贵的精神财富，是重要的旅游资源，积极发展博物馆纪念馆红色旅游，一个重要的使命就是要保护、挖掘和利用红色文化文物资源，提升红色遗产的文化品位，扩大红色遗产的震撼力、感染力和影响力。可以说政治是红色旅游发展的主动力，经济是红色旅游发展的原动力，而文化是红色旅游发展的推动力。文化寓意不深的纪念场所，给人的感觉就是一处空房子和几张旧桌椅的复原摆设，人们只能一看了之，留不下很深的印象，更体会不到其中的革命精神，也就谈不上学习和接受教育。所以对红色文化文物遗产在坚持保护的前提下，要加以开发和利用。抓住博物馆纪念馆文化精髓，通过现代化的展陈技术手段打造精品陈列。举办文化节庆活动，制作红色歌曲、红色电影和红色电视片，推出特色旅游文创产品等多种文化展示方式，使博物馆纪念馆文化展示手段更为新颖，博物馆纪念馆内涵更为丰富，文化品位更为高尚，呈现出更多的看点和亮点，便于游客真正感悟革命精神，陶冶道德情操，享受快乐生活。红色文化文物遗产开发利用得好，就会反哺红色旅游，推动红色旅游的深入开展，带动文化文物事业的进一步繁荣。

（四）可以改善馆区生态环境，有利于生态工程建设

博物馆纪念馆发展红色旅游如何才能处理好人与自然的和谐？具体地说就是要建设生态旅游，生态旅游无疑为红色旅游可持续和谐发展指明了一条光明之路。大力发展红色旅游不仅仅要发展博物馆纪念馆场馆建设、发展旅游文化，而且还要发展环境建设，做到社会效益、经济效益和环境效益的有机统一。红色旅游景区大部分是风景优美秀丽的地方，是生态环境保持很强原生性的地区，这为我们实施生态环保工程，建设生态景区，创造了良好的先天条件。在原有良好的自然生态环境基础上，应进一步加强生态旅游规划，开发生态旅游项目，强化生态环境监管，正确处理生态旅游消费，最大限度减少污染和损耗，使生态环境得到保护和提高。只有环境管理好、开发好、建设好，才能吸引更多的人前来观光旅游，才能有条件让人们感受博物馆纪念馆、亲近博物馆纪念馆和融入博物馆纪念馆，才能满足人们多样化、多层次、多形式的精神文化需求，才能引导人们树立增强保护环境的主动性、自觉性和永久性，为子孙后代留下一个红色和绿色相融的生态之地。

二、博物馆纪念馆发展红色旅游的主要措施

我国博物馆纪念馆红色旅游资源丰富，这是老祖宗和大自然留给我们的一笔宝贵旅游文化遗产。但我国红色旅游真正形成规模发挥效益的却寥寥无几，像井冈山、延安、韶山、瑞金等著名红色旅游景点那样知名度高、景点多和效益好的却不多。大部分规模较小、景点单一、设施简陋、功能不全、影响不大、带动性不强，还需要长期发展、培育和壮大。那么，我们采取什么样的措施，通过什么样的途径，才能把博物馆纪念馆红色旅游迅速做大做强，才能让红色旅游成为可持续发展的优势朝阳产业？

（一）科学合理规划，搞好红色旅游编制

编制一个科学的、可行的、具有前瞻性的红色旅游规划，是红色旅

游顺利健康发展的前提和基础。一个好的规划如同一个好的剧本，直接决定着影视剧的命运。规划也一样直接决定着景区发展的成败。所以，在制定红色旅游发展规划时，一定要高起点、高质量、广开视野，一定要符合博物馆纪念馆发展实际，符合当地社会文化，符合历史事实，避免贪大、贪全、贪洋。规划要合理解决保护与开发利用的关系，解决资源可持续发展问题，能够切合实际可操作。重点做好博物馆纪念馆红色旅游总体规划，总体规划要突出博物馆纪念馆的整体定位，要围绕博物馆纪念馆主题编制，为长远发展预留空间。同时，还要做好各景点的单体规划，以及陈列展览、旅游服务、爱国主义教育等专题规划，专题规划要突出专题的功能。规划报有关部门批准后，遵照审批程序，严把建设选址、建筑方案和工程施工关，多方筹集资金，整合博物馆纪念馆景区资源，有条不紊地建设，最终使蓝图变成实实在在的美景。

（二）加大投入力度，建设红色旅游馆区

红色旅游能否火热，关键看博物馆纪念馆是否吸引人，是否有价值，是否服务完善。我国大部分红色景点较为单一，内容单薄。加大博物馆纪念馆投入力度，开发新景点，完善配套服务设施势在必行。一是建设新的经典景观。围绕博物馆纪念馆主题，恢复一批历史景观，新建一些与历史环境相协调的特色景观，进一步丰富景点内容，增加旅游的看点和亮点。鉴于许多红色景点没有现代化的陈列展馆，应该把建设陈列展馆作为博物馆纪念馆建设的重中之重。通过新建陈列馆，全面反映红色景点的历史与精神内涵。同时，也要注重陈列馆的设计，使陈列馆成为一个特色景点或标志性建筑。二是搞好配套工程建设。健全旅游辅助设施，更新景区软硬件，完善旅游接待功能，全面提升博物馆纪念馆景区的档次和品位。比如修理旅游通道，改造厕所，新建旅游服务中心等，服务中心要将游客接待、旅游咨询、餐饮住宿、纪念品销售、停车融于一体。三是整治环境。构建花卉园植物园，使博物馆纪念馆景区常年鲜花盛开，芬香馥郁。对环境进行绿化、美化和亮化，营造一个整洁、干净、舒适的自然景观与人文景观相融的生态环境。通过全方位的建设，把博物馆纪念馆景区建设成为经得住时间和历史考验的精品景区，处处体现革命精神的红色景区，成为有特色、有看头、有影响的旅游经典景区。

（三）开展纵横联合，实施红绿古土结合

在大力发展博物馆纪念馆红色旅游的同时，也要看到当地秀丽的风光，众多的历史古迹，多彩的民俗风情。让这些资源与博物馆纪念馆红色旅游资源有机结合。重视“红”“绿”“古”“土”几大旅游的设计和整体开发，力求做到以“红”引人，以“绿”留人，以“古”诱人，以“土”感人。开展旅游市场的纵横联合，有利于资源共享，互利互用，有利于促进旅游资源最大值的实现。一是红红结合。博物馆纪念馆红色景区与本地或附近的其他红色景区相连接，共同构造红色旅游专线。比如周恩来纪念馆景区就可以与当地的新安旅行团纪念馆、中共中央华东分局、苏皖边区纪念馆友情连接，互动发展。二是红绿结合。很多地方自然景观非常优美秀丽，旅游价值非常高，可以与红色旅游捆绑经营。比如淮安除了周恩来纪念馆景区，还可以开发古运河风光带和勺湖、月湖、潇湖以及船闸群一日游，让游客充分领略充满灵气的淮安水文化。三是红古结合。就是把历史古迹与红色景点串连起来，交相辉映，共同推介。淮安除了打造周恩来纪念馆，还要开发吴承恩故居、韩信历史遗迹、淮安府衙、镇淮楼、漕运总督府、河下古镇等历史景点，让游客参观完红色景区后再探古访旧，置身在历史和足迹中感受历史。四是红土结合。土就是指当地的民俗旅游。每个地方都有自己独特的风土人情，这也是游客非常感兴趣和好奇的。建立一些民俗馆、特产馆，开发民俗游、乡村游，使游客了解当地的历史典故、民间艺术、饮食文化、生活方式等，增长知识，寻求乐趣。这是一方面。另一方面也保护了民俗，推动了民俗文化的发扬光大。为便于红绿古土几大旅游资源的整合，可以推行联票制，设立旅游专线，开通旅游专车，进行整体旅游宣传推介等方法，相互促进，实现资源优势互补和旅游市场的互容互利，有利于旅游大市场的良性建立和旅游经济的快速发展。

（四）更新展示手段，力求陈列展览精品

博物馆纪念馆红色景点与自然景观相比有着一个明显不同之处，就是红色景点有陈列展览，而自然景观主要靠风景取胜，这是红色景点的一大特色。但大部分红色景点陈列展览的方式、艺术等比较落后，许多景点还停留在图片加橱窗式的简单陈列阶段，难以生动形象地反映红色精神。提高展陈技术，更新展示手段，增强展览效果和表现张力，体现陈列展览个性和魅力，成了当前红色景点的一个紧迫任务。重点在改进展示方式，提高艺术设计，增强科技运用上下功夫。一是制作别具特色的精品主题展览。围绕主题，制作一个基本陈列展，运用现代化的沉浸式剧场、幻影成像、影视音像、景观制作、视频互动等声光电技术，以及壁式景观、情景再现、智慧互动、全景画、半景画等陈列方式，把严肃的历史事件通过高科技手段变得生动化、趣味化，给游客一种身临其境的感觉，使基本陈列展更加贴近历史、贴近生活、贴近观众，既生动逼真，又寓教于乐。二是举办特色专题展。除了主展览外还要结合历史事情、重大纪念日等，推出主题鲜明、内容精致的专题展，不断满足游客的参观需要和景区宣传的需要。有条件的还可以组织临时巡回展，这样既宣传了红色精神，又推介了红色旅游，提高了景点的知名度。三是倡导精美解说。俗话说，看景不如听景。“江山之美，全靠导游之嘴”。红色旅游生动，全靠讲解作用。奇妙的景观，精品的展览，还需配有精美的解说，有些景点和展览，光看是看不明白的，只有解说才能把背后的故事，深厚的文化内涵解释清楚，才有更强的震撼力和生命力，才能产生很好的感观效果。解说不仅仅是释放信息，还应该给游客以美的享受。所以要大力提倡肢体语言，运用简洁、易懂、富有变化的肢体，采用说、唱、跳等多种形式，解说博物馆纪念馆红色景点，拉近与游客的距离，引导游客互动，激发游客的参与热情，让游客在兴趣盎然中记住历史，接受教育。

（五）加大宣传力度，强势推进宣传促销

由于宣传推介力度不够，博物馆纪念馆红色旅游景点许多美景“深藏闺阁”，游客知之不多，了解甚少。为了搞活博物馆纪念馆红色旅游，要运用现代的宣传营销手段，塑造经典旅游品牌，采取多种措施，拓宽宣传促销渠道，不断扩大红色景点的知名度和影响力。一是搞好红色影视文化的创作。以博物馆纪念馆红色景区为背景，创作一些健康生动的红色歌曲、红色电影、红色电视剧、红色戏剧以及红色文学图书等，让红色景区和红色精神在这些影视文化中充分体现和展示，借助这些红色影视文化来宣传博物馆纪念馆。江苏常熟沙家浜革命历史纪念馆，依靠电视剧《沙家浜》，成功地展示了沙家浜秀丽风光，使沙家浜的知名度迅速上升，获得社会效益和经济效益双丰收。二是制作形象广告。拍摄景区宣传广告片在媒体上播放，在汽车站、火车站、高速公路服务区、交通要道口、主要街区和标志性建筑物上悬挂张贴景区形象宣传牌，在宾馆、饭店和景点散发宣传单，博物馆纪念馆景区的路标、说明牌、广告牌、垃圾箱都要做好景区形象设计，多管齐下营造出热烈的宣传氛围。三是开通红色网站。互联网已被各行各业所利用，博物馆纪念馆红色旅游也要“借壳下蛋”，共用共享信息化资源。组织强有力的专业技术力量，精心编制博物馆纪念馆景区网站，传递信息，引起全国人民的广泛关注。搞好对外合作与交流，与全国其他红色景区友情链接，实现共生共荣共赢。四是举办节庆活动。结合党和国家重大节庆和某历史纪念活动，举办一些丰富多彩的文化旅游活动，依节造势，以节兴游，拉动红色旅游的深入开展。五是搞好景区专题促销。博物馆纪念馆积极参加各种文博会、博博会、旅游节、旅交会、推介会，主动接受周边旅游城市的辐射，融入周边旅游发展圈。采用“走出去，请进来”的办法，有目的、有重点地举办博物馆纪念馆景区专题促销会，广泛与旅行社旅游局联姻结亲，签订旅游协议，委托旅行社编排计划，组织客源，争取更多旅行社在经过本区域的旅游线路中增加本景点，与其他景点串点成线，连线成面，整合出具有强大吸引力的旅游黄金线。

（六）深挖文化内涵，开发特色旅游产品

文化文物是博物馆纪念馆红色旅游的底蕴，是博物馆纪念馆红色旅游发展壮大的内在动力，也是博物馆纪念馆红色旅游资源取之不尽的源泉。如何把看不见的隐形的红色文化，变成实实在在的经济效益和社会效益？一是开发特色旅游纪念品。利用馆藏文物，开发一些反映纪念景区风土人情和个性的“小、巧、土、异、古”文创产品，提高馆藏文物的附加值。文创产品的设计与开发，既要美观，又要便于携带；既要体现博物馆纪念馆景区的文化意境，又能别具一格。譬如，周恩来纪念馆景区烧制了各种纪念周恩来的系列花瓶，美观大方，非常受欢迎。还可以仿制周恩来用过的文房四宝出售，出版纪念周恩来书画集，开发周恩来喜爱的歌曲戏剧等音像制品。二是开发特色旅游项目。围绕“吃、住、行、游、购、娱”六个方面，把博物馆纪念馆红色景区内具有参与性与互动性的项目筛选出来，给予充实和包装，推向市场。对周恩来纪念馆景区而言，制作周恩来喜爱的菜谱或“开国第一宴”，开发连接纪念馆与故居的文渠，仿制周恩来童年乘坐的小船，船上配备一名能划桨、会唱歌、善讲解、懂导游的船姑，一边带领游客畅游文渠，往返纪念馆和故居参观，一边为游客唱《三唱周总理》或淮安民歌，讲述历史典故，介绍当地民俗民情，这样既弘扬了民族文化和革命精神，游客也领略了水乡韵味、享受清雅。

（七）注重精细服务，提升优质服务水平

随着红色旅游业的发展，人们对旅游服务质量提出了更高的要求和期望，游客希望到博物馆纪念馆有一种宾至如归的感觉，这就要求博物馆纪念馆的红色旅游确立“以人为本，诚信待客”的理念，一切以游客需要为导向，以游客满意为宗旨，从旅游服务细微处入手，不断改进服务态度，规范服务标准，完善服务功能，依靠精细化、人性化、个性化的服务，建设和谐温馨的旅游景区。一是注重人才培养，提高人员素质。没有高素质的从业人员，就没有高质量的服务；没有高质量的服务，就谈不上博物馆纪念馆景区与游客的和谐。经常举办普通话、礼仪服务等各种培训班，选送骨干进修深造，培养服务精英，适当引进管理人才、宣讲人才、文物展览人才、环保人才等各类服务人才，依靠他们的模范作用和先进的管理方法，提高博物馆纪念馆的整体素质。二是完善人性化服务。更新果壳箱、休闲凳，规范博物馆纪念馆景区的指示牌、说明牌和提示语，力求亲情化，避免出现生硬词语。添置触摸屏，方便游客查寻和了解博物馆纪念馆景区信息。建立电子商务系统，开通网上预订门票、机票、酒店和购物。提供英语汉语手语等多语种讲解，为老年人、儿童、残疾人准备拐杖、雨伞、儿童车、轮椅，开办托儿所、托老园，修建残疾人通道等，使每一位游客游得开心，行得放心，玩得顺心。三是实行规范化服务。对博物馆纪念馆景区的门票、服装、标识、用语、工具实行统一管理，做到环境要公园化，设施要星级化，卫生要宾馆化。进一步完善服务星级体系，大力提倡服务文明化，表情微笑化，语言亲情化，举止规范化。四是健全安全体系。制定保护游客生命和财产安全措施，全面提高景区安全防范能力，建立“人防、技防、物防”三位一体的防护体系，建立博物馆纪念馆景区治安整体联动网络，紧急医疗救援体系，保证陈列展览场所、经营场所、服务设施、宾馆饭店、交通工具始终安全。整顿旅游秩序，打击欺行霸市行为。为了从根本上搞好优质服务，要建立长效管理机制，把精细化服务纳入日常工作考核考绩中，与个人工作业绩奖惩挂钩，主动接受社会监督、群众监督、舆论监督，依靠多重监督、考核和管理，力争博物馆纪念馆景区游客满意率、环境满意率、卫生满意率、服务满意率、安全满意率、投诉及时处理率保持100%。

（八）打造文明景区，开展文明创建活动

博物馆纪念馆是人民心目中的圣地，是进行爱国主义教育的主要场所，是精神文明建设的示范窗口。因此，博物馆纪念馆必须强化文明创建活动，提高自身的文明程度，既要让博物馆纪念馆景区人人都是文明窗口，个个都是文明风景，也要向社会输送文明成果。博物馆纪念馆要充分利用自身特有的政治品牌优势、丰富的藏品资源优势和德育教育基地优势，广泛开展形式多样的文明创建活动，不断提高景区的文明程度，为社会文明作出自己应有的贡献。一是开展创建文明单位行业活动。单位要创建国家高等级旅游景区、全国红色旅游经典景区、全国文明单位。部门要创建安全示范岗、巾帼示范岗、青年文明号。大力开展“赶、学、比、超”“文明经营，诚实守信”等优质服务竞赛活动，定期开展业务技能大武、普通话大比武、礼仪大比武等活动，评选岗位标兵和优秀职工，促进职工素质的提高和技能的全面发展。最终让政府放心，让社会认可，让游客满意。二是开展共建精神文明活动。与部队官兵开展共建双拥活动，与媒体单位开展共建宣传活动，与机关单位开展共建德育教育活动，与大中小学生开展形式活泼的主题队会活动。主动走出单位，组织宣讲小分队，深入农村、工厂、学校、军营、企事业单位宣讲革命精神。加强博物馆纪念馆景区辅导员队伍建设，建立一支由博物馆纪念馆与外聘人员结合，专兼职结合的老中青搭配的辅导员队伍。聘请老干部、老专家、老教师、老模范组成队伍，到博物馆纪念馆现身说教。大量吸收大中小学生到景区担任宣讲志愿者，为他们提供实践舞台，让他们的思想道德境界得到进一步升华，让博物馆纪念馆与社会共创文明，共享文明成果。

走进新时代，博物馆纪念馆的发展获得了新机遇，跃上了新台阶。博物馆纪念馆要抓住历史机遇，主动融入旅游发展大潮，以创新的思维，改革的手段，奋进的精神，扎实的工作，把博物馆纪念馆景区打造成具有旺盛生命力的景区，把红色旅游业建设成为可持续发展的朝阳产业，使之成为实现中国梦的实践者、展现者和先锋者。

（施春生，周恩来纪念馆副馆长、馆员）

文旅融合中纪念馆的红色文化传播初探

焦连斌

摘要：文旅融合，离不开红色基因的传承。传播红色文化是纪念馆义不容辞的使命。纪念馆与红色文化的融合与统一，形成完整的红色文化传承体系。近年来，红色文化传播实践和研究有序开展。但是，纪念馆在红色文化体系中的优势与作用还没有充分发挥，在媒体宣传、研究开发、社会生活等多方面还存在提升空间。如资源分散，整合困难，内涵有待挖掘，传播缺乏创新等。本文认为，可从整合传播主体、融合文旅资源、深入挖掘内涵、创新宣教手段、交流互动协作五个方面入手，提升展览品位，完善服务设施，加强媒体运作，形成红色文化传播合力，打造红色旅游目的地品牌，提高红色文化传播效果，推动纪念馆事业的全面发展。

关键词：纪念馆；文旅融合；红色文化传播；思考

文化要实现价值、传之久远，必须借助一定的渠道。旅游本质上是一种文化体验、文化认知与文化分享的重要形式。文化和旅游的融合互动，离不开红色基因的传承。作为传承红色文化、记录我国不同时期革命与建设历史的重要载体，纪念馆已成为社会公众旅游的重要目的地，传播红色文化是纪念馆义不容辞的责任和使命。

一、纪念馆在红色文化传播中的地位和作用

习近平总书记曾多次到纪念馆考察，对井冈山精神、延安精神、长征精神和焦裕禄精神给予高度评价，提出“要把红色资源利用好、把红色传统发扬好、把红色基因传承好”的任务。在庆祝中国共产党成立95周年大会上，习近平指出：“一切向前走，都不能忘记走过的路；走得再远、走到再光辉的未来，也不能忘记走过的过去，不能忘记为什么出发。”习近平有关红色基因传承的这一系列论述，是我们民族精神在特定历史时期的高度升华，必将成为推动全民族理想教育、道德引领和红色文化传播的明确方向和强大动力。

（一）红色文化是纪念馆的灵魂

红色文化作为中国共产党革命精神和奋斗历史的记录，是中国传统文化和马克思主义相结合的成果，是激励中国共产党人和中国人民奋发向前、勇敢斗争的力量源泉和强大的精神支柱。红色文化作为一种精神产品，具有丰富的内容及独特的文化价值。战争年代和建设时期形成的革命精神，以及反映这些精神的遗迹和文物，已成为具有世界意义的红色文化遗产。红色文化的传承是文化体系成长发展的重要基础。在社会发展的进程中不断弘扬红色文化，能够帮助人们树立正确的社会价值观。纪念馆正因为有了红色文化的丰富底蕴而得到不断壮大与发展。

（二）纪念馆是红色文化的载体

纪念馆是文博事业重要而特殊的组成部分，是一个地区的名片，是红色文化传承的基础场所。纪念馆肩负着红色文化传播的使命，是公众了解红色文化，获得教育、启迪、警示的重要阵地。各类文物、史料，成为纪念馆收藏文物、发挥宣传教育作用、科学研究的物质基础，是开展爱国主义教育、革命传统教育、共产主义理想教育生动的教材。纪念馆主题突出，内容生动，具有鲜明的文化个性。红色文化氛围的营造，红色文化内涵的表达，使纪念馆文化内容更加丰富，更具有红色文化的发展特色。

（三）纪念馆与红色文化相互促进

文化是一种传承，不同的时代赋予文化不同的内涵，红色文化是中

国共产党在领导中国人民实现民族和解放的过程中形成的革命文化。收藏红色档案、研究红色文化和实现社会教育是纪念馆的主要功能，而纪念馆的传播正是为实现这些功能服务的。纪念馆通过对红色文化的收藏和研究，将国家红色传统和红色精神的认同集中、生动地展示在人民群众的面前，让人们与红色历史近距离接触。通过红色文化的展示，人们能够深刻地感触历史、追忆经典，感受中华民族历史的集体记忆，获得集体认同，增强中华民族的凝聚力和向心力。纪念馆与红色文化的高度融合与统一，形成一个完整的红色文化传承体系。

二、红色文化传播现状及限制因素

近年来，在党和国家政策引导、相关部门积极推动下，红色文化价值得到充分重视，红色教育、红色旅游、红色文化产品成为传播红色文化的重要载体，红色文化传播实践和研究有序开展。同时，问题和挑战也随之而来。当前，纪念馆在红色文化体系中的优势与作用还没有充分发挥，在媒体宣传、研究开发、社会生活等多方面还存在一定的差距，不能很好地适应时代发展的需求。具体表现如下：

（一）资源分散，整合困难，大量红色资源未得到有效利用

近年来，文化旅游业不断整合，各大旅游景点的游客数量不断攀升，但是有些纪念馆景点门庭冷落。传统观念认为纪念馆主要任务是收集、研究和保护藏品，等待观众到馆接受教育即可，无需刻意吸引公众。由于对红色文化传播的价值和作用认识不足，纪念馆等大量的红色资源在开发的时候缺乏统筹全局的统一规划和战略布局，未能与当地特色自然资源、风俗节日相结合，内容较为枯燥。区域分割，各自为“战”，难以构建统一的品牌形象，导致相当一部分纪念馆辐射半径较小，对周边公众的影响力不够，降低了红色文化的教育作用。

（二）红色文化资源未得到深度挖掘，没有从多视角、深层次、全方位角度研究提炼内涵

纪念馆作为公益性事业单位，做展览的目的就是更好地服务群众。纪念馆现行模式多集中于参观学习和缅怀献花等层面，缺少系统完善的

向社会公众普及教育的措施，缺少与公众近距离交流学习的互动，年轻游客喜爱的文创产品缺位。服务意识淡薄，未能建立有效的“以人为本”的服务机制。对红色文化内涵、故事性等文化元素挖掘不够。设施服务落后，项目开发多为基础设施建设，多数只有一个建筑物构成，深度内容产品开发明显不足，配套设施和管理人员等都有所欠缺。

（三）红色文化传播缺乏创新，渠道少，互动性不足、感染力不够

红色文化资源的舆论宣传手段相对保守。在当前网络媒体迅猛发展之时，纪念馆在互联网空间还没有发挥自己应有的作用。缺乏与新媒体融合发展的意识，传播惯用传统手法，缺乏开放性、包容性，尤其是在红色人物事迹的宣传上缺少时代精神元素的融入。局限于纪念馆对展品的常规介绍，以及重要节日、纪念日等时间节点的集中宣传报道，以单向式、灌输式播报动态性消息、人物访谈之类节目为主，形式单调，缺乏新意，缺少互动性与趣味性。面向大众的影视作品、通俗读本、专题展览开发迟缓，没有形成全方位、常态化的传播模式。

（四）展览陈列形式单调，内容不够通俗易懂，讲解缺乏震撼力和感染力

在传播红色文化的过程中，主要通过观众自行参观、导游讲解的形式进行。简单的“图片 + 文字”的宣传页布展方式，缺乏艺术性和视觉冲击力，有的十几年不变。展品多为静态呈现，即使开发了语音讲解系统，但人与展品互动有限。所用实物没有能经得起推敲的档案资料证明，有的照片没有出处。程式化的讲解，平铺直叙，无法满足观众了解历史详情、展品及背后的故事等对知识的渴求。

三、提升红色文化传播力的思考

2009 年，习近平把焦裕禄精神概括为“亲民爱民、艰苦奋斗、科学求实、迎难而上、无私奉献”。他这样评价焦裕禄精神：“焦裕禄精神无论过去、现在还是将来，都永远是亿万人民心中一座永不磨灭的丰碑，永远是鼓舞我们艰苦奋斗、执政为民的强大思想动力，永远是激励我们求真务实、开拓进取的宝贵精神财富，永远不会过时。”在实现中华民族伟大复兴的征程上，焦裕禄精神被赋予了新的时代内涵、时代色彩，鼓舞激励着党员干部励精图治、砥砺奋进。自1966年建馆之初，博山焦裕禄纪念馆（故居）就承担起传承精神、教育后人的光荣使命。在新时代，如何更好地发挥作用，弘扬焦裕禄精神，扎实开展红色文化传播呢？本文认为，可从五个方面入手：

（一）整合——推进红色文化传播主体的优化整合，建立“优势互补、市场共建、资源流动、客源互送”的合作机制，形成红色文化传播的合力

弘扬红色文化是一项具有深远意义的社会事业。我国红色文化资源丰富，传播主体多元，但是分布不均，开发程度更是参差不齐。红色文化传播主体的优化整合，要从现状入手，以整体性思维为指导，摆脱各自为政的局面，打破长期存于不同区域、部门间的壁垒，明确政府主导，企业、社会、公民个人及大众传播多元主体参与的社会共建保护机制，构建资源共享、优势互补的红色文化传播复合体系。政府部门积极统筹，统一规划，组建工作机构，加强专业人才队伍建设，建立健全保护管理制度，完善法律法规体系，建设市场机制引导下的红色文化产业链和传播机制，以红色文化传播实践为核心，实现不同传播主体间人、财、物、科技、信息等资源的流动，以建设红色文化旅游圈、策划红色文化专题活动、打造红色文化产品生产链、开设历史第二课堂为抓手，促进各红色文化传播机构间的联系互动，与其他产业相结合，积极延伸产品链条，共同成立红色资源开发联合体，不断拓展发展空间。确立开放、动态的红色文化社会整体保护观，加强高科技和红色文化的融合创新，实现红色文化旅游资源、研究人才和信息资源、媒体人资源的优势互补，推动红色文化传播主体的“跨界”整合，着力改变“红色资源多、具体产业少”的现状，形成“吃住行游购娱”的综合性服务体系，建设红色文化资源平台，形成传播红色文化的合力。

（二）融合——把握机遇，统筹推进红色文化资源与其他旅游资源融合发展，并以纪念馆为龙头，积极打造红色旅游品牌

依托纪念馆深厚的红色文化底蕴和人文价值，红色文化故事与民俗历史文化相结合，积极拓展以纪念馆为旅游目的地的红色旅游市场。近年来，红色主题游、研学游的升温趋势明显。文化和旅游融合发展的大背景下，以文化为主题导向的文化体验游成为观众热衷的旅游产品类型。文化传播成为文化旅游产业的核心引擎，红色旅游与其他旅游资源结合才能长期发挥效益。应借鉴文旅部门和景区的宣传服务经验，将传统的被动应对变为积极引导，将红色旅游资源与自然人文资源的开发有机结合，开创复合型旅游产品，打造更具吸引力的红色景区和旅游线路。

推行“红”“绿”“古”“俗”相结合，实现优势互补，提升吸引力和知名度。坚持“红”“绿”结合，将红色旅游与生态旅游结合起来，让游客在接受革命传统、爱国主义教育的同时，欣赏祖国大好河山，形成综合性旅游产品。坚持“红”“古”结合，利用纪念馆资源，与历史文化旅游资源整合开发，模拟历史人物、历史事件发生的场景，丰富红色旅游的文化内涵，满足不同层次旅游者的需要。坚持“红”“俗”结合，拓宽红色旅游的活动范围，增加趣味性和参与性。以红色资源为核心，凸显红色旅游的教育功能，将革命精神融入红色旅游的线路设计、宣传展示和讲解体验之中，增强红色文化的影响力和感染力。

建立联系沟通机制，增进与旅游企业的联系。沟通是合作共赢的前提。纪念馆可采取设立联络部门、拨付专项资金等措施，与旅行社和景区建立良好合作关系；还可以采取召开联谊会、协调会，上门服务，邀请参加活动等多种形式，交流工作思路，增进互信了解，了解市场动向，规范运营方式，搞好服务创新。纪念馆要主动融入，积极实施“互联网+”战略，联合建设智慧文旅综合服务平台，推进游客动态监测网络建设，以智慧化手段构建完善的管理服务网络，随时掌握各景点参观预约情况，达到信息共享、动态协调的目的，与其他纪念馆和相关行业共同实现管理效能和服务水平的提升。

拓宽合作渠道，稳定客源，开发红色体验产品。沟通、联系是基础，合作、发展是目的。纪念馆要在文物保护、研究利用、宣传教育、环境建设等方面制定长期目标、科学规划和具体实施步骤，还要站在参观者的角度，开发完备配套的服务设施。可策划增强旅游者参与方面的体验性活动，联合开发历史遗迹、风光山水、民俗古镇、人文景点，提供经典丰富的文创产品，提供优质周到的服务，变单一观光型旅游产品为生态观光、休闲度假相结合的红色文化体验游。旅游企业了解观众喜欢什么、需要什么，纪念馆应邀请旅游企业参与项目开发和策划。在淡季，除了增加一些新的临时展览、特色服务，可以与旅游企业签订优惠协议，采取半价、折扣等优惠措施外，还可让利给旅游企业，吸引观众、增加红色旅游市场份额，提高纪念馆的知名度和影响力。

（三）挖掘——推动红色文化内涵的深入挖掘和创造性转化，使红色文化融入人民群众的物质和精神生活

提升展览品位，在选题创意、内容形式、展品挑选、展出手段等方面下工夫，融思想性、科学性、知识性、趣味性、艺术性为一体。纪念馆不仅能够为参观者提供真实的历史记忆，还充当着社会公众精神象征、社会价值标杆的重要职责。因此，必须从承担社会责任的角度，对纪念馆的陈列工作进行思考，发挥自身的记忆力与创造力，通过精心设计、制作，提炼出具有思想性、社会主流价值、可提升社会公众道德修养的指导性作品，推出形象生动、主题鲜明、内容丰富、形式精美、具有时代特色的陈列展览。

一是展览要经常更新。观众普遍有“求知、求新、求变、求乐”的心理，在举办陈列时可考虑适当满足观众的需求。不断完善馆内参观环境、进行展品的维护等，下功夫打造生动形象的教育题材。只有具备完善的设施，才能吸引公众前来参观，才能更好地发挥纪念馆职能。

二是展览主题要鲜明。主题与需求照应，故事与背景融合，营造传播热点，打造红色文化陈列精品。要结合展馆的特点，深入挖掘人与事所反映的文化内涵，针对当代人的心理需求，根据陈列展品和选定的素材确定展览主题，做到观点明确、科学合理、寓意深刻。

三是展览内容要生动。紧跟时代发展，不断吸引公众关注，找出具有影响力的展品，深入研究、挖掘展品的信息、历史知识和人物的事迹，认真考证，细心观察，注意积累和吸取生活养料，多思考、重提炼，制定好展览陈列大纲，设计好陈列表现方法；并通过专题研讨，发挥专家学者的特长和聪明才智，着力做到准备充分、细节完美，在不违背客观事实的基础上，展示出富有特色、人们知之较少而又感兴趣的人物的个性特征、人格魅力及与他们事业成功的内在联系等，集学术性、专业性、知识性、观赏性、趣味性于一体，努力向观众呈现一个脉络清晰、观点鲜明、史料翔实、内容丰富、形象生动的优秀展览。

四是展览形式要新颖。在注重陈列内容的发掘、精选的同时，也须注重形式的改进、提高。要精心设计展览方案，从总体布局到展品组合，从立体空间到平面设计，从灯光照明到背景色彩，从单品展现到多媒体运用等，不断创新，不断深化，不断完善，做到形式与内容相统一，历史与艺术相结合，给观众以震撼，给观众以启迪，给观众以美的享受。

五是展览手段要先进。标新立异的展览设计有助于观众领会展览的主题思想。新材料、新科技的恰当应用能更加完美地烘托展览主题，为展览主题服务。实物展品是任何图像、声音等展示手段所无法替代的，但适当利用声、光、电的最新科技和综合效果，对视频图像处理技术、场景合成技术、网络、数据库和触摸屏互动技术等进行巧妙组合运用，可以更加完善地体现展览的主题思想，深度地解剖、扩展和演绎展品，挖掘展品所蕴含的背景、意义。多媒体运用要力求技术成熟、形式设计上有新颖创意，做到技术与内容无缝融合，以强化展览信息的传播，增强展览的表现力度。可铺设多媒体设备，将文物寻找过程编写成故事，并对文物的艺术价值、历史价值进行总结归纳，以视频形式在文物周围播放。馆内外安装相应音频设备，用于播放或慷慨激昂或宁静致远的音乐，使观众进馆后不由自主地净化心灵。充分利用 VR/AR 技术，增强传播互动性，调动观众的视觉、听觉、思维以及其他感官系统，增强观众的红色文化体验。

充分发掘和整理本地区红色文化资源的革命历史、先进事迹和革命精神，使之系统化、条理化、知识化，整合成一个系统的红色资源库。

红色文化的研究水平是衡量纪念馆知名度高低的重要标准。及时组织总结、梳理、提炼、发掘红色文化的核心价值和精神实质，与时俱进地对红色文化做出现代诠释，充分发挥纪念馆存史、资政、育人、励志的价值功能。把文物作为重要的历史见证物和信息源，深入挖掘文物的内涵，让每一张照片、每一件文物与文献都有自己的故事。同时分析文物的类型，科学归类，有计划地进行研究，使人们从中受到爱国主义、历史唯物主义的教育和革命传统教育。深入发掘纪念馆的历史故事，既要反映领袖、英模人物在历史中的重要作用，更要通过普通人、普通生活的故事，揭示人民群众创造历史的真谛，使历史鲜活和丰满起来。可以邀请亲历者、知情人到馆讲解，口述他们的历史记忆，向观众讲述馆内珍藏文物背后的故事，畅谈自己的经历和所见所闻，对特殊的历史事件发表自己的看法和意见。通过亲历者的讲述，馆藏文物就不再是静态的展示，每个故事都会被赋予鲜活的生命。树立“红色经典、现代表述”的理念，积极推进红色旅游内容形式、方法手段创新，努力增强红色旅游的吸引力、感染力、影响力。深度挖掘建构内容丰富、内涵深刻、系统完整、逻辑严密的红色文化理论体系。立足于新时代中国特色社会主义实践，以社会主义核心价值观为基础，以开放的视野，对党史、国史、军史中具有教育意义的事迹、精神予以发掘提炼，赋予其新的时代内涵和现代表达形式。为青年研究者提供良好的科研支持措施，鼓励青年研究人员投入红色文化研究，以研究带动传承。深化红色文化与不同地域地理、人文深度融合，在文化互动中挖掘红色文化的差异性，打破同质化、套路化的叙事，彰显红色文化的独特魅力。在开展革命历史文化研究的基础上，明确红色文化主题形象，积极开展红色文化旅游项目研究、策划工作，精心组织策划丰富多彩、寓教于乐的红色文化旅游活动。

提高服务标准和服务质量，完善服务设施，做好文化创意产品的开发，给参观者留下美好回忆。

纪念馆是与观众零距离接触的场所，工作人员必须树立观众第一的理念，真正做到诚心、细心、尽心、耐心地开展工作，在服务过程中体现人情味，形成亲和力，提高观众的“满意度”。注重人性化服务，提高服务水平，处处为参观者着想。有的纪念馆提出“门票当请帖，参观者是亲人”，使观众在馆有亲切感、归属感，离馆有留恋感。

纪念馆应努力营造安全、清新、美观、舒适、宜人的参观环境，设置科学合理的参观路线，设置醒目的参观路线标识，方便观众参观的各种便利设施，如设置行李寄存处、服务咨询处、停车场、医务处，提供展览简介、导览器，增加免费讲解，帮助观众理解展览内容；增设残疾人通道，为残障人士、老人免费提供轮椅；开辟观众休息茶座、饮水处、盥洗室、餐厅；开设文创产品服务部，方便观众购买书籍、书签、明信片等纪念品；有条件的可以建演播厅、影视厅、文物鉴赏厅等。

研发一批集文化、历史、纪念、观赏、收藏于一体的特色旅游纪念品、工艺品，不仅是纪念馆宣传工作的需要，也能使旅游者了解当地文化风情、增进历史文化知识、感受旅游购物乐趣。需要对馆藏资源进行梳理，探寻其中符合现代社会需求的因素，充分将其运用到文化创意产品的开发中，使文创产品更加具有文化底蕴并符合时代的需求。应注重采用新科技、新原理、新材料、新结构、新造型、新方式，根据观众的不同需要，做到品种多样，经济实用，价格合理，包装精美，便于携带，有本地、本馆特色。特别是那些纪念馆的珍贵历史藏品的复制品、仿制品和衍生品，往往凝聚了源远流长的文化和工艺美学的精华，包含着丰富而深刻的人文意蕴和艺术精华，因而备受观众喜爱。文化创意产品的开发，单凭一馆之力，在人力、物力、智力上都是有限的，积极引导社会力量参与，加强馆际合作，不仅有利于优秀文化资源实现传承、传播和共享，也能更好地提升文创产品的品质，使参观者从听、玩、看、购到互动体验，全方面地感受文化旅游和休闲的魅力，使观众获得高尚文化的享受和宾至如归的感觉。

（四）传播——铭记初心，贴近现实，创新手段，探索多种渠道提高红色文化传播效果

扩大传播范围，加强媒体宣传运作，增加宣传力度。

融媒体时代的到来，触发了文化传播语境的全方位变革：技术多元共存，人们交互加强，文化传播“即时性”特点强化；平台多样生长，网络综艺涌现，文化产品更迭速度加快；外国文化入侵严重，本土文化面临着“失语化”的威胁。变革冲击之下，纪念馆人必须加快提高自己的红色文化传播能力，贯彻融合思维，提升综合素养，才能在全新的融媒环境中扎稳脚跟，做好表率，坚守阵地，实现红色文化传播的价值，更好地弘扬社会主义主流文化。

随着自媒体、互联网的迅速发展，纪念馆传统的传播渠道已不能适应时代发展的要求，尤其是年轻人大多从电脑、手机上获取信息，对广播电视关注较少。纪念馆应当增加红色文化传播的形式和内容，创新传播模式，提升红色文化传播的效果。纪念馆作为服务提供者、对外开放的窗口单位，要从实际出发，精炼讲解语言，丰富红色传播内容，尽可能地运用多方位的手段再现历史，积极调动参观者的积极性和求知欲。结合现代新媒体的传播技术，健全完善纪念馆功能，明确馆区传播公示主题和纪念内容。可与当地企事业单位和各类宣教实践基地合作，然后有针对性地对每个组织进行红色文化的传播。

广泛开展以青年为主体的“红色故事”演讲比赛、视频展示等活动，让青年成为活动主角，点燃年轻人传播红色文化的热情。搭建红色文化传播平台，提升公众的参与性和互动性，引导带动全媒体融合传播。针对企事业单位职工，可以注重对无私奉献精神的传播；针对青少年，可以传播英雄的个人魅力和爱国精神。以不同的载体，从不同侧面、不同角度，用不同的方式，展示革命先烈的高理想和价值追求，诠释精忠报国的传统美德和可歌可泣的民族精神，让“思想”引发参观者“深思”，让“思想”代替“说教”，让“思想”浸入“心灵”，力求润物细无声，让党员干部和观众真正明理悟道，在内心深处有所思考和触动。

充分利用新媒体手段，创新红色文化传播方式和传播形态。

近年来，微信公众号、微博和各种媒体网站等建立的客户端发展迅猛。如何利用这些新的传播渠道讲好红色文化故事，就成为当前重要课题。纪念馆可以通过建立官方网站、微信、微博、论坛、博客等，实时更新消息，加强与浏览网页的观众互动，对其自身进行宣传推广；纪念馆利用网络平台传播红色文化，可与网络社区中的认证用户，如微博中的大V用户进行合作推广，利用明星效应，提高纪念馆自身的知名度；官方微信的侧重点则是建立相应的查询目录，如在栏目导航中建立最新消息、建馆历史、主题特色等，还可以利用微信公众平台定期发布纪念馆的动态，充分利用小程序等更加便捷的方式，让人们能够充分了解纪念馆当下的最新消息以及纪念馆的详细信息；短视频平台和视频直播平台具有信息可视化、生动活泼、现场感强的优势，也可作为信息传播的重要手段。

在传播传统红色文化的过程中，还要适应青年用户的思维方式、接受习惯和信息需求，据此设计传播手段和传播策略，开发相关传播项目，打造红色文化精品，让更多年轻人理解接受革命先辈的世界观、人生观、行为观。

培养高素质的接待讲解员队伍，是纪念馆适应文旅融合发展、树立自身品牌形象的关键。

讲解员是沟通陈列展览与观众的桥梁，联系社会的纽带。随着文化旅游业的发展和观众受教育程度的提高，纪念馆讲解工作不再是简单的、机械的口语描述，更多的是对革命历史知识以及革命精神的继承与弘扬。讲解员要具备系统、全面的专业知识，同时又要对陈列的相关文物进行历史背景、陈列环境等知识的了解，还应掌握相关历史事件的发生时间、大体过程以及自身特点等内容。

提升纪念馆的讲解工作，重点要抓好讲解员的选拔、培训和服务三个环节。选拔就是把思想好、品德优、文化素养高、专业对口，具备良好公众形象、优秀的语言表达能力的毕业生、优秀青年选拔到讲解岗位上来。培训就是通过一段时间有计划和有组织的培养训练，把讲解员培养成为思想品德好、专业理论强、文明素养高、讲解娴熟有技巧的优秀讲解员。作为一名优秀的纪念馆的讲解员，不仅要有过硬的综合素质，同时还要确保讲解人员有过硬的政治素养。只有将正确的政治思想理论作为指导，才能确保讲解员作出正确的政治选择。这样才能在讲解的过程中充分调动观众的积极性，同时也有利于讲解员自身正能量的发挥。服务就是针对每一个接待服务岗位，每一个接待服务环节，直至讲解员的每一个用词用语、声音语调、手势动作等，都有严格的规定，形成体系、形成规范，以提高服务质量和服务水平，让观众高兴、观众满意。有一个甚至一批这样优秀的讲解员，就能够使每一位观众在讲解人员的服务中享受到获得知识的快乐和愉悦的心情，就能够树立纪念馆在公众中的形象，竖立良好的口碑。

不断加强内部管理，建立完善的导游讲解员管理、考核办法，并与绩效有机结合，形成争先创优的工作氛围，充分调动讲解员的工作积极性和创造性，增强队伍的责任感和使命感，规范和约束工作行为，提高为民服务的意识。精心编写讲解词，组织专家学者、研究人员和讲解员共同撰稿，反复讨论，实地试讲，综合完善。将展览陈列的主题与当地文化相结合，使讲解词更加有代入感，能引起观众的共鸣。在讲解的过程中，讲解员要针对不同年龄段观众的心理特点、知识水平和接受能力采取不同的讲解模式。对于老年人，要放慢语速，讲解词要多是老革命故事，引发老年人的记忆；针对成年人，讲解词要起到升华主题的作用，引发成年人的思考；针对儿童，则要采用充满童趣的解说词，让儿童理解革命精神。在实际传播过程中，需要注重对青少年群体的传播，并根据青少年的特征，进行合理的编排展示。

组建红色文化志愿者队伍，搭建服务社会的红色文化传播新平台。

志愿者在弥补纪念馆人力资源不足的同时，也架起了纪念馆与公众之间和谐沟通的桥梁。志愿者的工作，能使纪念馆走进公众的生活，从而更好地促进纪念馆红色文化的传播，使宣教功能得到最大限度的发挥，同时也可以为志愿者实现自我价值提供有效平台。

一是规范红色文化志愿服务管理机制，有效组织、管理志愿服务工作，提高服务效能，提升志愿服务水平。制定《红色文化志愿者管理办法》《志愿者招募办法》《志愿者操作流程》等规章制度，明确志愿者的组织管理、招募、权利义务、激励表彰等，为建立组织严密、行动统一、训练有素的志愿者队伍提供翔实可靠的准则和依据。

二是夯实志愿者队伍建设，提升红色文化志愿服务品质。加强志愿者队伍管理，健全培训机制。对志愿者进行集中业务培训和岗前督导，并定期进行考核和评议，建立个人服务档案登记表，详细记录志愿服务的基本情况，并通过对志愿者档案的详细记录、妥善保存、科学管理和有效评估，为志愿者有效开展服务提供第一手资料和研究依据。

三是完善激励机制，为文化志愿服务注入活力。注重宣传推广红色文化志愿服务工作，通过召开总结表彰大会和举办星级志愿者评选等活动，对志愿服务达到一定时间的志愿者提供志愿服务证明和奖励，形成红色文化志愿服务的良性互动长效机制。

（五）交流——与时俱进，创新方式，主动了解参观者的参观需求，创建红色文化传播的互动体系

积极开展文博系统之间相关交流业务合作，定期举办学术研讨会和工作经验交流会，共同研究问题、介绍经验、探讨发展。

馆际交流，可以促进纪念馆文化的共同繁荣，推动纪念馆事业更好、更快地发展。充分利用各馆优势资源，共享宣教成果，共同研究相关历史问题，达到互通有无、高效利用的目的。每个地区的纪念馆、博物馆都具有本地区的特色和独特的优势。努力挖掘馆藏文物资源，合理借助全国馆际交流的文物资源，相互交流促进，筑牢红色文化宣传教育品位的基石。纪念馆常设的基本陈列，有的十几年都不会改变。随着主题教育等活动的深入开展，参观革命文物重温红色经典成为广大党员干部的必修课。现有展陈已经满足不了频繁来馆的参观者的文化需求。一方面，可以利用馆藏的文物资源，打造全新的原创性临时展览，满足参观者更多的求知欲，但毕竟大多数纪念馆的藏品数量有限，而且能够适合展出的文物更少。另一方面，应充分调动全国各地纪念馆的文物资源，广泛开展馆际文物展览交流，以便于观众体验，让红色文化得到更加快速的传播。同一主题不同地域的纪念馆，应建立协作交流机制，实现资源共享。同时应加强顶层设计和对话，由各纪念馆上级主管部门牵头，会同各相关方，通过科学论证协商解决，力求达到在把握宏观革命精神的基础上，突出地域色彩，从不同的角度去阐释革命精神并加以宣传。

采用“走出去，请进来”等方式，与教育科研机构、社会组织、民间团体等建立协作关系，拓展红色文化宣传教育品牌的领域。共建联动平台，形成合力，提升红色文化传播质量。纪念馆与教育机构合作，实现纪念馆红色文化的社会传播和人才培养；与社会科学等研究部门合作，为开展社会教育活动提供支持，实现纪念馆研究水平的提升；与社会组织合作，扩大纪念馆红色文化活动的社会影响等。红色文化传播的对象广泛，不受年龄限制，面向广大群众和整个社会。与各高校合作共建教育实践基地。联合各高校和单位，形成红色文化传播共同体，充分利用自身存在的优越条件，发挥资源优势。在各种重要纪念日、寒暑假和确定发展规划、年度工作计划的时间节点，加强与高校联系，商讨教育活动方案及内容，形成系统化、常态化的合作方式。配合中小学教育，开辟第二课堂，结合教学课程，与教师一起研究制定方案，运用文物、展览开展多种教育活动，使第二课堂教学更加富有直观性、生动性和趣味性。让更多的人参与其中，多多听取参与者的建议，共建传播互动系统，优化传播效果，从而使纪念馆成为青少年接受红色教育的终身课堂，为全面培养和提高广大青少年的素质教育贡献力量。

举办巡回展览，加强与参观者的互动交流。

注意捕捉社会热点，选用群众喜闻乐见的宣传方式，有效地活跃当地文化氛围，让纪念馆始终保持常展常新的窗口形象。巡回展览可以拓展传播功能与层面，是整合馆藏资源、加强馆际交流、延伸基本陈列内容、增强纪念馆的社会影响力的一种行之有效的方法。在重大历史事件节点、纪念日等特殊日期和节假日，及时推出有针对性的主题展览，邀请军人、学生等特定社会群体参观，有针对性地展示宣传纪念馆的红色文化。针对不同群体，以多种内容形式，开展专题红色文化传播活动。观众是一个个有意识的活动主体，观看展览陈列，表面上是接受纪念馆讲解员的知识传授，实际上这一过程中双方的有效互动非常重要。讲解员在讲解过程中，通过与观众进行有效的互动，不仅可以展现讲解人员高超的讲解艺术，同时还可以通过语言交谈、眼神交流、适当问答等方式提升观众的兴趣，进而有效地调动参与的积极性，使观众对于相应的历史事件与历史人物有一个更好的了解。

总之，积极有效的传播红色文化，是新时代纪念馆事业发展的需要，是纪念馆人义不容辞的光荣使命。在全党深入开展“不忘初心、牢记使命”主题教育活动中，我们更要铭记初心，拼搏奋进，注重贴合群众需求，整合各种资源，加强宣传手段创新，探索多种渠道，提高红色文化传播效果，推动纪念馆事业的全面发展。

（焦连斌，山东省博山焦裕禄纪念馆［故居］馆员）

名人纪念馆文化旅游发展思路探讨

——以平湖市李叔同纪念馆文化旅游为例

孙心悦

提要：在文旅融合的时代背景下，名人纪念馆如何在传播文明、交流文化的同时开发旅游产品、刺激旅游消费、开拓旅游市场是值得思考的问题。文博场馆对地方旅游经济的发展有十分重要的作用。本文以平湖市李叔同纪念馆为例，通过文献资料和网络数据调查，分析了文博行业现阶段发展面临的主要问题，重点从新技术对文博场馆的发展作用，“智慧型场馆”的打造等方面讨论分析文博场馆文化旅游的新路径，基于此为博物馆（纪念馆）文化旅游健康有序发展提供参考。

关键词：“互联网＋”；文博 IP；文化旅游

在经济飞速发展的当今社会，旅游已经成为新时期人民群众美好生活中精神文化需求的重要内容。《2018 年全国旅游工作报告》统计数据显示，中国旅游产业对国民经济综合贡献和社会就业综合贡献均超过10％，高于世界平均水平。国家旅游局数据中心测算，2017—2019 年三年，我国旅游综合最终消费占同期国民经济最终消费总额的 14％。

平湖市是长三角经济带上的一个枢纽，是浙江唯一一个海、陆都与上海接壤的县级市。近年来，平湖正着力推动城市能级和功能品质全新一跃，深度融入长三角一体化发展大格局。旅游作为综合性产业，在拉动经济发展、促进社会和谐方面有着很大作用，而博物馆（纪念馆）作为文化旅游的高地具有颇高的开发价值，作为文化、旅游相融合的产物，文博场馆参观游览兼具艺术观赏、历史溯源、科学研究、教育推广等方面的价值与功能。作为平湖名人文化的传播阵地，在文旅融合的新环境下，李叔同纪念馆如何提升自身能效，找准自身定位，更好地传播名人文化，促进文化旅游发展亟待思考。本文从名人纪念馆的文化旅游发展出发，以平湖市李叔同纪念馆的文化旅游发展为例，通过对其发展问题的分析，试图为博物馆（纪念馆）文化旅游发展提供新思路。

一、平湖市李叔同纪念馆文化旅游运营现状

纪念馆依托莲花型外观成为平湖的地标性建筑，馆内设有 7 个环形展厅从书法、绘画、金石篆刻、人文教育、护生护心、精研律学等方面细致地介绍李叔同“华枝春满，天心月圆”的人生轨迹，展陈内容翔实，但在文化旅游规划和文创产品方面都还存在不足。当前纪念馆的展陈主要以展板为主，网络宣传平台多以资讯类信息播报，文化创意产品以印刷品为主，缺少个性化、代表性的产品，没有完全体现特色名人文化及馆藏文化特色。

通过大众点评、携程等网站游客对李叔同纪念馆评价的汇总整理，我们发现大众对纪念馆和叔同公园的整体评价较好，主要因为优越的地理位置、自然景观以及独特的外观造型和翔实的展陈内容。但也存在很多进步的空间。结合对纪念馆的综合分析，在“文化旅游”发展中存在的一些问题，简要归纳如下：

（一）展陈缺少互动体验

由于建馆时间较长，纪念馆展陈仍旧采用展板形式，虽内容翔实、资料丰富，但缺少互动体验。在分众化、智能化、信息化时代，人们更注重亲身体验、交流互动。来到纪念馆观展，除了常规的“用眼睛看”，人们更注重从触觉、听觉等方面，增强参与感、代入感。所以纪念馆展陈设施并不能很好地满足现代观众群，亟待加强。

（二）宣传、宣教方式过于传统

过去，纪念馆给人的形象往往是庄严、有距离感，每一次参观都因

专业的知识内容而产生隔阂。传统的纪念馆，因人工讲解服务时间有限，并不能完全拥有主动提问获得答疑解惑的机会，缺少了知识汲取的自主选择权。而现在纪念馆的主要宣教服务对象——广大中小学生、大学生及年轻人都是社交媒体的依赖型用户，他们更喜欢趣味性、互动性强、效率高的交流平台，传统的教育方式很难和他们建立良好的沟通。目前纪念馆除了提供日常讲解服务、第二课堂宣教外，在网络公众平台的建设中仅限于资讯报导和资料展示，缺少互动性，难以有效积累用户，对宣教知识缺少包装，难以激发年轻人对历史的兴趣。

（三）缺乏品牌性思维，创新性视角

在现代商业范畴里，品牌是指消费者对产品及产品系列的认知程度。而文化品牌是一种文博场馆综合品质的体现和代表，文博场馆在创品牌时基于历史，培育文化，随着品牌的做强做大，不断从低附加值向高附加值升级，向文创产品开发优势、产品质量优势、文化创新优势的高层次转变。文创产品需要文博场馆构建品牌价值，通过创意设计使自己的产品和其他场馆的产品差异化，最终获得消费者青睐和支持，进而产生购买行为。纪念馆对文创产品的开发在文化品牌的打造和文化价值的挖掘上还稍显不足，缺少“莲馆”“叔同”的内在品牌价值，文创产品还停留在纪念馆元素印刷品、随行袋等传统思维模式，缺少创新点。通用层面的文创产品与其他博物馆文创产品雷同，难以显示纪念馆独有的文化魅力和价值。

（四）文博 IP 开发程度不够，缺乏用户视角思维

李叔同纪念馆的莲花型外观、馆藏弘一大师墨宝在社会上有一定的知名度，但在纪念馆的文创开发中，价值并未最大化发挥。文创产品停留在单一层面，没有系列化产品推出，缺乏以“叔同、莲馆”以及代表性藏品为核心的种类多样、主体鲜明的系列文创产品。由于文创产品并没有售卖仅用于宣传交流，导致缺少消费者反馈，消费者满意度是文创产品设计的革新点，缺少社会化调研使得现有的文创产品缺少主题认知，难以体现独有的文化价值，产品定位难以精准化，文博 IP 在文创、宣传、旅游的发展中尚未发挥主导性作用。

二、博物馆（纪念馆）文化旅游的解决方案及策略

（一）革新展陈方式，打造智慧型场馆

在信息化革新的科技社会，博物馆展陈系统、解说系统需要接入大数据、物联网、AR、人工智能等高科技手段，让博物馆变得“智能”“活泼”，改变原来的沉重感，应在古老藏品中融入科技血液，使之焕发新生。

李叔同纪念馆临湖而建，因场地限制展厅设置在二楼，一层主体背景墙上刻有弘一大师临终前写下的“悲欣交集”四字，主题墙下方摆放着弘一大师青铜塑像。游客进入纪念馆后，会在一楼停留欣赏，因场地面积较小，长时间提供人工讲解服务会造成人群滞留，降低观赏体验感，建议在大厅增设智能机器人引导。智能机器人可以根据纪念馆的情况及游客的偏好绘制地图，规划出一条游览路线，方便游客参观游览。而机器人内置智能避障系统，能够很好地规避障碍，避免与游客发生碰撞，满足小面积场地下的游客服务需求。另外在机器人的内部设置好相关的服务数据，机器人就能回答常规咨询，为游客提供高效便捷的服务。当游客无聊或情绪激烈的时候设置“智能模式”还能够缓和气氛。

纪念馆第三展厅主要向公众展示李叔同在教育方面的成就，开篇以李叔同在浙一师任教时的小故事引入，在增强纪念馆互动式体验设计的过程中，可以通过故事性演绎的方式实现与观众的有效互动。3D全息投影技术结合了虚拟投影和实物，让观众不需要佩戴3D眼镜就可看到虚拟人物和场景，通过3D全息投影技术展示的小故事能使游客有更深入的浸沉式体验。把故事讲得生动、形象，好的故事性演绎和馆内情境的良好融合，是影响参观人群的重要因素，也是纪念馆素质提升的重要指标。

在增强文博场馆互动式体验设计的过程中，往往会通过趣味性打造的方式实现与参观者的有效互动。AR、VR技术以其虚实结合、实时交互与三维沉浸的特点，为体验者带来强烈的在场感和参与感。李叔同在日本东京成立了“春柳社”，独幕话剧《茶花女》曾引起轰动，而他男

扮女装的茶花女形象也开历史先河，运用 AR 互动技术，通过人脸识别生成独有的茶花女造型，让游客在参观游览的同时体验话剧的魅力，使之更加了解李叔同在艺术方面的成就。纪念馆的第七展厅展出了镇馆之宝十六条屏《佛说阿弥陀经》，出家后的弘一大师在镇海伏龙寺用十六个半天每半天一条屏书写完成此作品，为保持卷轴整洁他打破传统书写顺序横写佛经却依然卷面工整、弘体圆润空灵为世人所传道。AR 互动能真实地还原弘体书法的笔韵和灵魂，通过手势横向操作体验片墨不沾身的横向书写，近距离互动式欣赏领悟它的高古精妙。

科技化融入、互动性充盈的智慧型纪念馆，能调动观众口味、激发观众兴趣、延长观众游览时间、增强观众体验黏性。

（二）“互联网 + 博物馆”，延伸文化旅游

在网络高速发展的当今社会，互联网技术孕育了博物馆（纪念馆）的“新公众”。数字博物馆让现代社会人可以利用碎片化时间浏览内容，扩大文博受众群体，目标用户可以把感兴趣的移动数据通过网络分享转发扩大信息的受众面。

纪念馆的官方微信公众号创建自 2016 年，目前粉丝数 2 781，主要用于纪念馆资讯播报、在线展览和李叔同相关资料专题展示，受众为对李叔同感兴趣的研究型人群，对大众的普及率尚待提高。互联网业内人士有一个评价网络平台与用户关系质量的关键词，叫作“黏性”，也就是用户造访和使用该网络平台的频率和依赖程度，“黏性”越高，与用户的关系越好，这个关键词同样可以用作评判纪念馆移动互联网官方平台成绩好坏的标准。而优质内容是提高黏性的重要手段，内容为王，须以工匠精神做好信息内容的“生产”，面对的观众素质在不断提高，随之对纪念馆公共服务的要求也在不断提高。面对这种局面，不仅要完整解读文物的信息价值更要挖掘好文物背后的故事。而移动互联网上的内容展示形式是多种多样的，纪念馆的主要教育对象是广大的年轻群体，要站在年轻人的角度去策划和制作内容，用年轻人喜爱的措辞撰写标题和正文，制作动画、H5 形式的信息，通过第三方链接设置互动界面，让知识点简练、避免深涩冗长，就能在保证内容的优质性之外增加用户的“黏性”，扩大纪念馆的普通受众群。

李叔同纪念馆目前没有自媒体视频官网账号，但在自媒体时代，短视频的“病毒式”传播速度和受众面是纪念馆不可或缺的宣传平台。利用传媒热点、关键词与馆藏文物、文献知识相匹配能获得极高的关注度，运用自媒体软件上合拍等功能可以有效提高网友与传统文化的互动率，通过网友的创作如歌曲手势舞、COS 出镜可以激发大众对李叔同这个文化名人的兴趣，而利用官方账号进行的场馆展示，又能加深大众对纪念馆和叔同故里平湖的了解，正向传播传统文化，进而引起网友打卡旅游和深度文化旅游的兴趣。

（三）开发创新思维，发展文博 IP

IP 开发是近年来的热门话题，继动漫、影视等行业之后，文博创意产业 IP 兴起，博物馆不仅是旅游景区，自身拥有的历史底蕴、丰富的文化价值，也让博物馆成了一个值得挖掘的文化资源大 IP。文博 IP 的价值主要体现在其为行业和产品提供创意与内容来源，文创产品的开发是文博 IP 运营的一部分。通过有效的赋能，将文博元素跨界融合进行全产业链的“二次开发”是文博 IP 的开发核心。

要设计出一系列具有特色的文创产品，需要加强明星商品在互联网环境中的传播活力与存在感。在进行文创衍生产品开发时，需要注重运用媒体平台，构建具有特色的产品形象，使纪念馆的忠实粉丝能够持续地关注文创衍生产品。在文创衍生产品的开发过程中不但要抓住原型的文化精髓，还要考虑如何将产品系列化，全方位开发发挥文化的最大效用。例如，将纪念馆现有的格言文创帆布袋单品，开发成“格言别录”系列产品，设计开发格言字帖、格言铅活字印章、电子格言日历、格言拼字小程序等，使之具有标识性而区别于普通文创，而从线下到线上全系列覆盖。这让消费者在购买文创产品后，可以有延续的附加体检，在弘扬传统文化的同时，加深用户黏性，培养“资深粉丝”。

纪念馆七瓣莲花的造型使之在成为平湖地标的同时，拥有了独特的设计元素。“莲馆”系列产品的打造，在弘扬弘一大师高洁品格的同时，将莲花造型的艺术性和实用性相结合作用于商品，将文创融入现代生活，扩大文创产品的覆盖面和受众群体。另外，在文创产品的研发中要以馆藏文物为基础寻找创意点，在保持传统元素内涵的同时，结合当下潮流，开发更符合现代市场的文创产品，让文创产品拥有高雅质感的同时又不脱离生活。

（四）纪念馆品牌接入全域旅游，形成良性循环

全域旅游是产业观光旅游的全景化、全覆盖，是资源优化、空间有序、产品丰富、产业发达的科学系统旅游，要求全社会参与，全民参与旅游业。而在体验经济时代，文博场馆需要抓住游客的视觉、听觉、触觉、嗅觉、味觉，丰富体验活动，为游客制造兴奋点，从而让游客想要“留下来”。

在传统节日节庆时，李叔同纪念馆推出“成蹊课堂”，通过体验传统手工制作让参与者了解传统文化。以剪纸、装帧等艺术形式触摸历史，从而为游客提供全方位、综合性的感官体验。每年新春，纪念馆都举行知识闯关体验活动，让每位来纪念馆参观的游客都带着问题去浏览，通过浏览展厅寻找答案，最后由纪念馆工作人员答疑解难。这种由游客掌握主动权的浏览，区别于传统的讲解参观，游客通过自主思考可以更深入地了解名人文化，形成个人独有的见解。另外，纪念馆在 2019 年首次尝试定期夜间开放举办“莲馆悦读夜”。通过阅读分享沙龙的形式，邀请相关专家学者讲述李叔同的最新研究成果，为喜爱弘学的朋友提供学习交流的平台，而夜间开放大大提升了民众的参与度，让日常忙碌的上班族能利用休闲时间体验文化活动，培养了一批新的文博受众群。

作为平湖市名人文化的宣传阵地，李叔同纪念馆在弘扬名人文化的同时更应根据自身的特色、品牌和周边旅游资源良好衔接。在城市旅游线路中接入文博场馆，文博场馆是城市的名片，想要真正了解一个地方应该从文博场馆开始。来到平湖，我们不光要看平湖的瓜乡风光、东湖美景，也应该了解当地的历史、名人文化。李叔同纪念馆在平湖“西瓜灯节”期间接入“叔同”文化项目，推出“叔同杯”全国漫画大赛，吸引全国各地的漫画爱好者参赛。而作为叔同故里，“叔同”品牌的话剧节、音乐节都可以吸引优秀的创作人才参与。将文化品牌活动融入平湖特色旅游，可以为游客提供更好的参观体验，提升城市旅游的综合素质，把文博场馆打造成平湖旅游的必经地、不容错过的旅游目的地。

三、结论

文化旅游是旅游经济发展的“新常态”，名人纪念馆要认真分析自身特质、找准自身定位、树立良好的品牌形象、打造明星文旅产品、不断变革精进、提供优质服务，通过“互联网＋”找寻适合自身的推广方式，激活潜在用户。在大众新的行为模式下，根据多维度、多层面、时效性、碎片化的用户特性，从多角度、多领域、多载体、多形式、多时间节点提供优质文化产品，以满足大众日益增长的精神文化需求，促进文博事业、旅游经济良性发展。

（孙心悦，平湖市李叔同纪念馆创作研究室副主任、助理馆员）

参考文献：

［1］张彩英：《“众筹＋社群”：地方博物馆文创产品研发推广策略研究》，《沈阳故宫博物院院刊》2017 年第 1 期。

［2］国家文物局博物馆与社会文物司：《新形势下博物馆工作实践与思考》，文物出版社 2010 年版，第 74—75 页。

［3］虞虎：《让博物馆成为文旅融合的窗口》，《中国旅游报》2019 年 6 月 14 日第 3 版。

［4］万子琳：《数字媒体在博物馆展示设计中的应用——以辽阳博物馆为例》，云南艺术学院 2018 年硕士学位论文。

［5］杨扬：《浅析博物馆的互动体验式展示设计》，《文物鉴定与鉴赏》2019 年第 8 期。

［6］邵逸甫、梁馨月：《天津旅游经济发展思路研究——以天津地区博物馆文创旅游为例》，《天津经济》2019 年 5 月。

抓好文旅融合发展 描绘纪念馆“诗和远方”

——以孔繁森同志纪念馆为例浅谈文旅融合发展

高　超　程兴普　段博维

摘要：文化是实现旅游价值的灵魂和内核，旅游是实现文化价值的载体和途径，文化和旅游的融合已成为现实社会发展的必然要求。孔繁森同志纪念馆融传统教育、红色旅游、文化产业于一体，通过更加优质的接待服务，打造孔繁森这一独有的政治文化优势和红色品牌，进一步培育更加显著的城市文化竞争力和旅游经济优势，不仅为周边景区景点带来间接旅游收入和人员就业，还为聊城带来大量的人流、物流、信息流、资金流，促进了基础设施条件的改善，为促进聊城经济社会的发展注入了新的活力。

关键词：文化；旅游；红色文化；资源共享

文化是实现旅游价值的灵魂和内核，旅游是实现文化价值的载体和途径，文化和旅游的融合已成为现实社会发展的必然要求。多年来，孔繁森同志纪念馆牢牢把握红色文化旅游的主题，把纪念馆打造成弘扬孔繁森精神、传播红色文化的首选之地和感受红色文化、培育民族精神的重要阵地。作为聊城唯一一家全国红色旅游经典景区和山东省“十佳博物馆”，纪念馆已成为旅游经济发展的崭新优势、宣传推介聊城的主要窗口和重要平台，为“江北水城·运河古都”城市品牌建设和聊城红色旅游事业的发展，发挥了领跑者作用。建馆以来，已接待全国各地观众、港澳台同胞、国际友人2 100多万人次，旅游团队占参观人数的75%，按照每人间接创造旅游收入1 000元计算，为聊城带来旅游综合收入157.5亿元。不仅为周边景区景点带来间接旅游收入和人员就业，还为聊城带来大量的人流、物流、信息流、资金流，促进了聊城基础设施条件的改善，为促进聊城经济社会的发展注入了新的活力。

多条线路，串起红色文化旅游之魂

文旅融合是打造全域旅游的内生动力。如何实现由景点游向乡村游辐射、由区域游向全域游转变、由单一观光游向多元复合游拓展、由旅游产业向三次产业融合延伸，就要进一步选准突破口、找好结合点，而文旅融合正好为解决这个难题提供了最佳路径，加之聊城具有厚重的历史和红色文化资源，做好文旅结合这篇大文章可以说是天时地利、水到渠成，必将产生文化旅游业的蝶变效应、雁阵效应，为全域旅游注入新的生机和活力。

打造孔繁森红色主题旅游线。纪念馆下辖孔繁森纪念园、孔繁森故居和孔繁森事迹陈列馆。近年来，纪念馆向聊城市财政申请资金对市级重点文物保护单位孔繁森故居进行修缮，并完善街巷和整改厕所；对孔繁森纪念园进行绿化提升，使之具备接待参观的能力。下一步，着眼打造孔繁森故里红色旅游连线，将故居、陈列馆、纪念园列入国家、省市红色旅游发展规划和美丽乡村建设计划，并和省市红色旅游线路进行对接，打造红色旅游经典线路。形成孔繁森纪念馆、孔繁森纪念园、孔繁森故居、孔繁森陈列馆连成一线的局面。每年清明节和殉职纪念日，纪念馆在这些景点举办各类活动，缅怀孔繁森光辉事迹；在孔繁森故居举行“繁森小院听家风”活动，让游客深刻体验到孔繁森家风、家教、家庭中蕴含的家国情怀和思想道德力量，这已成为现场教学的一大亮点。

服务红色旅游联线。充分利用聊城革命文化、抗战文化、英模文化资源，发挥领头雁作用，整合聊城市革命烈士纪念馆、刘邓大军渡河指挥部旧址、中共中央冀鲁豫（平原）分局旧址、鲁西第一党支部纪念馆、苏村阻击战纪念馆、袁楼党支部、坡里教堂（坡里暴动旧址）、张家楼烈士陵园、鲁西北烈士陵园、六十二烈士墓、马本斋烈士陵园、范筑先纪念馆、张自忠纪念馆、曾广福纪念馆等丰富的红色旅游资源，组织邀请国内外专家并积极参与这些场馆的规划设计、陈展提升、讲解培训等工作，为打造鲁西红色文化旅游联盟创造了良好的条件。

融入全域复合型线路。作为山东省山水圣人旅游线、水浒文化旅游线、运河文化旅游线和山东西部红色旅游的重要节点，按照连点成线、连线成面的旅游规律，和光岳楼、傅斯年陈列馆、海源阁、山陕会馆、水城明珠大剧场等景点以及市内阿胶养生文化苑、黄河森林公园、景阳冈、狮子楼、天沐温泉度假村、冠州万亩梨园等旅游资源，形成吸引力强的复合型旅游线路，努力创建“红色文化养心、国宝阿胶养生、湖光水色养眼、生态农业养身”的新时代聊城特色文旅品牌。

内外兼修，让红色文化焕发新生

遵循文旅产业融合过程中的规律，加强文旅产业之间的相互学习，充分借鉴成功的经验和方法，并对方法和经验进行创新和发展，从而促进文旅产业融合发展。保证文化体验和创新观念相融合，促进红色文化健康发展，保证红色文化产业的发展和进步。

一是提高素质，让文化传播“精”起来。打造讲解精兵。着眼培养强烈的角色主体意识、相应丰富的人文素养、健康高尚的人格品质、全面的精神关怀能力的红色文化宣教骨干，全面提升讲解水平。培养创作精兵。按照敬业、乐业、精业的目标，打造学习型团队，因人而异确定培养方向和提高目标，培养全员文明健康的情趣和专长，鼓励员工结合红色文化宣传，提高业务素质艺术品位和创作能力。锻炼研究精兵。开展“300人口述孔繁森”大型访谈项目，为孔繁森事迹发生的背景、重要的情节、关键的细节找到“人证物证”，搜集到一些新闻背后和未曾见诸宣传的生动故事，发现了孔繁森研究中新的角度和线索。同时，弥补了过去在报刊文献过于注重政治性、宣传性和报道拔高、失语、失真的不足。

二是科技支撑，让社会宣教“活”起来。采用“互联网+”技术传播红色文化，是适应新时代发展的必然需求，是提高纪念馆宣教水平的必然选择。适应互联网广泛普及的发展趋势，满足网民和手机用户网上参观和检索需求，建设网上展馆和数字化平台，打造红色数字家园。在加强新闻报道、搞好馆刊编辑的同时，做好“两微一端”信息化平台与传统媒体的有效衔接与跟进配合，实现馆内新闻微信直播和即时上传，增设语音导览、扫码听讲解、电子读报机和电子图书借阅系统等，增强了观众学习的便利性，提高了观众参与度和宣教影响力。

三是完善设施，让参观游客“爽”起来。纪念馆长期坚持惠民利民理念，按照国际化标准，更新了景区导视导览系统、信息查询系统，增设旅游咨询、导游讲解、邮电服务、投诉受理、天气预报、免费 WLAN 等服务；增设观众公共休息设施、文创产品商店、自动储物柜、售卖机以及各种便民服务设施。为应对雨雪天气，景区内备有可免费借用的雨伞。在地下室和电梯内等信号较弱的地方，设置手机信号放大器，保证通话质量。设立了兼用医务室，配备了急救箱、担架及日常非处方备用的药品等。冬暖夏凉的参观环境，绿意盎然的艺术盆栽，一年四季热度不变的开水，冬季包裹着把套的门把手，洗手盆旁边的洗手液，卫生间隔断的挂钩，便池旁边的手机搁板——所有的细节，都折射出关爱的力量，我们建设了一个有人情味、有温度的纪念馆。同时，为满足特殊群体需求。取消进入展厅的多级台阶，全部改为缓和的坡道，建设无障碍步道和盲道，辟建了聊城市第一个第三卫生间，备有轮椅、拐杖及童车，最大限度地为参观者特别是为老人、孩子、残障人士提供方便。

文明共建，实现红色文化资源共享

文旅融合形在“融”，利在“合”。文旅融合必须克服“泛文化”“泛旅游”的方式，同时也要避免“八宝粥”“隔空喊话”式的融合，融合要实现社会各种资源的大融合。只有实现文化资源共享，才能适应市场对融合提出的更高要求，这样才能真正提升创新力、驱动力、生产力。孔繁森同志纪念馆充分利用自身优势，加大各项资源的利用，通过共建搭建起文旅融合发展的新平台。

一是丰富主题临展。利用各种纪念节点，适时举办各种主题性临展，强化红色文化的传播力。如纪念抗战内容的“民族壮歌——聊城市纪念抗战胜利七十周年专题展览”、纪念长征题材的“光辉的旗帜——纪念长征胜利八十周年主题展”、反映党风廉政内容的“陈云同志生平业绩展”、纪念毛泽东诞辰的“毛泽东诗词手迹墨宝展”纪念周恩来诞辰的“清风正气　浩荡恩来——周恩来家风图片展”等都被列入中共聊城市委主办的专题性纪念活动。“‘三严三实’专题教育展”“从一大到十八大图片展”成为聊城市委党校主题班次创新党课内容。同时，和有关部门单位先后联合举办了“领袖、英模、圣贤——孟庆云木刻版画人物展”“翰墨扬正气，丹青颂清风——聊城市纪委监察局廉政书画展”“聊城市庆‘五一’‘劳动之歌’职工书画展”“永远跟党走，共筑中国梦——全市人大系统纪念建党95周年书画摄影展”“荣宝斋画院名家工作室作品联展”“新现实主义水墨研究展巡展”等有较大社会影响的展览。临时展览内容多样，形式灵活，专题性强，它是对基本陈列的有效补充，同时极大地丰富了纪念馆红色文化传播的内容和形式。

二是密切展览交流。纪念馆近年来自主设计的“孔繁森生平事迹展”，在交流展出的过程中，经过不断的调整打磨，日臻成熟。同时根据中央不同时期的要求，从“人民公仆、大爱无疆”，到“为民务实清廉的楷模”“忠诚——三严三实的好干部”，再到“不忘初心、牢记使命教育的人民公仆”，展览主题、展览内容、讲述方式不断作出调整，很好地配合党中央关于各项专题教育的要求，也受到纪念馆同行的欢迎。其次，通过和上海一大会址纪念馆、陈云纪念馆、武汉中共五大纪念馆、东北烈士纪念馆、福建革命历史博物馆、平津战役纪念馆、四平战役纪念馆、平顶山惨案纪念馆等五十多家纪念馆进行交流展出，这些纪念馆也把本馆展览精品，毫无保留地奉献出来，收到良好的宣教效果。通过馆际展览交流，双方讲解、布展和管理服务水平，实现了互促共长、共同提高。《中国档案报》《中国文物报》、中国文化传媒、《聊城日报》《聊城晚报》等多家媒体以及《中国纪念馆通讯》《名人故居通讯》等业内杂志争相报道展览开展情况。

三是适应各级党组织加强党建和文明创建的要求，通过合作共建，发挥各自优势，实现资源共享。和党校共建党性教育现场教学和实践基地，开班式后所有班次的第一课是参观纪念馆，为上好这个“第一课”，编印党校培训用书《学习孔繁森精神资料汇编》，制作党性教育视频《清贫的力量》《忠诚》等。如何使展览内容不断创新是摆在面前的首要任务，“讲解 + 专题片”“讲解 + 情景党课”，是深受学员欢迎的形式。和聊城市直机关党委合作，把我馆作为新党员入党仪式的指定地点，通过奏唱国歌、国际歌、教唱誓词歌等仪式性内容，让新党员接受精神洗礼。和聊城市文明办联合举办的“告别车窗抛物、助力双创攻坚”车载爱心环保箱免费发放公益活动，对崇尚文明卫生习惯，讲究文明公德，创建文明城市产生了良好的促进作用。和聊城市妇联、宜宾赵一曼纪念馆联合举办的“巾帼英雄——赵一曼烈士光辉业绩展”，采取“展览 + 红色经典影片”方式，被聊城市直机关工委列入党日活动内容，展期延长达两个月，观众热情不减。和聊城市民委联合举办“聊城市民族团结进步教育展”，展览为期一年，被列入山东全省民族工作会议现场会内容。和河北眼科医院联合开展“为老区人民送医、送药、送光明”活动，一次送医送药就达 200 余人次。又和山东中医药大学附属医院联合开展公益活动，组织知名专家走进聊城为孔繁森家乡老党员、老干部义诊，受到广泛好评；每年的“五一”劳动节期间，与山东工程技师学院联合举办“致敬劳动者，美在繁森馆”免费美发、理发公益活动，到 2019 年已经义务理发 1 000 多人次。

文艺作品，扩大红色文化社会影响力

纪念馆旅游是一项较为专业的旅游项目，在展品解释、展示布局、商品设计等方面对管理和技术人才的要求较高。文艺宣传、文创衍生是提升旅游发展质量的两个重要抓手，要丰富文艺创作，实体书籍和科技创新相结合，扩大社会影响力。要注重文创产品开发，汲取和融入文物文化元素，开发丰富的观众观览体验活动，以文物为原型，设计不同款式的旅游商品、纪念品、鉴赏品等，在确保公益目标、保护好国家文物的前提下，依托馆藏资源，采取合作、授权、独立开发等方式开发休闲旅游产品和文化创意产品。

一是积极开展文学创作。纪念馆年轻职工编写的学习孔繁森事迹材料已经成为聊城市委党校各主体班次来馆现场教学的教材，编写的青少年读本《孔繁森》已由中央文献出版社出版；编写的《美丽中国行·孔繁森纪念馆篇》即将由中国旅游出版社出版发行；编印的《为民务实清廉——孔繁森》《高原上的追寻》《忠诚》等画刊，也相继面世。创作的文学、摄影作品在省以上征文（征稿）中获奖。创作的《一个地委书记在北京的午餐》《一个山东男儿的阿里之恋》《娃娃的抗战》《事情均发生在长征以后》等文学作品先后在省以上报纸杂志发表并获奖。

二是通过拍摄专题片、微电影等视频宣传资料，全面提升宣教效果。为弘扬红色文化，先后制作专题片《为民务实的楷模》《“三严三实”的好干部——孔繁森》《传承》，拍摄了微电影《是风》《遇见》《信封》等。其中《遇见》以第一名的好成绩获得网络人气奖，《信封》获得全国比赛铜奖。

三是积极开发文创产品。创意为王的时代，新颖奇特、创意十足、鲜活可爱、实用性强的旅游商品能够极大地提高其产品附加值，备受游客青睐和追捧。纪念馆先后举办广告语征集和文创产品设计大赛，征集了多项具有时代特征的广告语和设计方案，开发出包括笔记本、搪瓷缸、手机环、优盘等多种文创产品，大大提升了纪念馆知名度和品牌影响力。

博物馆旅游通过文化遗产的展示和参与性体验，可以创造愉悦的文化遗产教育和传播体验，是游学而不是游乐，是提供高质量文化旅游服务的重要抓手，也是探索新时代文化遗产保护和利用融合模式的积极示范窗口。[1]未来，孔繁森同志纪念馆将建成融传统教育、红色旅游、文

---

［1］ 虞虎：《让博物馆成为文旅融合的窗口》，《中国旅游报》2019 年 6 月 14 日第 3 版。

化产业于一体的大型红色文化教育场所，通过更加优质的接待服务，把孔繁森这一独有的政治文化优势和红色品牌，进一步培育为更加显著的城市文化竞争力和旅游经济优势。

（高超，孔繁森同志纪念馆文员）

（程兴普，孔繁森同志纪念馆副馆长）

（段博维，孔繁森同志纪念馆办公室主任）

突出重点内容　科学规划展线促进博物馆旅游发展

王克松

摘要：随着生活水平的不断提高，旅游逐渐成为人们的一种生活方式。博物馆要分析游客需求，创新展陈设计，突出重点，科学规划展线，开展互动体验，作好旅游文化产品设计，使陈列展览成为吸引人们旅游的文创产品，满足游客旅游纪念品的需求，推进博物馆成为旅游目的地，更好地满足人们精神文化和物质文化生活新期待，助推旅游业发展。

关键词：重点内容；展线；陈列；博物馆旅游

随着经济社会的发展，人们到博物馆旅游，寻探文化神秘之源，拓宽视野广角。博物馆要积极创新，培育新型文化业态和文化消费模式，推动博物馆展陈设计与旅游接轨，将博物馆建设成旅游目的地，将博物馆展览陈列设计成高品位旅游产品，更好地满足人民精神文化和物质文化生活，以高质量文化供给增强人们的文化获得感、幸福感。

一、认识旅游、了解游客，是做好博物馆陈列设计为旅游服务的前提

长期以来，黔南布依族苗族自治州民族博物馆主要将到博物馆参观展览的人视为观众，并按照教育程度、知识结构、年龄结构等进行统计分析，很少将观众作为游客科学、规范、系统地分析，难以全面地了解

展览对游客产生的宣传效果和游客对展览的需求。分析博物馆陈列展览在旅游中的影响力和吸引力，就需要对游客的组成结构、旅游动机、旅游需求等进行研究，推出适应旅游需要的陈列产品，促进博物馆与旅游业双赢发展。

博物馆旅游，即游客离开住所，以步行或者借助各种交通工具行进到博物馆旅游目的地，开展观赏环境风景、陈列展览、文物及资料，进行修学研究、提升修养、互动娱乐、休闲养身等活动，达到知识填充，满足猎奇心理，实现精神放松的各种旅游活动总称。关于旅游，《现代汉语词典》称旅游是“人们出于日常上班工作以外的任何原因，离开其居住的地区，到某个或某些地方旅行和活动”。著名经济学家于光远先生认为“‘旅游是现代社会中居民的一种短期性的特殊生活方式，这种生活方式的特点是异地性、业余性和享受性。’……因此旅游的基本内容是‘观光旅游’（包括旅游自然风光、名胜古迹、社会风情、艺术馆、博物馆等等）和休息、娱乐及健身旅游”。[1]这说明旅游包括了博物馆旅游。霍乐（Hall，E.J）认为：“旅游：人们主要为娱乐和消遣，离开平日居住地外出24小时以上的旅行。”[2]1995年，世界旅游组织重新修订旅游的定义：旅游是“人们为了休闲、商务和其他目的，离开他们惯常的环境，到某些地方去以及在那些地方停留的活动”，并确定这种在外地的暂时停留“不超过一年”，同时“访问的主要目的不应是通过所从事的活动从访问地获取报酬”。[3]唐友波等人从文化学的角度认为：“旅游是人们为了寻求文化差异所进行的一种暂时性文化空间跨越的行为和过程，以及由此引起的社会行为、关系和影响的总和。”[4]因此，

---

［1］于光远：《旅游是现代人的特殊生活方式》，《世界经济导报》1985年11月25日C4版。

［2］［美］霍乐（Hall，E.J）：《旅游》，徐康宁、徐静之译，中国对外经济贸易出版社1988年版，第11页。

［3］陈来生：《我国旅游学若干基础理论问题的研究状况》，《学术月刊》2003年12月。

［4］唐友波等：《旅游文化学发凡——一个文化学的视野》，《上海大学学报》1991年第4期。

旅游是人们通过步行或乘车、飞机、轮船等行进手段到达旅游目的地开展游览、观光、休闲娱乐等活动。它包括出游的目的、旅行的距离和逗留的时间等。从中可看出，旅游包括了到博物馆进行的旅游活动。随着经济社会的发展，人们物质生活不断提高，对文化的需求日益强烈，到博物馆旅游的愿望与日俱增，博物馆也不断调整办馆思路，进一步探索博物馆与旅游结合，适应时代发展新路径。“从目前的文献搜索情况来看，国内真正意义上对博物馆旅游的关注开始于 20 世纪 90 年代末期，学者们开始探讨博物馆应与旅游业融合这样能获得更好的效益，张广瑞最早提出博物馆应与旅游业携手，以求得更好的发展，之后博物馆旅游研究越来越受到学者关注。”[1]2007 年 8 月 24 日世界博物馆协会通过的《国际博物馆协会章程》明确：“博物馆是一个为社会及其发展服务的、非营利的永久性机构，并向大众开放。它为研究、教育、欣赏之目的征集、保护、研究、传播并展出人类及人类环境的物证。”这提出了博物馆教育欣赏功能，突出博物馆观赏价值，将博物馆与旅游更加紧密结合。2009 年国际博物馆的口号是“博物馆与旅游”，预示以博物馆促进旅游发展。2015 年 3 月 20 日起施行的《博物馆条例》明确：“博物馆，是指以教育、研究和欣赏为目的，收藏、保护并向公众展示人类活动和自然环境的见证物，经登记管理机关依法登记的非营利组织。”这说明博物馆是旅游时游览的地方。[2]江西省博物馆龚煜认为（博物馆旅游）“包括博物馆、美术馆、科技馆、遗址公园、故居纪念馆、展览馆等具有公益性的文化机构旅游，还应包含通过博物馆旅游衍生的文化产品，包含书籍、高仿真文物纪念品等，提供给游客方便收藏留念。整体上看博物馆旅游体验可以达到提高修养的目的”。[3]《国务院办公厅关于促进全域旅游发展的指导意见》指出：“科学利用传统村落、文物遗迹及博物馆、纪念馆、美术馆、艺术馆、世界文化遗产、非物质文化遗

---

[1] 陈桂洪等：《国内博物馆旅游研究进展与启示》，《乐山师范学院学报》2010 年 12 月。

[2] 见《博物馆条例》。

[3] 龚煜：《刍议博物馆旅游体验文化》，《中国商论》2016 年第 36 期。

产展示馆等文化场所开展文化、文物旅游，推动剧场、演艺、游乐、动漫等产业与旅游业融合开展文化体验旅游。”[1]可见开展全域旅游，博物馆成为不可缺少的文化旅游目的地，博物馆要根据旅游目的地的要求做好展览陈列及休闲空间等旅游项目设计，营造旅游文化空间环境，助推旅游业发展。

博物馆的游客，即到博物馆旅游，观赏博物馆、博物馆展览及展品和休闲娱乐的人。关于游客的定义众说纷纭。《现代汉语词典》将其定义为“游览的人”，即为猎奇、慕名和众人一起，从客源地到其他地方参观、欣赏名胜、风景等或消遣、休闲观光。国家旅游局颁布的《旅游统计管理办法》规定：“旅游抽样调查主要包括对来华旅游的外国人、回国旅游的华侨、回内地旅游的港澳同胞、回祖国大陆旅游的台湾同胞在中国大陆消费情况及其一日游游客所占比重的抽样调查，大陆居民在国内及出境旅游情况的抽样调查，以及根据旅游业发展的需要组织实施的其他抽样调查。”[2]可见游客包括外国人、回国旅游的华侨、回内地旅游的港澳同胞、回大陆旅游的台湾同胞在中国大陆消费情况及其一日游游客等。陈来生认为：“旅游者就是为了观赏所到之处的景物、领略当地的风土人情或是因短期公私事务，而离开常住地外出旅行的人。”[3]1991年，世界旅游组织在加拿大召开了“旅游统计国际大会”，对国际旅游游客、旅游者和当日游客的定义分别为：“游客：一个人到他通常居住的国家以外的另一个国家旅行，时间不超过一年，主要目的不是为了从访问国获得经济利益。旅游者：一个游客至少一夜，最多不超过一年，主要目的不是为了从访问国获得经济效益。当日游客：一个游客在访问国停留不超过24小时并不过夜，主要目的不

[1] 国务院办公厅，《国务院办公厅关于促进全域旅游发展的指导意见》2018年3月9日，http://zwgk.mct.gov.cn/auto255/201803/t20180322_832568.html?keywords=。

[2] 国家旅游局：《旅游统计管理办法》，http://zwgk.mct.gov.cn/ceshi/fgwjxzfg1/201506/t20150610_832132.html?keywords=%E6%97%85%E6%B8%B8%E7%BB%9F%E8%AE%A1%E7%AE%A1%E7%90%86+%E5%8A%9E%E6%B3%95。

[3] 陈来生：《我国旅游学若干基础理论问题的研究状况》，《学术月刊》2003年第12期。

是为了从访问国获得经济利益。”该定义对出国游客、旅游者和当日游客的旅行时间、地点及目的进行了描述。刘金顺曾对广州南越王墓博物馆游客进行分析，“同年（1999年），南越王墓博物馆接待观众15.7万人次，其中外宾1.2万人，占7.8%；台湾同胞0.58万人，占3.6%；内地观众7.3万人，占46.5%。……南博馆作为广州市最重要历史文化景点之一，90年代以来一直是广州市旅游市场中入境游部分的重要目的地之一”。[1]许凌、史艳虹对苏州博物馆的游客进行调研，情况是：“来博物馆参观的游客年龄层次年轻化，游客年龄集中在20—40岁之间，其中21—30岁游客所占比重大。从性别上看，从女性游客占46%，男性游客占54%，男性游客略高于女性游客。从职业上看，学生占38%，占比最大，其次是企业工作人员，占28.5%，这两种人对博物馆的兴趣显然比较浓厚。从学历上看，博物馆的游客具有学历程度趋高的特点，本科及以上的占比最大，为44.75%，其次是大专学历，占40.5%，由此得知，高学历的占大多数，低学历的比较少。从客源地看，江苏省的游客占比最大，为67.5%，其中苏州本地的市民闲暇时光来参观的占比也不小（27.5%），省外城市的也占22.5%，境外的也占10%。”[2]因此，博物馆游客按客源地分为国外游客、国内外游客，省外游客、省内游客，本市（县）游客、外市（县）游客；按旅游时间驻留时间分为长期游客（或多日游客）、当日游客，按年龄分为老年游客、青年游客、少年游客、儿童游客，按性别分为男游客、女游客，按知训结构分为专家游客、学者游客、学生游客等等。不同的游客由于来自的区域、时间的长短、知识结构、年龄偏好不同，旅游目的不同，对博物馆陈列展览的要求也不同，为此，博物馆要针对不同游客的需要统筹规划、设计陈列展览，最大限度满足不同群体的游客到博物馆旅游的需要。

---

［1］刘金顺：《广州市旅游接待人数与南越王墓博物馆观众人数的分析报告》，《中国博物馆》2001年第2期。

［2］许凌、史艳虹：《苏州博物馆游客行为实证研究》，《商业经济》2014年第22期。

二、突出重点，说好故事，欣赏与娱乐结合，做好陈列设计，让展览动起来、活起来，最大限度满足游客获取知识、欣赏文化的需要

美学家郭因指出“内容美比形式美的容量大，形式美比内容美的寿命长，内容美比形式美等级高，形式美比内容美市场广”。[1]展览陈列中内容和形式设计的重要性可见一斑。

在陈列内容上考虑到大部分游客的需要与感受，把握特点、突出重点，形成品牌，夯实博物馆旅游的陈列基础。要充分突出博物馆特点和所在地域特色，做到人无我有、人有我特，避免同质，以具有区域特点、文化特征的品牌展览吸引游客。如北京故宫的皇家帝王文化，台北故宫则是皇家文化的延续加中华精品文物，上海博物馆的青铜、陶瓷、绘画、石刻文化，陕西历史博物馆黄河流域的古文化发展史，南京博物馆院的长江中下游地区的历史和民俗，湖北省博物馆的越文化，西汉南越王墓博物馆等馆，通过精心的组织来表现文物的厚重历史、多彩文化等多种信息及各馆独特的魅力与个性。

精选代表性文物（“镇馆之宝”），凸显文化精品，吸引游客关注力。我国是文明古国，代表性文物众多，几乎每个博物馆都有“镇馆之宝”，如北京故宫的北宋张择端《清明上河图》、青铜之宝酗亚方樽、宫廷之宝乾隆款金瓯永固杯、珐琅之宝掐丝珐琅缠枝莲纹象耳炉，中国国家博物馆的新石器时期仰韶文化代表之彩绘鹳鱼石斧图陶缸、红山玉龙、后母戊鼎、四羊方尊，上海博物馆的雍正粉彩福寿橄榄瓶（清）、王羲之《上虞贴》、大克鼎、子仲姜盘（春秋），秦始皇兵马俑博物馆的兵马俑，湖北省博物馆的越王勾践剑、曾侯乙编钟，湖南省博物馆的大禾人面纹方鼎，台北故宫的玉白菜、毛公鼎、散氏盘、清朝翠玉白菜等，精品文物大多汇集于此，宝贝繁多，琳琅满目，游客在短时间内看不过来。在展出时一是作好代表性文物的选择，二是围绕这些文物说好

[1] 郭因：《艺廊思絮》，《当代》1980 年 1 月。

文物来龙去脉、制作工艺、文化沉积等故事，让游客通过欣赏其精湛技艺和完美器物，根据眼前的文物想象其生产、使用场景，理解历史，解读心中的疑云和好奇。

选择多用途灵活化的陈列形式，增强艺术效果，讲好文物故事，展示出博物馆的优质展品。以独具本区域特色、视觉冲击陈列展览吸引游客眼球，给他们带来全新的感受、提供历史文化启迪和休闲娱乐的场所，使他们到访旅游。对于重点代表性文物或镇馆之宝应放置于突出区域，浓墨重彩，辅以运用声、光、电等现代科技和多媒体、虚拟技术，结合实物，构成表现文物的活态场景，让游客追寻历史的足迹。或开辟独立空间，辅助背景进行单独展示，使这些文物脱颖而出，既给游客足够的时间，又能给游客留下深刻记忆。2015 年我到台北故宫博物馆翠玉白菜展和“东坡肉”展独立展厅旅游参观，围绕展品缓行一周，伴随娓娓动听的故事解说，令人记忆犹新。

依据游客驻留博物馆和展厅的时间、生理和心理特征规划优化展线。博物馆按展览规模分大型展览、中型展览、小型展览或微型展览。展线设计隶属于空间设计范畴，设计师要做到主题鲜明、流线清晰，设计不同展览线路，使游客在舒心的展线空间和有效时间内按照自己的需求欣赏和了解展览。“‘展线’是由展览空间中无数个元素点串联起来的无形线，其整体设置是否合理直接影响着整个展览的呈现效果。‘展线’是指展览中观众参观的动向流线，首先保证空间的流动性和节奏是关键。人在空间展线中参观时处于运动的状态，是在运动中体验并获得最终的空间感受的。”[1]“做展线设计要分配好几个部分空间关系的平衡，不应该出现头重脚轻的问题，要根据主次适当调整每个部分的比重关系，这是一个优秀的设计师应具备的业务素质。”[2]不同的游客对展览有不同的需要，学者型游客注重所研究领域的知识获取，普通游客仅仅

---

[1] 李亦奕、高素娜、冯智军：《如何合理设置美术馆展线》，《中国文化报》2016 年 5 月 22 日第 3 版。

[2] 袁启明：《关于“茜茜公主与匈牙利：17—19 世纪匈牙利贵族生活”展陈设计的一些思考——兼论展览风格、空间展线与柜内设计的关系》，《文物鉴定与鉴赏》，2018 年 4 月。

是猎奇的满足，学生是各种知识的补充，本地游客时间较充裕，旅行社的游客有时间规定，外地游客的时间有限。又如大型展览和中型展览内容优博，精品文物琳琅满目，在短时间内难以面面俱到，需要对不同的游客规划不同的线路：掌握好整个展览的展线主次关系，驻留时间长，可以浏览整个展览的整体线路、驻留时间短的精品线路和驻留时间非常短的超精品路线等，安排重点与普通，高潮与平铺，并将路线及各条线路大约需要的时间、可浏览内容、知识点等告知导游和游客，使导游和游客心中有数，安排好旅游时间。对于小型展览和微展览，展品既要考虑游客观展的舒适性，又要考虑展览疏密、宽窄、节奏等空间容量，保障线路流畅，游客分流，避免游客蜂拥情况的出现。因此，博物馆的展览要从游客的角度特别是游览驻留时间规划展线，既要尽量做到简短精练，易于阅读，保证游客的距离空间、合理时间、流动空间，又要使游客在预计时间内感受、体验到博物馆陈列设计和文物艺术的魅力。

以高品位、易融入、强体验、重休闲的互动展览，实现博物馆旅游目的地的社会效益最大化。经济社会发展，生活工作节奏加快，到博物馆旅游的另一个目的是精神减压、放松心情、憩息休闲，到博物馆成为游客愉悦心情，自我调节的方式。设计打造休闲空间，成为博物馆陈列的思路之一。博物馆休闲空间是供游客观展休息和在观展过程中实现身心愉悦、体能恢复和思想放松的场所。博物馆在本土资源基础上，应精准把握旅游目的地的文化内涵，深入挖掘当地文化资源中可开发的项目，针对能够吸引游客青睐、产生精神享受的体验内容，在不破坏博物馆展示物文化原真性的前提下，进行二度创新设计。通过环境布置、情趣的调动，配以解读性和故事性讲解，提高获取知识的主动性和对文物展览的趣味性，使游客产生愉悦，对旅游地文化产生深刻认知，实现情感和精神的满足。

三、与时俱进，强化与互联网链接，实现游客优化观展并将展览陈列设计、文物信息带回家，形成展览、文物的持续传播力、影响力和吸引力

博物馆旅游是高级的精神享受，是在物质生活条件获得基本满足后

出现的一种追享欲求，通过旅游，游客可获得平时不易得到的知识与快乐，实现“求新、求知、求乐”。休闲活动结束不等于旅游活动的结束。随着移动互联网技术的日新月异，人们对互联网技术运用能力加强，对博物馆展览访问不再受到时间、地域的限制。展览设计应考虑游客带走的一是自己喜欢的展览和文物知识信息；二是博物馆的文创商品及信息。在展览入口、途中、出口适当位置设计二维码，在每个重点文物附近设置二维码，游客在观展过程中可利用手机等移动设备将展览 App、文物 App、展览链接等收藏，返回后，仍然可以通过手机、平板电脑、电脑等设备从网上感受，进一步了解博物馆和展品。以数字资源网络化传播和虚拟化展示为基础，建立“物”与“人”之间的实时信息交互。中央革命根据地历史博物馆在固定陈列“人民共和国从这里走来”中的重要内容和重点文物处都设计有手机、平板电脑二维码，游客手机扫码，就能通过手机听到详细语音解说，并可将解说带回去细听。“故宫（北京故宫）文创产品的塑造——让刻板的文物活起来，赋予 IP 生命。每个文物都是自带故事的 IP，让刻板的文物活起来。2013—2016 年期间，故宫博物院研发的文化创意产品累计达 1 760 种。目前，故宫博物院开发的文化创意产品达 9 170 多种。故宫的文创产品销售额也从 2013 年的 6 亿元增加到了 2016 年的 10 亿元，并一直在不断创新高。故宫博物院院长单霁翔认为，博物馆‘不以盈利为目的’不等于‘不能盈利’。”[1] “2017 年 12 月在广州举办的第三届广州国际文物博物馆版权博览会上，全国近百家博物馆的精品文创产品齐聚广州：有故宫博物院新开发的‘千里江山图’主题系列文创产品及‘朕的心意’点心、‘妃常暖’姜茶文创食品，中国国家博物馆的陆羽白瓷工夫茶具、青铜犀尊卡通卡套及存钱罐、杏林春燕纯银项链、胸针、手镯首饰套装，上海博物馆的‘乐游陶瓷国’文物游戏绘本、小博乐 U 盘，河南博物院新开发的新文房器度、七宗罪清心祈福除罪橡皮擦……这些文创产品琳琅满

---

[1] 旅道集团：《深度解读故宫文创走红全过程》，https://mp.weixin.qq.com/s?_biz=MzA4MzMwMzkzNA%3D%3D&idx=1&mid=2651088017&sn=406f1fa7287c8df279c0713b1683fd4e。

目，令观众大开眼界。”[1]这些文创产品的设计与开发助推了博物馆旅游的发展。

总结

博物馆展览设计要适应现代博物馆旅游的发展，分析游客旅游兴趣爱好、年龄偏好、旅游心理，突出镇馆重点文物，讲好文物故事，规划合理展线，加入适当互动体验，让游客将展览及文创产品带回家。通过接地线游客观展，接天线的网络展览，借助互为空间的交流，博物馆旅游将井喷式发展。

（王克松，黔南布依族苗族自治州民族博物馆副研究馆员）

---

[1] 曾智峰：《新时期的博物馆——让工匠精神和智能科技相融共促》，《文物鉴定与鉴赏》2018 年第 5 期。

博物馆教育

以“最多跑一次”理念提升纪念馆的社会教育功能

——以绍兴鲁迅纪念馆为例

周玉儿

摘要：“最多跑一次”改革是以习近平新时代中国特色社会主义思想为指引，其出发点和落脚点是不断满足人民对美好生活的需要。在纪念馆，“最多跑一次”改革并不是单纯的只让观众跑一次，而是在服务理念上，深化以观众为中心的服务宗旨，从各个角度为观众提供优质服务，满足观众进博物馆的教育、研究、欣赏的需求。本文以绍兴鲁迅纪念馆为例，从升级社会教育特色课程、增加社会教育体验感受、丰富社会教育展陈内容、打造社会教育国际风范、提升社会教育研究成果、强化社会教育宣讲队伍五方面进行探索研究，可为其他纪念馆、博物馆提升社会教育提供借鉴。

关键词：“最多跑一次”改革；纪念馆；社会教育

在2007年8月24日，国际博物馆协会于奥地利维也纳召开的会员大会上通过《国际博物馆协会章程》，对博物馆的定义进行修订，修改后的定义为：“博物馆是一个为社会及其发展服务的、向公众开放的非营利性常设机构，为教育、研究、欣赏的目的征集、保护、研究、传播并展出人类及人类环境的物质与非物质遗产。”新定义将教育调整到博物馆业务的首位，取代了多年将研究置于首位的表述，反映了国际博物馆近年来对博物馆教育功能的强调。同时，上海博物馆陈燮君馆长在国际博协第二十二届大会上的主旨报告中指出，英国博物馆美术馆中研究人员的比重已经从 20 世纪 60 年代的 40%降低到 90 年代的 12%。这种降低并不是意味着研究人员数量的减少，而是增加了非研究领域人员，注重从社会需求出发，来完善博物馆的功能[1]。而以习近平新时代中国特色社会主义思想为指引“最多跑一次”改革，其出发点和落脚点是不断满足人民对美好生活的需要。2019 年起，浙江省委主要领导明确提出，要推动“最多跑一次”改革向全省纪念馆、博物馆、展览馆等一切群众有需求的地方延伸。在纪念馆，“最多跑一次”改革并不是单纯只让观众跑一次，而是在服务理念上，深化以观众为中心的服务宗旨，从各个角度为观众提供优质服务，满足观众进博物馆的教育、研究、欣赏的需求。我是鲁迅纪念馆“最多跑一次”理念优化提升项目的牵头人，在此仅以绍兴鲁迅纪念馆为例，以“最多跑一次”理念，升级社会教育特色课程、优化社会教育体验感受、丰富社会教育展陈内容、打造社会教育国际风范、提升社会教育研究成果、强化社会教育宣讲队伍六方面提出个人的看法，以期与各位同行共同探讨。

绍兴鲁迅纪念馆始建于 1953 年，是 1949 年后浙江省最早建立的纪念性人物博物馆。2002 年《历史街区保护规划》实施，鲁迅纪念馆扩容为鲁迅故里景区，核心总面积增至 28.9 公顷。2008 年 6 月起整体免费开放。鲁迅纪念馆现有全国红色旅游经典景区、全国重点文物保护单位、全国爱国主义教育示范基地、国家 5A 级旅游景区、全国研学旅游示范基地、全国中小学生研学实践教育基地等十余项国家级荣誉，在国内外享有较高知名度，每年接待游客 200 万人次，观众满意度稳居浙江省 5A 级景区前列，是绍兴古城文化的旗帜和标杆。因此，引入“最多跑一次”理念，结合“不忘初心、牢记使命”主题教育、结合“三服务”（企业、群众、基层），优化提升鲁迅纪念馆馆区品质，更好地发挥鲁迅纪念馆的号召力、辐射力，对于重塑绍兴城市文化体系，推动“最

[1] 陈燮君：《在国际博协第二十二届大会上的主旨报告》，2011 年 11 月。

多跑一次”在博物馆、纪念馆、景区延伸扩面、落地生根，让观众感受到改革的获得感，对提升绍兴鲁迅纪念馆旅游的社会教育功能、增强观众满意度具有重要意义。

一、升级社会教育特色课程

在我国中小学课本中，鲁迅的文章多达16篇，其中11篇与绍兴有关。如《从百草园到三味书屋》《故乡》《孔乙己》等，都可以在鲁迅纪念馆找到实景素材。作为全国研学游双基地，鲁迅纪念馆在“跟着课本游绍兴”“中小学生走近鲁迅主题活动”的基础上，不断推出升级版研学社会教育课，走出一条从资源到产品、从产品到品牌的发展之路。利用“最多跑一次”改革契机，纪念馆因地制宜，把课堂搬进馆区，推出了“三味书屋——鲁迅故里”特色研学课，升级版研学课程更加注重课程的知识性、趣味性和互动性，课程由“鲁迅作品展示课、历史文化体验课、三味早读情景课”三课组成。

“鲁迅作品展示课”由社教老师带领学生前往鲁迅故居、百草园参观，了解鲁迅故里风貌，感受鲁迅成长环境。重温鲁迅经典散文《从百草园到三味书屋》，在百草园寻找童年时期的乐趣。“历史文化体验课”在获“绍兴市非遗研学游实践基地”的鲁迅笔下水乡戏台看社戏，赏绍兴年俗祝福。“听三味早读”则是在新开辟的仿真“三味书屋”，穿上长衫，戴上瓜皮帽，体验一堂别具一格的“三味早读”课。和私塾老先生一起互动，参与读一读、习大字、对对子、描绣像、听故事、猜风物等活动，感受鲁迅时期的私塾文化。[1]三堂课将三味书屋作为三味书屋社会教育教室，将百草园、鲁迅笔下风情园作为社会教育实践课堂，增加“学”的分量，融入“动”的环节，实现“爱”的教育。2019年共举办特色研学课500多场，暑期最多一天达12场，课程获得浙江省青少年教育课程“十佳教育设计案例奖”、浙江省“十佳青少年教育项目”等荣誉。

---

[1] 周玉儿：《走近鲁迅2018》，西泠印社2018年版，第2—3页。

二、优化社会教育体验感受

在突出“人本”精神的“新博物馆学”理论影响下，越来越多的博物馆认识到博物馆的发展，真正和持久动力来自观众的支持，观众对博物馆的需求，是一种综合了博物馆物理和人文环境的“博物馆体验”。为拉近馆区与公众的距离，特别是青少年观众的距离，让他们在游览过程中对鲁迅及其作品有了更形象的理解。鲁迅纪念馆在“最多跑一次”改革中，撤除了经营商场，在鲁迅纪念馆展厅一楼区域，开辟鲁迅作品阅读区，增加鲁迅家训“恒训”书法习字课、“水乡社戏”乌篷船拼装课、鲁迅故里研学闯关课、鲁迅特色“藏书票”拓印课等趣味互动小课程。

为了让观众更直观了解鲁迅的儿时生活，馆区推行“活化展示”，以戏曲演员在鲁迅笔下风情园社戏舞台表演绍兴地方戏曲，在鲁迅祖居大堂前展示年终祝福仪式，在三味书屋表演鲁迅刻“早”字的情景剧等形式，让游客穿越古今、身临其境，重现鲁迅作品中的艺术形象和生活场景。同时，利用百草园、三味书屋等实景资源，推出坐着乌篷船“从百草园到三味书屋”的水上游线，感受少年鲁迅当年带着救国的梦想，独坐一苇乌篷船，一桨涟漪从绍兴划向世界的爱国情怀。在三味书屋后园、鲁迅故居桂花明堂和厨房、百草园、水乡戏台多处实景中，新添了5组11位人物卡通雕塑，这些人物雕塑都是根据鲁迅童年形象及他笔下的艺术形象制成的，向人们展示了鲁迅在三味书屋、百草园的童年时光，还有鲁迅水乡看社戏、厨房遇闰土、听奶奶讲故事的儿时快乐生活，也唤醒了人们对于鲁迅作品的一些回忆，给观众带来了美好的体验感。以深化鲁迅纪念馆晚间开放为导向，馆区推出“博物馆之夜”系列文化惠民活动，提升晚间开放灯光系统，将更多绍兴历史人文元素融入灯光设计，使鲁迅故居晚间开放成为一场光与影的艺术盛宴，取得良好的社会效益和经济效益。

三、丰富社会教育展陈内容

博物馆展陈设计形式多样，种类繁多，不仅展示着博物馆特有的生命力和收藏价值，而且展示着艺术精神的深刻展现。绍兴鲁迅纪念馆除拥有原汁原味、独一无二的鲁迅故居、三味书屋、百草园等原状陈列外，在“最多跑一次”改革中，纪念馆整体提升与之配套鲁迅生平事迹陈列厅。2003 年，重建的鲁迅生平事迹陈列厅以“老房子、新空间”为理念，建成一座仿台门式建筑。由于陈列厅入口处也是传统的院落，外面的围墙遮挡了游客的视线，降低了纪念馆的辨识度，导致很多外地游客都不知道此处。在“最多跑一次”改革中，纪念馆首先拆除外面的封闭式围墙，改建“池水映印章”景观，池中竖有 5 枚石刻“印章”雕塑，两边是鲁迅藏印“鲁迅”“周树人印”的篆刻印章，中间为“横眉冷对千夫指”“俯首甘为孺子牛”和“我以我血荐轩辕”3 枚篆刻印章。景观以池水与印章相融，让鲁迅元素和江南水乡风情交融，给人以视觉上的享受，凸显了绍兴鲁迅纪念馆的形象。

此外，鲁迅纪念馆计划采用国内人物类博物馆最新展陈设计理念，结合景观改造、动态陈展、沉浸式体验、智慧场馆等，实施建筑面积 5 000 平方米展馆的整体改版提升，把一个真实的、立体的、人之子的鲁迅展示给观众。纪念馆也拟筹建周建人纪念室，充分发掘、大力弘扬周建人先生的生平史料、主要成就、崇高风范等，使展馆成为鲁迅纪念馆的一个重要补充。同时鲁迅纪念馆将建设数字化（AI）博物馆，探索“互联网 + 文化旅游”新模式，丰富游览体验。

四、打造社会教育国际风范

博物馆国际交流和合作是我国对外文化交流活动的重要手段之一，也是展示国家形象、提高文化软实力的有效手段。国际博物馆协会在第二十二届大会《上海宣言》强调：博物馆应该在当今国际事务中扮演更重要的角色，包括作为跨文化意识及国家间合作关系的大使。的确，积极配合国家外交事务和国际间的民间交流活动，开展国际交流与合作。鲁迅先生也曾说过：“人类最好是不隔膜，相互关心，然而最平正的道路，却只有用文艺来沟通。”

自 2012 年起，绍兴鲁迅纪念馆和鲁迅文化基金会合作，启动“世界的鲁迅”工程，与世界十大文豪故里对接，举办一年一度、一年一国的“大师对话”活动，以跨时空对话开启世界文化交流之窗。2012 年和 2013 年，纪念馆分别与希腊卡赞扎基斯博物馆、丹麦欧登塞安徒生博物馆缔结为友好博物馆。2014 年与法国滨海塞纳省雨果博物馆缔结为友好博物馆，还向他们赠送鲁迅青铜雕像，首开纪念馆海外赠送鲁迅铜像先河。法国文化部还授予鲁迅故里“历史文化名屋”称号，这是此称号首次授予法国之外的纪念馆。据了解，法国文化部发起的“历史文化名屋”项目，已为法国 200 处文化遗产授牌，绍兴鲁迅纪念馆成为第 201 处历史文化名屋。2015 年，鲁迅纪念馆与俄罗斯托尔斯泰庄园博物馆缔结友好博物馆，纪念馆把“鲁迅的文学之路”流动展送到俄罗斯，也迎来“大师的容颜——列夫·托尔斯泰影像展”。之后几年，鲁迅纪念馆与印度泰戈尔、日本夏目漱石、意大利但丁、德国海涅等文豪后裔展开友好合作与交流。为认真贯彻习近平主席在联合国教科文组织总部提出“文明交流互鉴”的重要思想，在“最多跑一次”改革中，鲁迅纪念馆新辟“大师对话”主题展览，系统展示以鲁迅作为链接世界文化的符号和纽带，跨时空对话各国的文学和文化大师的活动成果，展览促进鲁迅文化走向世界，也打造了鲁迅纪念馆的国际风范。

五、提升社会教育研究成果

营造博物馆藏浓厚的学术文化氛围，才能促进博物馆内部的良性循环。近年来，绍兴鲁迅纪念馆陆续出版《绍兴鲁迅纪念馆馆藏文物精品集》《一木一石——绍兴鲁迅纪念馆建馆六十周年纪念集》《鲁迅与国学》《鲁迅与他的乡人》《鲁迅故里图文集》等 10 余部图书，在“最多跑一次”改革中，纪念馆学术工作者深化鲁迅文化与景区旅游的融合，先后参与完成了鲁迅文化产业发展、鲁迅家族、中学课本鲁迅作品、鲁迅故里作家群、鲁迅故里发展等课题研究，出版《走近鲁迅 2019》《绍兴鲁迅研究 2019》《鲁迅与绍兴》等专著。

在“最多跑一次”改革中，纪念馆开设“红色绍兴——爱国主义教育基地网上展馆”网上鲁迅纪念馆。推出了“五四潮，中国梦——鲁迅与同时期绍兴乡贤”“宋庆龄纪念展”“走近鲁迅摄影展”“赵延年木刻插图展”等精品临展。与中国美院、浙江革命烈士纪念馆联合举办“五四运动纪念展”“共产党的同路人——鲁迅”“民族魂、爱国心”青少年艺术作品展等展览。鲁迅纪念馆承办的“鲁迅‘故乡’连环影像作品展”入选年度中国文艺推介活动，被译成 10 个语种，传递到 50 个国度。“鲁迅的身影——原版照片珍藏展”，第一次把 127 张鲁迅原始生平照片集中展示，让人们看到了一个更加真实而亲切的鲁迅。

六、强化社会教育宣讲队伍

讲解是博物馆社会教育功能中最直接、最重要的手段，在博物馆发展中的作用是不可低估的。讲解员素质和讲解水平的高低，直接关系到博物馆的声誉和社会地位，培养锻炼一支思想素质好、专业能力强、具有满腔热情和历史责任感的优秀讲解队伍，关系到博物馆能否最大限度地发挥社会教育功能。鲁迅纪念馆拥有一支优秀的社教宣讲讲解员队伍，这个团队是“全国青年文明号”示范集体，浙江省“最佳讲解导览服务奖”获得者。讲解员平均年龄为 28 周岁，她们中有全国“优秀导游员”、浙江省“十佳讲解员”、浙江省“优秀讲解员”、绍兴市“金牌导游”、岗位能手。推出“最多跑一次”改革后，鲁迅纪念馆再次规范社教宣讲服务标准与人员着装，新增蓝牙无线讲解耳机，推出讲解质量跟踪卡，出台讲解员星级评定制度，在“最多跑一次”改革理念的感召下，馆区 15 000 批次宣传讲解任务，讲解满意率达到百分之百。同时，馆区整合社教宣讲服务项目，设立多处志愿讲解服务站，开展一天六场的鲁迅生平事迹志愿讲解、临展厅志愿导览等服务，并联合学校、企事业单位和社会各界的志愿服务组织，开展社教培训交流，联动打响景区志愿服务品牌。

在“最多跑一次”改革中，社教部还推出两个社教品牌，一个是“鲁迅与共产党人”主题党课，讲述了鲁迅与李大钊、宋庆龄、瞿秋白等十四个共产党人的交往，主要包括“三个一”，即寻一回文豪踪迹，让党员干部在百草园和三味书屋，重温鲁迅先生的创作历程和人生轨迹；听一段红色往事，让党员干部在研学游中聆听“鲁迅与共产党人”主题党课，讲述鲁迅与陈独秀、许广平、陈延年、左联五烈士、方志敏、陈赓、冯雪峰等的革命情谊，让党员干部了解鲁迅与共产党人的革命情谊；献一份诚挚纪念，让党员干部在鲁迅纪念馆，缅怀鲁迅先生，并向鲁迅先生敬献鲜花。另一个是“清正如镜照古今”宣讲会，宣讲团成员用“防微杜渐大禹王”“鞠躬尽瘁周恩来”“知行合一王阳明”等8个故事将绍兴名士清廉风骨娓娓道来，精彩的宣讲赢得各企业的欢迎和好评。

博物馆的社教工作是服务社会大众的，博物馆参观者如同消费者。随着经济的飞速发展，博物馆的商品消费者对博物馆所提供的社教活动这一精神文化产品的要求也在不断提高。而绍兴鲁迅纪念馆正在推行的“最多跑一次”改革的目的，就是针对鲁迅纪念馆细节不够精、配套不够全、体验不够深等现状，按照“最多跑一次”改革的理念，坚持问题导向、需求导向、效果导向，围绕博物馆观众“一件事”，通过实施延伸拓展、智慧畅游、服务升级、要素提质、文化朝圣“五大工程”，不断提升鲁迅纪念馆社教服务质量、增强观众获得感和满意度，将鲁迅纪念馆打造成为最具绍兴味、文化味、国际味的古城客厅。

（周玉儿，绍兴鲁迅纪念馆副研究馆员）

浅谈上海国有博物馆宣传教育工作转型

邹晏清

摘要：近年来，随着博物馆事业的不断发展、人们生活品质的提升和对于精神文化的追求，人们对于博物馆有了更高的要求和期待。在文化和旅游的融合之际，博物馆借助旅游品牌效应，挖掘特色，实现转型发展，是迫切的实际问题。对于上海的国有博物馆而言，立足自身丰富的文物藏品和富有特色的文物建筑，深入挖掘上海地域特色，打造上海文化名片，能够彰显博物馆的公益性质，提升知名度，产生良好的社会效益，从而更好地促进博物馆事业的进一步发展。

关键词：国有博物馆；宣传教育；文旅融合

博物馆具有收藏、研究、教育的三大基本功能。在很多时候，研究和收藏功能得到了业内专业人士更多的关注，这两大功能集中了博物馆行业中绝大多数的顶尖专家，而教育功能却往往被认为仅仅起到业务普及作用而重视不够。其实，博物馆的三大功能是相辅相成、不可分割的。藏品是博物馆的生存之本，科学研究是博物馆的发展源泉，而博物馆的教育是在藏品和科学研究的基础上展开的，是一个博物馆存在的重要价值体现。博物馆要“存史、资治、教化”，保存文物的目的，一个是档案般地留下历史遗存，作为证据、以供借鉴、欣赏、传承，另一个很重要的就是教育民众，提高素养，实现文化资源的社会共享。与收藏和研究不同的是，博物馆的教育功能具有广泛的群众性，是博物馆的“门面”和形象，评判博物馆教育功能是否发挥得淋漓尽致，就在于它是否能有效地使藏品及其研究成果为社会公众服务，这也是社会公众评判博物馆孰优孰劣最直观的感受。

近年来，随着人们生活品质的提升和对精神文化的追求，在国家的大力支持下，包括博物馆在内的文化行业得到长足发展，国内博物馆无论是数量还是场馆规模都成倍增长。规模的扩大，给了博物馆更多的展陈面积、更大的发挥宣传教育功能的空间，而随之带来的是人们对于博物馆，特别是其宣传教育功能更高的要求和期待。其中，特别是国有博物馆的宣教功能正面临转型发展的客观现实和实际需要。

一、宣传教育工作现状

国有博物馆的宣教工作的转型发展，虽然已有硬件设施的辅助，但更需要内在软实力的提升。目前而言，博物馆的宣教工作仍然存在一些薄弱环节，这一定程度上限制了博物馆教育效果的最终实现和博物馆自身影响力的进一步扩大。

（一）从业人员专业程度不高

国有博物馆中的宣传教育工作从业人员，由于岗位特性的原因，主要以年轻人为主。社会阅历的缺乏、学术研究程度的有限，使得在实际工作中集中表现为专业度的不够。当前有博物馆专业学习背景经历的从业人员少之又少，而宣教工作者，特别是一线工作人员，还要考虑形象、仪态、语言表达（普通话程度、外语口语）等条件，使得真正经过高校博物馆专业课程培训、从事宣传教育工作的博物馆从业人员极少。这是一方面。另一方面，在国有博物馆内部的培养体系中，针对宣教工作人员的主要是业务技能的培训，而往往忽视了专业领域的知识传授和引导。宣教工作人员对专业领域的精进，多半依靠其自身的兴趣爱好和对自己的要求标准。

（二）宣传手段单调而缺乏新意

在很多人眼中，国有博物馆是教育的殿堂、是爱国主义教育基地、是科学普及的场馆，这些当然是正确的，但也容易导致一些片面认识。比如，固有的思维将博物馆限定在了学术领域和专业层次上，使得社会公众与博物馆产生了一定的距离。在国外，博物馆是人们文化生活的一部分，就如休息日品着咖啡静静地阅读一本书一样稀松平常。要改变公众的固有思维，博物馆必须有创新的宣传手段来聚焦人们的目光。而国有博物馆对于自身的宣传力度、方式还远远不够强、不够多。国有博物馆对于自身的宣传推广主要依靠邀请媒体进行新闻报道、官方微博、微信推送等“文字+图片”的形式展开，严谨有余，活泼不够；还没有形成多层次、多角度、多方位、有特色、有新意的宣传。

（三）宣教活动受众面狭窄而单一

博物馆主要立足于中小学生群体的兴趣爱好，面向低年龄段的社会群体开展宣教活动。教育活动开展较好、体量较大的博物馆，一般会在寒暑假开设与国学、文物有关的教育课堂、研学课程，而中小型博物馆则将多个单项活动组合成为寒暑假系列活动，亲子活动则是各家博物馆永恒的主题。在面向学生的主题教育活动如火如荼地开展的同时，另一群人却几乎被完全遗忘。据新华网报道，截至 2017 年底，上海老年人口比例已达 33.2%，约占户籍人口的 1/3。面对比重如此之大的老年人口，博物馆尚没有足够多的设计又针对性的活动项目，一年中仅有的一些进社区做讲座的简易宣教活动，却往往一票难求。

二、宣教工作的发展趋势

近年来，随着博物馆事业的蓬勃发展，博物馆教育功能的定义越来越广阔，宣教的形式越来越丰富，其中运用的技术手段也在不断推陈出新。国有博物馆在纷繁复杂的社会变迁中，必须紧跟时代步伐，把握宣教工作发展趋势，满足更多受众人群的需求，以设计出人们喜闻乐见的宣教活动。

（一）宣教内容扩充

博物馆发展至今，其教育功能囊括的内容早已突破传统意义上的简单办展和讲解。一方面，从观众角度来看，人们希望摆脱看着橱窗内静置的文物以及照本宣科式的说教，期待更近距离地观察最真实的文物，通过将文物以通俗易懂的宣教方式进行演绎，将人们动态的感知与静态文物形成良性互动，聆听甚至自己探究文物背后的精彩故事。以上海鲁迅故居为例，里面依据鲁迅夫人许广平的回忆，原汁原味地还原了鲁迅生前的生活状态，故居内陈设的物件也以文物为主。考虑到鲁迅故居位于居民区内、参观区域狭小，同时为了保护文物、提升观众的参观体验，鲁迅故居的参观每 20 分钟一批观众，每批观众上限 10 人，均有专业讲解员全程导览。短短十几分钟的参观，以物叙事、以事睹人，往往在参观结束后，观众意犹未尽。近年来，上海鲁迅故居参观人流成倍增长，每年参观人流均创历史新高。另一方面，博物馆在设计宣教活动时，越来越注重依托大数据的分析，摆脱以往背稿式的简单讲解，而力求打造符合观众需求、个性化、互动性强的寓教于乐式品牌宣教项目，以求提供良好的宣教服务。

（二）宣教形式丰富

随着信息时代的到来，人们越来越追求让文物“活起来”，形式多样的教育活动项目涵盖了博物馆的日常开放工作。在展陈设计中，博物馆注重根据展陈内容，打造沉浸式的参观环境，让观众有身临其境的切身体验。博物馆还努力将教育阵地拓展到社区、学校、企事业单位等，通过巡展、巡演、巡讲等形式，拓展社会教育“第二课堂”。近年来，随着文化与旅游的结合、文化与商业的融合，涌现出一批优秀的跨界合作形式的陈列展览。例如上海浦东国际机场、上海东方明珠电视塔、上海环球港购物综合体等，都会定期举办文博系列展览。今后，类似这种跨界交流的双赢模式还将作为成功案例继续推广。

（三）宣教手段多样

近年来，随着新媒体的崛起，网上办展、官方微博、微信甚至小视频等，都成为宣传博物馆、为社会公众提供教育互动的平台和阵地。随着文化创意领域的崛起，古旧的文物衍生出新颖的文化创意产品，人们不仅在博物馆看展、参加教育活动，更期待能把文物“带回家”。文创开发为博物馆教育功能和阵地的拓展提供了一条新的思路和方法。

三、上海国有博物馆宣教工作的转型发展

上海是一座具有光荣革命传统的城市、一座拥有历史文化底蕴的城市，上海的城市血脉中融合了红色文化、海派文化和江南文化的元素，“海纳百川、追求卓越、开明睿智、大气谦和”的城市精神赋予了上海文化发展新的内涵。借着文化和旅游融合的契机，面对博物馆事业的蓬勃发展和信息传播方式的不断更新，上海的国有博物馆宣传教育工作转型刻不容缓。现阶段，上海国有博物馆宣教工作的转型应该是在文物保护单位建筑本身、馆藏资源和研究成果基础上，立足上海地方特色、国有博物馆原有教育优势，结合旅游行业特质和特点，取长补短，深度融合。

(一) 宣教人员的素养提高

这里指的“素养”是全方面的。国有博物馆讲解员在讲解过程中主要体现博物馆的“教育”功能，博物馆的定位和从业人员学历知识结构决定了这“教育”相对“正统”；而旅游行业从业人员则参差不齐，导游在介绍景点时，为了“博眼球”，讲解词中常带有“戏说”和“戏谑”。两者看似不相融，实则不然。教者，师也。要能成为观众的“老师”，要求宣教人员能根据观众的举止言谈，迅速判断观众的层次、掌握观众的心理，然后才能以观众喜闻乐见的方式，向观众传递他们听得懂的信息。而在实践中，宣教人员要求掌握讲解、编辑、研究、联络、协调等多项技能，要对馆内陈列、展品、文物、馆史，甚至展陈形式、馆舍样式等都有全面掌握。这就要求上海的国有博物馆在对于年轻的宣教从业人员培养过程中，除了仪态、语言、讲解基本内容的技能训练外，更应该让其充分体验，甚至通过集体业务项目参与馆内业务活动，例如陈列大纲的编撰思路、馆藏文物的来历、征集背后的故事、上海文化风俗的研究等，知其然且知其所以然。只有对馆藏的“物”有充分了解，才能在宣教工作中“文”思汹涌、脱口成章，才能设计出立足馆藏、依托文物、贴近陈列、源于书本、适于社会、高于生活的教育活动。具有坚定的政治意识和底线意识，充分结合馆藏和博物馆特点，具有一定的知识拓展面，能设计出针对不同年龄结构、不同层次人群、不

同行业特点的讲解词和教育活动，是对于当下一名上海国有博物馆宣教从业人员的基本要求。

（二）宣传手段的与时俱进

新媒体的异军突起，使得曾经人人都可以成为信息发布者的奢望成为现实。而博物馆本身，特别是上海的国有博物馆，应该走出“围城”，勇于宣传自己，主动发声。例如上海博物馆馆长新展导览线上直播、故宫“紫禁城上元之夜”灯光秀视频直播等，以互联网线上直播形式开展的宣传活动，赚足了观众的眼球。虽然从专业角度来看，网上直播的效果远没有现场观展来得身临其境，但其博物馆的广告效益却是实实在在的，比线下参观人流百倍甚至千倍的网上观众所起到的口口相传的传播效应也是有目共睹的。博物馆在宣传自己的时候，更应掌握当下社会热点以及人们的心理，在不庸俗的前提下，勇于“蹭热度”，以亲民的“话题”为切入点，围绕馆藏文物，以更符合时代特点、更易被人们接受的方式潜移默化地吸引参观者。此外，近年来，文创产品的开发成为直播之外博物馆宣传自己的另一有效手段。故宫文创闻名遐迩，虽然其制作工艺尚有提升空间，但其设计具有“帝都”特点、皇宫中人物亲切的形象、颇为接地气的文言文“摘录”以及亲民的价格，都成了故宫文创产品畅销的重要原因。故宫文创线上线下同时销售、文创产品主动拓展至商业圈、进行跨界合作等形式，让人们感觉身处“宫”中，做到了不坐飞机游故宫。伴随而来的，是故宫的知名度节节攀升。相对而言，上海的国有博物馆文化创意开发还有很大的提升空间。以上海鲁迅纪念馆为例，鲁迅不仅是一名文学家，更是一名收藏家、版画家和设计师，他生命的最后近十年是在上海度过的；而上海鲁迅纪念馆馆舍曾入选中国文物学会、中国建筑学会联合评选出的“中国20世纪建筑遗产名录”，上海鲁迅故居又是具有时代特点的上海新式里弄建筑。文化创意开发过程中，可以将鲁迅作为新民主主义革命的先锋与上海的红色文化相融合，将鲁迅在上海的文学创作、生活点滴与上海的海派文化相结合，将鲁迅作为绍兴人的生活习俗与上海的江南文化加以综合，深入挖掘和提炼其创作作品和收藏作品中蕴含的文化元素，立足馆藏精品和馆舍建筑特色，结合当下流行元素，尝试跨界交流与合作，开发具有上海文化特色和旅游品牌的文创产品。

（三）教育项目的多元整合

教育项目的创新，可以从内容和形式上来实现。从宣教内容来看，上海的国有博物馆可以将原有的独立单一的宣教项目进行重新整合，围绕某一个特定的主旨开展活动，将博物馆的教育功能与旅游行业的休闲功能相结合。例如，结合博物馆的某一特别展览，开展讲座、特别讲解、文创开发，甚至夏令营、演出等系列活动，立足博物馆、拓展旅游特色，宣传上海传统文化，这样既可避免宣教活动与博物馆主要业务活动关联度低的“两张皮”现象，又能有效助推展览、学术业务等活动的深入开展，使之产生叠加效应。而从宣教形式来看，依然可以借助文旅融合的契机，进行发散性的拓展活动。上海国有博物馆可以从自身特色出发，设计特色旅游线路，将观众以博物馆内的展览、展品元素作为“原点”，在深入解读展览内容的同时，用一天甚至更短的时间，在一定区域内寻找与展览内容有关的人物或信息，由此及彼，由点到面，将博物馆的展览与传播红色文化、海派文化、江南文化相结合，以文促旅，以旅彰文，更好地发挥博物馆的社会教育作用。以上海鲁迅纪念馆为例，可以分别设计以鲁迅为背景的“电影+景点”等特色旅游路线和教育项目，以不同元素、不同形式、不同内容针对不同需求的观众，提升宣教品牌。

立足国有博物馆丰富的文物藏品和富有特色的文物建筑本身，借助上海旅游品牌效益，深入挖掘上海地域特色，打造上海文化名片，不仅可彰显博物馆的公益性质，相应提升博物馆的知名度，也可产生良好的社会效益，从而更好地促进博物馆主要业务工作的开展。

（邹晏清，上海鲁迅纪念馆馆员）

新时代抗战博物馆青年的职责与担当

——以抗战博物馆为例

黄春锋

摘要：当前，随着中国社会经济的快速发展，博物馆事业的建设与发展受到国家及社会各界的普遍关注与高度重视。抗战博物馆是抗日战争文物收藏、抗战历史研究及抗战精神的弘扬的重要机构。在实现中华民族伟大复兴中国梦的历史进程中，需要不断汲取包括抗战历史在内的历史经验教训，来激励民族精神，激发民族斗志。青年是抗战博物馆的生力军，也是抗战博物馆建设发展的主力与发展的未来，青年在抗战博物馆建设发展中大有可为。

关键词：新时代；博物馆；抗战类；青年；职责；使命

新时代，以现实中华民族伟大复兴中国梦为奋斗目标，博物馆在这一伟大历史进程中承担着自身特有的职责与使命。博物馆是人类文明的保存者与维护者，在人类社会演变及人们的日常生活中扮演着重要角色。“博物馆是保护和传承人类文明的重要殿堂，是连接过去、现在、未来的桥梁，在促进世界文明交流互鉴方面具有特殊作用。中国博物馆事业已有一百多年历史。近年来，中国各类博物馆在场馆设施建设、藏品保护研究、陈列展示和免费开放、满足民众需求、推动中外文化交流等方面不断取得进展。中国各类博物馆不仅是中国历史的保存者和记录者，也是当代中国人民为实现中华民族伟大复兴的中国梦而奋斗的见证者和参与者。”[1]

抗日战争是自1840年鸦片战争以来，中国人民第一次取得完全胜利的反侵略战争。“中国人民抗日战争和世界反法西斯战争，是正义和邪恶、光明和黑暗、进步和反动的大决战。面对侵略者，中华儿女不屈不挠、浴血奋战，彻底打败了日本军国主义侵略者，捍卫了中华民族5 000多年发展的文明成果，捍卫了人类和平事业，铸就了战争史上的奇观、中华民族的壮举。”[2]抗日战争的胜利是中华民族由近代以来陷入深重危机走向伟大民族复兴的转折点。

抗战胜利后，以抗战历史为背景，建立了以中国人民抗日战争纪念馆、侵华日军南京大屠杀遇难同胞纪念馆、九一八历史博物馆等为代表的诸多抗战博物馆，大量的抗战遗址遗迹也得到了很好的保护及有效利用，经过数十年的发展，这些抗战博物馆已经成为保护收藏抗战文物、研究抗战历史、展示弘扬抗战精神的重要平台，成为重要抗战历史时间节点举办纪念活动的主体。当今，抗战博物馆其定位可为：国家社会及民众举行缅怀抗战英烈的场所，收藏研究抗战历史、继承弘扬抗战精神的机构，以共同二战史观为基础开展国际民间交流的重要平台。

一、新时代抗战博物馆发展的方向

建设抗战博物馆的目的是让后人永远铭记抗战历史，给后人纪念缅怀抗战英烈提供平台，并更好地传承弘扬抗战精神。博物馆是保护和传承人类文明的重要殿堂，是连接过去、现在、未来的桥梁。新时代，抗战博物馆不仅是中国历史的保存者和记录者，也是当代中国人民为实现中华民族伟大复兴中国梦而奋斗的见证者和参与者，是为人民服务、为社会主义服务的收藏保护机构、科学研究机构和教育传播机构。

新时代，如何做好抗战博物馆建设发展，更好地发挥抗战博物馆作

[1] 习近平：《致国际博物馆高级别论坛的贺信》，《人民日报》2016年11月11日。

[2]《习近平在纪念中国人民抗日战争暨世界反法西斯战争胜利70周年大会上的讲话》，2015年9月3日。

用，使中国文博助力社会经济发展，是包括文博青年人在内的文博工作者及全社会要深入思考的课题，作为抗战博物馆新生力量的青年人更是责任重大。

（一）传统抗战博物馆面临的挑战

习近平总书记在党的十九大报告中指出："中国特色社会主义进入新时代，我国社会主要矛盾已经转化为人民日益增长的美好生活需要和不平衡不充分的发展之间的矛盾。"这是党中央对新时代我国社会主要矛盾发生历史性变化作出的一个新的重大判断，它深刻揭示出我国经济社会发展的阶段性特征，为我们准确把握新时代的发展新要求，制定新时代党的基本方略及方针、政策提供了重要依据和遵循，为包括抗战博物馆在内的文博行业指明了方向，即在新时代，应遵循博物馆发展规律，结合自身特色，加强抗战博物馆自身建设，来适应当前社会主要矛盾的变化发展。

博物馆的功能和性质，由单纯的抗战历史展示场所向专业的抗战史研究机构转变。抗战博物馆应始终随着社会发展而不断演变，早已不再是一个单纯的文物保存组织，而兼具文明传承、科学研究、终身教育、公共服务等职能。抗战博物馆应当全面认识自己的角色，统筹发挥复合功能和综合优势，大胆探索，积极作为，分析观众需要，主动融入经济社会发展大局，努力为社会和社会发展提供更多更好的服务，成为培育社会主义核心价值观、滋养提升国民素质的新家园，保存、生产、传播知识的新宝库，民众休闲、交往的新空间，促进文化旅游消费和相关产业发展的新引擎。

抗战博物馆肩负更大的社会责任。新时代，伴随着社会主要矛盾的变化，社会对文化的追求与欣赏力逐步提高，原有的博物馆建设理念与展览内容形式，难以满足观众的需求。互联网技术的迅猛发展，使人与人之间交流方式与渠道更畅通，人们获取知识有了更多的途径。博物馆固有的展示理念及展示技术手段，难以适应互联网时代，在手机时代，掌上博物馆、智慧型博物馆将是博物馆发展的大趋势。在这种文博发展趋势下，抗战博物馆更应积极进取，加强自身建设，不辱使命与职责。

“天下艰难际，时势造英雄。在 14 年反抗日本军国主义侵略特别是 8 年全面抗战的艰苦岁月中，全体中华儿女万众一心、众志成城，凝聚起抵御外侮、救亡图存的共同意志，谱写了感天动地、气壮山河的壮丽史诗。无论是正面战场还是敌后战场，无论是直接参战还是后方支援，所有投身中国人民抗日战争中的人们，都是抗战英雄，都是民族英雄。在座很多人都是抗战的亲历者、见证者，经历了战火洗礼，把青春和热血献给了人类和平事业。”[1]抗战博物馆作为以抗战历史主题的博物馆，收藏研究抗战文物，传播弘扬抗战精神是义不容辞的责任与担当。

自我定位的转变。习近平总书记指出，博物馆是保护和传承人类文明的重要殿堂，是连接过去、现在、未来的桥梁，在促进世界文明交流互鉴方面具有特殊作用。抗战类博物馆在发挥社会功能的实践中，既要写好“立足中国、服务公众”的大文章，也要奏响“放眼世界、交流互鉴”的交响乐。通过树立品牌、讲好中国抗战故事，传播抗战精神，以二战史的共同研究及统一认识为基础，促进与世界各国民心相通、文化融通，推动构建人类命运共同体。抗战博物馆不再是高高在上的庙宇殿堂，而是普通人的客厅书房，观众参观抗战博物馆不仅仅是亲临博物馆，而且是在拨动屏幕的过程中身临于虚拟环境感知博物馆的存在。用新的史料、新的文物及新的展示手段、新的传播方式来展示抗战历史，弘扬抗战精神。

传统抗战博物馆职能的转变。2015 年，国务院颁布的《博物馆条例》，明确将“教育”确定为博物馆的首要功能（与研究、欣赏并列）。博物馆也从传统的“文物宝库”向“社会教育和公共服务机构”转变。2014 年 2 月 25 日，习近平总书记在视察首都博物馆时指出：“搞历史博物展览，为的是见证历史、以史鉴今、启迪后人。要在展览的同时高度重视修史修志，让文物说话，把历史智慧告诉人们，激发我们的民族自豪感和自信心，坚定全体人民振兴中华、实现中国梦的信心和决心。”

---

[1]《习近平在颁发“中国人民抗日战争胜利 70 周年”纪念章仪式上的讲话》，2015 年 9 月 2 日。

传统抗战博物馆给观众提供的只是单一的参观服务，向综合服务型博物馆的转变，对抗战博物馆硬件、软件提出了更高要求。抗战博物馆办馆理念的转变：从“开门办馆”到“出门办馆”使抗战博物馆资源的利用最大化。博物馆最大的优势就是坐拥珍贵的历史文物及专业的人才队伍。博物馆应发挥自身人才优势，致力于对文物的研究、开发利用，围绕文物资源做好文章。

（二）抗战类博物馆助力中国梦的实现

新中国成立70年来，特别是改革开放，40年来，中国文博事业从小到大、从弱到强不断发展，中国博物馆体系布局不断优化，博物馆数量持续攀升，办馆质量不断提升，正由文博大国向文博强国迈进。传统抗战博物馆，基本陈列五年、十年不变，展厅文物与照片千馆一律，故事基本一样，缺乏自己的特色，专题展览基本没有，教育活动固守展厅讲解，坐等观众，缺少创新进取的动力与活力。

抗日战争不仅打败日本侵略者，还给我们留下了宝贵的精神财富，这就是伟大的抗战精神：天下兴亡、匹夫有责的爱国情怀，视死如归、宁死不屈的民族气节，不畏强暴、血战到底的英雄气概，百折不挠、坚忍不拔的必胜信念。伟大的抗战精神，是中国人民弥足珍贵的精神财富，是激励中国人民克服一切艰难险阻、为实现中华民族伟大复兴而奋斗的强大精神动力。

此外，还有凝聚抗战精神的抗战文物。博物馆收藏的文物是中华优秀传统文化的实物载体，应通过博物馆特有的陈列、教育等形式，向公众讲述中国故事。实现中华民族伟大复兴中国梦，需要精神动力及精神的支撑。而抗战历史是中华民族百年来由屈辱走向复兴的转折，抗战精神则是实现中华民族复兴最好的精神食粮。

伟大时代，需要伟大精神。中华民族伟大复兴中国梦实现的历史进程中，需要伟大抗战精神的激励与支撑。

二、新时代抗战博物馆青年的职责与担当

抗战博物馆承担着重要的社会、历史责任。“全党全国各族人民要

牢记由鲜血和生命铸就的中国人民抗日战争的伟大历史，牢记中国人民为维护民族独立和自由、捍卫祖国主权和尊严建立的伟大功勋，牢记中国人民为世界反法西斯胜利作出的伟大贡献，珍惜和平、警示未来，坚定不移走和平发展道路，坚定不移维护世界和平，万众一心把中国特色社会主义推向前进。”[1]近代以来，中华民族历尽磨难，青年总是站在时代的潮头。1916 年，李大钊曾在《新青年》上刊文对青年人发出疾呼，希望青年人能“冲决历史之桎梏，涤荡历史之积秽，新造民族之生命，挽回民族之青春”。1957 年 11 月，毛泽东在莫斯科大学向中国留学生讲话时说：“世界是你们的，也是我们的，但是归根结底是你们的。你们青年人朝气蓬勃，正在兴旺时期，好像早晨八九点钟的太阳。希望寄托在你们身上。”2018 年 6 月，习近平在中国共产主义青年团第十八次全国代表大会开幕式讲话中指出：“青年是国家的希望、民族的未来。青年兴则国家兴，青年强则国家强。”

（一）抗战博物馆青年

习近平总书记指出：“一个博物院就是一所大学校。要把凝结着中华民族传统文化的文物保护好、管理好，同时加强研究和利用，让历史说话，让文物说话，在传承祖先的成就和光荣、增强民族自尊和自信的同时，谨记历史的挫折和教训，以少走弯路、更好前进。”[2]抗战博物馆青年坐拥深厚的抗战历史知识，有伟大抗战精神的熏陶指引，是抗战博物馆青年最大的优势。抗战博物馆为其青年工作者提供了展示自我、实现自我人生价值的舞台。

青年人有梦想。梦想就是希望，希望就是动力。2014 年 5 月，习近平在北京大学师生座谈会上的讲话中指出“有信念、有梦想、有奋斗、有奉献的人生，才是有意义的人生。当代青年建功立业的舞台空前广阔、梦想成真的前景空前光明，希望大家努力在实现中国梦的伟大实践

---

［1］ 习近平：《参观中国人民抗日战争纪念馆“伟大胜利历史贡献”》，2015 年 7 月 7 日。

［2］ 习近平：《二〇一五年春节前夕赴陕西看望慰问广大干部群众时的讲话》，《人民日报》2015 年 2 月 17 日。

中创造自己的精彩人生”。青年作为社会上最富有朝气、最富有创造性、最富有生命力的群体，需要多发挥才智，多些创意的表达，多些生动的解读，走出去的是文物，带回来的将是无比强烈的民族自信。习近平在庆祝中国共产党成立 95 周年大会讲话中指出“青年是祖国的未来、民族的希望，也是我们党的未来和希望”。抗战博物馆青年的梦想就是抗战博物馆的梦想与未来。

青年人有追求。2016 年 4 月 26 日，习近平在知识分子、劳动模范、青年代表座谈会上的讲话中指出，青年人“要以国家富强、人民幸福为己任，胸怀理想、志存高远，投身中国特色社会主义伟大实践，并为之终生奋斗。心中有阳光，脚下有力量，为了理想能坚持、不懈怠，才能创造无愧于时代的人生”。抗战博物馆青年的追求就是立足本职岗位，在抗战博物馆的发展壮大中实现自己的理想与追求。

青年人有职责。当前，博物馆在变革与创新中不断前进发展。新时代，抗战博物馆青年在博物馆变革与创新中肩负着重要的职责使命。博物馆青年应积极主动投身博物馆变革与创新大潮中，发挥主力军与生力军的作用，为博物馆的建设与发展作出新的贡献。

随着博物馆学科建设的发展和时代的需要，当前博物馆学正处于改变和转型的大发展时期，多角度思维和多元融合越来越成为学科发展的趋势。为此，博物馆学青年学生纷纷就研究和实践中出现的新情况和新问题发出了自己的声音，而这些新观点的表达，也将为博物馆学研究提供新的思考方向和发展动力。

（二）博物馆青年的职责与担当

新时代，青年人与博物馆事业相互促进，相互成就。博物馆作为道德培养的重要阵地、获取知识的重要源泉、社会交往的重要平台、感知世界的重要窗口、自我增值的重要渠道，在青年成长过程中扮演着重要的教育角色。

个人的成长进步与所在馆的建设发展息息相关，“馆兴我荣，馆衰我耻”，所在馆不仅是青年的所属单位，更是实现人生价值与理想的舞台与进步所需的坚实“肩膀”。因此，立足所在馆、做好本职工作，承担自己的职责担当，来实现自己的人生价值，是最为简单常见的话，也是最为实际的真理。

青年是抗战博物馆的希望。抗战博物馆是保护和传承抗战历史、抗战精神的重要纽带，是连接过去、现在、未来的桥梁。新时代的抗战博物馆不仅是抗战历史的保存者和记录者，也是当代中国人民为实现中华民族伟大复兴中国梦而奋斗的见证者和参与者，是为人民服务、为社会主义服务的收藏保护机构、科学研究机构和教育传播机构。

2018 年 5 月 2 日，习近平在北京大学师生座谈会上强调："青年是国家的希望、民族的未来。我衷心希望每一个青年都成为社会主义建设者和接班人，不辱时代使命，不负人民期望。"当今的抗战博物馆青年一代，经历过系统的学科体系教育，乐于接受、勇于探索新生事物，对于科技的创新与应用也更为得心应手，不仅是抗战博物馆的接班人，也是抗战博物馆建设发展的生力军，还是抗战博物馆明天的希望与未来。

抗战博物馆建设的生力军。抗战博物馆的建设发展需要一代代抗战博物馆人不断地艰辛努力。2017 年 5 月 3 日，习近平在中国政法大学考察时强调"广大青年抓学习，既要惜时如金、孜孜不倦，下一番心无旁骛、静谧自怡的功夫，又要突出主干、择其精要，努力做到又博又专、愈博愈专。特别是要克服浮躁之气，静下来多读经典，多知其所以然"。抗战博物馆青年，必须立足本职，深入一线工作，发挥优势，以自身努力推动抗战博物馆的建设发展。青年人朝气蓬勃，是最富有活力、最具有创造性的群体。当代青年，思想更为多元，表达形式更为多样，对新事物的接受度更为开放。只有紧密结合时代特点，尊重青年需求，才能发挥博物馆在文化传承、文化认同中的重要作用。

抗战博物馆业务工作的主力军。抗战博物馆青年是抗战博物馆业务工作的后备军。加强抗战博物馆的建设发展，应在以下几个方面进行重点突破。

积极投身博物馆建设实际工作，做博物馆建设的生力军，在工作中实现自我价值。2018 年 5 月 2 日，习近平在北京大学考察，与青年学生分享读书心得时指出"学术、知识不能只是在嘴上，要联系实际，做到知行合一、格物致知、学以致用。所以，我后来看书很注意联系实际”。

其一，抗战遗址的调查与利用。抗战遗址是抗战历史的真实舞台，抗战历史最为直接的“诉说”。“每一种文明都延续着一个国家和民族的精神血脉，既需要薪火相传、代代守护，更需要与时俱进、勇于创新。中国人民在实现中国梦的进程中，将按照时代的新进步，推动中华文明创造性转化和创新性发展，激活其生命力，把跨越时空、超越国度、富有永恒魅力、具有当代价值的文化精神弘扬起来，让收藏在博物馆里的文物、陈列在广阔大地上的遗产、书写在古籍里的文字都活起来。”[1]随着社会经济的发展，各种规模形式的开发建设，经过数十年的演变，抗战遗址遗迹已经“面目全非”或者不复存在。故应充分运用现有科技手段，加强抗战遗址遗迹的调查研究，合理有效地进行保护与利用。

其二，抗战文物的收集与研究。“中华民族历史悠久，中华文明源远流长，中华文化博大精深，一个博物馆就是一所大学校。博物馆建设要注重特色。向海之路是一个国家发展的重要途径，这里围绕古代海上丝绸之路陈列的文物都是历史、都是文化。要让文物说话，让历史说话，让文化说话。要加强文物保护和利用，加强历史研究和传承，使中华优秀传统文化不断发扬光大。”[2]抗战文物是后人了解、感触抗战历史的纽带，是后人感知抗战历史的窗口，抗战文物的重要性毋庸置疑。通过青年的努力，建立全国抗战文物统一数据库，实现抗战文物全国性的综合高效利用，发挥抗战文物最大的社会作用。

其三，抗战史的宏观研究与细节研究。历史的研究不能一蹴而就，抗战史研究不限于抗战 14 年。抗战史研究是一个持续的、不断深入与延伸的过程，需要一代代抗战史研究者的努力。在现有基础上，对抗战史宏观研究进行重新整合与深入研究抗战细节是抗战博物馆青年业务工作的重要组成部分。

其四，抗战史的国际化传播。中国人民抗日战争是世界反法西斯战

---

[1] 摘自《习近平在联合国教科文组织总部的演讲》，2014 年 3 月 27 日。

[2] 习近平：《在广西考察工作时的讲话》，《人民日报》2017 年 4 月 22 日。

争的重要组成部分，中国战场是世界反法西斯战争的东方主战场，中华民族为世界反法西斯战争的胜利作出了重大贡献，也付出了很大牺牲。不断地持续加强中国抗战史的国际化传播，是对抗战英烈最好的祭奠与纪念。

抗战博物馆未来发展的引领者。抗战博物馆本质属性为文化，是抗战文化的研究传播机构。2017 年 5 月，习近平在考察中国政法大学时，告诫青年学子："青年要立志做大事，不要立志做大官。"博物馆青年的"立志大事"就是立足本职、立足现实，在做好本职工作的同时，展望博物馆未来，引领博物馆发展未来。

中国社会经济的发展，为中国文博的建设发展提供了坚实的物质基础，无比厚重的历史文化沉淀更是其他国家不可比的优势，一流的场馆建设，更需要文博青年勇力潮头，奋发搏击，使中国文博立足国际文博，引领世界博物馆发展。

应在抗战博物馆国际传播力上出点子、下功夫。以推动抗战博物馆的国际化水平，来提升抗战博物馆的国际化传播力。2015 年 9 月，由中国人民抗日战争纪念馆牵头，联合俄罗斯卫国战争纪念馆、韩国独立纪念馆等国内外知名二战博物馆，发起成立国际二战博物馆协会。协会成立以来，通过联合办展、年会暨学术研讨会等形式，加强了国际间二战博物馆的交流与合作，其中，中国人民抗日战争纪念馆等国内抗战博物馆发挥了重要的组织协调作用。协会工作的开展，也为抗战博物馆青年创作了良好的交流、学习平台，近年来，有来自乌克兰、白俄罗斯及韩国、马来西亚等国会员单位青年代表到秘书处挂职交流，并到国内抗战博物馆开展业务交流活动，促进了青年间的交流与学习。

三、结语

党的十九大报告提出建设美好生活的要求，面对人民对于美好生活的新期待，面对公众日益多样化、个性化的文化需求，博物馆必须积极拓宽视野，延伸功能，转变定位，担当责任，努力做好当代中国人民为实现中华民族伟大复兴的中国梦而奋斗的见证者、参与者和贡献者。

“实践充分证明，中国青年是有远大理想抱负的青年！中国青年是有深厚家国情怀的青年！中国青年是有伟大创造力的青年！无论过去、现在还是未来，中国青年始终是实现中华民族伟大复兴的先锋力量！”[1]

抗战类博物馆不仅是单纯的历史博物馆，更被赋予特殊的任务与使命，即收藏研究抗战历史，传承弘扬抗战精神。习近平在纪念五四运动100周年大会上指出：“青年是整个社会力量中最积极、最有生气的力量，国家的希望在青年，民族的未来在青年。”当前，中国博物馆事业的发展日新月异，文博事业社会关注度前所未有，博物馆事业发展机遇与挑战并存。抗战博物馆青年作为博物馆的重要一分子，任务艰巨而光荣。中国博物馆、中国文博事业的发展大有可为，抗战博物馆青年应乘势而上，必将大有作为。

（黄春锋，中国人民抗日战争纪念馆展览陈列部副主任、副研究馆员）

[1] 习近平：《在纪念五四运动100周年大会上的讲话》，人民出版社2019年版。

利用社会教育平台发展文化旅游的探索与实践

——以大庆铁人王进喜纪念馆为例

王　颖

摘要：博物馆具有社会教育职能，大庆铁人王进喜纪念馆新馆自2006年9月26日开馆以来，始终发挥着弘扬大庆精神铁人精神、传播铁人先进事迹的社会教育积极作用。在文化旅游、工业旅游快速发展的当今时代，铁人王进喜纪念馆也一直进行这方面的尝试和探索。

关键词：社会教育职能；文化旅游

众所周知，博物馆具有社会教育职能，作为国家一级博物馆、全国爱国主义教育示范基地、4A级旅游景区，大庆铁人王进喜纪念馆新馆自2006年9月26日开馆以来，面向社会已累计接待观众超过1 000万人次，在提供讲解、志愿服务等社教手段的基础上，每年利用春节、清明、“五一”“六一”“七一”等节日以及博物馆日、世界文化遗产日、“9 · 26”油田发现纪念日、“10 · 8”铁人诞辰纪念日等特殊节日开展系列社教活动，始终发挥着弘扬大庆精神铁人精神、传播铁人先进事迹的社会教育积极作用。在文化旅游、工业旅游快速发展的当今时代，铁人王进喜纪念馆也一直进行这方面的尝试和探索。

一、社教活动与文化旅游的最终设计初衷

（一）企业发展员工培训的需要

铁人王进喜纪念馆是一座企业展馆，是中石油企业精神教育基地，中纪委的廉政教育基地。大庆精神形成于1960年艰苦卓绝的石油大会战年代，铁人也是那个时代的英雄模范、全国著名的石油工人，大庆精神铁人精神已经成为整个城市的灵魂，成为油田员工始终学习传承的精神食粮。大庆拥有国家级、黑龙江省、大庆市级教育基地22家，工业遗产34处，功勋井14口，它们是大庆油田历史上重要的见证，是形成大庆精神、铁人精神的重要物证，当代油田不能忘记当年的历史，不能忘记为石油献身的英雄，更不能忘记自己的责任和使命。同时，铁人王进喜纪念馆也有责任把教育广大员工作为重要的教育群体。企业发展离不开大庆精神，员工培训离不开对铁人事迹的学习和铁人精神的传承。

（二）宣传铁人事迹，进一步创新形式弘扬大庆精神铁人精神的需要

在当前广大党员开展“不忘初心，牢记使命”的学习教育形式下，铁人王进喜纪念馆开展了“寻根溯源，重温传统”游学式主题党日活动，大庆油田党委组织部把这项活动作为油田学习教育的具体举措。游学式也就是边“游”边“学”，带领广大党员干部参观功勋井、工业遗址，通过游戏讲会战传统、名人事迹故事，通过互动亲身体验会战时期形成的“六个传家宝”——人拉肩扛精神、缝补厂精神、回收队精神、五把铁锹闹革命精神、修旧利废精神、干打垒精神，使会战故事变得生动，会战传统变得易懂，名人精神变得接地气。参与过活动的党员干部，在庄严的宣誓中坚定了信念，在愉快的游戏中收获了知识，在互动体验中感悟了会战艰辛。这是一堂生动的党课，这是一次不一样的旅行，越来越多的人喜欢上了这种形式的社教活动。

（三）地域局限与纪念馆优势的体现

大庆地处黑龙江省东北部，由于地域偏远，东北天气等原因，并非旅游城市，来这里的外地游客大多数是通过单位有组织的培训学习，或

是出于个人探亲的原因。而铁人王进喜纪念馆在大庆已经成为地标式的城市建筑，外形独特，由“工”“人”二字组合，鸟瞰呈“工”字形，侧看为“人”字形，象征着这是一座工人纪念馆。新馆迁建的位置在西城区繁华地带，交通便利。场馆建筑面积 11.6 万平方米，二层为铁人事迹“石油魂”基本陈列，一层为“工业学大庆展览”及临时展厅，可容纳观众上万人。纪念馆成为外地游客必到之处、企业员工学习的圣殿、当地市民的度假场所。

二、社教活动与文化旅游结合产物的实践效果

（一）早期实践的优势与劣势

早在 2014 年，铁人王进喜纪念馆就推出“来者有礼”会战足迹体验活动，这个“礼”是礼仪的礼，主要是针对新员工入职、新党员入党、新生入学等群体，通过仪式部分、体验部分、分享部分进行社教活动，带领大家“观一个教育基地、唱一首石油歌曲、当一次石油工人、吃一顿会战饭菜、留一张靓丽身影”。吸引到多家单位和学校参与活动，受到人们的欢迎和一致好评。但是这项活动是收费项目，由于票据等其他问题，无法持续开展。

（二）当前开展文化旅游的优势与效果

后来，铁人王进喜纪念馆重新梳理了油田工业遗址、教育基地，有选择地划分，形成了文化旅游 9 条精品线路，针对企业内外团体和散客开展了“游学式主题党日”活动和“毕业学子成人礼”活动。主要依靠的是同一集团内部的报捷公司的政策，报捷公司是油田扩大经营自主权试点单位，具有相关资质，这样我们的活动就成为合理、合规的特色活动了。导讲人员都多年从事讲解工作，有丰富的知识、精湛的讲解技巧、良好的职业素养，所有讲解词由油田资深的文史专家重新撰写修改完成，形成多版本的讲解词，也可根据需求量身定制线路，针对高层次团体设计了企业导师、资深专家的导讲解读，并融入了评书、快板等艺术形式，还设计了旅拍业务、文创产业伴手礼业务等，基本满足了所有群体的需要。

开展以后吸引了油田内部几十家单位和党支部参加，油田外部多家企业甚至外地企业团体的参与。从宣传上来说，纪念馆拥有得天独厚的优势，是铁人馆与油田报社、油田电视、新媒体平台同属于文化集团，这些传统与新媒体都可以为我们所用，从前期宣传预热，到后期宣传报道已经形成系列性的、有计划的、有专题的态势。专业的旅拍、航拍人员可以为参与团队留下不一样的党日留影。最重要的是，纪念馆已经被油田组织部和相关部门认可、批准、承认，也就是拥有了庞大的油田资源。这些都是纪念馆最强的方面。

三、今后发展的关键技术指标

（一）产品质量的优劣直接影响文化旅游的发展前景

在文化旅游中，产品也就是指线路设计、讲解内容、景点特色等方面。这些质量直接影响发展前景，这就需要不断进步、不断充实、不断丰富、不断改进。主要有几个原则：第一，紧紧抓住国家、企业的发展脉搏，绝不能脱离大环境，始终围绕主旋律，弘扬正能量；第二，不断深入挖掘文物、基地、历史背后的故事，突出讲故事，突出历史的厚重，突出有深度有启发的讲解内容；第三，线路搭配要有理有度，有张有弛，针对不同群体研发开发不同参观景点；第四，要有专业的研发团队，由资深文史专家、大庆精神铁人精神研究专家、导讲人员等组成，通过深入学习、不断碰撞、集思广益，形成长远目标和专题特色主打产品。

（二）有利的机制体制是发展文化旅游的保障

首先要建立健全激励制度，对研发团队、导讲人员、市场开发人员要有一定程度的奖励，才能发挥其潜质，保障文化旅游的长期持续发展；其次要具备培训、旅游等相关机制保障，与培训机构、旅游机构建立长期合作伙伴关系，才能使文化旅游长期持续发展。

（三）软实力的体现是文化旅游持续发展的根本

一是文化创意的创新。文创产品是文化传播的有效途径和方法，结合文化旅游要开发不同档次的文创产品，作为伴手礼、文化衫等方式发给参与团队，使文化传播得更快。油田元素的文创产品比较单一，要形成系列，突出实用性，既有硬件又有软件，还要申请专利，保护自身的原创性。

二是互动体验的深度广度。在设计与景点文化相匹配的互动体验项目时，要掌握突出文化内涵的原则，不断创新形式，使参与的人更多，使之参与的体会更深。

三是优秀人才的培养与选拔。无论是导讲还是研发，都需要不断扩充人才、储备人才，对于铁人馆来讲，油田所属历史陈列馆、石油科技馆、铁人馆三馆的讲解人员是巨大的导讲资源，可以充分调动他们的积极性，采取兼职的方式培养，给予一定的奖励；而研发方面则需要各方面的资源专家等群体，降低自身姿态，不断广泛听取各方意见和建议，只要对文化旅游项目有好处的地方就应考虑认可、落实，这样才是更好的办法。

文化是旅游的灵魂，旅游是文化的载体。文化与旅游相辅相成，共生共荣。文化旅游在坚定文化自信中必将发挥重要作用。

（王颖，大庆铁人王进喜纪念馆宣教部副主任、馆员）

博物馆与研学旅行初探

吴力斌　成　佼

摘要：研学旅行是研究性学习和旅行体验相结合的校外教育活动。博物馆因其资源禀赋和独特魅力，成为各类研学旅行的重要目的地之一。如今，很多中小学校都在组织学生走进博物馆开展研学活动，这对博物馆来说是一个难得的发展机遇，同时博物馆也会面临一些新的运营难题。本文结合实际，思考研学旅行与博物馆教育、发展、运营的关系，探索博物馆在此背景下如何行动。

关键词：研学；旅游；博物馆；教育

研学旅行是一种历史悠久的旅游形式，在我国可追溯到孔子周游列国以广求知识、丰富阅历、考察政风民情，在西方可追溯到 17 世纪欧洲兴起的“大游学”运动。现代意义上的研学旅行始于日本，至今已有 120 余年历史。

我国从 2013 年开始提出“研学旅行”的概念。教育部相关负责人曾表示：“研学旅行不是一般的旅游，要有课程的开发，特别是到了富有教育意义的革命传统教育基地和文化基地，要把革命精神、文化内涵讲出来，让学生受到教育。”博物馆作为历史的记录者，是学校课堂的延伸，同时，由于其学术性、真实性、博物性、互动性等特点，也是当前研学的重要形式。

2016 年教育部等 11 部门公布《关于推进中小学生研学旅行的意

见》，提出将研学旅行纳入中小学教育教学计划。目前，国家文物局已会同教育部将 95 家博物馆及相关机构列入“全国中小学生研学实践教育基地”名单。国家旅游局于 2016 年 12 月 19 日发布的《研学旅行服务规范》明确将知识科普型研学旅行目的地确定为各类型博物馆、科技馆等资源。

数据显示，我国研学旅行人次自 2014 年后迅速增长。境内研学旅行人次由最初的 140 万增加至 2017 年的 340 万，境外研学人次则由 2014 年的 35 万增加至 85 万，研学市场一年比一年火热。

在此背景下，研究研学旅行和博物馆的关系显得至关重要。

一、研学旅行与博物馆教育殊途同归

研学旅行是研究性学习和旅行体验相结合的校外教育活动，教育活动需要教育资源来支撑。博物馆是人类文明精华的储藏室，是天然的学习空间。学生正处在求知欲旺盛的年纪，博物馆不仅可以传递知识，更可以激发兴趣、引导思考，是除了学校之外不可多得的大课堂，自然而然成了各类研学旅行的重要目的地之一。

2007 年第 21 届国际博物馆协会代表大会对博物馆的定义进行了修订。它将“教育”调整到博物馆业务的首位，并取代了多年来将“研究”置于首位的认识。这反映了当下国际博物馆界对博物馆社会责任的强调，意味着博物馆聚焦的服务对象向更具代表性的民众以及本地社区转移。博物馆要实现其社会效益，肩负起“教育社会公众”的社会责任，少不了大量社会公众的参与。研学旅行的兴起和火热恰好为博物馆教育的贯彻实施带来了越来越多的受众群体。

研学旅行需要博物馆优质的教育资源，博物馆教育发挥社会职能需要研学旅行带来的优质受众，而两者的目的都是通过教育传承中华优秀传统文化与传播社会主义核心价值观，可谓高度一致，殊途同归。

二、研学旅行与博物馆发展相得益彰

传统的学校课堂由老师牵动学生，以老师教授知识为主，而学生缺乏的更多是实践经验的获取，博物馆由于其展品的真实性，能让学生的学习资料从抽象变得更加直接、鲜活。博物馆里场馆式学习，与传统的学校教育相比较，没有功利性和强制性，更主要的是内在的自我体验，从学习的氛围来讲，更能让学习者身心愉悦，更能激发学生的自主选择。

博物馆为研学旅行的持续发展提供了良好的资源和环境，研学旅行也为博物馆及其所属的文旅行业带来了新的机遇。

（一）细分市场，刺激消费，促进博物馆事业发展

研学旅行在欧美等发达国家已经得到相当成熟的发展，在我国，则主要以夏令营的形式缓慢地发展着。如今，研学旅行的发展将目光投向了尚未得到充分开发的中小学生市场，增添了新的消费选择，刺激了庞大的中小学生群体及其背后家长群体的消费潜力，无疑将为产品千篇一律的旅游市场注入新的活力，也为旅游投资者和从业人员提供了新的方向。

在经济领域，有专门的“博物馆经济”说法。在研学旅行的带动和刺激下，博物馆可以充分发挥特有优势和经济价值，因势利导，有针对性地将博物馆与旅游、文化等产业有机融合，从而带动区域软实力提升和经济持续发展，进而反哺博物馆事业发展。

（二）新型职业，亟待培养，推动博物馆人才建设

研学旅行具有明确的教学目标，对相关工作人员的职业素质也提出了较高要求，除研学旅行参与者的衣食住行等相关事宜需照管协调外，工作人员更需掌握相应的教学技能和专业知识，并具备较强的职业素养和正面的品质德行。国家旅游局于 2016 年 12 月 19 日发布的《研学旅行服务规范》对研学旅行服务提供方、人员配置、研学旅行产品、服务项目以及安全管理等几大类内容作出详细规定。

研学旅行涉及诸多复杂要求，势必催生更为细化专业的新型职业，这些工作人员目标一致，各司其职，协作配合，为研学旅行的顺利开展保驾护航。新型职业的诞生意味着对从业人员的培训内容不仅仅只“蜻蜓点水”般停留在常规服务上，教育学、心理学等教学知识也需纳入人才培养体系，从而培养出一批不仅承担导游职责，更肩负起教育引导责任的高素质人才。研学旅行队伍建设的加强必将提升博物馆相关从业人员队伍的平均水平。

（三）引起关注，挖掘价值，助力博物馆全域旅游

传统旅游目的地往往以游览观赏性强、刺激体验性强、名气大的景区景点为主，对一些娱乐性稍弱但具有极佳人文教育价值的旅游目的地如博物馆、红色遗迹遗址、国防教育基地等则关注度较弱，其旅游资源价值“养在深闺少人识”，殊为遗憾。

强调教学功能的研学旅行则对这些目的地青睐有加，视为珍贵难得的“教材”，知名度将会有很大提升，在“教材”的指导下，“教学”将更为生动而富有人文底蕴。再加之研学旅行内容的特殊性：不是单一的景点或景区本身，而是依托资源开发的综合型研学产品，这势必将推动当地旅游资源整合与综合开发，利于综合旅游目的地的建设，助力全域旅游和博物馆的良性发展。

（四）纳入体系，创新教育，激发博物馆发挥职能

《国际博物馆协会职业道德准则》在“博物馆教育与社会作用”中规定：博物馆是一个为社会及其发展服务的机构，博物馆应利用一切机会发挥其作为教育资源的作用。

发达国家都视博物馆为重要的教育资源和阵地而加以运用，将博物馆纳入国民教育体系已成普遍行为。在我国，各级各类博物馆是爱国主义教育基地、廉政教育基地、人文社会科学普及基地、中小学生研学实践教育基地等教育基地的重要组成部分，承担较大的教育使命。

研学旅行不仅仅是我国旅游业一种新的可能，也是教育行业一种新的尝试，博物馆作为研学旅行的重要目的地之一，也必将乘此东风更好地发挥其作为教育基地的功能和作用，帮助广大中小学生感受祖国大好河山、感受中华传统美德、感受革命光荣历史、感受改革开放伟大成就，激发学生对党、对国家、对人民的热爱之情，提高中小学生的社会责任感、创新精神和实践能力。

三、研学旅行与博物馆融合任重道远

自教育部提倡研学活动以来，各地各学校积极贯彻执行，让学生在增长知识、见识，形成世界观、价值观，培养社会主义核心价值观，提升动脑动手能力等方面受益匪浅。但不可否认，研学活动的发展在我国起步不久，还有许多不尽如人意的方面急需加以规范：

一是研学从业机构水平不一。业内人士表示，存在研学活动基地、机构的资质参差不齐，准入门槛高低不一，存在一哄而上、杂乱无章的现象。

二是部分研学活动“走马观花”。不少机构以“博物馆游学”之名，开展只游不学、走马观花、名不副实的“研学旅行”活动。

三是研学从业人员专业化欠缺。一些研学机构在师资选拔、培训等方面欠缺考虑，老师素质参差不齐，师生比例严重失衡，安全存在隐患，讲解不够规范，参与学生的研学收获大打折扣。

四是行业标准和反馈机制缺失。不少研学活动只注重过程，但后续的督促检查、考核却乏人问津，教学效果无专业评估、指导与监管，很难判断研学活动是否取得实质效果。

五是研学旅行系统性研究较少。学界关于研学旅行缺乏系统性研究，导致研学旅行与夏令营及其他旅游相混淆，容易对研学旅行的认识出现偏差，不利于研学旅行市场的良性发展。

六是部分研学项目配套不成熟。部分研学旅游产业链仍不成熟，偏远一点的博物馆就餐、住宿等接待配套设施严重不足，导致出现博物馆研学的“马太效应”，强者恒强，弱者愈弱。

作为研学旅行的重要参与者，博物馆面对这些问题该如何应对？

（一）开发优秀课程提升研学旅行品质

随着研学旅行的兴起，博物馆类研学课程作为其中的一个细分市场，在旅行社研学课程中所占的比重越来越大。博物馆普遍缺乏专业从事研学教育实践的人才，一些旅行社的导游，并没有深入研究中小学生特点，讲解水平低，内容枯燥甚至存在错误，严重影响研学效果。博物馆多设置有社会教育部，面对研学热的现象，需要积极地参与，设计相应的研学课程。

对于中小学生而言，研学旅行首先应该走出校园、走出课堂，收获一些有趣的、能够启发到他们的知识。太过沉闷的博物馆参观或课程学习，参与感不强，学生会排斥，学习效果不好。

设计博物馆类研学课程应该至少遵循如下原则。第一，本土化原则：设计时尽可能地本土化，让学生感受当地特色。第二，仪式感原则：博物馆是一个地区历史与文化的积淀，是值得敬仰的地方。设计博物馆课程时，必须让学生意识到只有尊重历史、尊重文化、尊重知识，才能学有所获。第三，代入感原则：从历史中找到对于当下的启示，需要在设计博物馆课程时予以特别考虑。第四，体验感原则：如何提升中小学生对于博物馆的兴趣、提升他们的参与度，是每一个课程研发者需要思考的问题。

以山东博物馆为例。山东博物馆以博物馆资源为基础，以旅游线路为纽带，将征集遴选出的具有研学特色或潜力的博物馆青少年教育项目嵌入旅游线路，建立主题鲜明、特色突出、游学结合的青少年教育研学项目。如博物馆青少年“书《论语》，抄经典”研学项目以隶书为载体，以《论语》为内容，以书法这种富有仪式感又寓教于乐的课堂形式，把《论语》名句和以山东碑刻为载体的描红相结合，将山东本土书法文化的悠久深远和书法之美传递给观众，将孔子的教育理念、伦理观念、品德修养等思想传递给观众，使中华优秀传统文化在一系列的传递中得以传承和发扬。借助博物馆的展品资源，研究文字在演变过程中各阶段的特点，从中发现文字之美。让青少年在动手体验描红的同时，也从儒家经典《论语》中学会做人做事的道理，将书法艺术与传统文化相结合，达到“写好汉字，做好文章”的现实目的。

各地博物馆加强资源整合，推出了一批研学旅行实践项目和精品课程，如首都博物馆等几家博物馆联合推出的“燕国达人”活动、广东省博物馆组织的“自然海洋营”夏令营、成都杜甫草堂博物馆开展的“草堂一课”、重庆红岩革命历史博物馆打造的“红色小记者”研学旅行体验营等，都取得良好的社会效益。

（二）多方努力保障研学旅行科学开展

其一，加强对研学旅行的研究。在20世纪90年代初期，由于新童年社会学的文化不断发展，国外的学者对儿童日常生活以及学习认知过程逐渐关注增多。与国外相比，国内对儿童认知的研究还处在初级阶段，博物馆等行业应该开始加强对儿童学习和认知过程中对旅游需求的研究。

另外，应该尽快研究制定研学旅游的一系列产品标准，严格规范研学旅行市场上的产品，进一步规范市场秩序，营造比较健康的研学环境。

国内对研学旅行的研究大多数以定性的分析为主，定量分析研究很少。在以后的研学旅行研究过程中可以采用定量分析为主的方法，例如采用问卷调查、深入访谈等方法。相信采用定量分析的方法能够使得研究成果的获取更具科学性、准确性，并为以后更深层次的研究打下基础。

其二，深化对研学旅行的监管。研学旅行是个新事物，参观的地方不是收费的景点，而是公共的博物馆。从人员来看，报名的大多是未年成人，从目的来看，家长希望孩子通过这种形式能够有所收获。然而，恰恰有些研学旅行，钻了这个空子，价格高得离谱不说，还流于形式，并没有真正使孩子深度体验到文化的魅力。

对研学旅行这一新生事物，博物馆等各界必须进行有效的监管，杜绝打幌子的虚假乱象，更要因势利导，借助丰富的资源、正规的机构、社会的力量让研学旅行真正发挥出研学优势作用，使中小学生从中受益。具体到博物馆本身，要认真对待未成年人的研学热情，结合自身特色，精心打造精品研学课程，充分发挥博物馆的教育功能。对于学校而言，要结合自身教学特点，担负起组织中小学生研学旅行的责任。同时，相关从事研学旅行的企业，绝不能打着研学的幌子去欺骗家长和学生，坚决避免走马观花、名不副实的研学旅行，这才是博物馆研学旅行的“正确打开方式”。

其三，健全对研学旅行的保障。研学旅行方面专业人才的缺乏是突破研学旅行发展瓶颈的当务之急。因此，在专业人才储备方面，博物馆应该加强建立对研学旅行的培训与人才储备机制。一方面可以加强与教育部门之间的合作，创建研学旅行绿色通道，充分协调当地政府，发挥其在经济、政治、公共安全等方面的职能；另一方面，可立足市场需求，打通企业、学校、政府之间的障碍，做到集结多方力量，形成优势互补、功能完备的研学旅行教育体系，让高校专业旅游教师参与研学产品设计，使旅游专业设计融合教育更加紧密，充分发挥研学产品的教育功能。

文化和旅游融合之后，像博物馆、文化馆等很多文化设施为研学旅行提供了更宽广的空间。政府在供给上有些不足，可在供给上进一步扩大，给予适当的政策倾斜和财政补助，以满足各个层次、各个阶层、各个年龄段不同的研学需求。

在设施保障上，有条件的博物馆要尽量营造一个良好的展览环境、学习环境和生活环境，如：功能齐全、实用舒适的展厅和报告厅、创作室、授课室等学习场所，研学餐厅、研学酒店等生活场所，使研学旅行在硬件上有充足的保障。

在政策保障、行业自律、企业规范、学校重视等多方共同协作下，研学旅行活动才会成为课堂教学的有机组成和有效延伸，学生才能从与自然、历史和社会方方面面接触中获得更真实的自我体验，从而建立起学习与生活的有机联系。

（三）善于借力促进研学旅行持续发展

研学旅行的发展不应该是孤立发展，应结合全域旅游的发展背景与乡村旅游、红色旅游、创意旅游加强联系、形成互补，以全域旅游的思维引导游客，实现借力发展。

博物馆可以结合当地特色进行专题研学项目开发，将本地区旅游资源进行高效整合、分类化块、提炼主题形象。在主题形象的指导下，进行不同类型研学旅行基地的建设和精品路线开发，针对不同的人群、不同的文化层次作出个性化设计，结合现代旅游的体验性，使研学产品中的知识体系更加形象化、生动化和时尚化，让呆板的书本知识灵动起来，这样既可避免同质竞争、资源浪费，又可突出优势、集中开发，让研学旅行的发展更良好且更具持续性。

研学旅行对于旅游和博物馆的发展意义是多方面的，不仅为旅游市场带来一个新的经济增长热点，实现旅游创收，财富涌流富民，更为博物馆融合文化、教育等元素综合开发提供了契机。

博物馆是对孩子进行“物育”的良好场所，期待在研学旅行的加持下，博物馆进一步发挥好教育职能，促进研学旅行质量的提升，为研学旅行保驾护航，成为“文旅融合”的亮点。

（吴力斌，刘少奇同志纪念馆馆员；成佼，刘少奇同志纪念馆馆员）

浅谈如何做好博物馆与游客互动体验

吴静波

摘要：互动体验是今后博物馆发展的一大趋势，无论是自身的发展，抑或与文化旅游产业结合，博物馆与游客之间的互动尤为重要。本文结合工作实践，阐述博物馆增强互动体验必要性，简略从五个方面谈如何做好互动体验。

关键词：博物馆；旅游；互动；游客；技术

如今，旅游、文化、体育、健康、养老作为“五大幸福产业”的重要领域，随着国民经济社会的不断发展呈现出更旺盛的市场需求，而博物馆游览作为文化和旅游产业相融合的产物，兼具艺术观赏、历史溯源、科学研究、教育推广等方面的价值与功能，逐渐成为公共文化服务和旅游发展的前沿阵地与有效载体，同时也成为提升民众文化精神消费和生活幸福感的重要途径之一。

一、博物馆旅游现状

博物馆凝聚了人类历史和文化，是一个城市乃至一个国家的文化符号，承载了丰富的文化内涵。

2019 年“5・18”国际博物馆日中国主会场活动在湖南省博物馆举行，国家文物局局长刘玉珠发布一系列关于我国博物馆事业发展的最新数据。截至 2018 年底，我国登记备案的博物馆达 5 354 家，比上年增加 218 家，免费开放博物馆数量为 4 743 家，占博物馆总数的 88.6%。2018 年，我国博物馆举办展览约 2.6 万个，教育活动近 26 万次，参观人数达 11.26 亿人次，比上年增加 1 亿多人次。

但如今一些博物馆还停留在单一的陈列布展和流水线般的讲解阶段，许多游客参观博物馆面对的仍是冷冰冰的说教，博物馆吸引力有待提升。提高博物馆的利用价值，需要提高博物馆文化传播和公共教育的内在功能，这正是当前一些博物馆所欠缺的。

一些博物馆展示缺少形式创新、内容专业化，设计单一化、气氛营造不到位，没有设计多媒体交互展示或互动体验式装置和项目与游客进行互动沟通。此外，博物馆服务内容单一也成为制约其与旅游业融合的原因之一。

无论是博物馆自身的发展，抑或与旅游业的产业结合，仍然存在不少的盲点和市场空白。博物馆与旅游业相结合，需要向游客的消费习惯靠近、向游客的游览偏好靠近，关键是要增加博物馆与游客的互动体验。如今，公众逛博物馆除了开阔视野、增长知识之外，还有休闲放松的目的。因此，博物馆应该具备娱乐功能，应增加讲解、互动与体验性项目，吸引游客。

二、增加博物馆与游客互动体验的必要性

互动，也叫交互（Interaction），是指相互作用。博物馆可以通过展览中某个环节互动，实现博物馆与游客之间的良性互动，最终完成展览的参观。还可以在划定区域设置体验项目，游客通过触摸、操作等方式参与体验。

（一）游客的需求

由于游客的学历、认知、年龄、生活方式等各方面不同，进入博物馆参观就需要满足游客不同形式的需求，如学习知识、休闲娱乐、专业领域的研究，学生的“实物教学”，儿童接触世界、开启认知的需求等。要博物馆提高到能满足游客官能享受的水平，展览不能仅满足于告知内

容，而且要让游客能从中获取更多的“情感共鸣”等。

（二）博物馆运营理念的变化

博物馆传统的做法多是以图文展板、实物展柜、说明文字、场景复原等方式传播内容，游客接触的是“强制性”“灌输式”的。随着游客需求的多变，博物馆竞争日益加剧，博物馆运营应考虑向“以人为本”转变，从过去的重视文物展品和场景再现转变到注重情感沟通、重视游客感受等。参与性是博物馆与游客之间形成良好互动的先决条件之一。随着参观游览的不断深入，游客与博物馆的文字、图片、视频、多媒体场景进行互动，进而激发游客情感体验，形成以人为主体的展示模型，满足游客视觉、情感等多方面的需求。

（三）展示设计思想的转变

博物馆是组织、保护和陈列藏品的永久性机构，肩负实施教育和传播文化的社会功能。如今，现代生活对人的个性需求的关注，引导着博物馆的建设向更人性化、更关注游客的方向发展。随着游客需求的提升，博物馆的功能和内涵也在不断发展，注重互动体验的博物馆展示设计已经成为大势所趋。[1]陈列展览不再只是“静止”不动，而是应该向与游客进行互动对话的方式转变，通过富有创意的设计形式，激发游客主动探索的欲望和能力，完成自主学习的过程。

（四）现代信息技术的应用

《数字化生存》一书这样写道：“信息技术的革命，将使受众从受制于键盘和显示器的计算机中解放出来，变为我们能够互相交谈，共同前行。而明显的生活改变，必将从我们每日接触的大众传媒开始。”[2]现代科学技术不断取得进步，博物馆陈列展览也逐渐不只有静态展示，借助移动互联网、大数据展示、物联网等现代信息技术，部分博物馆开启了新技术时代背景下的全媒体信息展示模式，各类数字技术的衍生产品能够整合博物馆内的海量数据，极大丰富了游客参与和互动体验的多样性。

---

［1］史进：《博物馆展示设计中互动性体验探索》，《赤峰学院学报》2018 年 4 月。
［2］李冰：《关于当代博物馆互动体验的再研究》，《决策与信息》2016 年 2 月。

运用自动控制、仿真、虚拟现实、影视技术等现代多元的展示手法，利用影像合成、多媒体、感应器、造雾机等科技设施，为博物馆创造互动化的铺展系统提供了广阔的空间，使互动项目在展览中的实现成为可能。[1]

三、如何做好博物馆与游客的互动体验

博物馆是一个城市的公共文化设施，作为聚集地方文化的宝地，博物馆称得上是真正聚集人类财富的地方。如何增强博物馆自身的吸引力，激发游客主动探索的欲望和能力，促使其自主地学习，最后达到从博物馆中获得心理、生理、精神上的满足，做好博物馆与游客的互动显得尤为重要，可以从以下几个方面入手。

（一）博物馆讲解互动

讲解是每个博物馆必不可少的功能之一，讲解员的宣讲是博物馆与游客互动的最基本体现。博物馆由于场地大小或者资料有限，有些内容并不能完全展示，这需要通过讲解进行补充，讲解员通过介绍展品之间的内在联系和陈列的“潜台词”引导游客通过所看到的内容进行联想，从而了解其背后的故事。

讲解员通过讲解，不仅可以向游客宣传博物馆所要诠释的文化内涵，而且又可为博物馆收集游客反馈的意见或建议。通过良好的互动沟通，总结提升，不断改进完善，不断标新立异，促进博物馆事业可持续发展。如果缺少讲解，任何博物馆的陈列展品、研究成果都会成为单纯的展览品。人工讲解是其他讲解无法代替的，没有优秀的讲解，参观博物馆也将失去意义。

除了人工讲解，一座完备的博物馆，都应该拥有便捷的电子导览和讲解系统，这样才能解决参观高峰期无法有效提供人工讲解的问题，或者满足不同年龄层次游客想要自助参观学习的需求。如大英博物馆的智

---

[1] 苏文涛：《试论当代博物馆观众角色的转变和“以人为本”的服务理念》，《丝绸之路》2010年3月。

能导览终端，提供了十种语言版本：英语、韩语、法语、德语、意大利语、西班牙语、阿拉伯语、俄语、日语以及中文。设备中收录有 260 段关于博物馆精彩展品评述，均由策展专家解说。其中有语音、视频、文字和图片，从古埃及到中国，为游客提供深入的资料信息。游客通过自己手机或馆内智能终端用互动式自助导览规划自己想要参观的线路，选择自己感兴趣的物品听取解说，展开一段 DIY 的主体性旅程，这种灵活自主的方式能够激发人们对参观博物馆的更大热情。

（二）展陈新技术互动

博物馆作为提供知识、教育和审美认知的文化机构，应该运用新兴的理论和技术成果，通过展陈设计的模式升级，实现博物馆与游客之间的对话，满足游客多元角度的交互和体验诉求。

欧美国家在博物馆互动体验实践方面比较领先。美国俄亥俄州克里夫兰市有一座特殊的博物馆，这座博物馆设有独立开放的互动画廊，里面除了收藏 3 500 多个藏品图像外，还建有美国最大的多点触控屏幕，游客可以在参观博物馆的同时，于画廊中了解所有藏品的详细内容。在这个互动画廊空间中，无论什么年龄段、职位阶乘的游客，都可以在里面找到理想的参观与体验区域。画廊最独特的是一面不断变化和演变的藏品收集互动墙，游客可以在墙上浏览这些艺术品，可以选择收藏品、留言或与其他游客对话。

早在 2016 年 11 月，国家文物局和发改委、科技部等多个部委共同编制下发《“互联网＋中华文明”三年行动计划》，博物馆数字化升级是其中的一项重要内容。现代多媒体技术及硬件设备应用到博物馆展陈中，大概可以分为以下几类：一是互动投影体验类，如多点触控互动墙面系统、虚拟射击体验系统、虚拟互动阅读系统、互动地面投影系统。二是全息立体成像类，如单面 180°全息投影和 360°全息投影等。三是大型屏幕显示类，如多媒体互动地幕、多媒体球幕展示系统。四是模拟仿真类，如 VR 和 AR 技术等在场景复原方面的应用。五是立体影院类，如 3D 立体互动影院系统。

博物馆通过应用现代多媒体互动设计技术传达信息，并为游客创造具有互动性的参观经历，更好地调动了游客的自发性，引起了他们的共鸣。游客良好的互动反馈同时也能帮助现代博物馆明确自己在教育和研究领域扮演的角色。

（三）新媒体传播互动

近几年，“国家宝藏”“我在故宫修文物”“如果国宝会说话”等一批文博类节目热播，采用年轻人喜闻乐见的讲述方式，采用情景剧的方式，通过邀请有影响力的公众人物作为“国宝守护人”，“演活”文物背后的故事，点燃社会公众对于博物馆参观的热情，掀起博物馆旅游的热潮。以中国国家博物馆为例，2017 年开放 312 天，接待参观总数超过 800 万人次，平均每天接待观众 2.6 万人次。

2018 年，5 月 18 日国际博物馆日活动期间，由湖南省博物馆发起，携手六大博物馆联合推出的“博物馆抖音创意视频大赛”又十分火爆。原本静静躺在展柜里的七大博物馆“镇馆之宝”，通过视频加工制作，以“动态”的形式出现在公众面前，让文物在新媒体的传播下“活跃”了起来，让博物馆文化深入到年轻群体，让更多年轻人加深了对这些文化瑰宝的关注和认知。

中国互联网络信息中心在 2019 年 2 月 28 日发布的第 43 次《中国互联网络发展状况统计报告》显示，截至 2018 年 12 月，我国网民规模为 8.29 亿人，全年新增网民 5 653 万人，互联网普及率达 59.6％，较 2017 年年底提升 3.8 个百分点。其中，我国手机网民规模达 8.17 亿人，全年新增手机网民 6 433 万人；网民中使用手机上网的比例由 2017 年底的 97.5％提升至 2018 年底的 98.6％。博物馆的日常运营不能忽视与线上游客的互动体验。在移动互联网时代，要让博物馆文物随着时代节奏“活跃”起来，用新媒体话语方式向游客讲述故事，运用微博、微信、抖音短视频等新媒体平台，实现博物馆文化的全媒体方式传播。

（四）特色课程互动

在国内的博物馆旅游产品中，研学游、红色游、亲子游、工业游等，深受游客欢迎。博物馆在常规展览的基础上增加特色教育课程，加强了内容的趣味性和游客参与性。

如刘少奇同志纪念馆，作为全国爱国主义教育示范基地、全国廉政教育基地和国家一级博物馆，凭借其特有的红色文化资源和党建理论研究成果，独立自主地开发编排了主题为“光辉榜样——刘少奇同志的初心和使命”特色党课。不同于单调的传统讲座，该特色党课以“讲、唱、演”相结合的方式，让讲解员和工作人员走上舞台，用观众喜闻乐见的形式宣讲红色文化，传递正能量，服务于党员廉政教学和党性教育，效果显著。特色党课以生动的表现形式、丰富的内容和深刻的教育意义，受到中组部培训班、省市级组织部以及高校学生等各类来馆游客的高度评价，更是被列入长沙市委党校培训班的固定课程之一。

在上海玻璃博物馆，有一款特有的玻璃烧制课程。游客可以通过学习该课程知识，在专业人员的陪同下，参与玻璃烧制，为自己制作一款玻璃手工制品。又如在广州南越王宫博物馆，游客选择参加考古知识小课堂，就可以亲身来到考古现场，零距离体验考古发掘。

每个博物馆都有其独特的馆藏资源，这就是该博物馆的特色，抓住这些特有的资源进行课程设计才是立足于该馆的特色课程。通过游客参与这些课程的学习形成双向互动，逐步完善博物馆教育体系，博物馆才能更好地践行教育职能。

（五）文创产品互动

说到文创，很容易想到“故宫淘宝”。不管北京故宫还是台北故宫，其推出的各类文创产品如萌系纸胶带、“朝珠耳机”“八旗不倒翁娃娃”等，都受到年轻人的追捧，造就了一款又一款的“爆款”潮品。上海博物馆仅 2017 年就实现了文创产品 3 862 万元销售额，特别是该馆配合“大英博物馆百物展”设计开发的文创产品成为年度热点。

文化创意产品具有双重属性，既有商品价值，又有文化影响。博物馆通过开发特点显著的文创产品，将文化元素与生活元素紧密结合，对民众的生活产生潜移默化的影响。游客通过购买文创产品，了解其承载的文化内涵，既能满足其消费需求，又能产品认同感和归属感，得到良好的精神享受，这正是博物馆与游客之间一种文化精神的沟通与传递。

如今，博物馆发展与旅游业的深度融合正火热进行中。博物馆应抓住这一机遇，结合时代发展潮流，与时俱进，开发更多合适的互动项目，提升自身吸引力，拉近与游客的距离，激发其自主学习的欲望。积极利用现代信息数字化技术，结合自身馆情开拓创新，更好地实现博物馆在文化旅游产业发展中的重要作用，将博物馆事业推向新的发展高度，促进中华民族文化大繁荣。

（吴静波，刘少奇同志纪念馆馆员）

探析名人纪念馆新时代的发展路径

——以丁玲纪念馆为例

洪　邹

摘要：文旅融合的新时代大背景下，如何深入挖掘名人纪念馆背后的文化底蕴、客观审视其旅游资源禀赋，打造各具特色的文化旅游产业融合发展之路，有很多值得探析的问题。本文以常德市丁玲纪念馆为例，对“用心配置资源，升级配套服务；潜心挖掘资源，打造特色品牌；倾心整合资源，对接文旅强市”诸方面的发展路径进行探析，以求促进本地的文旅产业高质量发展。

关键词：探析；名人纪念馆；新时代；发展路径

2018年4月8日，文化和旅游部正式挂牌，诗和远方终于走到了一起。文化产业与旅游产业融合发展，是推动两个产业转型升级、提质增效的重要途径，尤其在稳增长、调结构、促改革、惠民生的新时代大前提下，进一步推动文化产业与旅游产业的融合具有现实的意义。为此，本文通过对丁玲纪念馆的发展路径进行探索与分析，助力文化产业与旅游产业的深度融合。

一、用心配置资源　升级配套服务

“文旅融合，一是挖掘文化资源，二是有效利用文化资源，三是让文化资源中的生活美学意义体现在文旅融合的各个环节上。”[1]丁玲纪念馆作为常德市重要的形象窗口，是构建文旅高度融合的一个重要环节，也是常德市重要的人文资源聚集点。这些年来，丁玲纪念馆打造“制度化管理，个性化培养，人性化服务，艺术化讲解”的发展理念并付诸实施。

为改造纪念馆原有布局中不符合文博系统行业规范的基础设施，经过近几年的逐步配置，现已添置咨询服务台、大厅电动遮阳系统、包裹寄存柜、自助通道及安检自动报警系统等多项必备资源，升级改造了多功能厅舞台、丁玲书吧和文物库房等多项资源配置，给大众提供了一个功能设施较为齐全、服务便捷及安全舒适的公共文化场所及文旅景点。在打响丁玲这张文化名片的系列策划中，纪念馆组织编印全面介绍丁玲生平与创作生涯的文创书籍《红色作家丁玲》；编导摄制宣传短片“红色经典　丁玲永恒”；征集并成功注册 logo 标志；推出含有丁玲纪念馆注册标志的 U 盘、笔记本等文创产品；设计添置手机加油站、婴儿车、轮椅、医药箱等一系列服务用品，并合理地分布在场馆的各个适用明显的位置，以及时为观众游客提供便捷的服务。

为了加强观众游客的参与性、互动性。在丁玲书吧内配置触摸屏电子书上，让观众游客在指点之间可以尽情翻阅丁玲作品；在观众游客留言区配置电子留言机上，可以写下对纪念馆的意见和建议；在空旷庄重并配有电动遮阳系统的中央大厅内，可以感受到进入浩瀚的知识海洋的意境。这让每个走进丁玲纪念馆的观众游客眼能看到、耳能听到、手能触到、心能悟到，很好地融合了观众游客进入纪念馆参与和互动。全力彰显丁玲精神，在加强和改进纪念馆的服务内容和方式等方面我们也进行了大胆探索与资源优化配置，通过外出学习、内部培训、定期考核、补员更新等方式提升讲解员的业务素质，增强运用知识的能力和驾驭语言的技巧，再根据不同观众针对性地进行讲解，勇于创新，因人施讲。

为有效利用红色基地资源，为机关团体开展主题党日活动搭建平

[1] 范周：《文化赋能　助推文旅深度融合》，《中国文化报》2018 年 11 月 4 日。

台，纪念馆适时制作载有入党誓词和鲜艳耀眼的中国共产党党旗的大型牌匾，竖立在展馆大厅中央，贴心对接好前来开展党建活动的机关团体，使每个党员同志既感受到重温入党誓词的澎湃激情，又体会到丁玲纪念馆传递的红色暖心服务。每年以“清明”“七一”等节点为契机，开辟微党课、微故事宣讲，在馆内演播厅定时播放丁玲纪录片、宣传片和红色故事题材的影视片，以更加直观的形式充分挖掘丁玲精神，打响红色旅游品牌。

常德市丁玲纪念馆从面向社会公众开放以来，一直在用心配置文化旅游资源，不断升级配套馆内设施与服务，为广大观众游客提供着文旅融合带来的务实性文化旅游服务。

二、潜心挖掘资源　打造特色品牌

文化是旅游的灵魂，旅游是文化的载体，两者是相辅相成的依存关系。名人纪念馆只有潜心将其文化这个“魂”渗透到旅游中，才能提升旅游资源的品位，丰富旅游的文化内涵，为旅游注入新的活力，提高纪念馆开发旅游项目的核心竞争力。

丁玲是国内外享有盛誉的作家和社会活动家，是从沅澧大地走出去的文学巨匠，是常德本土重要的历史人文资源。潜心挖掘资源针对丁玲纪念馆来说，一方面要以挖掘丁玲文化元素的故事为背景，组建充满正能量的“丁玲微故事宣讲团”，走进企事业行政单位、学校社区，广泛宣讲丁玲同志坚定共产主义信念、忠贞不渝跟党走的红色故事。另一方面是与湖南文理学院、常德外国语学校等多所大中院校结成馆校共建：举办“中国梦未成年人爱国主义教育活动”“向国旗敬礼”“植树造林，共建绿色家园”等一系列社会实践活动。通过走馆校共建之路实现纪念馆与青少年之间的良性互动，并引导青少年以史树德、增智育美，树立正确的人生价值观。

在 2019 年暑假举办为期一周的“致敬祖国 · 天天向上”少年夏令营活动中，向全市各小学招募近 30 名学生参与纪念馆的小小讲解员的培训活动，通过形式多样的课程和寓教于乐的方式，让孩子们在学习与践行为社会公众服务中有所收获、快乐成长，度过一个开心愉悦、益智健康的暑假生活。为了进一步挖掘文化资源，丁玲纪念馆先后举办“民国奇女、才女”经典作品诵读会、连续多年开展“书香三八”主题活动、每年世界读书日组织开展“做一个有品位的人，建一座有文化的城”等主题阅读分享活动，不仅在推动全民阅读、提升大众文学素养、传承中华经典传统文化方面收到了良好效果，还吸引了广大观众游客朋友倍加关注常德、深入了解常德、驻足落户常德，参与并投入常德的文化和经济建设。

在潜心挖掘资源的同时，要注重打造特色品牌。“打造特色品牌”一方面是要“有声有色还要有视”，也就是说要造声势，让公众和游客朋友在信息媒体或户外广告或旅途中，都能见到活灵活现的文旅特色公益广告，要将文化旅游形象宣传纳入公益宣传，在交通枢纽、商业中心等集散地设立本地文化旅游形象品牌广告，在高速公路服务区设立文化旅游免费咨询服务窗口，提供本地特色景点的免费文化旅游宣传品。针对丁玲纪念馆来说就是要充分利用当地广播电视、知名微信微博、文化旅游网站等媒体，开设“昨天文小姐，今日武将军”[1]专栏，精准投放丁玲纪念馆等常德特色景点的文化旅游广告信息，全面展示常德丰富的文旅资源，更大范围地吸引旅游客源。“打造特色品牌”的另一方面是要在“特”字上做文章。全球化经济时代想有超强竞争力，必须找到适宜自身发展的独特之处。比如说，丁玲纪念馆可依托每年的中国石门柑橘节推出“丁玲”牌柑橘，促成贸易与文化同台唱戏，促进文化与贸易的深度融合，使得消费者在品赏“丁玲”柑橘时，因好奇而追寻丁玲文化；比如说，以风景宜人的常德柳叶湖马拉松赛道资源为由头，持续推出“德马”（常德柳叶湖马拉松国际邀请赛简称）、“丁车”（丁玲环湖自行车追逐赛简称）等品牌的国际体育赛事，并以此扩大影响，提高城市的知名度，从而吸引更多周边城市的游客朋友前来常德观光旅游。唯有精心策划，充分利用举办各类特色鲜明的高质量的文化旅游节庆和经贸

[1] 语出毛泽东《临江仙·给丁玲同志》。

洽谈会契机，让本地文化旅游品牌享誉海内外才会由可能变为现实，才会将常德的节庆文化旅游品牌和丁玲纪念馆的文旅窗口形象“做出来、打出去”，促进并带动全市文化旅游业阔步发展。

潜心挖掘文化资源、打造本地特色品牌，为当地旅游业发展提供更多的路径和平台，进一步推动旅游、丰富旅游、升华旅游，也是实现“大旅游”现实之需。

三、倾心整合资源　对接“文旅强市”

湖南省常德市拥有厚重的文化资源和丰富的旅游资源，包括“中华城祖、世界稻源”——城头山遗址、《桃花源记》所在地、道教圣地星德山、最长的诗书画艺术墙——常德诗墙以及“常德德山山有德”的善德文化等一批国家顶级文化资源；也有湖南屋脊壶瓶山、湖南最长最清的内河沅江、湖南最低的西洞庭湖国家湿地保护区、国内最大的城市天然湖泊柳叶湖等一批省内顶级自然资源，这些优质资源为常德旅游发展提供了良好的先天条件。近几年来，常德市高度重视文化与旅游业的发展，结合城市“三改四化”和海绵城市建设的好势头，先后建成柳叶湖马拉松赛道、沙滩公园、罗湾观鸟、欢乐水世界、大唐司马等柳叶湖环湖景观，形成一道靓丽的城市旅游风景线；打造了穿紫河水上风光带，开发了常德河街精品项目，开通了穿紫河水上观光巴士，推出国内首创全开放、流动舞台实景秀——“梦回穿紫河”。由此，每年举办的常德旅游节吸引了国内外主流媒体广泛关注。

按照“文旅强市”的基本发展思路，常德市丁玲纪念馆积极探索文化与旅游融合发展新途径，着力发挥好丁玲纪念馆的城市窗口和旅游景区的良好形象。为此，试着提出以下几个关于整合人文资源和对接文旅强市的观点。

一是加快所有丁玲元素资源的整合。建议常德市早日决定或提请上级将丁玲研究会、丁玲纪念馆、丁玲公园与丁玲故居四合一，形成一个红色旅游景区，研发红色文创产品，将本土人文中的红色文化作为红色旅游的载体，接待并组织旅游者开展缅怀学研、参观游览、乐购文创产品，有效地打造“红色旅游”精品，打造能够体现名人文化及其精神的标志建筑。丁玲纪念馆以提炼与展现丁玲不同时期发表的作品及世界各国人民对丁玲的评价，凸显常德的文化意蕴、城市精神、地域特色及独特的文化魅力，让丁玲纪念馆的红色旅游影响力就像丁玲精神和文风一样辉映华夏、名扬海外。

二是整合资源惠游客，当好红色文化旅游品牌的传播者。丁玲纪念馆距韶山风景区毛泽东故居 223 公里、张家界风景区 159 公里、常德桃花源景区 65 公里，是湖南韶山、桃花源、张家界人文旅游线的重要支点。积极推进以“常德城区为中心的全市快速旅游交通网络，在景区与景区之间建立起连接通道，使游客出行畅通无阻”为发展思路，建设一条连接柳叶湖各景点、常德诗墙、穿紫河风光带、丁玲纪念馆的旅游专线，并与桃花源机场、长常高速、环城周边七个高速路口等主要道路对接，形成“相互衔接、浑然一体”的常德城区旅游大通道，对城区街道两侧现有建筑进行整修，融入体现“德文化”的元素符号，让外地游客一到常德，就能深切感受到极具“德风德韵”的浓厚文化氛围，确保游客能“进得来、出得去、游得乐”，只要游客参观其中某一个联动景点，就会不由自主去参观其他景点。

三是对接“文旅强市”。尽快设立或完善市级文化旅游产业融合发展专项资金，重点支持文化旅游宣传推广、规划编制、载体建设、人才培养、公共服务和安全体系建设等方面发展；进一步扩大融资规模，鼓励金融机构扩大对文化旅游企业和项目的贷款规模，加大信用担保机构对文化旅游企业和项目的担保力度；举办文化旅游企业专场银企对接活动，积极向金融机构推介优质项目、优质企业；借鉴柳叶湖风景区经验做法或以此为试点，鼓励其他非文物类景区探索推行管理权、经营权或门票收入作抵押进行融资的新方式，拓宽旅游企业融资渠道，解决企业“融资难”的问题；出台文化旅游企业“引客入常”奖励激励政策，统一奖励条件、奖励标准，做到奖励政策全覆盖，以调动文化旅游企业“引客入常”积极性。

常德历经千年风雨沉淀，文化资源相当丰富，丁玲纪念馆秉承“红色基因为本、丁玲文化为根”的发展宗旨，立足资源禀赋，挖掘名人纪念馆中蕴含的特色品牌、审美元素、文化基因和价值内涵，对接文旅融合联结点，把历史智慧公之于众，持续满足大众文化和旅游需求。

（洪邹，湖南省常德市丁玲纪念馆办公室副主任　高级建筑师）

找定位　创特色　建亮点

——名人故居打造特色党建品牌的路径探析

金　秋

摘要：党的十九大作出“中国特色社会主义进入新时代”的重大判断，对党的政治建设和政治领导力的增强提出了新的更高要求，也对党建工作提出了新要求。在贯彻落实全面从严治党的背景下，如何紧跟时代步伐，挖掘名人故居不可替代的党建资源，激发党建教育基地的时代新活力，成了名人故居积极实践的重要课题。作为开国总理周恩来的诞生地和童年生活的摇篮，周恩来故居找准定位，采取多种求创新、重内涵、讲实效的措施，深入挖掘党建教育亮点，通过优质生动的实境课堂，激发爱国主义教育基地的党建时代活力，取得明显成效。深挖党建优势资源，打造特色鲜明的党建品牌，可推动名人故居党建工作焕发新活力，再上新台阶。

关键词：名人故居；周恩来故居；党建品牌

习近平总书记强调：“面对复杂多变的国际形势和艰巨繁重的国内改革发展任务，关键在党，关键在人。关键在党，就要确保党在发展中国特色社会主义历史进程中始终成为坚强领导核心。关键在人，就要建设一支宏大的高素质干部队伍。”党性是党员干部立身、立业、立言、立德的重要基石。党的十九大作出了“中国特色社会主义进入新时代”的重大判断，对党的政治建设和政治领导力的增强提出了新的更高要求，也对党建工作提出了新要求。在全面贯彻落实十九大精神的背景下，如何紧跟时代步伐，挖掘名人故居不可替代的党建资源，打造特色鲜明的党建品牌，激发党建教育基地的时代新活力，成了名人故居积极实践的重要课题。

一、名人故居打造特色党性教育品牌的意义

名人故居一般是指名人出生或较长时间居住生活过的住宅建筑，是名人成长和生活的见证，是保存和传承名人信息的场所。[1]作为一个城市独特的文化底蕴和人文积淀的重要载体，名人故居是一个城市的闪光点，在传承民族文化、弘扬民族精神、进行爱国主义教育和精神文明建设中发挥着巨大作用，具有重要的历史价值、文化价值、宣传价值，是党建教育的重要基地。作为名人精神和名人文化的继承和延续，名人故居珍藏着名人生前使用过的物件或寄托生命情感的人文空间，承载着特定的历史文化内涵，其所散发出的浓浓文化气息，已成为传承城市文脉不可缺少的一环，也成了党建工作的重要阵地。

在新的时代背景下，名人故居的旅游资源和党建特色是什么？不可替代的党建文化又有哪些？如何对这些特色资源进行包装，并推出鲜明特色，又有极大冲击力的党建品牌？如何找准定位、创出特色、建成亮点，使党建品牌深入人心？这些都是名人故居急需探索的发展新路径。

二、周恩来故居打造特色党性教育品牌的探索

作为举世敬仰的开国总理周恩来的诞生地和童年生活的摇篮，周恩来故居近年来积极发挥党建资源优势，采取多种求创新、重内涵、讲实效的措施，深入挖掘党建教育亮点，通过优质生动的实境课堂，激发爱国主义教育基地的党建时代活力，走出了一条在新形势下加强名人故居党建资源开发利用的新路子，先后被评为“全国重点文物保护单位”

---

[1] 秦红岭：《论名人故居的人文价值与保护原则——以北京名人故居为例》，《华中建筑》2011年第7期。

“全国中小学爱国主义教育基地”“全国爱国主义教育示范基地”“全国百家红色旅游经典景区”“国家 5A 级旅游景区”。特别是在展览的文化内涵上，不断开拓创新，找准定位，以“家”为特色，从选题策划、展览形式、讲解业务等方面不断创新，以家世、家风、家庭、家乡为主线，推出了一批主题鲜明、内容丰富，特别是能让党员干部看得懂、听得进、记得住的展览，使周恩来优秀家风家规得到拓展延伸，打造了党建特色品牌。

（一）严字当头，以身作则树家风典范

在 2015 年春节团拜会上，习近平强调，“不论时代发生多大变化，不论生活格局发生多大变化，我们都要重视家庭建设，注重家庭、注重家教、注重家风”。家风，关系到党风、政风、国风。周恩来总理是中国共产党人的优秀代表和精神楷模。他不仅是治国理政的楷模，也是从严治家的榜样。他以身作则，严于家教，“十条家规”让后辈终身受益；他严爱适度，不徇私情，鼓励后辈到最艰苦的地方去；他注重家庭，伉俪情深，“八互”佳话为后辈树立婚姻典范。周恩来优秀的家风家规，是现阶段加强干部作风建设的极好教材，告诫领导干部怎样掌好权、用好权，怎样过好权力关、亲情关、金钱关，是重要的党建资源，在贯彻落实全面从严治党的今天，依然发人深省。

为深挖周恩来优秀家风这一重要党建资源，周恩来故居推出“周恩来家世家风图片展”。展览围绕习近平总书记提出的“重视家庭建设，注重家庭、注重家教、注重家风”讲话精神，以“家”为主线，精心挑选了周恩来具有代表性的 65 张图片及书信，从童年、家世、家风三大板块展示总理家风，用生动的故事诠释周总理的人格风范。其中，“童年”部分通过系列版画展现了周恩来 12 岁之前的良好家教；“家世”部分展示了周家从高祖到周恩来的世系及家族；“家风”部分展示了周恩来至情至性的朴素情怀和修身齐家的故事。展览选择深红为底板、米灰为面板，文字采用相框式，突出“家”的氛围。整个展览，真实感人，是广大党员干部立家规、正家风的很好教材。

2018 年是周恩来诞辰 120 周年，为拓展宣传阵地，增强功能，让周恩来精神在更广阔的时空里传承弘扬，周恩来故居积极策划了“周恩来家风图片展”全国巡展活动，已先后赴北京，天津，山西太原，扬州宝应，浙江绍兴，山东淄博、聊城，上海，辽宁沈阳，贵州，南京等多地及南开大学、天津大学、天津师范大学、北京第二外国语学院、贵州大学、淮阴工学院等多所高校巡展，受众达 30 多万人次。展览所到之处受到观众的热烈欢迎和一致好评，赢得社会的广泛赞誉。尤其是其中的家风部分，列举了周恩来对晚辈的严格教育、鼓励晚辈去最艰苦的地方工作、要求晚辈生活上艰苦朴素等诸多生动事例，对于领导干部正确处理家庭内部关系，保持清正廉洁，服从组织性、原则性具有深刻的教育意义。

（二）爱家爱国，伉俪情深立清廉家风

习近平在十八届中央纪委六次全会上强调：“每一位领导干部都要把家风建设摆在重要位置，廉洁修身、廉洁齐家，在管好自己的同时，严格要求配偶、子女和身边工作人员。”党员干部在家庭中往往是核心人物，其一言一行都是家规的模板、家风的旗帜，只有以身作则，恪守家规、传承家风，才能为家人作出榜样，才会有威严、有说服力。

周恩来、邓颖超堪称模范夫妻、楷模伴侣。他们的爱情、婚姻、家庭，同他们的革命业绩一样辉煌、感人，值得人们永远传颂和怀念。他们在寻求共同的理想中相知、相恋，在半个世纪的漫长时光中相持、相伴，始终患难与共，悲喜分担，为我们留下了“八互”佳话：“互敬、互爱、互助、互勉、互信、互慰、互让、互谅。”学习他们在爱情、婚姻、夫妻关系等各个方面的优秀品德和崇高风范，对于促进形成良好的家风、社风、党风以及深入开展“两学一做”学习教育都具有切实的意义。

为了让党员干部更好地学习周恩来、邓颖超夫妇正确处理爱情、婚姻、夫妻关系等优秀品德和崇高风范，周恩来故居推出“伉俪情深——周恩来邓颖超夫妇图片展”，以时间为主线再现周恩来、邓颖超夫妇相濡以沫、共同走过的风雨历程，展现了他们始终正确处理爱情、家庭、事业的关系，始终严以律己、廉洁奉公，始终保持共产党人的政治操守和优良作风。此展览被首届全国博物馆展览季活动推介，为淮安市唯一入选展览。

为进一步打造党员干部党性教育基地，也为新时代女性学习、交流、提升开辟新课堂，周恩来故居还围绕“家庭”这一主题，以邓颖超生前喜爱的诗句“春天的后面不是秋”为主题，精心策划陈列了“邓颖超在改革开放新时期图片展”，展览展出了邓颖超在党校上课的提纲、身前穿过的衣物、亲笔撰写的遗嘱等珍贵文物及一百多幅照片，让党员干部通过珍贵的文物、难忘的场景、感人的画面，更加深切地感受周恩来和邓颖超的崇高风范，更加深入地学习和践行他们的优秀品德和伟大精神。2019 年又联合江苏省妇联，积极策划“永远的坚守——中国妇女运动的先驱邓颖超图片展”，充分展示了邓颖超在七十多年漫长的革命生涯中，对共产主义具有坚定的信念，对党、对人民、对无产阶级革命和社会主义建设事业无限忠诚，激励新时代女性既在改革发展稳定第一线建功立业，又在家庭建设、家庭教育、家风传承中尽心尽责，充分发挥广大妇女的“两个独特作用”，展览为新时代女性的学习、交流、提升开辟了新课堂。

（三）心系家乡，严中有爱回报桑梓情

中国自古有“衣锦还乡”“光耀门第”之说，这包含着人们与故里、亲友之间难以割断的联系。对从商者而言，靠自身经济实力和商业资源去改善家乡经济条件，是热爱家乡的体现；对从政者而言，坚持清正廉洁，成为一方的榜样和骄傲，也是对家乡的莫大贡献。清正廉明、公正无私，看似没有给家乡亲朋带来什么物质好处，但留下的却是长久而无价的荣誉。不因亲朋而违反原则、公权私用，彰显的正是真正的家乡情怀。党员干部唯有正道前行，用清廉美名回馈家乡，才不辜负家乡对自己的养育。

周恩来在淮安生活了 12 年，对家乡怀有深厚的感情。他担任了 26 年的总理，日理万机、夙兴夜寐，但始终对家乡魂牵梦绕，深情难忘。他爱家乡，但始终坚持党的立场，公私分明，在涉及家乡的问题上从不偏私。周恩来妥善处理在家乡的亲属、故居、祖坟等问题，为党员干部树立了学习的榜样。周恩来故居策划的“桑梓情深——周恩来与家乡图片展”，围绕周恩来与家乡的点点滴滴，精心摘选58幅图片及9篇图版文字，从“每忆家乡景，满怀深情”“每遇家乡事，严中有爱”“每遇家乡人，深切关心”“每遇家庭事，公私分明”以及“家乡人民的怀念”五个方面，将周总理与家乡的往事娓娓道来。其中周恩来动员侄儿回家乡工作支持地方建设、带头平掉祖坟等生动故事，充分展现了他始终坚持以身作则、廉洁自律的高尚品德，在对待亲属问题上严格坚持党的立场，再现了清正廉洁、亲民爱民的伟人风采，是广大党员干部学习提升的优秀教材。

三、名人故居打造特色党性教育品牌的启示

（一）找准定位，挖掘历史内涵

名人故居蕴含着丰富的历史、文化和教育意义，是先辈们留给后人的一笔宝贵财富。每一座名人故居都承载着一个时代、一段历史、一个人物的记忆，是一隅供人们精神追忆的历史空间，也是一个城市独特的文化血脉和文化基因的重要载体。[1]要紧跟时代步伐，打造特色鲜明、朗朗上口的党建品牌，必须首先找准名人故居自身的特色与定位，深入挖掘和展示故居承载的历史内涵和名人精神。将深层次内涵通过各种现代化手段展示出来，与党建工作有机结合，名人故居的开发、利用才会有时代的特性，才能真正发挥它精神文化传承的功能。

（二）连点成线，创出特色亮点

找准定位，就要依据定位整合优势资源，连点成线、连线拓面、彰显特色。正如周恩来故居找准了周恩来总理的“家”这一定位，围绕“家世、家风、家庭、家乡”系列主题展开，整合优势资源，将原状陈列与新型展览有机结合，连点成线，从而将枯燥的说教转变为娓娓道来的党性教育教材，转变为一个个生动的故事，党课教育变得生动活泼富

---

［1］ 施豪：《名人故居的保护与利用——基于合肥李鸿章故居的考察》，安徽大学2013年硕士论文。

有实效，党员干部在潜移默化中受到教育与提升。因此，依据定位整合优势资源，连点成线，方能彰显特色。

周恩来故居找准定位，充分发挥特有的伟人党建品牌优势和德育教育基地优势，以“家”为特色，倾力打造优质实境课堂，取得明显成效。在贯彻落实全面从严治党的背景下，深挖党建优势资源，打造特色鲜明的党建品牌，将推动名人故居党建工作焕发新活力，再上新台阶。

（全秋，周恩来故居馆员）

让革命文物“活”起来
让红色资源“动”起来

——以陈云纪念馆为例

郭金雨

摘要：文物是传播文化的重要媒介，是历史文化的遗存，历史发展的见证者。十八大以来，如何让文物“活”起来，充分发挥其文化传播的作用，成为文博行业思考和探索的重要课题。本文以陈云纪念馆为例，从陈列展览、文物研究、讲解宣传、文创开发、“互联网+”文物等方面对其如何让革命文物“活”起来进行探索研究，为其他革命类或人物类场馆如何让文物“活”起来提供借鉴。

关键词：革命文物；陈云；红色；纪念馆

革命文物传承着老一辈革命家的精神风范，见证着党的光辉历程，凝结着党的优良传统，承载着催人奋进的红色故事，是激发爱国热情、振奋民族精神、凝聚人民力量的重要媒介。[1]新时代，新征程，新要求。“把文物保管好、保护好、利用好、传承好”成了文博人的初心和使命。作为名人类纪念馆，陈云纪念馆始终秉承习近平总书记“让收藏在禁宫里的文物、陈列在广阔大地上的遗产、书写在古籍里的文字都活起来”[2]的重

---

[1] 张中俞：《让革命文物说话》，《贵州社会主义学院学报》2017年3月。

[2]《习近平在中共中央政治局第十二次集体学习时强调：建设社会主义文化强国 着力提高国家文化软实力》，《人民日报》2014年1月1日第1版。

要指示精神，高度重视对革命文物的保护和研究，在让文物“活”起来方面进行积极探索，取得较好的成绩。

一、陈列展览是文物“活”起来的有效方式

“藏品架起沟通的桥梁”，是观众与历史对话的载体。要想发挥革命文物彰显红色文化、传承红色基因等价值，举办有特色且富有感染力的陈列展览十分必要。而合理利用、组合文物资源，又可以丰富展览的内容，吸引观众的眼球。

陈云纪念馆作为国家一级博物馆，馆藏文物文献资料共 4 万余件(套)。纪念馆设有基本陈列“陈云生平业绩展”和专题展览“永远的风采——陈云文物展”“陈云与调查研究”“浩然正气垂青史——青浦革命历史展”等，共计展出文物藏品 800 余件（套)。为凸显革命文物内涵和价值，弘扬陈云精神，纪念馆在策展时根据馆藏革命文物特点和背后故事对场馆结构、展览规划和布局、展览内容设计、灯光设计等环节进行了准确定位。并按照文物内在联系进行了优化组合，通过大通柜、课桌式独立柜、柱状独立柜等展柜类型让多件（套）文物组成一个系列，遥相呼应，配以展览中相应图片、文字，革命文物在展柜中即可向观众传递更清晰、更明确、更富有感染力的文物信息，让文物的价值得以初步体现。

同时，纪念馆还充分利用举办临时展览、联合办展、全国巡展等形式，让“沉睡”在文物库房中的藏品文物“活”起来。临时展览不仅主题性强，能贴合时代热点，结合公众需求，展现最新研究成果，突出纪念馆特色，而且更新频率较快，时效性较强。在确保文物安全的前提下，充分借助临时展览这一平台，让沉睡在库房中的文物与观众见面，对于观众更好地理解展览意义，更深刻地了解伟人陈云具有重要作用。为此，2018 年纪念馆结合全面从严治党和改革开放 40 周年等热点，举办了“陈云与中纪委”“陈云与改革开放”“革命伴侣相伴一生——于若木生平事迹展”等临时展览。在这些展览中，许多观众未曾见过的革命文物都露出了真面目，文物得以利用，观众参观的直观性和逻辑性进一

步加强。

加强馆际交流，采用联合办展、巡展等形式，让文物走出去，形成藏品文物资源交流共享也是常见的一种让文物“活”起来的方法。2018年，纪念馆先后在上海鲁迅纪念馆、瑷珲历史陈列馆、武汉中共五大会址等单位推出“不忘初心，牢记使命——陈云与党风廉政建设”专题展。展览不仅内容丰富，图文并茂，而且还展示了多件（套）陈云文物。通过文物背后的故事，观众更能体会陈云在党风廉政建设方面作出的重要贡献及其个人坚强的党性修养。

二、文物故事是文物“活”起来的重要基础

文物承载灿烂文明，传承历史文化，维系民族精神，是历史留给我们的宝贵遗产。“保护文物功在当代、利在千秋。”[1]在陈云诞辰110周年之际，为科学保护和充分利用纪念馆馆藏的4万余件革命文物，纪念馆新建了文物库房，同步开设了陈云文物展，让本来沉睡在库房的文物与观众见面，为文物“活”起来打下了基础。

2015年2月15日，习近平到陕西省西安市调研时指出，要把凝结着中华民族传统文化的文物保护好、管理好，同时也要加强对文物的研究和利用，让历史说话，让文物说话。[2]陈云纪念馆每一件革命文物都是陈云崇高精神的媒介，都有着深厚的内涵价值。让文物“活”起来，让文物说话，关键就是要弄懂革命文物的来龙去脉，挖掘文物背后的故事，研究背后蕴含的历史价值和时代价值。这就需要研究人员对其进行深入挖掘研究。因此，陈云纪念馆在加强文物保护工作的同时，没有放松对文物的研究工作。纪念馆对陈云亲属及身边工作人员等就陈云文物进行过多次采访，并查阅相关档案，对与文物相关的人和事进行了详细考究，对文物本身所承载的政治、文化、历史、教育等多重价值进行深度挖掘，使之具有新的时代意义。研究出的成果通过讲解员声情并茂

---

[1] 龙家有：《保护文物，功在当代利在千秋》，《中国文物报》2016年5月17日第3版。

[2] 转引自王星：《让宝鸡馆藏文物活起来》，《宝鸡日报》2006年5月27日A8版。

的讲述，配以展览中的图文，有利于观众更好了解文物背后或有趣或感人或内涵丰富的故事，精准理解展览的意义。沉寂不语的文物“活”了起来。

同时，陈云纪念馆还将文物研究成果出版成书，《陈云画册》《陈云的故事》以及将要出版的《陈云纪念馆馆藏文物图录》等书籍中都对馆藏文物基本情况及背后故事有所涉猎，方便并加深了读者对文物及伟人陈云的精神风范的学习理解。为扩大革命文物故事的宣传力度、广度，纪念馆还曾积极推出“为民、务实、清廉——陈云文物图片展”。该展览，有陈云穿过三十多年有多处修补的中山装、一只跟随陈云六十多年的旧皮箱、一块伴随陈云人生五十多个春秋的手表、一套打了多个补丁一直穿到晚年的旧睡衣、一部见证了陈云工作辛劳的旧电话机，还有他使用过的普通公文包、算盘、手表、眼镜、放大镜、调查研究时使用过的小马扎等文物图片，充分体现了陈云克己奉公、淡泊名利的高风亮节。与此同时，为方便观众更直接、清晰地了解文物，在开展仪式上，纪念馆精心选取了 20 件文物实物，其中包括陈云生前穿过的服装、使用过的书籍、每月用餐记录本等供观众参观浏览。

三、生动讲解赋予文物“活”起来的生命力

讲解是博物馆一项非常重要的工作，它是“博物馆的窗口”“文物和观众的桥梁”和“文物代言人”。讲解员不仅要把文物（或人物、历史事件）的相关信息通过口头语言对观众进行讲述，而且还要学习文物的特点和背后深刻的内涵，并解答观众参观中的疑惑。

陈云纪念馆作为全国唯一系统展示陈云生平业绩的纪念馆，与自然类、综合类等类型博物馆有所不同，馆内文物都与陈云息息相关，而且到馆参观群众具有特殊性。要想让陈列在展柜中的革命文物富有生命力，让观众走进展览，走进伟人陈云，离不开声情并茂且富有感染力的讲解。这就要求讲解员在讲解中必须投入感情，精炼讲解内容，分众讲解，因材施教，用言简意赅、亲民风趣的语言精准地表达出革命文物的基本情况、特色及背后的故事，传达其蕴含的情怀和精神，联结文物与

伟人，赋予生命人情，让观众一听即明，拉近与观众距离，走进观众，打动观众。

陈云一生热爱评弹，是评弹界的“老听客”。童年时期，陈云常常跟着舅舅去长春园书场内的墙边听不花钱的评弹，也叫听“戤壁书”。由于革命原因，陈云中断了听评弹。直到 1957 年，才又开始接触评弹。在繁忙的工作中能够使他静心休息的就是听评弹。晚年，病痛袭来时能够帮助他缓解痛苦的也是评弹，并在评弹声中走完自己的人生。在讲到陈云与评弹时，讲解员不仅介绍评弹基本知识，介绍陈云一生与评弹的不解之缘，介绍陈云学习评弹时用到的琵琶，还会重点讲述陈云学习评弹的趣味故事，并现场为观众清唱一段评弹。如果观众时间充足，讲解员也会引导至纪念馆复原的评弹艺术馆和长春园书场，聆听评弹艺术家弹唱。有兴趣的观众还可以亲自体验，弹一弹，唱一唱。这样的讲解生动有趣，让文物（或历史）变得立体鲜活，观众在欢乐中更加了解享受有“江南明珠”美誉和国家级非物质文化遗产的评弹文化，了解陈云兴趣爱好，了解生活中的伟人。

同时，讲解员在讲解中还侧重对重点文物和文物重点、亮点的讲述。重点文物重点讲，文物的重点详细讲。比如，对展厅中延安窑洞的讲解，既要将延安生活的艰苦朴素呈现给观众，让观众了解党的历史，又要对伟人陈云与夫人于若木的爱情故事进行重点讲述。从于若木为陈云做的土沙发为引子，重点介绍陈云在洞房给妻子上党课这一段佳话，简单介绍陈云与于若木相识、相知、相爱，患难与共，风雨同舟，相濡以沫，并肩携手一起走过 58 个春秋的过程。土沙发、洞房上党课、一元婚礼的故事，通过讲解员富有感情的讲述，观众既可以了解革命时期延安困难的生存环境，又可以了解在此环境下伟人陈云的情感生活和坚强的党性修养。

四、文创开发是文物“活”起来的重要载体

文创产品是一种艺术衍生品，是设计者对原生艺术品符号意义、美学特征、人文精神、文化元素的解读与重构，是一种新型文化创意产

品。博物馆文创产品不同于普通商品，也不同于其他领域的文创产品。博物馆文创产品不仅制作精美、有创意，雅俗共享，吸引人，而且还体现着特定的历史文脉、博物馆自身属性、所处地区的特色，是设计者根据博物馆馆藏文化资源、地域特色，结合博物馆文物保护和研究、宣传教育、陈列展览等，将历史文化与当代消费理念相结合，凝结着当代人的审美观和文化需求的一种文创产品。它是博物馆展览功能和教育功能的延伸，能够将文化遗存与当代人的生活、审美、需求对接起来。让文物“活”起来激活了历史文物资源的生命力，在对传统文化进行深入挖掘和阐发的基础上进行创造性转化，文创产品无疑是一个鲜活的案例和具体的注脚。[1]

2016 年 5 月，国务院转发文化部等四部委出台的《关于推动文化文物单位文化创意产品开发的若干意见》，从国家层面肯定了博物馆开拓文创事业的必要性和重要性，转变了博物馆人对文创工作的观念。《意见》指出：依托文化文物单位馆藏文化资源，开发各类文化创意产品，是推动中华文化创造性和创新性发展、使中国梦和社会核心价值观更加深入人心的重要途径，是推动中华文化走向世界、提升国家文化软实力的重要渠道，是丰富人民群众精神文化生活、满足多样化消费需求的重要手段，是增强文化文物单位服务能力、提升服务水平、丰富服务内容的必然要求，对推动优秀传统文化与当代文物相适应、与现代社会相协调、推陈出新、以文化人，具有重要意义。[2]

陈云纪念馆一直重视对馆藏文化资源价值内涵和文化元素的深入挖掘，为文创产品的开发提供丰富素材。纪念馆以“云”“竹”“江南风”等为元素，以红色、绿色、古色三色为主题，深入挖掘纪念馆馆藏资源，开发出系列文创产品，涉及馆藏衍生品、实用工具、仿制品、生活用品等，种类日渐丰富，主要涵盖竹制工艺品、算盘、挂轴、U 盘和陈云铜像等为主的系列文创产品，“文具”“摆件”“茶道”“礼品”四大系

---

[1] 王星：《让宝鸡馆藏文物活起来》，《宝鸡日报》2006 年 5 月 27 日 A8 版。

[2] 周劲思等：《让文物活起来，并且永远活下去——在工作中践行习近平总书记讲话，兼顾文物保护与开发利用》，《博物馆研究》2018 年第 1 期。

列为主打产品。产品分为高、中、低三个价位，兼具美观性、实用性、知识性，以适合不同消费群的需求。这些文创产品中尤其以“读书笔记”“青花瓷水笔”深受参观者喜爱，让观众在参观后能够把红色文化带回家。比如“读书笔记”既是实用文具，又具有独特的纪念意义，更是伟人精神的独特缩影。共有两种，且封面“读书笔记”四个字均为陈云真迹。一种采用复古设计：内页特配有多幅珍贵历史照片，全方位记录伟人一生重要时刻；封底特附有伟人书法真迹拉页，展示伟人陈云风采。另一种内页以竹子为背景，并在右上方附上二维码，这些二维码内容全是陈云的经典党建文章，如《怎样做一个共产党员》《论干部政策》等，展示了陈云坚定的理想信念，坚强的党性修养。

“竹”是虚心、正直、廉洁与坚韧等美好品质的象征，也是陈云生前最喜爱的植物，同时象征着陈云的高风亮节。为此，纪念馆专门成立竹艺馆。馆内展示出售的都是用竹子制成的各种产品，从八音盒到各种文创用品，从常见的茶杯、杯垫、相框，到U盘、手机壳等，而且每件产品都工艺精致，设计精巧，让人爱不释手。[1]

陈云长期主管经济工作，一生与算账和算盘结缘，素有“铁算盘”之称。在陈云那里，算盘的意义不断升华，早已不是谋生的小算盘，而是操持国民经济的“大算盘”。纪念馆馆藏的陈云生前领导经济工作时使用过的小算盘即是陈云生前操持国计民生“大算盘”的见证。据此，纪念馆开发了红木算盘这一文创产品，并在文化创意街开设了算盘文化馆，供观众参观学习，领略伟人领导经济工作时的风采，感受伟人为社会主义经济建设作出的重要贡献。

同时，纪念馆还专门成立纪念品商店，并开通网上纪念品商城，使观众实地及网络上均可购得自己喜欢的文创产品。可以说，文创产品是文物“活”起来的重要载体，它使得文物卸去时间的尘埃和神秘的面纱，在公众的生活、审美和需求中搭建起一座文化的桥梁，观众可根据

---

[1] 王震凤：《陈云纪念馆在文化创意上积极探索实践》，《中国文物报》2016年3月15日第8版。

自身兴趣带博物馆回家。

五、“互联网+”技术是文物“活”起来的重要手段

随着科技的不断进步，“互联网+”已经渗透到各个领域。2016年，国家文物局联合国家发展和改革委员会、科学技术部、工业和信息化部、财政部共同印发《“互联网+中华文明”三年行动计划》，旨在将互联网创新成果与文化传承发展深度结合，发挥文物在经济社会发展中的独特价值。可以说，这是从国家层面提出要利用互联网推进文物信息资源开放共享，用“活”文物资源。之后，“互联网+”博物馆成为文博行业的热点话题。以VR、AR、大数据、人工智能等科技手段展现文物所蕴含的历史文化和时代价值的数字博物馆或智慧博物馆在逐步兴起，成为文博行业发展的大趋势。博物馆馆藏文物的展示和传播也正从内容单一、知识灌输、线下传播的单向传递向内容多元、形式多样、兴趣激发、互动共享的综合传播转变。

作为传播红色文化、传承红色基因的革命类纪念馆，陈云纪念馆始终尊重博物馆发展规律，把握博物馆发展方向，紧跟博物馆发展潮流，综合运用合适的科学技术，让观众更方便、更立体地了解馆藏文物，让革命文物“活”起来，红色资源“动”起来。早在2005年，纪念馆就已尝试运用互联网增强和拓展红色文化的传播力度，并建立了数字展厅、虚拟展厅以及藏品在线展示系统等。当时的藏品在线展示系统仅仅是图片和文字的简单组合。如今，纪念馆坚持“以人为本”，以观众需求为驱动，统筹线上线下渠道、网上网下资源，注重“物、人、数据”三者之间的多元信息交互通道，积极探索数字博物馆建设，在“互联网+”文物方面取得一定成效。

陈云纪念馆基本实现互联网全覆盖，并通过门户网站、手机导览App、微信公众号、微博、今日头条等多种渠道，利用新技术、新形式集中展示陈云文物，讲好文物背后的故事。不仅如此，纪念馆还建设了文物数据库、藏品管理系统，开发了文物环境监测系统，为让文物“活”起来打下了坚实的基础。

同时，纪念馆合理运用“互联网+”技术，建设了“数字陈云纪念馆”。“数字陈云纪念馆”以纪念馆实体展馆为原型，通过先进的多媒体技术手段、三维虚拟现实以及Web3D的创新表现方法，实现了馆藏资源、学术研究、宣传教育的现代传播方式，突破了时间和空间的限制。“数字陈云纪念馆”分为七个模块，其分别是革命巡礼、虚拟体验馆、数字藏品、数字文献、互动游戏、纪念品商城以及新闻资讯。随着三维数字化技术的不断发展，文物数字化逐渐成为博物馆建设的大趋势。“数字藏品”栏目，就是运用最新的三维建模技术对馆藏文物进行数字化。观众不仅可以看到图片和文物故事，还可以看到用三维的形式表现出来的藏品。这种虚拟交互的形式使“静”的文物“动”起来，真实还原了文物的整体和细节，外观与内里的多维信息，丰富了文物的展示效果。纪念馆还将文物三维数据与AR、VR技术相结合，在AR、VR项目中嵌入3D文物，在微信公众号平台、门户网站中加入相关链接，供观众多渠道获取文物资源。这些线上互动体验方式，打破了以往伟人纪念馆传统的展示模式，通过线下实地参观体验和线上3D感知体验并驾齐驱的展示模式，进一步调动观众积极性，提升革命传统教育的时效性和便捷性。

为让观众更好地了解展览，了解文物，纪念馆还建立了观众随身智能导览系统。该系统综合利用有线、无线、手机、移动终端等信息传输技术，多媒体、虚拟全景等展示技术，不仅可以为社会公众，特别是来馆参观者提供一个快捷、方便、专业的综合信息查询平台，本身还是一套基于无线移动技术的智能导览系统。该系统既能自动为参观者提供讲解，定位自己所在展厅位置，自主选择参观路线，实现虚拟浏览，还可以查阅纪念馆最新动态、“两学一做”微故事、查看馆藏精品信息等，这些都可以进行分享和收藏。系统还为带孩子的参观者提供寻宝游戏等互动项目，为参观者提供前所未有的全新体验。

新时代，新使命，新征程。革命文物是党和国家历史的见证，是中华民族的宝贵资源。如何让革命文物“活”起来，把红色资源利用好、把红色传统发扬好、把红色基因传承好，是革命类纪念馆人必须肩负的责任和使命。我们一定要牢记使命，认真贯彻落实习近平总书记的重要指示精神，合理利用革命文物资源，深入挖掘革命文物内涵价值，让革命文物真正“活”起来，大力弘扬红色文化，让红色文化成为党群团结一心、干事创业的精神动力，为中国梦的实现发挥价值导向作用。

（郭金雨，陈云纪念馆馆员）

论党史人物类纪念馆社会教育从应知教育向价值观培养的转变

李艳珍

摘要：党史人物类纪念馆是推动爱国主义教育、培养社会主义核心价值观的重要社会教育基地，也是党史人物相关历史资料、文物收集、保藏、研究的重要组织。新时期，随着人民对精神文化生活要求的不断提高和党史人物类纪念馆科研能力的进步等因素影响，党史人物类纪念馆社会教育过程中逐步从注重党史知识应知教育转变为注重在党史资料基础上受众价值观的培养。

关键词：党史人物类纪念馆；价值观培养；应知教育

博物馆是公共文化服务体系的重要组成部分，其中党史人物类纪念馆既有博物馆文物收藏与研究等功能，也有引领价值观塑造、传承红色基因、搭建党史学习平台等特殊作用。在新时期，由于时代发展的需要和游客素质普遍提高等因素，如何定位党史人物类纪念馆功能，如何实现对受众应知应会党史知识认知教育的同时成功地实现与之相应的价值观培养，是党史人物类纪念馆需要研究的课题。

一、党史人物类纪念馆社会教育功能定位演变

1974 年，国际博物馆协会第十一届会议规定：“博物馆是一个不追求营利的、为社会和社会发展服务的、向公众开放的永久性机构，为研

究、教育和欣赏的目的，对人类和人类的见证物进行搜集、保存、研究、传播和展览。”虽然，国际博物馆协会对博物馆的功能定义作出了界定，但各国根据自身国情对博物馆的定义也有自己的界定。中国对于博物馆的定义也经过逐步发展、多次修改，现普遍采用的定义是 1979 年，在全国博物馆工作座谈会上通过的《省、市、自治区博物馆工作条例》，其中明确：“博物馆是文物和标本的主要收藏机构、宣传教育机构和科学研究机构，是我国社会主义科学文化事业的重要组成部分。”[1]可以得知，博物馆的主要功能是收藏、研究、宣传等主要功能。党史人物类纪念馆具备博物馆的一般功能，主要是收藏、展示、研究党史人物相关的文物，纪念党史人物为中华人民共和国的建立和发展所作的贡献，宣传党史人物生平思想。

2004 年，中共中央办公厅、国务院办公厅公布《2004—2010 年全国红色旅游发展规划纲要》，提出红色旅游概念，旨在把红色人文景观和绿色自然景观结合起来、把革命传统教育与促进旅游产业发展结合起来。党史人物类纪念馆作为红色旅游资源的重要组成部分，需要承担旅游中引导学习党史、接受革命传统教育，培养爱国主义精神以及弘扬民族精神等具体的社会教育工作。2008 年 1 月 23 日，中宣部等四部局联合下发《关于全国博物馆、纪念馆免费开放的通知》，明确全国各级文化文物部门归口管理的博物馆、全国爱国主义教育基地均免费开放，党史人物类纪念馆大多在其列。实施免费开放的主要目的是充分发挥博物馆宣传和传播先进文化的重要作用，博物馆重点工作逐步演变成全民学习、终身学习的公共文化服务组织。可见，随着经济发展水平的不断提高，为满足人民对精神文化的追求，博物馆公共文化服务功能日益受到重视。在 20 世纪 80 年代，党史人物类纪念馆刚刚起步不久，工作的重点是党史资料的收集整理以及保藏陈展等。进入 21 世纪，大部分与党史人物相关的基础资料收集基本到位，随着党史工作人才培养体系的逐

[1] 郑新立：《社会主义精神文明建设全书》，经济日报出版社 1992 年版，第 341 页。

步完善，党史人物类纪念馆党史研究人才逐步充实，在相对发展的经济水平下游客对纪念馆社会教育水平的要求也相对提高，党史人物类纪念馆的重点工作更加偏向文物研究与社会教育等，在 2015 年《博物馆条例》中博物馆的教育职能被提到首位，博物馆将成为学校以外的重要教育基地，社会教育功能被进一步强调。

依据 2004 年制定的《2004—2010 年红色旅游发展规划纲要》，其明确红色旅游的基本方针，初步构建红色旅游的总体布局。2011—2015 年的规划，明确红色旅游景区规范建设的具体方针政策。2016—2020 年的规划，着重强调挖掘红色旅游资源精神内涵、人才队伍建设、凸显教育功能、拓宽红色旅游宣传等功能。红色旅游的发展逐步从保藏和基础知识传递深入到研究及更深层次研究成果转化为社会教育资源的标准。党史人物类纪念馆在现阶段也需要更加注重党史资料的研究挖掘，以及将研究成果转化为社会教育资源的工作。

二、党史人物类纪念馆社会教育中应知教育与价值观培养的逻辑联系

博物馆的社会教育功能一方面要传递相关的知识，另一方面要促使游客形成与博物馆相关社会教育内容传递一致的价值观。对于党史人物类纪念馆而言，保障与党史人物相关应知应会知识的传递是基础。党史人物类纪念馆均有与人物相关的生平事迹基本陈列展览，并有专业的讲解员负责讲解，以确保游客通过参观对党史人物生平有基础了解，例如，毛泽东纪念馆、刘少奇纪念馆等。而传授党史知识只是基础，如何通过基础知识的传授培养与之相对应的价值观才是社会教育的目的。对党史知识的认知与价值观的形成、外化于行为的过程，是信息的输入与输出的过程，由于对信息的加工受到个体主观认知水平的影响，所以个体接收相同的党史知识并不一定形成相同的认知。对党史人物生平思想进行研究与宣传是党史人物类纪念馆的重要职责，但最大限度发挥公共文化在推进核心价值观培育中的作用也是作为爱国主义教育基地的重要职责。要实现党史人物相关知识的传播与价值观培养的有效融合，必须

厘清两者之间的逻辑关系。

关于党史人物应知历史知识的传授，是促成游客形成与之相对应价值观的前提。党史资料与研究成果要转化成社会教育资源，要以党史资料和研究成果为基础研发相关教育产品和教育方式。受众首先要顺利接收传授者所传达的相关历史知识，接收与传授的一致性越高越有利于与之相对应的价值观培养。但接收历史知识的能力与受众的主观认知水平的影响极大，一般而言，受众对相关历史知识认知水平越高，那么对传授者所表达的历史知识的理解、认知就越迅速、深刻。

由于党史人物类纪念馆是对特定党史人物的生平思想进行研究宣传，因而一般情况下传授的党史应知知识是既定的。价值观的培养能否达到理想效果主要考虑的是受众的信息接收与加工的实际情况，所以，如果想在价值观培养方面取得理想效果，党史人物类纪念馆的党史知识传播要更侧重于分析所面对游客的党史知识水平，从立场上以受众视角和价值观培养为导向，而不能单纯地罗列和简述党史知识。以价值观培养为导向梳理党史人物应知历史知识，会面临的一个难题是受众对于历史认知水平参差不齐，因而，进行有效的价值观培养必须对社会教育的对象以历史认知水平为基础进行区分。而党史人物类纪念馆社会教育所面临的受众有大众化的特点，许多社会教育产品无法自主选择对象，比如，陈列展览、纪念场馆等。因此，党史人物类纪念馆实现有效的价值观培养必须是综合了党史人物应知应会的相关历史知识与受众基本历史认知水平的教育内容研发和教育方式。

三、党史人物类纪念馆社会教育从应知教育向价值观培养转变的背景

随着社会经济水平和人民精神生活水平逐步提高，进入新时代，党史人物类纪念馆实现价值培养的社会教育既面临机遇，也面临挑战。

一方面，党史人物类纪念馆历史知识、受众认知水平、政策环境等方面有利于社会教育价值观培养。进入新时代，意味着旧的时代已经过去，许多与党史人物相关的历史知识已在学术界有了定论，意味着社会

教育产品研发所依赖的党史应知应会知识真实性和可靠度高，并且存在争议和误解的知识盲区相对少，经历了几十年的发展，党史人物类纪念馆相关历史资料搜集也相对完整。同时，在不断地搜集整理和开发党史资料的过程中，党史人物类纪念馆研发社会教育产品、对外宣传等能力也在逐步提高，可以自主进行陈列展览、党课研发等社会教育产品制作。党史人物类纪念馆面对的主要受众是青少年、党员等，这类群体的党史认知水平、理解能力在不断提升。

另一方面，党史人物类纪念馆对价值观的培养也受到价值多元化、党史信息多样化、市场竞争娱乐化等因素的制约。进入新时期，网络缩短了国家之间、人与人之间的距离，市场经济不断发展，人民的思想日益呈现多样化的趋势，改革开放以前在西方比较突出的拜金主义、享乐主义等不良价值观渗入国内。在网络信息时代，网络上对于党史人物和事件所传播的信息不实、价值取向扭曲的现象比较常见，导致部分受众对党史人物知识的了解一知半解或者零碎片面，在接受党史人物类纪念馆价值观教育之前，已经接受了不利于正确价值观培养的相关信息。基于网络使用的经验，部分受众对党史人物类纪念馆传播的信息会无意识地进行质疑，这就对社会教育价值培养所选择的内容与方式提出了更高的要求。同时，博物馆的社会教育绝大部分是以相对休闲的方式进入大众的生活，党史人物类纪念馆在市场竞争的条件下对于社会教育产品的研发不得不兼顾娱乐吸睛的效果，而受众接受博物馆社会教育的时间又相对有限，因此，必定在一定程度上影响内容的质量与数量。

四、党史人物类纪念馆实现价值教育的基本要素

“博物馆教育的效果如何，最终是取决于博物馆社教人员的实践水平以及观众的受教程度来判断的。”[1]从应知知识传授到以价值观培养为主要目标的社会教育服务，实质上是对党史人物类纪念馆社会教育服务在人才培养、教育产品与教学方式等方面提出了更高的要求。

---

[1] 齐吉祥：《试论博物馆教育的主体和客体》，《中国文物研究》2006 年第 4 期。

要实现社会教育价值培养的目标，必须注重综合型人才培养。不论是从社会教育产品的研发角度还是从教育实际操作的角度而言，实现社会教育价值观培养是整理已有的党史资料进行传授以影响受众的情感、意志的过程。党史人物类纪念馆要针对当下社会大众对党史人物的普遍认知实事求是地研发社会教育产品。同时，针对社会教育产品中的不足以及时事热点或者受众水平的变化与时俱进地进行更新。党史人物类纪念馆社会教育人才兼具党史研究工作与教育工作双重知识素养和实操技能。党史人物类纪念馆构建适应社会教育发展的人才体系十分必要。

以专业人才体系为基础，进行社会教育产品研发的关键在于立足受众为核心的产品设计。美国博物馆学家 G·海（G. Hei）曾经提出，参观者在类似于博物馆的环境中会根据已有的经验和兴趣进行选择性学习。陈列展览、讲解词、党课等是党史人物类纪念馆社会教育内容的主要载体，要受众能够自主地接收信息并且以此对情感、意志进行塑造，就必须提供有利于受众自主学习的内容。但在实际中，任何一种社会教育产品都不可能适应所有的受众，因此，要在产品研发中实现真正意义上的受众立场，必须对产品进行分类。总体而言，党史人物类纪念馆的社会教育产品可以简单分为大众化和专业性两类。首先，党史人物类纪念馆必须依据来馆参观游客的整体情况，提供包含翔实全面知识点的社会教育产品，比如，主体陈列、辅助陈列等。这类社会教育产品要注重党史人物研究科学的整合性，既要包括党史人物相关的应知应会党史知识又要包括前沿科研成果，以确保受众面的广泛覆盖。其次，党史人物类纪念馆必须研发适应不同认知层次受众的个性化社会教育产品，比如，专题党课、特别活动等。这类产品的研发首先要定位针对的受众，党史类人物纪念馆的受众，大致可以分为青少年、单位党员、旅游团、散客等类型。个性化社会教育产品，分基础型与研究型，基础型的产品注重趣味性以调动受众的积极性，研究型的产品注重前沿研究成果的运用，这样就可以基本满足党史认知水平较低和较好的不同受众。

社会教育产品教育方式的选择，要立足兴趣和历史唯物主义思维培养的基本理念。教育方式方法的设计在顺利地传递内容之外最重要的是如何培养受众对党史人物的兴趣和历史唯物主义思维方式，在实操中要注重过程多于结果。党史人物类纪念馆的社会教育价值观培养最终要回归受众的现实生活。因此，真正有效的价值观培养不是简单地对党史人物相关历史知识的认可与记忆，而是以此为基础实现受众的价值认同，更进一步形成有助于正确价值观塑造的历史唯物主义思维方式。

（李艳珍，刘少奇同志纪念馆馆员）

挖掘博物馆文化资源 增强社会教育功能

——以陈云纪念馆为例

杜 娟

摘要：社会教育是博物馆的重要职能之一。陈云纪念馆作为人物类博物馆，具有丰富的社会教育资源，陈云纪念馆结合自身实际，利用教育资源，在完善陈列展览、探索讲解模式、加强研究成果、创作文艺作品和搭建网络平台等方面，对纪念馆社会教育工作进行了积极有效的探索。博物馆要进一步完善自身的社会教育功能，开发原创性专题巡展，积极拓展教育空间；关注观众个性需求，提高教育的有效性；加强文物研究工作，深入挖掘教育内涵；丰富衍生产品项目，增强教育的感染力；线上与线下相结合，拓展教育受众的广度，努力促使博物馆社会教育工作向专业化、特色化和现代化方向发展。

关键词：博物馆；文化资源；陈云纪念馆；社会教育

博物馆是社会主义科学文化教育事业的一个重要组成部分，兼有文物收藏、宣传教育和科学研究三大职能。2015 年 3 月 20 日公布的《博物馆条例》第一章“总则”中明确规定了博物馆教育、研究和欣赏三大目的，并将教育提到了首位。可见，教育贯穿于整个博物馆业务工作中，在三大职能中处于核心地位，是博物馆的根本特征和最终目的。

一、陈云纪念馆具有丰富的社会教育资源

陈云纪念馆社会教育资源内涵丰富、形式多样，这些文化资源和教育资源不仅蕴含着中国优秀传统文化，同时也是新时代中国特色社会主义文化的重要载体，是中国社会文化的重要组成部分，在开展社会教育方面具有独特价值。对这些文化资源深入挖掘，弘扬资源背后的革命精神，使其发挥时代价值，是当前纪念馆强化社会教育功能，拓展社会服务的重要举措。

（一）以陈云故居和江南古镇等历史遗址为依托的三色文化资源

陈云纪念馆集红色文化、革命文化、传统文化、建筑文化于一身，坐落于陈云出生地——茭白之乡、千年古镇——上海市青浦区练塘镇，依托陈云故居而建立，北依市河，南临西塘港，建筑设计体现着江南特色，与故居及周边的民间建筑保持风格一致，形成丰富的建筑群，展现出独特的魅力。在此基础上，陈云纪念馆还积极拓展场地，丰富馆内资源，先后建立了陈云生平业绩展、市民墙、领袖铜像馆、三里塘书局、茭白叶编织馆、评弹艺术馆、伟人足迹馆、长春园、算盘文化馆、游船足迹体验等多个参观体验场所，并配备了相对齐全的软件和硬件设施，形成了集参观、教育、体验、休闲于一体的“一馆多点”的资源整合联动式发展模式。因此，依托历史遗留下来的革命遗址和周边建筑等器物资源而存在的陈云纪念馆，成为融自然景观、人文景观、历史文物、革命旧址为一体的社会教育场所。

（二）以陈云生平和陈云精神为内涵的党史教育资源

陈云是伟大的无产阶级革命家、政治家，杰出的马克思主义者，中国社会主义经济建设的重要开创者和奠基人，党和国家久经考验的卓越领导人，是以毛泽东为核心的党的第一代中央领导集体和以邓小平为核心的党的第二代中央领导集体的重要成员。他经历了我们党领导人民进行革命、建设、改革开放各个历史时期几乎所有重大事件，参与了党中央在不同历史时期一系列重大决策的制定和实施，多次在党和人民事业发展的关键时刻、在党和国家的重大决策中发挥重要的作用，为中国人

民解放事业的开展和成功，为我国社会主义制度的建立和巩固，为我国改革开放和社会主义现代化事业的开创和发展，建立了不朽功勋。因此，陈云 70 年的革命生涯就是中国共产党历史的生动反映，从一个历史人物的个体角度补充了整个中国共产党的历史。陈云作为 20 世纪中国苦难而辉煌的历史进程中涌现出来的优秀共产党人，他身上所表现出来的坚定理想信念、坚强党性原则、求真务实作风、朴素公仆情怀、勤奋学习精神，理应成为新时代广大党员干部群众学习的必修课，是珍贵的党史教育资源。

（三）以《随军西行见闻录》等文物为历史借鉴的革命文物资源

陈云纪念馆拥有陈云相关文物 4 万多件，这些文物都是中国革命的见证，是中国优秀革命传统和爱国主义教育的优质资源。一支铅笔头，已经用到握不住，他还舍不得扔掉；一条毛巾，已经磨了四个洞，他还继续使用；一只普通的搪瓷杯，仅用一杯水，就够他洗一次头发。他撰写的《遵义政治局扩大会议传达提纲》成为中国革命从失败走向成功的历史转折关头一份弥足珍贵的历史文献；他撰写的《随军西行见闻录》，第一次向世界宣传了中国工农红军长征的情况，比我们熟知的斯诺的《红星照耀中国》还要早半个世纪；他撰写的《怎样做一个共产党员》，在党的历史上第一次比较完整地提出了共产党员的标准。这些文物资源都是历史留给我们后人的宝贵财富，是中国优秀革命传统的生动体现。陈云纪念馆作为全国爱国主义教育基地，不仅要收藏展示这些文物，更需要进一步深入挖掘文物背后的故事和价值，将这些丰富的资源由器物层面转化到精神层面。从历史遗物中汲取时代价值，在传承革命精神的历史使命中，借助实物真正以文化人、以文育人。

（四）以家庭和睦和“三不准”家规为主的家风家训资源

陈云生活在中国社会半殖民地、半封建不断加深的时代，1905 年出生在一个贫苦的农民家庭，生活在社会最底层，饱尝生活艰辛。出生时，家里一无房产，二无田地，只有一张桌子和几把椅子。后来，又两岁丧父、四岁丧母、六岁时外婆也去世了，不幸的童年经历和贫苦的生活环境，培养了陈云不屈不挠的坚毅性格，但同时他也特别期盼有一个完整和睦的“家庭”。在1938年组建了自己的小家庭后，陈云倍感珍惜，对妻子于若木，他真心相待，二人携手一起走过58个春秋；对五个子女，他教导有方，要求他们读好书、做好人。1949年后，作为党和国家领导人的陈云始终坚持遵守纪律、以身作则、以严治家，通过家庭“制度化”的建设，订立了“三不准”家规，规范并约束了家人的行为，他的家属并没有因为他的职务之便在工作和生活中获得任何特权。因此，陈云在重视家风建设、培育优良家风、强调干部作用、丰富家风思想等方面的许多思想和实践，对新形势下领导干部树立正确的亲情观、权力观、利益观，整顿党风政风，促进社会发展具有重要的启示意义。

二、陈云纪念馆开展社会教育工作的主要实践

陈云纪念馆自2000年6月开馆以来，一直以研究、宣传、展示和弘扬陈云同志的光辉思想、丰功伟绩和人格风范为己任，成为党员干部理想信念教育的重要场所、人民群众爱国主义教育的重要阵地、青少年革命传统教育的重要课堂。为进一步提升红色文化传播的吸引力、感染力和影响力，陈云纪念馆自觉承担起打造陈云文献挖掘高地、思想研究高地、精神宣传高地、风范展示高地的重要任务，对纪念馆宣传红色文化、强化社会教育进行了积极有效的探索。

（一）完善陈列展览，突出社会教育的基本阵地

2015年陈云纪念馆以陈云诞辰110周年为契机，对陈云生平业绩展进行了重新改陈。经过一年多时间的闭馆改造，于2015年6月2日陈云诞辰110周年前夕正式向社会开放。新改成的展览以时间为线索，以中国社会的变迁为时代背景，通过大量珍贵的照片、文献资料、实物、多媒体、场景复原、大型艺术作品等多种陈列手法，生动再现了陈云伟大光辉的一生，突出展示了陈云作为党的两代中央领导集体重要成员在中国革命、建设、改革三个历史时期所作出的卓越贡献，并从中折射出中国共产党不断发展壮大的历程。整个展览，展线流畅、内容丰富、布展方式多样，共有三大展厅，13个部分，49个小组，图片550张，文献资料207件，实物100余件。其中30张珍贵历史照片首次展现，40

件实物为新增，其大气磅礴的展览氛围、精雕细琢的艺术工艺和别出心裁的陈列方式，得到领导、陈云亲属和专家的充分肯定，赢得社会各界的普遍好评。

除主馆改陈外，陈云纪念馆还新建了陈云文物馆，新增了陈云文物展。2007 年，陈云纪念馆接收了陈云亲属捐赠的关于陈云的 4 万余件遗物。为了能够科学保护并充分利用这批珍贵文物，使文物真正“活”起来，陈云纪念馆于 2015 年新建了文物库房，并精心挑选了 700 余件珍贵的文物、88 张照片，开设了陈云文物展。文物馆主要从陈云日常生活等细微之处入手，展现了陈云在清廉自律、情真意切、广学善思和高雅情趣等方面的历史记忆，拉近了与民众之间的距离，让观众感受到浓厚的感染力和亲和力，极具教育意义。

（二）探索讲解模式，架设社会教育的沟通桥梁

讲解服务是纪念馆对广大人民群众进行宣传教育最基本的方式，是贯穿于纪念馆发展始终的一项业务工作，也是纪念馆陈列展览内容的延伸和补充。专业讲解员作为观众与展览“沟通”的桥梁，通过恰到好处地渲染历史背景和气氛，声情并茂地讲述历史事件和过程，把纪念馆展出的文物、史料等信息内容传递给观众，并逐步引导他们加深对展览内涵的理解和认识，从而实现纪念馆宣传教育的功能与目的。为架设社会教育的沟通桥梁，陈云纪念馆宣教工作人员勇于实践创新，不仅探索出了一条新老讲解员“传、帮、带”的路子，还充分发挥了每个宣教工作人员的主动性和创造性，根据多年的讲解经验和与观众直接打交道的实践，结合自己对陈列大纲与展览的理解，参与讲解词的撰写工作，独立撰写具有自身讲解特色的讲解词。他们还秉持严谨认真的工作作风和对劳动成果精益求精的精神，通过举办宣教工作经验交流会，各抒己见，交流心得，虚心请教学习，积极吸收有益经验，不断补充完善自己的讲解版本，使得每个讲解员在宣教工作中形成各自的经验、理论、特色和风格，做到人人解说有特色，个个讲解有新意。

（三）加强研究成果，提供社会教育的专业教材

纪念馆宣传教育功能的实现，不仅是宣教工作人员的使命，同时也是纪念馆每个业务部门的职责。学术研究作为纪念馆一项重要的职能，它不仅是一项业务、一种功能，更是纪念馆宣传教育的重要手段。2014年至2015年，在不到一年的时间里，中国社会科学院当代中国研究所陈云研究中心、中央文献研究室陈云思想生平研究中心等全国性陈云研究机构先后成立；近几年，为壮大科研力量，陈云纪念馆积极引进人才，积极梳理现有的研究成果，参与学术交流。随着陈云纪念馆编研队伍的不断发展壮大，学术机构的相继建立完善，陈云纪念馆的课题研究、学术研讨和刊物出版开始呈现常态化发展趋势。2007年至2019年，陈云纪念馆与中国社会科学院当代中国研究所合作，连续举办了13届“陈云与当代中国”学术研讨会。2012年，陈云纪念馆还先后承担了“陈云党建思想与执政党建设研究”等5个国家级和省部级课题，并借助上海市哲学社会规划办和上海市委党史研究室等平台，公开向全国学术界进行课题招标，其中有22个课题中标。近年来，陈云纪念馆还先后出版《陈云生平研究》《陈云党建思想研究》《陈云经济思想研究》《陈云家风》《陈云书风》《向陈云学习》《于若木画传》等书籍，进一步提升陈云纪念馆的社会影响力，深化红色文化的教育内涵。

（四）创作文艺作品，丰富社会教育的新鲜素材

为使宣传教育寓教于乐，动静结合，陈云纪念馆在紧扣馆内基本陈列、继承传统讲解手段的基础上，结合地域文化特色，深入挖掘重大历史事件背后的故事，与相关文艺单位合作打造了一批精品力作，推出了电视文献片《陈云的故事》、电视剧《陈云》、评弹《海上吴音报春晖》、话剧《共和国掌柜》、木偶剧《童年的足迹》等文艺作品。同时，在上海市文联专业团队的指导下，陈云纪念馆充分发挥馆员特长，广泛利用现代科技手段，融入说唱、表演等多种文艺表现形式，对传统节目内容在尊重历史的基础上，进行合理改编，编排了一批诗朗诵、情景剧和微故事等文艺节目，多次走进学校、社区和全国陈云纪念地巡演，通过艺术形式再现陈云风采，诠释了伟人精神。这些丰富多彩的文艺节目，具有较强的观赏性，使观众在潜移默化中接受了教育。

（五）借助网络宣传，搭建社会教育的在线平台

随着新媒体的发展，陈云纪念馆从创新社会宣传手段方面着手，注重在拓展教育对象上下功夫，建立数字纪念馆，以数字化形式向网络拓展，充分利用新闻媒体和网络进行宣传。除了建立官方网站外，陈云纪念馆还开通了微博、微信，在线推送陈云生平和思想的微展览、微藏品和微故事。配合实体纪念馆展陈的更新，开发手机导览 App 和数字纪念馆，使社会观众可以足不出户、不受时空限制地参观展览、观看电视片、聆听党课、学习陈云著作，大大提升了革命传统教育的时效性和便捷性。同时，陈云纪念馆以陈云生平业绩为主线，结合当今社会流行的一些时尚元素，设计了融知识性和趣味性为一体的 3D 网络游戏，观众可以凭借自己对陈云纪念馆的了解和认知，进行游戏闯关活动，一步步得到积分，进而获得纪念馆赠送的各种文化创意产品等奖励。这样，不仅激发了广大观众参与纪念馆活动的热情和兴趣，同时也给观众提供了意义深刻的精神食粮和生动教材，使观众在潜移默化中受到教育、得到启发，实现了纪念馆与社会公众之间的双向互动，进而也实现了纪念馆宣传教育的功能。

三、进一步完善博物馆社会教育功能的措施

每一个博物馆都拥有丰富的教育资源和现实的教育使命。尤其是革命纪念馆，不仅具有革命时期留下的革命遗址资源、革命文物资源和革命精神资源等丰富的文化资源，同时这些资源还具有特定的时代特征、鲜明的场馆特色和极强的文化感染力，纪念馆有责任将这些极具特色的物质资源和精神资源进一步加以保护利用，完善自身的社会教育功能。

（一）开发原创性专题巡展，积极拓展教育空间

由于陈云纪念馆地处郊区，制约着来现场接受教育的观众人数，同时由于场馆空间和基本陈展已经基本固定，短期内不可能进行大规模的改陈，可接待的观众和人次在馆内也很难再有所突破。因此，陈云纪念馆应立足于陈云生平业绩展和陈云文物展等固定陈列展览的基础阵地，积极以专题巡展的形式，拓展馆外教育的场所和空间。虽然纪念馆先后

开发了陈云与党风廉政展、陈云精神风范展、陈云读书展等原创性展览，但是展览的质量有待进一步提高，巡展次数和场馆也非常有限，应进一步利用重大历史事件和重大纪念日的时间节点，结合新时代主题教育活动，加强原创性专题展览的开发与宣传，积极探索以专题巡展为载体的宣传教育途径，依托巡回展览，坚持“走出去”和“引进来”相结合，每年推出一些特色展览向社会拓展，把专题展览送到上海各大高校、街镇、机关、乡村、地铁车站、企业和军营等地进行巡回展出，并配套开发出诵读红色故事、欣赏评弹演出、观看红色经典等一系列主题活动，以满足上海各界群众就近学习党史和享受文化服务的需求。同时，陈云在 70 余年的革命生涯中留下的光辉足迹遍及全国各地 30 余处。陈云纪念馆应进一步整合各纪念地资源，充分利用展览资源，以馆外有馆形式向全国纪念地拓展。尽管纪念馆已在新疆乌鲁木齐、吉林白山、贵州遵义和上海松江新浜、静安区淞浦特委等 10 处纪念地开辟了“馆外馆”，但就宣传教育力度来说远远不够，馆外相关资源还需进一步利用整合，有计划地向全国纪念地推出专题巡展，积极拓展教育空间，不仅将纪念馆的社会教育功能在上海市真正全面铺开，还要将社会教育功能延伸到全国各地。

（二）关注观众个性需求，提高教育的有效性

为提高社会教育的有效性，陈云纪念馆宣教工作人员不仅要发挥主动性，撰写适合自己风格的讲解词，更要改变传统的宣教服务观念，了解观众的受教需求，跳出之前按照时间、地点、人物的单一讲解框架，改变以往“我讲你听”照本宣科地背诵讲解词的讲解模式，根据参观人群的不同特点和知识结构等因素提供多种讲解版本，真正做到因人施讲，满足不同层次受众的需求。比如，纪念馆讲解版本至少可以分为注重通俗性和简洁性的群众版本，注重趣味性和教育性的学生版本，注重政治性和思想性的党员版本，以及注重学术性和理论性的专家版本等几种。对领导干部，要重点讲解陈云为民、务实、清廉的党性修养；对一般观众，要重点讲解陈云的亲情友情、生活兴趣爱好等；对青少年，则可重点讲解陈云少年时期的励志故事。不仅如此，还应根据观众的实际情况与需求，在讲解词的时长上做区分，包含 30 分钟、60 分钟、90 分钟和 120 分钟等多种时长的讲解。这样，可以用自己丰富的知识满足各种知识结构的观众需求，不仅有利于实现从“千人一面”的讲解到“因人施讲”的转变，同时可以进一步提高纪念馆社会教育工作的针对性和有效性，强化社会教育功能。

（三）加强文物研究工作，深入挖掘教育内涵

充分发挥纪念馆学术资源优势，方可深入挖掘纪念馆红色文化的教育内涵，推动纪念馆的长远发展。陈云纪念馆学术研究不仅包括陈云生平思想研究，还包括博物馆知识和规律、馆藏文物资料、青浦革命史，以及陈列展览表达方式和手段等多个方面的研究内容，但就研究情况来看，纪念馆主要是以陈云生平思想研究为重点，对文博相关规律和馆藏文物资料的研究严重不足。尤其是陈云纪念馆作为陈云文物收藏中心，虽然珍藏了 4 万多件丰富的文物，但是真正陈展出来的文物却很少，大多数文物“沉睡”在不见天日的库房，在展出环境和条件不具备的情况下，更需要文物研究，挖掘文物背后的故事和内涵，并以“新材料、新观点、新成果、新文物”为编辑特色，进一步推出一系列学术研究成果和书籍，真正体现出文物的教育价值，扩大阅读群体，努力将学术成果转化为社会大众可阅读的党史读物、普通观众可享受的公共文化资源。

（四）丰富衍生产品项目，加强教育的感染力

陈云纪念馆具有丰富的社会教育资源，但这些资源的利用率却没有充分发挥出来，教育意义还有待挖掘，这就要求纪念馆在原有基础上，利用馆内丰富的教育资源继续开发出一系列衍生产品和项目，推出众多观众喜闻乐见的文化宣传教育节目，并将资源本身教育内涵吸纳到节目之中，注重教育过程中观众的参与感和互动性，真正寓教于乐。同时，在国家对博物馆做好“文化生意”政策的鼓励下，陈云纪念馆在保证根本社会效益的前提下，应努力依托馆内外丰富的文化文物资源，通过以文补文、以馆养馆、广开门路，以文化创意为特色，积极开发文化创意街，经营文创产品，大力发展文化产业，在增强博物馆自身造血能力的同时，为百姓提供更多更好的公共文化服务，以满足观众在参观后把

“纪念馆”带回家的愿望，这样，不仅可以实现纪念馆社会效益和经济效益的双丰收，还有利于提升陈云纪念馆宣传教育的感染力，推进纪念馆宣传教育工作的持续性发展。

（五）线上与线下相结合，拓展教育受众的广度

如今网络不仅是信息传播的方式，而且已经成为人们日常的生活方式，在共享生活方式下，博物馆要顺应时代，充分利用“互联网＋”的优势，坚持线上与线下相结合的社会教育模式，在网上复制完整的教育资源，建立馆内资料数据库，不仅可以让观众参观基本的线上展览，还可以在网上阅读、倾听故事、浏览文物、观看演出、购买文创、享受成果。同时，还要打造与线下真实的共享生活场景互动，开发线上党课，定期与受众群体在线互动，扩大博物馆社会教育的受众面，尤其要吸引更多的年轻人来接受党史教育，参与博物馆的社会教育工作，真正推动红色场馆教育成为全民热。

总之，博物馆要进一步结合自身实际，找准新时代博物馆宣传教育的功能定位，借鉴其他馆宣教工作的先进管理经验，综合采用活动、传播、传承、创新等各种直接或间接的宣传手段，深挖教育资源，加强对外合作，注重独创性展览，强化教育功能，以优美环境、丰富藏品、动人故事、学术成果吸引更多观众，积极探寻博物馆宣传教育可持续发展的新路子，促进博物馆社会教育向专业化、特色化和现代化方向发展。

（杜娟，陈云纪念馆馆员）

老舍抗战文艺精神的当代传承

——以重庆四世同堂纪念馆宣教功能的发挥为例

汤　怡　陆韵羽　莫　骄

摘要：在抗日战争中，许多文艺工作者，以手中的笔为武器，以作品为唤醒民众的号角，鼓舞民众抗战的士气，唤醒并塑造中华民族不屈的精神。他们用文艺这一形式，开辟了抗击日军的重要战场，文艺是鼓舞人民的号角和对敌斗争的利器。其中，老舍在北碚开始创作的《四世同堂》便是最为优秀和伟大的作品之一，而四世同堂纪念馆作为《四世同堂》的诞生地，在传承和发扬老舍抗战文艺精神方面起到特殊作用。

关键词：老舍；纪念馆；保护性再利用

抗日战争，是中华民族救亡图存、不屈不挠、团结战斗并取得最后胜利的壮丽史诗。在这部史诗中，有广大文艺工作者在抗敌洪流中奋勇前行的足音，有他们昂扬的呐喊。许多文艺工作者，以手中的笔为武器，以作品为唤醒民众的号角，鼓舞民众抗战的士气，唤醒并塑造中华民族不屈的精神。他们用文艺这一形式，开辟了抗击日军的重要战场，文艺是鼓舞人民的号角和对敌斗争的利器。

其中，老舍在重庆北碚开始创作的《四世同堂》便是最为伟大的作品之一，老舍自己认为《四世同堂》是“从事抗战文艺的一个纪念品”。这部鸿篇巨制用细腻的笔触，真实地展现了抗战时期沦陷区民众的苦难生活，让我们看见中华儿女如何在日军的铁蹄下度过艰难的岁月，如何通过不屈的抗争屹立在东方。同时，《四世同堂》也通过重庆报纸和上海《小说》月刊的连载，为抗战的中国带去鼓舞的力量。从这个意义出发，无论怎样赞美《四世同堂》，都不为过。而今天，如何传承和发扬老舍伟大的抗战文艺精神，便成为值得我们思考的课题。

《四世同堂》诞生于重庆北碚老舍旧居，抗战时期，一大批文化、政治、工商界闻人来到北碚，他们在这里创作、生活，留下了丰富的历史文化遗迹。北碚老舍旧居便是其中最具代表性的一处，又因其作为《四世同堂》的诞生地承载了特殊的意义，2010 年，北碚老舍旧居正式挂牌“四世同堂纪念馆”，以彰显其在抗战文艺中的特殊地位。

一、老舍与多鼠斋

老舍（1899—1966），本名舒庆春，字舍予，北京满族正红旗人，中国现代著名小说家、文学家、戏剧家。老舍一生写了 800 余万字的作品，被称为“人民艺术家”。[1]

抗战时期他曾在重庆生活、工作和写作。1940 年，老舍先生来到重庆，先后居于大梁子青年会、白象街 88 号《新蜀报》报社、南泉，直到 1943 年，老舍才携刚刚到达北碚的妻儿住进了重庆北碚蔡锷路 24 号(今天生新村 61 号）的房子里，一直到 1946 年赴美讲学，在这里寓居 3 年，这使此地成为老舍先生在渝期间居住时间最久同时也是保存最为完好的一处旧居，这就是今天的北碚老舍旧居暨四世同堂纪念馆。

此屋系 1940 年 6 月，林语堂回国定居时购买，7 月被日本飞机轰炸，房舍部分破损，刚修复好，林语堂又奉命出国。1940 年 8 月林语堂离碚，临行前将其赠送给“中华全国文艺界抗敌协会”做北碚办公处。[2]1943 年，因中华全国文艺界抗敌协会重庆总会被日机轰炸，总会的大部分活动也移到北碚举行，这里也就成了抗战后期重庆乃至全国

---

[1] 徐德明：《图本老舍传》，长春出版社 2012 年版。

[2] 大金金、靖艾屏：《老舍的北碚旧居“老鼠斋”中的生花妙笔》，《城市地理》2012 年第 5 期。

文化活动中心，常来此的主要有梁实秋、以群、郭沫若、田汉、艾青、光未然、姚逢子、肖红、赵清阁等文化名人。

在老舍的笔下，该旧居叫作“多鼠斋”，老舍在《多鼠斋杂谈》中写道：“多鼠斋的老鼠并不见得比别家的更多，不过也不比别处的少就是了。前些天，柳条包内，棉袍之上，毛衣之下，又生了一窝。”[1]老舍还以幽默的口吻在书中提到，“多鼠斋”内的老鼠成群结队，不仅啃烂家具，偷吃食品，还经常拖走书稿等物，一次家中棋子被老鼠偷走11颗，害得他们几个月没下棋，日军轰炸时，棋子竟然从房顶上掉了下来，一数，不多不少，正好11颗。[2]

在这样艰苦的条件下，老舍先生在此居住了三年多的时间。在这短短三年多的时间里，老舍先生创作了大量抗战文学作品：包括长篇抗战小说《火葬》，《四世同堂》的第一部和第二部；《八方风雨》《民主世界》；短篇小说《一筒炮台烟》《贫血集》等；话剧《桃李春风》《王老虎》《张自忠》等，以及散文、诗歌、曲艺等共计近两百万字的各种作品。同时，还以“多鼠斋”为题，连续在《新民报晚刊·西方夜谈》上发表有《多鼠斋杂文》12篇。[3]

二、四世同堂纪念馆概况

四世同堂纪念馆设于修缮后的北碚老舍旧居（即多鼠斋）内，位于今重庆市北碚区天生新村63号附32号。房舍系砖木结构的川东民居，一楼一底共8间，面积约120平方米，灰色砖墙，上覆青瓦，桐荫扶疏，环境静谧，外观古朴素雅。这栋被老舍先生称为“多鼠斋”的房屋，其正门左侧的一间房间便是老舍的书房兼卧室，老舍曾在《多鼠斋杂谈》中提到，该屋西墙开窗，夏天的墙壁简直可以烤面包。然而，就是在这间屋子里，老舍完成了上文所述的数十部文学艺术作品，坚持用他如椽的大笔抗击着侵略者，写下了辉煌的篇章。

---

[1] 老舍：《多鼠斋杂谈——老舍幽默散文集》，京华出版社2005年版。
[2] 李萱华：《小陪都传奇》，作家出版社2010年版。
[3] 曾纪鑫：《北碚的作家旧居》，《文学自由谈》2010年第5期。

踏入屋内，便看到墙上挂满了反映老舍生平及他在重庆生活时的图文资料。为了全方位、多视角挖掘老舍爱国不屈的精神内涵，目前四世同堂纪念馆的陈列展览室共设 6 间，展程分为 4 个单元，由场景还原展区、《四世同堂》书籍专题展示区及图片、实物结合多媒体展示区组成。馆内陈列约 200 张珍贵历史照片，近百件文物代用品和文献资料，集中展现了老舍先生“舍予身为国与家，何惧八方风和雨”的爱国主义情怀。

三、四世同堂纪念馆与老舍抗战文艺精神的传承

由北碚区博物馆所管理的四世同堂纪念馆（北碚老舍旧居）、梁实秋纪念馆、晏阳初纪念馆、卢作孚纪念馆、美龄堂等均作为名人故居或纪念地对社会免费开放。这些名人故居大多是北碚文化的精华，是北碚历史文化的物化载体，是无法再生的宝贵文化遗产和文化资源。这些名人故居或历史事件纪念地借助历史人物和历史事件在全国、世界的影响力，以及故居或旧址所特有的文化氛围，能够进一步确证北碚在抗战时期作为陪都的重庆乃至全国文化中心的地位和作用。北碚区将继续提升这些名人故居或纪念馆的服务品质，充分发挥其社会价值，作为提升城市文化品位，完善北碚城市文化形象的重要举措。在这里，四世同堂纪念馆便是其中最具价值的纪念馆之一。

凭借北碚区博物馆与关心和支持北碚老舍旧居保护事业的社会各界力量不懈努力，四世同堂纪念馆陈列馆于 2010 年揭牌向公众开放，并在 2012 年全面完成提档升级工作，已经成为北碚文化旅游的热点。按照故宫博物院院长、原国家文物局局长单霁翔提出的对旧址类博物馆“保护性再利用”[1]的若干原则，北碚区博物馆做了如下方面的工作。

（一）注重北碚老舍旧居的真实遗存

旧址纪念馆作为真实的历史遗存，有着普通博物馆无法比拟的文化优势，可以将博物馆受众带入历史情境之中。四世同堂纪念馆中是依托 1943 年老舍先生来到北碚主持文协工作并寓居期间的办公和生活地点，

[1] 单霁翔：《实现保护性再利用的旧址博物馆》，《东方博物》第 38 辑。

以图片、实物相结合的方式展示的旧址博物馆。通过对老舍先生任文协会长时期相关创作活动和历史事件以及文物藏品的展示，再现历史瞬间的复原陈列，表现这一历史阶段北碚社会的面貌，再现当时的场景，勾勒出一幅真实而生动的抗战北碚的历史画卷；由此凸显老舍非凡的人生经历和对社会的贡献，以及他独有的魅力和巨大的感召力。

由此，在北碚老舍旧居的修缮与维护过程中，北碚区文物保护管理所坚持“修旧如旧”的原则，不仅多方查阅原始资料、照片等，且积极与老舍先生的子女联系，力图通过他们的回忆与资料最大限度再现与复原当时的场景和建筑的原貌；在这一过程中，舒乙先生、舒济女士等都对修缮工作提供了大力的支持，他们多次来信，通过追述与描绘当时他们居住在这里的记忆，并提供他们所保存的珍贵的档案资料，为旧居的保护与修缮工作提供了真实可靠的修缮依据，使得修缮工作能够在有科学依据的条件下顺利地开展和进行。

2012 年，北碚区从打造北碚抗战历史文化景点，构建北碚特色文化旅游的高度，斥资近 4 000 万元对包括四世同堂纪念馆在内的多处抗战遗址进行全面优化。尤其在对四世同堂纪念馆提档升级中，一方面对展览内容进行调整，突出重点和特色；另一方面将四世同堂纪念馆周边环境进行全面整治，尤其是对周边芭蕉林进行复原栽种，还原了部分历史风貌。由此，四世同堂实现了文物建筑本体与周边环境的共同保护，其原生的真实环境没有受到过大的影响和破坏，老舍先生生活和工作过的特有场景也得到最大限度的保留，作为一处经过历史磨砺的历史文化遗迹体现了自己独特的价值，这是其他仿古建筑无法比拟的。

（二）展现老舍精神的文化价值

在北碚这一特定环境下，老舍精神的文化价值主要是老舍先生在抗战的困难环境中所展现的爱国不屈、乐观幽默的精神价值和笔耕不辍、以笔为戈的抗战精神。

关于老舍，有一大批相关专家学者对其事迹、思想、情操、文学作品的专门研究成果。从北碚老舍旧居提档升级为四世同堂纪念馆，正是在深度挖掘老舍先生在北碚的生活与创作经历后作出的科学合理的决策。1943 年至 1946 年的北碚岁月，是老舍先生创作生涯中最为重要的一个时期，在抗日战争的烽火中，他在这里写下享誉世界的巨著《四世同堂》的前两部，以及其他一大批抗战文艺作品，总字数接近两百万，这在世界文学史上也是一个不可复制的奇迹。北碚区博物馆通过与有关专家的密切交流与合作，细心研究史料，挖掘旧居中看似平常的珍贵细节，并结合青岛老舍旧居以“骆驼祥子博物馆”对外开放的成功案例，决定整合研究成果，策划以老舍先生创作《四世同堂》为陈列布展的中心内容，成立四世同堂纪念馆，成为国内第二家以现代文学名著为主题的博物馆。这一方面试图再现抗战时期老舍先生独特的精神世界，和他在抗战中的创作历程，展现出那个年代独特的文化氛围；另一方面，让北碚老舍旧居区别于全国其他的老舍旧居，展示了自身独一无二的文化价值与精神内涵。

老舍主持中华文艺抗敌协会的工作，亲力亲为为人民大众创作优秀的文学作品，激励战争中的民众抗战的意志，纪念馆以大幅图片和作品陈列，并结合多媒体展示的形式，形象直观地展现了这一段历史，使参观者对老舍先生的高尚人格和光辉的文学成就有了更直观的感受，大大增加了陈列展览的科学性、直观性，在博物馆观众教育方面起到良好的作用，充分发挥了纪念馆在形象教学方面的优势。

同时，通过陈列普通观众更感兴趣的一些文物展品，例如老舍寓居北碚时期收藏的青花瓷，使用过的眼镜等，激发观众的了解和学习欲望。

四世同堂纪念馆对文物遗址的保护与利用，以保护遗址主体和周边环境为主，收集展示各类图片文字资料、实物为辅，免费对社会公众开放。这种做法不仅让老舍融入了社会公众的生活，也是还原、放大、升华了其文化的价值。另外，北碚区博物馆还通过各种渠道，联络老舍先生的后代、基金组织、保护协会等社会群体的力量，形成对老舍先生相关遗迹遗址保护的合力。

四世同堂纪念馆是北碚社会文明的载体和象征。当人们走进为国家、为民族、为民众作出毕生贡献的老舍先生曾经工作过的地方时，心中的敬仰之情油然而生。面对老舍先生使用过的物品，生活过的房屋，仿佛那段艰辛而辉煌历史忽然活了起来，鲜活、生动、真实，变成了可以触碰的历史，而不是书本上的几行文字。四世同堂纪念馆蕴藏的独特内涵和肩负的社会使命，决定了它将受到社会各界的特殊关注和期待。

（三）发挥四世同堂纪念馆的教育功能

北碚区博物馆通过各种形式，将文化展示、思想教育、文化体验和旅游观光等相互结合，其保护和利用工作由文物、规划和旅游等多个部门共同参与，取得较好的效果。四世同堂纪念馆免费向公众开放，市民和外宾踊跃参观，既增强了人们对北碚的文化认同，又起到了教育、宣传、展示的作用，有利于形成良好的北碚城市形象，充分发挥四世同堂纪念馆的博物馆教育功能作用。

四世同堂纪念馆通过展现老舍的人生经历及当时北碚社会生活的生动画面，揭示北碚抗战的历史，以及北碚抗战文化对当今的影响。由于其展示内容主题鲜明，重点突出，适合于知识获取和文化休闲。四世同堂纪念馆提供给观众的是一个恰当的历史氛围，观众对历史建筑和环境以及与之相关的文物资料，容易形成一个整体的、立体的、全面的认识。

首先，四世同堂纪念馆举办的爱国主义教育系列活动自开馆以来从未间断。在“请进来”的同时，主动“走出去”，与社区、学校、乡镇共建共育，与西南大学作孚学社、重庆师范大学历史爱好者协会长期合作，不但组织在校学生学习和参观，且在 2014 年 5 月 18 日，在作孚广场启动“风雨春秋——纪念老舍《四世同堂》问世 70 周年”巡展首展。2014 年是老舍诞辰 115 周年，也是《四世同堂》创作 70 年。展览通过展示《四世同堂》这一文学巨著的创作历程，再现了老舍先生在抗战期间特别是寓居北碚期间的文学创作及抗战活动。之后，展览逐步走进北碚各镇街、社区、学校，在基层轮流巡展，在为市民带来丰富的文化盛宴的同时，不断扩大教育覆盖面。让更多的人走近老舍、了解老舍、学习老舍，让老舍的精神丰富广大民众的文化生活。特别是在学校的巡展中，在青少年思想德育教育方面，展现了作为名人故居旧址博物馆的独特价值，实现了博物馆教育与学校教育的有效衔接和良性互动。

其次，北碚区博物馆通过开办的“小小讲解员”教育活动，使四世同堂纪念馆的教育功能得到了长效的发挥，并且通过长达数月的“小小讲解员”培训、考核和上岗接待等各项活动，使包括“小小讲解员”学员在内的社会受众，对老舍精神的了解在展馆陈列的基础上有了进一步的提高，也激发了学员自主学习和了解陈展内涵的动力。

第三，北碚区博物馆通过主办、承办或参与一系列学术活动等方式，深入挖掘老舍精神价值，广泛邀请海内外的专家学者，搭建起老舍研究的平台。这些高等级、学术性极强的专业活动，推动了老舍研究的各个方面，极大深化了四世同堂纪念馆的展陈内涵，也扩大了四世同堂纪念馆在专业领域和大众领域的影响。

第四，面对最广大的社会大众，北碚区博物馆与图书馆等单位合作，在世界读书日之际，启动“同读一本书、翰墨香碚城”活动，首期便推出同读老舍先生名著《四世同堂》，在“纪念抗战胜利七十周年”之际，同读此书，使这项活动具有更深刻的文化和纪念意义。同时这项活动还包括“深入阅读、赏析讲座、征文比赛、演讲比赛、书画展”等多项内容，以此形成“多读书、读好书”的良好文明风尚，建成“书香北碚”，宣传和传扬老舍先生的精神。

第五，北碚区博物馆依据四世同堂纪念馆文化内容与传播渠道特点，在每年的国际博物馆日、文化遗产宣传月等时间节点，结合“互联网+中华文明”的工作思路和方法，依托网站、微信以及微博等新媒体介绍《四世同堂》和四世同堂纪念馆，达到良好的新媒体传播效果，为观众提供了“一个完整的、多渠道的、立体化的”[1]信息来源。

四、结语

四世同堂纪念馆将老舍先生在重庆以及北碚的行迹、思想与创作全面展现出来，彰显了重庆作为抗战时期的陪都的文化史迹，也展现了北

---

[1] 莫骄：《纪念〈四世同堂〉问世七十周年研讨会——对四世同堂纪念馆与当下文博事业发展的思考》，《老舍〈四世同堂〉七十周年纪念文集》，西南师范大学出版社2015年版，第164—166页。

碚作为一座被称为“陪都的陪都”的城市的精神魅力，使重庆的文化记忆得以传承。同时，其作为北碚区抗战文化与乡村建设的载体，记录了民国时期北碚的文化传统，是北碚城市记忆的守护者，也是老舍先生留给后来者的一笔弥足珍贵的文化遗产，受到社会各界的关注和保护。

四世同堂纪念馆不仅凝结着老舍先生在北碚的光彩印记，也映射着其抗战文艺精神的光辉。

在抗战中，老舍先生在生活极端困难的情况下，为抗战、团结、鼓舞人民大众的斗志，作出了彪炳史册的贡献；他幽默、坦诚和独特的人格魅力，以及不朽的抗战文艺作品也将因着四世同堂纪念馆而为人们永远纪念。习近平总书记强调：“要通过多种形式的宣传阐释和主题教育活动，使全国各族人民牢记由鲜血和生命铸就的中国人民抗日战争的伟大历史，牢记中国人民为维护民族独立和自由、捍卫祖国主权和尊严建立的伟大功勋，牢记中国人民为世界反法西斯战争胜利作出的伟大贡献，弘扬伟大抗战精神。”

由此，如何传承和发扬伟大的抗战精神，以及抗战文艺的光荣传统，如何保护先辈留下的世代相传的文化财富，使之融入城市文化和市民生活，重庆北碚的四世同堂纪念馆给出了一份自己的答案。

（汤怡，重庆师范大学西南考古与文物研究中心助教；
陆韵羽，重庆历史名人馆办公室副主任；
莫骄，重庆市北碚区博物馆馆长）

红色资源对坚定干部理想信念的优势与作用

——以陈云纪念馆为例

陶　蕾

摘要：陈云纪念馆作为红色资源的综合载体，有其独特的特点。本文以陈云纪念馆为例，探索红色资源对坚定干部理想信念的优势与作用。

关键词：红色资源；陈云纪念馆；坚定理想信念

习近平总书记多次指出，“要把红色资源利用好、把红色传统发扬好、把红色基因传承好”。红色资源是中国共产党领导中国人民，扎根中国大地，把马克思主义基本原理与中国实际相结合，在革命斗争和建设实践中所形成的、反映马克思主义价值取向的伟大精神及其物质载体。它蕴含着革命先辈的崇高理想和坚定信念，凝聚着党的优良革命传统和集体智慧。

“红色资源是指中国新民主主义革命时期，在一片白色恐怖的包围中，在中国共产党领导的革命根据地内，在工农红军与白军的对垒中，在红色政权与白色政权的较量中，中国共产党领导革命斗争时所留下的历史遗存。”[1]红色资源有两种形态。其一物质形态，包括革命旧址旧

[1]　孙丽莎：《发挥红色资源在党员干部教育培训中的作用研究——以南京市红色资源整合利用为例》，《中共山西省直机关党校学报》2016年第4期。

居、文物文献、报纸杂志、文艺作品、标语口号等，也包括以后建的博物馆、纪念馆等；其二精神形态，指思想、理论、革命精神、优良传统和作风。陈云纪念馆作为红色资源的综合载体，不仅有陈云故居、陈云文物这样的物质资源，同时也打造出陈云思想研究高地、陈云文献挖掘高地、陈云风范展陈高地、陈云精神宣传高地这样的精神资源。本文以陈云纪念馆为例，探索红色资源对坚定干部理想信念的优势与作用。

一、陈云纪念馆概述

陈云纪念馆作为红色资源的重要场馆，是经中央批准建立的全国唯一系统展示陈云生平业绩的纪念馆，地处陈云故乡——上海市青浦区练塘镇。它是在中共上海市委的直接领导下，在中央有关部门的关心、指导下，在“陈云故居”和“青浦革命历史陈列馆”原址的基础上，于陈云同志诞辰 95 周年之际，即 2000 年 6 月 6 日建成开馆，江泽民题写了馆名。2005 年 6 月 8 日陈云诞辰 100 周年之际，陈云铜像在纪念馆落成，江泽民为铜像题词。2008 年 3 月 10 日开始免费向公众开放。2013 年 5 月 26 日，经中央批准，由“陈云故居暨青浦革命历史纪念馆”更名为“陈云纪念馆”，保留“青浦革命历史纪念馆”的牌子。江泽民再次题写了馆名。

纪念馆总占地面积 63 亩，由铜像广场、主馆、陈云文物馆、陈云手迹碑廊、陈云故居、文化创意街和停车场等建筑设施组成，功能完备、布局合理、整洁舒适、环境优美，充分体现了“红色 + 古色 + 绿色”江南特色文化的深度融合。

为了加强陈云纪念馆事业的可持续发展，纪念馆专门成立了管理委员会，由上海市委宣传部副部长任主任，成员由上海市文物局、市委党史研究室、青浦区委、市发改委、市教委、市财政局、市档案局、团市委等职能部门领导组成，旨在协调和解决纪念馆在事业发展中的重大问题，发挥成员单位各自资源优势。纪念馆实行党委领导下的馆长负责制，内设八个部门：文物保管部、陈列编研部、宣传教育部、对外联络部、信息管理部、党政办公室、纪检监察室、后勤保障部。

陈云纪念馆突出展示了陈云在我党历史上的地位和作用。陈云是伟大的无产阶级革命家、政治家，杰出的马克思主义者，中国社会主义经济建设的重要开创者和奠基人，党和国家久经考验的卓越领导人。在长达 70 年的革命生涯中，陈云为中华人民共和国的成立、为社会主义基本经济制度和政治制度的确立、为改革开放和社会主义现代化建设建立的功勋，人民将永远铭记。

陈云纪念馆通过展示和宣传陈云的丰功伟绩，传承和弘扬陈云的精神风范，为广大党员干部学习党的历史、加强党性锻炼提供重要场所；为广大人民群众学习革命传统、树立民族精神提供重要阵地；为广大青少年学习革命前辈、陶冶道德情操提供重要课堂。

作为国家一级博物馆、全国爱国主义教育示范基地、全国廉政教育基地、全国红色旅游经典景区、上海市文明单位、上海市爱国主义教育基地、上海市市民终身学习红色文化体验基地，多年来，陈云纪念馆在资政育人方面发挥了积极的作用，尤其是在干部理想信念教育中，丰富了干部教育内容，拓展了干部教育形式，增强了干部教育实效。

二、陈云纪念馆红色资源的优势

（一）文物数量多，秉承“让文物说话”的理念

文物收藏是立馆之本。陈云纪念馆已经建成全国最大的陈云文物的收藏中心。纪念馆的馆藏文物有可移动文物和不可移动文物，可移动文物以陈云相关的文物为主，兼及于若木相关的文物、青浦革命史文物，这些文物分成文献类、照片类、艺术品类等多种类别，共有 4 万余件。据统计，截至 2015 年底，在册藏品总量为 43 680 件，其中二级文物 306 件，三级文物 27 330 件。具体为：实物 2 212 件、照片 2 460 件、文献 36 939 件，音像资料 1 559 件，艺术品 510 件。

陈云纪念馆为打造陈云文献挖掘高地，全馆努力、务实地开展革命文物管理工作，为讲好伟人故事提供实物支撑。打造陈云文献挖掘高地、提出“文物收藏中心”都是为了更好贯彻中办、国办下发的《关于加强文物保护利用改革的若干意见》，落实习近平总书记“让收藏在禁

宫里的文物、陈列在广阔大地上的遗产、书写在古籍里的文字都活起来”的要求，秉持“让文物说话”理念，务实开展革命文物管理工作，为讲好伟人故事提供实物支撑。

为此，纪念馆主动联系相关单位、相关老同志，争取多种征集形式丰富馆藏，并按照《上海市文物局关于加强全市国有文物收藏单位藏品管理工作的通知》，对各类藏品开展核实工作，对藏品信息数据进行复核，确保账物相符，规范藏品记录。纪念馆还通过梳理历史资料，对藏品的材质、时间、用途等基本信息进行科学考证、研究鉴别，形成科研文字成果，进一步丰富红色资源。

利用馆藏文物，提升展陈效果，这是对红色资源最有效的利用。比如，2018 年陈云纪念馆不仅配合馆内展览如“不忘初心，牢记使命——陈云与党风廉政建设展”“革命伴侣、相伴一生——于若木生平事迹展”“陈云与改革开放 40 周年”等展览提供反映陈云同志的家风以及廉洁自律等方面风范的历史照片 18 件、文献 62 件、实物 29 件及陈云手迹 2 件进行展示，还为中央档案馆“中国共产党人的家风展”“中宣部纪念改革开放 40 周年”“伟大的变革”大型展览遴选陈云出席十一届三中全会、参加中纪委第一次全体会议等的历史照片 3 张，有关中纪委第一次全体会议开幕会上陈云讲话，中纪委第四次全体会议审议的《加强纪律检查工作，保证改革顺利进行》报告稿上的批语等历史文献 3 份。

这些丰富的文物具有故事性强的特点，能够以小见大、以人说史，蕴藏其中的历史故事往往形象、生动、有趣。通过身临现场、目睹实情、触摸实物，使抽象变得具体，将问号拉成感叹号，容易让人产生相应的视觉效应和心灵震撼，为坚定干部理想信念教育提供实实在在的红色资源。

（二）宣传教育新颖，满足干部教育需求

为了继续加大对陈云生平业绩、思想理论、精神风范的宣教力度，扩大陈云纪念馆的社会影响力、宣传教育的吸引力和感染力，陈云纪念馆成立“宣传教育中心”，该中心致力于创新讲解模式、拓展党课形式、丰富宣传内容、增强教育效果，着力打造多渠道、多平台、多形式的宣传教育模式，满足广大干部教育的需求。

为此，纪念馆与相关文艺单位合作打造了一批精品力作，推出电视片《陈云的故事》、电视剧《陈云》、电影《难忘的岁月》、微电影《小镇情缘》、评弹《海上吴音报春晖》、话剧《共和国掌柜》、木偶剧《童年的足迹》等品牌节目，通过艺术再现陈云风采，诠释伟人精神，获得各方好评，反响热烈。同时，为体现陈云对评弹的爱好，讲解员还专门进行评弹演唱和琵琶演奏的培训，创排特色评弹曲目《云老三唱》等，编排诗朗诵《纪念馆抒怀》，情景剧《这是真的吗》《两代人的婚礼》和微故事等宣演节目，多次走进学校、社区、电视台等进行巡演，真正做到使革命传统教育寓教于乐，动静结合。

随着红色文化的深入人心，来馆参观的广大干部群众不断攀升。为应对庞大的讲解需求，在讲解人员有限的情况下推出了以定时讲解为主、预约讲解为辅的讲解接待制度，推出如“馆长讲解日”“专家讲解日”“专题讲解日”等特色讲解日活动，邀请馆领导、陈云研究专家、业务骨干与广大干部群众互动交流，在坚定干部理想信念教育活动中深受好评。

另外，陈云纪念馆还注重新媒体的宣传。为了积极顺应新媒体时代的发展趋势，纪念馆依托官方微信、微博、网站和 App 平台，在线推送陈云思想和生平的微展览、微藏品和微故事，进一步开发体验性和互动性板块模式，实现了“线上线下”同步宣传，努力构建行业内的“新媒体宣教平台”，做到日日有声音、周周有教育、月月有统计、年年有分析。

这些宣讲形式既采取直接告知式的课堂讲授方式，也采取情景模拟、实物展示、现场体验等方式，突出教育对象的主体地位，充分发挥参与体验和现场感悟的优势，引导学员亲身去感受、主动去思考，使受教育者多层次、全方位地受到感染和冲击，从而构建出寓教于思、寓教于悟、寓教于行的新型教育模式。这些新型教育模式在坚定干部理想信念教育的实践中取得了很好的效果。

（三）联合红色场馆，实现资源共享

陈云纪念馆为贯彻上海全力打响红色文化品牌的要求，在中共上海市委宣传部、中共上海市委党校、中共上海市委党史研究室的指导和帮助下，纪念馆联合中共一大会址纪念馆等 22 家红色场馆及相关单位，举行红色文化宣传教育协作专题会，形成上海红色场馆合作共识。2018 年 9 月，纪念馆与上海市委党校共同主办上海红色文化宣传教育联盟成立仪式暨学术研讨会，探索红色文化合作共赢的组团发展之路。上海红色文化宣传教育联盟整合资源，优势互补，共同推进上海红色文化资源的挖掘、研究和宣传教育，得到中央宣传部、上海市委宣传部的高度关注。

陈云在 70 余年的革命生涯中留下的光辉足迹遍及全国各地 30 余处。为整合各纪念地红色资源，纪念馆探索出一条在有代表性的纪念地创建“馆外馆”的模式。已在新疆乌鲁木齐、吉林白山、贵州遵义和上海松江新浜、静安区淞浦特委等 10 处纪念地开辟“馆外馆”，年接待观众累计达 150 余万人次。

资源共享、基地共建、实现双赢。陈云纪念馆还依托 80 多家共建单位（涵盖了部队、机关、学校等多个系统和行业）的资源优势，为纪念馆事业发展提供人力支持和资源保障；纪念馆也充分发挥革命传统教育资源优势，为共建单位强化党员党性教育和丰富职工文化生活提供良好服务。比如，纪念馆先后与交通银行党校、上海健康医学院等单位建立共建关系，并开展共建活动。为中国浦东干部学院、昆山市委党校、市委党校及分校等提供党性教育现场教学服务。同时，还将“画说陈云”的展览先后送到国电公司青浦分公司等企业，扩大伟人生平业绩的宣传范围，让纪念馆成为上海文化品牌宣传的重要载体，凸显上海红色文化场馆的作用。

陈云纪念馆通过自身的红色文化品牌和已占有的大量丰富的红色文化资源，突破地域的限制，主动把红色资源送出去和迎进来，更好地服务广大人民群众对红色文化的需求，在坚定干部理想信念方面作出了许多有益尝试，让他们无论在纪念馆内还是馆外都能同时享受优质的红色文化教育资源。

（四）学术研究成果丰厚，打造党员干部的培训教育基地

学术研究是坚定干部理想信念的教育保障。近年来，纪念馆加大对陈云思想生平研究的力度、广度和深度，以课题研究为抓手，以学术活动为平台，以出版书籍为载体，彰显纪念馆学术研究特色，推动研究成果的转化。

为提高研究水平，陈云纪念馆还注重加强与中央党史和文献研究院、中国社会科学院当代中国研究所、上海市委党史研究室等权威研究机构的紧密合作，并与同济大学马克思主义学院建立陈云研究基地，借助社会科研力量来拓宽陈云生平思想研究的深度和广度，形成课题研究、学术研讨和刊物出版的常态化，营造浓厚的学术氛围。在此基础上，陈云纪念馆还成立由外聘党史、文博专家为主的学术委员会，并定期开展各类学术活动，审议研究方向、研究计划、重大学术活动等，积极发挥学术指导等作用。

纪念馆侧重于陈云早期生平思想、党建思想、哲学思想等方面的研究，已出版《陈云研究文集》等 6 本专著，编辑出版《向陈云学习》等 40 余本书籍，公开发表学术论文 100 余篇。为更好地搭建学术研究平台、凝聚学术研究力量、交流学术研究成果，近年来，纪念馆每年举办“陈云与当代中国”等多个学术研讨会，推出“陈云在上海的足迹”等多个学术研究课题，进一步推动陈云生平思想的研究向纵深发展。

在此基础上，陈云纪念馆针对坚定干部理想信念教育活动，特推出专题党课宣讲伟人精神，如“革命领袖的人格风范”“陈云与中国共产党的初心和使命”“陈云的调查研究思想及其现实意义”等丰富的党课课件。以学术带头人为首的讲课队伍集体备课、反复试讲，先后为各政府机关、中国浦东干部学院、市委党校、企事业单位的党员干部作专题党课报告千余场。

另外，陈云纪念馆目前还是中国浦东干部学院、中共上海市委党校、全国宣传文化干部上海培训基地等党校的现场教学点。结合党校党性修养专题教学的需求，纪念馆特推出“五个一”的现场教学主题活动，即重温一次入党誓言、参观一次展览、观看一部电视片、聆听一次党课、学习一篇陈云著作，为党员干部提供了意义深刻的精神食粮和生动教材。每年举办陈云党建思想、廉政思想等专题讲座达上百场次。

这些课程的设计者和授课教师结合文物、展览及其生动的史实，直观、形象、生动地再现了伟人的精神。教育者从感性与理性、内容与形式、讲授与体验并重的原则出发，将崇高的理想信念、厚重的先进文化、丰富的革命精神和高尚的人格魅力融入教育教学实践之中，使历史转化为课程、史料转化为教材、现场转化为课堂，较好地实现知、信、行相统一。这些专业性、学术性、知识性都较强的专题党课是专门针对党员干部开发的，不仅有助于提高党员干部的国史、党史等知识水平，而且也坚定了广大党员干部的党性修养、党性原则和党的教育。

三、陈云纪念馆在坚定干部理想信念方面的作用

（一）为坚定干部理想信念提供深刻的课堂体验

习近平总书记指出："对马克思主义的信仰，对社会主义和共产主义的信念，是共产党人的政治灵魂，是共产党人经受任何考验的精神支柱。"[1]新时代共产党人应该具有什么样的理想信念，首先是共产主义的远大理想。习近平在陈云诞辰 110 周年纪念会上指出："无论是处于顺境还是逆境，陈云同志始终坚守着对马克思主义和共产主义信仰不动摇。"

陈云作为两代领导集体的核心成员，作为一名有着 70 年党龄的老革命家、作为坚守初心、坚定信仰的典范。他的事迹、他的风采、他的品格都将深深感动来纪念馆的每一位干部，向陈云学习，学习他坚定信仰的精神、党性坚强的精神、一心为民的精神、实事求是的精神，以及刻苦学习的精神。陈云的这些精神，陈云纪念馆还以党课、电影、文艺作品、文创产品等形式，共同打造出红色故事大讲堂、革命金色大课堂、寻找初心大礼堂，对坚定干部理想信念起到积极的作用。

（二）是坚定干部理想信念的"加油站"

陈云纪念馆深入贯彻落实党的十九大精神，始终以坚定文化自信，着力深入研究，深化创新成果，继承革命文化，传播伟人精神为己任；

[1]《十八大以来重要文献选编》（上），中央文献出版社 2014 年版，第 339 页。

致力于为宣传陈云生平业绩、思想理论与精神风范开创新局面；为培育和践行社会主义核心价值观、加强思想道德建设，繁荣发展社会主义文艺，营造良好的社会舆论氛围做贡献。

陈云纪念馆政治站位准确，无论是从制度上还是从意识形态上都是保障开展理想信念教育和价值观养成的重要场所，成为党员干部群众了解党的历史、加强革命传统教育的“加油站”，成为各级党校开展现场教学、加强党性锻炼的重要场所。

（三）是坚定干部理想信念的最有效途径

陈云纪念馆是红色资源开发和利用的重要场地；是宣传红色思想、传承红色基因、传播红色文化的官方宣传机构；是全国爱国主义教育基地、党政干部的培训基地、广大人民群众红色文化教育的基地，成立以来，致力于宣传红色文化思想，并打造出一系列红色文化宣传教育品牌活动、精品课程。

旗帜鲜明讲政治，红色文化传人心。纪念馆在党员干部培训方面，有着完整的教育培训机制，从展厅到课堂、从红色文艺作品到红色的讲座，都是最有效、最直接的宣传模式，是党员干部坚定理想信念的最佳方式，也是最有效的途径。

（陶蕾，陈云纪念馆馆员）

在红色教育基地推进“互联网+党建”的创新性研究

——以陈云纪念馆为例

陈雨珊

摘要：在互联网技术急速发展的现实环境下，“互联网+”模式已经涉及各个领域，党建工作亦是如此。新形势下，紧紧抓住“互联网+党建”和红色文化资源优势这条主线，对推进红色教育基地党建工作创新发展，提升基层党建工作效能具有重要的现实意义。本文以陈云纪念馆为例，从“互联网+党建”方面着手研究，运用其地处江南，古镇水乡文化源远流长，具备“红色+绿色+古色”三色资源等优势，将红色场馆资源和“互联网+”模式整合，充分发挥宣传文化资源优势，创新党建工作的载体与方法。

关键词：互联网+；党建工作；红色文化

要使党的各项事业能够稳步向前发展就得不断创新。红色教育基地作为我国党建工作的重要阵地，发挥着不可磨灭的作用，因此，更需要借助创新驱动发展。新时期，随着互联网时代的到来，如何发挥互联网的功能，解决红色教育基地党建工作存在的问题，进一步提升党建工作效率和质量，我们必须积极分析研究并创新教育载体方法。

一、红色文化资源的内涵及陈云纪念馆资源优势与党建工作现状

（一）红色文化资源的基本内涵

红色文化资源一般具有物质和非物质两个方面，物质资源包括遗址、遗物及纪念场所等，非物质资源主要表现为人文历史和精神传承的价值。当前的红色文化主要指的是，在革命战争年代，由中国共产党以及先进的人民群众共同创造的物质和精神力量以及宝贵的斗争经验，蕴含着中国共产党人的英勇气魄和中国共产党的先进性等核心价值。新时期，坚持弘扬红色文化，是中国共产党人不忘初心、坚定崇高的理想信念的现实表现，对践行核心价值观、传承中国共产党的革命精神、发扬党的优良传统、培育党员的自身修养等基层党建工作有着重要的意义。

（二）陈云纪念馆的资源优势

陈云纪念馆位于著名的江南水乡古镇练塘，是经中央批准建立的全国唯一系统展示陈云生平业绩的纪念馆，整个纪念馆由铜像广场、陈云手迹碑廊、主馆、陈云文物馆、陈云故居和文化创意街组成。陈云纪念馆作为全国的廉政教育基地，对我们坚定不移走中国特色反腐倡廉道路，取得党风廉政建设和反腐败斗争新成效，全面推进党的建设新的伟大工程具有积极影响。练塘古镇历史悠久、自然风光旖旎多姿、水系分布均匀、文化遗产丰富、人文气息浓郁，具有深厚的文化底蕴。陈云纪念馆更是结合传统革命教育基地、美丽乡村示范村、千年古镇文化遗址等党性教育资源的特征于一身，具备“红色 + 绿色 + 古色”三色资源等优势。

（三）陈云纪念馆的党建工作现状

红色教育基地的党建工作，是保护好红色资源的客观需要，又是传承红色基因、加强党性教育的现实需求。陈云纪念馆的党组织由一个党委和 6 个党支部组成，共有党员 56 名，预备党员 3 名。近年来，陈云纪念馆党委一直高度重视红色文化基地的党建工作发展。目前，陈云纪念馆积极发挥红色教育基地功能作用，积极开展红色资源的情况摸底和

文物的修缮保护工作，与此同时，还大力发展党性教育基地建设，加强红色资源的党史研究。截至 2019 年 9 月 26 日（本文完成前日），接受革命传统和党性教育的人员达到 545 831 人次，成为上海市干部教育培训的重要品牌，影响力正逐年提升。尽管近年来陈云纪念馆的红色教育基地建设得到长足发展，作用发挥明显，但与新时代新形势发展需求相比，还存在一些有待创新的问题，如党建的信息化管理等新兴载体的应用相对较少，“互联网 + 党建”的开展相对滞后，一定程度上影响了红色资源价值的宣传推广效果。

二、“互联网 + 党建”的发展及优势和存在的问题

（一）“互联网 + 党建”的发展进程

近年，我国的互联网迅速发展，各行各业在互联网的应用上都取得突出成就。我国对党建工作历来都十分重视，传统的党建工作不足以满足当前形势的发展和需求，尤其是党建工作的管理和宣传力度急需创新力来推动，互联网的出现和广泛应用，也促使党建工作在逐步提升和完善。一是党建工作信息化的出现。在互联网技术的发展初期，党建工作的信息化发展受到很多限制，在党和国家的高度重视下，各行各业的发展都逐渐和互联网关联起来，办公信息化也开始应用于党建工作，逐步实现党建办公的信息化，很大程度上提高了党建工作的效率。二是党建网站的应用。随着互联网技术的普及应用，我国的党建工作也顺势而为，开始积极应用互联网技术对党建工作进行管理和宣传，很多企事业单位开始建立官方网站，使得我国的党建网站发展十分迅速，为“互联网 + 党建”奠定了坚实的基础。三是“互联网 + 党建”的普及。近年来，随着互联网技术发展不断成熟以及各级党组织对互联网党建的重视，“互联网 + 党建”的功能得到逐步完善和广泛应用，并且根据实际情况，制定出相对完善的党建网络体系，很大程度上推动了党建工作的进一步发展。

（二）“互联网 + 党建”的优势

互联网作为新形势下党建工作创新发展的一个新模式，具有传统党

建不可替代的优势，已成为重要的党建新载体。“互联网+党建”是适应社会发展和实现从严治党的有效方式，使党建工作的有效开展取得新的成效。一是党建管理更加便捷。互联网的有效利用可以使党建管理工作取得事半功倍的效果，党建管理可以采用线上线下相结合的工作模式，通过开发使用专业的信息管理系统，将传统的党建工作转移到互联网上完成，实现在线办公，如开展信息发布、党费收缴、党建决策、党员教育、交流沟通等，实现党建工作的服务实时快捷，以时效性缩短党员和基层党组织的距离，增强基层党组织的凝聚力。二是党建培训更加灵活。传统的党建培训多以线下为主，形式单一并且缺乏时效性，很容易出现对党建培训内容记忆不深刻的现象，“互联网+党建”具有开放化、即时化等优势，党员可以根据自己的时间、兴趣、需求等自由选择培训的内容，获得的信息和资源针对性更强，从而使党员的学习效果更佳。三是党风监督更加实时。党员要随时接受群众的监督，互联网的应用使网络监督成为一种重要且有效的监督方式。网络监督具备更加公开、公正、公平的特征，群众对党员的动态掌控更加清晰，对党务工作的办理情况更加实时，一旦发现问题，可以及时通过投诉平台、举报信箱等措施解决问题，整个过程都公开透明，所以互联网的应用有利于营造更加风清气正的政治环境。

（三）当前“互联网+党建”中存在的问题

互联网技术的不断成熟，使得我国的“互联网+党建”工作取得不小成就，但仍然存在一些问题，一定程度上制约了“互联网+党建”的良性发展。一是功能意识的重视程度不够。“互联网+党建”的应用方式多种多样，主要体现在党建管理、党建宣传、党建培训、党务公开、党员交流等方面，很多部门的“互联网+党建”工作流于形式，停留在“你有我有”的阶段，以应付上级检查为主要目的，功能意识不强，忽略了党建的根本目的，导致“互联网+党建”的发展受阻。二是创新项目的投入力度不大。互联网的迅速发展，在党建工作的应用项目越来越多，并且更新速度快，要做到与时俱进，必须加大项目的创新和投入，而实际情况是，很多单位在这方面的预算并没有根据实际情况需要拟定，导致“互联网+党建”工作裹足不前，不能做到及时创新项目形式，以适应时代的发展。三是监督问题的解决效率不高。我党的初心宗旨是为人民服务，党建工作最终的目的是要解决群众遇到的问题，互联网给这项工作提供了很多便利，但实际工作中，群众反映的问题并没有及时通过互联网的平台得以解决，长此以往，不但严重打击群众监督的积极性，也影响“互联网+党建”的发展。

三、新时期在红色教育基地推进“互联网+党建”的创新性研究

随着互联网技术的不断发展，新时期的党建工作在互联网技术的应用更加广泛，我国党建工作的形式和载体也在不断地创新发展，传统的党建工作模式显然不能适应新形势下的工作需求，而红色教育基地又承载着党员培训、青少年教育、党风廉政教育等更多的社会责任和义务。因此，新形势下红色教育基地对党建的工作要求更高，如何创新党建工作载体，利用好互联网这个平台开展党建工作尤为重要。

（一）传统模式和互联网平台相结合的形式开展党建工作

大部分红色教育基地和陈云纪念馆一样，都具备三色特征，即“红色+绿色+古色”，红色教育基地不但要完成自身的基层党建工作，可能承载的更多的是社会教育功能，也就是说，党员在接受本单位党建工作的同时，还要协助外来单位开展教育、培训等党建工作。面对繁多的党建工作任务，如何完成不同类别的党建工作，是每位党员应该思考的问题，光靠单一的模式显然不足以更好地满足越来越多的工作要求。因此，有必要将传统模式和互联网平台相结合，优化党建工作载体。一是继续开展必要的传统党建工作。如利用支部会议的契机对党报、党刊、上级文件精神进行传达学习，对基层党建工作进行报刊式的新闻报道宣传，对先进典型以报告会等形式进行宣讲等，以此塑造良好的工作氛围，增强基层党组织的凝聚力。二是充分利用互联网平台强化党建工作效能。红色教育基地的基层党建工作涵盖面广，除了党建管理等日常性事务外，还有党建宣传、党建培训等义务性工作。在互联网时代新的历

史起点上，必须打破传统的思维模式的束缚，积极利用互联网工作平台，通过党建信息系统、网络论坛、微信、学习强国 App 等新平台开展党建的日常管理和学习宣传等工作，以此提高党建工作的针对性和实效性。三是做到线上线下互动交流。通过业务系统、网络论坛、党建微信群、网上党课等形式，加强各级党组织与党员之间的沟通交流，让党员学习相关政策和文件精神，知晓近期党建工作开展情况，同时通过上下联动、线上线下互动的形式，及时挖掘工作中的闪光点、先进事迹，实现信息共享、经验互学的良性循环。

（二）利用“互联网 + 党建”新模式，让红色资源优势发挥更明显

红色教育基地相对于其他组织单位，党建工作除了承载更多的社会责任和义务外，也有着自己独特的资源优势，如何利用资源优势更好地服务于基层党建工作，在当前形势下，互联网是个有效的宣传渠道。一是利用互联网让红色文化更鲜活。传统的红色文化宣传主要是通过电视、报刊等传统的传播载体。为了让更多人了解红色文化，增强中国共产党的战斗力和凝聚力，实现党建新领域的开发，可以利用互联网传播快速实时等优势，让互联网成为红色文化的宣传的新渠道。如在互联网上举办红色文化知识竞赛，利用微信、微博等媒体结合红色文化资源，将互联网和红色文化完美融合，促使红色文化的宣传效果更加鲜活。二是通过互联网有效整合红色文化资源。红色文化包括物质文化和非物质文化，其蕴含着丰富的人文精神和科学精神。时代发展的趋势要求不断创新红色文化的传承路径，展现红色文化的时代风采，将互联网技术运用在红色文化中，可以通过网络视频、模拟画面、数字党建馆、网络展厅等形式，将红色文化上传到终端，让人们身临其境地感受红色文化的经典，使学习和接受红色文化的信息更直接有效，从而正确引导人们将物质力量转化为精神力量。三是依托互联网创建红色文化精品。“红色 + 绿色 + 古色”现已成为红色教育基地的主流特征，应该依托地方文化特色，将红色资源和旅游产品共同开发，通过互联网的形式加以宣传报道，让更多人了解红色文化和旅游文化，在带动红色景区或地方经济发展的同时，进而推动红色文化更广泛的传播，从而实现红色文化精品的打造。

（三）加大力度投入互联网建设，搭建更好的教育平台

新时期，互联网已成为人们生活学习的新渠道，给人们带来较多便利，同时也改变人们的思维模式和行为方式。红色文化教育基地能否更加有效地链接丰富多样的教育资源，完善党建工作，互联网方面的投入有着关键影响和推动作用。一是提升红色教育基地互联网建设水平。红色教育基地的互联网建设是新时代党建工作发展的需要，也是搭建更好的教育平台的重要途径。因此，为适应新时期党建工作的需求，红色教育基地文化的宣传、展馆的建设以及现场的讲解等都应加大互联网等现代信息技术的投入和应用力度，从而实现党建工作更具教育性和感染力，也能更好实现提升红色文化影响力的效果。二是让红色文化宣传队伍更专业。互联网的用户以高素质和青年人群为主，这类人群对新兴事物的需求更加突出，红色文化的更好传播离不开互联网，因此，要打造一支专业的互联网红色文化宣传队伍，充分发挥互联网平台的作用，如通过互联网相关载体将制作革命先烈影像视频、动漫连环画等艺术作品进行推广，实现红色文化在互联网上的广泛宣传。三是让红色文化传播载体不断创新。习近平总书记在党的十九大报告中指出，坚持正确舆论导向，高度重视传播手段建设和创新，提高新闻舆论引导力、影响力、传播力和公信力。因此，红色文化的传播不仅可以通过传统的宣传方式进行传播，更要结合时代特色和时代需求，不断创新红色文化传播载体，如创作红色文学、红色歌曲、舞台剧等艺术作品，利用互联网平台各种形式的载体将红色文化划分不同板块进行广泛传播，从而构建正确的价值观，实现红色文化教化育人的作用。

四、结束语

红色教育基地的党建是一项长期的工作，需要不断创新形式和载体。在“互联网＋”的时代背景下，只有转变传统的党建工作理念，以解决基层党建工作存在的问题为出发点，利用互联网等搭建新媒体新平台，创新学习、教育、宣传载体，切实推进“互联网+党建”进程，才能为红色教育基地基层党建工作的优化开展提供强有力的保障，从而开启党建工作新局面。

（陈雨珊，陈云纪念馆馆员）

参考文献：

[1] 刘榆芳：《“互联网+”时代基层党建工作创新》，《中共山西省委党校学报》2018年第1期。

[2] 周海波：《基层党的建设信息化过程中存在的问题及对策研究》，《中共郑州市委党校学报》2015年第5期。

[3] 闫现军：《基层党建工作创新必须解决的几个问题》，《石油化工管理干部学院学报》2009年1月。

[4] 龚晨：《信息化与党的建设相融合的必要性探析》，《西藏发展论坛》2014年第4期。

[5] 李军：《论事业单位党组织如何服务基层》，《企业家天地》2014年第4期（下）。

研学旅行热下人物类纪念馆研学实践课程的开发

——以湖南为例

罗超群

摘要：自2016年12月包括教育部、国家旅游局等11个部门联合印发《关于推进中小学生研学旅游的意见》后，近几年研学旅行在全国范围内日趋火热。研学旅行的推广，对人物类纪念馆而言，是一次契机，有利于其教育功能更好的发挥，有利于扩大自身的影响力。人物类纪念馆应从自身实际出发，结合中小学生的需求和特点，制定参与性强、有吸引力的研学课程，为促进学生培育和践行社会主义核心价值观，激发学生对党、对国家、对人民的热爱之情发挥积极作用。人物类纪念馆研学课程的开发一要从中小学生、从自身实际出发，因馆、因生制宜；二要加强与各大中小学校的合作，共同研究编制课程；三要加强与其他博物馆之间的合作。

关键词：研学旅行；人物类纪念馆；研学课程；开发

什么是研学旅行？2014年4月19日，国家教育部基础教育一司司长王定华在第十二届全国基础教育学校论坛上发表的题为《我国基础教育新形势与蒲公英行动计划》的主题演讲中，首先提出了研学旅行的定义：学生集体参加的有组织、有计划、有目的的校外参观体验实践活动。2016年12月包括教育部、国家旅游局等11个部门联合印发的《关于推进中小学生研学旅游的意见》第一次将研学旅行纳入中小学教育教学计划，并明确要求学校搭建一套完善的研学旅行活动课程体系。《意见》指出：中小学生研学旅行是由教育部门和学校有计划地组织安排，通过集体旅行、集中食宿方式开展的研究性学习和旅行体验相结合的校外教育活动，是学校教育和校外教育衔接的创新形式，是教育教学的重要内容，是综合实践育人的有效途径。随着《意见》的推出，近几年在全国掀起了一股研学旅行的热潮。博物馆由于其拥有丰富的资源和自身特点，逐渐成为研学旅行的重要目的地之一。在这一趋势下，许多博物馆也主动开发研学课程，以满足中小学生研学旅行的需要。人物类纪念馆作为博物馆的一个分支，开发好研学课程也是职责所在。

一、人物类纪念馆开发研学实践课程的必要性

人物类纪念馆开发研学实践课程，是时代和国家赋予的使命，是其在博物馆行业中所处的地位使然。据 2019 年 5 月 18 日，国家文物局局长刘玉珠在“博物馆·文化中枢”论坛上发布的数据显示，截至 2018 年底，我国登记备案的博物馆达 5 354 家。其中人物类纪念馆大约占十分之一。据湖南省文物局公布的湖南博物馆名录统计，湖南共有约 140 家登记在册的博物馆，其中 31 家人物类纪念馆，约占 20%。人物类纪念馆在博物馆行业中占重要地位。

为防止研学旅行变味，使研学旅行更加规范化，推动研学实践活动课程开发，打造一批具有影响力的研学实践精品线路，2017 年 12 月和 2018 年 11 月，教育部办公厅分两次公布全国中小学生研学实践教育基地、营地名单，先后有中国人民革命军事博物馆、中国人民解放军海军南海舰队军史馆等 581 家单位[1]列入“全国中小学生研学实践教育基地”，博物馆 231[2]家，约占 40%。在 231 家博物馆中，人物类纪念馆

[1] 教育部公布的全国中小学生研学实践教育基地 2017 年为 204 家单位，2018 年为 377 家单位。

[2] 该数据根据 2017 年和 2018 年教育部公布的全国中小学生研学实践教育基地的名单统计。

为25[1]家，约占10%；有9家是湖南的博物馆，其中有两家人物类纪念馆——韶山毛泽东同志纪念馆和胡耀邦故里。据湖南省文物局已公布的湖南博物馆名录统计，湖南共有31家登记在册的人物类纪念馆。2018年10月9日，湖南省公布了第一批49个研学实践教育基地的名单，其中有17家博物馆，湖南韶山毛泽东同志纪念馆、胡耀邦故里、曾国藩故里、王船山故里、屈子文化园、周敦颐故里6家人物类的博物馆、纪念馆入选，在湖南人物类纪念馆中约占20%。同年10月30日，湖南省教育厅发布的《关于认定湖南省中小学研学实践教育基地的通知》，将省级以上爱国主义教育基地认定为湖南省中小学生研学实践教育基地，全省共认定124处，其中人物类的故居和纪念馆有40多处。以上数据在一定程度上反映出，教育部对研学旅行的高度重视，博物馆在研学旅行中承担的责任之重大，不管是博物馆还是人物类纪念馆都需积极开发研学实践课程为研学旅行服务。随着2016年《意见》推出，众多博物馆在不断的探索下，推出了许多优秀的研学课程，人物类纪念馆也应挑起担子，迎头赶上。

人物类纪念馆开发研学实践课程是实现其社会教育功能的必要举措。人物类纪念馆作为博物馆的一个分支，虽也像博物馆一样具有收藏、研究、教育等功能，但随着社会的发展以及人们日益增长的美好生活需要，其社会教育功能已有着特殊的重要性，不管是收藏还是研究，最终都是为了更好实现社教功能，更好为当代社会服务，不断促进社会发展。纪念馆的社会教育工作既是一项常态的工作，也是一项动态的工作，面对的教育对象和教育活动都是不断变化的。纪念馆要更好地面向未来，在常规的实现其社会服务功能的同时，必须紧跟时代的步伐，作出相应的动态举措，以便求发展求生存。因此，人物类纪念馆不管是从实现社会教育功能来看，还是从长远发展来看，在研学旅行日趋火热的情况下，非常有必要主动开发研学课程。

---

[1] 该数据根据2017年和2018年教育部公布的全国中小学生研学实践教育基地的名单统计。

人物类纪念馆开发好研学实践课程，是软实力的一种提升。在研学旅游热下，适时开发具有吸引力的研学实践课程，能大大提升人物类纪念馆的吸引力、竞争力、影响力。

在研学旅行热下，开发研学实践课程是人物类纪念馆深化与学校之间合作的良好契机。中小学生是研学旅行的主要群体，同时也是人物类纪念馆占比较大的观众群体。人物类纪念馆开展社会教育的核心就是吸引观众，为观众服务，让观众有获得感。在研学旅行热潮下开发研学课程，避免了博物馆、纪念馆在与学校合作开展教育活动时一头热的尴尬，有利于加大纪念馆对中小学生群体的吸引力，有利于形成馆校双赢局面。

二、人物类纪念馆研学课程的开发现状

读万卷书，行万里路。研学旅行被纳入中小学教育教学计划后，开发研学课程对博物馆、纪念馆来说既是机遇也是挑战，又是一项新课题。博物馆、纪念馆作为研学教育实践基地，在开发研学实践课程上责任重大。

虽然教育部、湖南省教育厅对研学旅行高度重视，也力促研学实践课程的开发，但湖南人物类纪念馆的研学实践课程的开发现状却不容乐观。根据对湖南各人物类纪念馆的了解，其对研学课程的开发缺乏主动性，能主动出击及时打造研学实践课程的非常少。即使作为湖南省人物类纪念馆龙头的韶山毛泽东纪念馆，在未被列入“全国中小学生研学实践教育基地”之前，其研学实践课程也未得到充分开发。

2017 年 12 月，韶山毛泽东同志纪念馆成为教育部首批公布的全国中小学生研学实践教育基地中湖南唯一的一家。之后，韶山毛泽东纪念馆将研学旅行作为其实现教育功能的重要载体，依托其独有的红色教育资源，结合学生身心特点、接受能力和实际需要，开发了包含励志修身体验、情景演绎、立志成才礼等多种主题活动的研学课程。韶山毛泽东纪念馆的研学课程，为湖南省人物类纪念馆研学课程的开发树立了标杆。2018 年 11 月，胡耀邦故里被列入全国中小学生研学实践教育基地，

是湖南第二家获此称号的人物类纪念馆。胡耀邦故里已着手研学课程的开发，但还没有形成一套完整的课程。

除了韶山毛泽东同志纪念馆和胡耀邦故里外，其他的纪念馆也未能及时抓住研学旅行这一契机，主动开发研学实践课程。湖南省教育厅公布的第一批省中小学生研学教育实践基地中的 6 家人物类纪念馆以及湖南省教育厅认定的省中小学生研学实践教育基地中的 40 多家人物类故居、纪念馆，已系统开发研学实践课程，形成一套完整的课程体系的很少。它们作为研学实践基地，虽是研学旅行的目的地，暂时只能说是旅行的目的地，而不是研学的目的地。例如，刘少奇同志纪念馆作为被湖南省教育厅认定的中小学实践教育基地之一，常有研学旅行团来参观学习，由于没有开发研学实践课程，研学旅行团的参观只能是走马观花。

湖南人物类纪念馆对于开发研学实践课程除了主动性不足，同时也存在着能力、动力不足的问题，存在着想开发却难以开发出来的情况。能力不足主要表现为缺乏充足的资金、人力、智力的支持。就目前的情况来看，研学实践课程的开发并没有专项资金；很多纪念馆人力资源本就紧张，很难配齐开发课程的人才队伍，这种矛盾在那种地处偏远，工作人员少的人物类纪念馆更为突出。动力不足主要表现在研学课程的开发对研学实践教育基地来说，不是一项硬性的考核指标、一项必须完成的工作。

总的来说，湖南人物类纪念馆研学实践课程的开发缺乏内生力、缺乏主动性，也存在着能力、动力不足的问题，研学课程的开发还处于尝试探索阶段，尚未呈现欣欣向荣的态势。

三、人物类纪念馆开发研学课程的几点建议

人物类纪念馆作为中小学研学教育实践基地的重要组成部分，要主动作为，主动承担开发研学实践课程的责任。人物类纪念馆研学课程的开发要注意以下几点：

第一，从馆情出发结合中小学生的特点，打造具有本馆特色的研学课程。一是找准人物类纪念馆的定位，从馆藏资源中挖掘可以开发研学

课程的资源。人物类纪念馆与其他博物馆相比，主要是研究、弘扬历史人物的人文精神和文化价值。其馆藏文物资源与各省的省博物馆相比，差距十分大。例如，刘少奇同志纪念馆作为湖南省较大的一个历史人物纪念馆其馆藏文物为两三万件，湖南省博物馆官网公布的馆藏文物为18万余件，而且种类丰富，有马王堆汉墓出土文物、商周青铜器、楚文物、历代陶瓷、书画和近现代文物，等等。因此，人物类纪念馆研学实践课程的开发，要围绕如何让中小学生感受和领悟历史人物的闪光点，获得精神的洗礼来进行。二是认真研究当代中小学生的特点，根据中小学生思维活跃、对新事物敏感等特点来开发研学课程。三是研学实践课程的开发不能盲目求多、求快，追求面面俱到，要立志于打造精品，加强课程的教育性，从而更好地实现以研促学。

第二，加强馆校合作，提升主动性。中国博物馆与学校的合作行为，不仅是博物馆拓展自身服务职能的过程，也是一个教育问题。[1]人物类纪念馆在其自身不断的发展过程中，其教育职能日益重要，成为社会教育不可或缺的一部分。现代教育的不断发展，也使学校独自承担起全部的教育职能成为不可能。2016年12月，由教育部推出的《意见》，将研学旅行列入中小学生的教育教学计划，增强了学校作为合作主体的积极性，学校要完成这一教学计划，必须跨出校门加强与外界的合作；这同时也为博物馆参与青少年教育提供了政策保障。人物类纪念馆在这一形式下，要主动出击，积极和周边的学校加强合作，共同开发好研学实践课程。纪念馆与学校之间合作开发研学课程，就课程内容而言，因每个学校的特点和需求不一样，适于“一校一馆”制；另外，根据历史学科以及思想政治学科的内容，与人物类纪念馆的人文精神寻找契合点，适于“多校一馆”制。研学课程的开发需要四方参与，纪念馆工作人员、学校的老师、学生、课程专家都是必不可少的。除了课程的研发，馆校之间就如何保障学生的有序参与、确保教学质量等方面也需共

---

[1] 宋娴：《博物馆与学校合作的机制研究》，上海科技教育出版社2016年版，第5页。

同研究，制定制度，形成长效机制。总之，人物类纪念馆在馆校合作中，要打好主动仗，深化、细化合作，与学校一起攻坚克难。

第三，加强与其他博物馆的合作。随着社会文化的发展，博物馆馆际合作交流不断加强，涉及馆际展览合作、藏品合作等多个方面，极大提升了博物馆的影响力，促进了文博事业的发展。在研学旅行热下，一些博物馆在研学实践课程的开发上已经取得一定的成绩，有着比较丰富的经验。人物类纪念馆要积极主动地与之开展合作，充分吸收和借鉴那些博物馆的经验，为自身研学课程的开发争取尽量多的智力支持。除此之外，人物类纪念馆之间还需加强合作，形成同类优势的同时应避免千篇一律，让每个人物类纪念馆的研学课程具有独特魅力。例如，刘少奇同志纪念馆和彭德怀纪念馆，两者都地处农村，除了人文资源外都有着丰富的植物资源，这为研学课程的开发提供了很好的素材，两者之间加强合作，可互通有无，更好发挥同类优势，共同提升研学课程的品质。总之，人物类纪念馆要在研学课程的开发上取得成功，单打独斗是不符合社会发展趋势的，在不断加强内生力的基础上深化馆际之间的合作，才能够获得更快的发展以及共赢。

（罗超群，刘少奇同志纪念馆馆员）

浅析新时代博物馆“互联网+宣传教育”的探索与实践

王子安

摘要：文化是一个国家、一个民族的灵魂。在新时代，人民对美好生活的向往更多地寄托于公共文化服务体系。而博物馆作为其重要组成部分，有责任也有义务向公众传播中华优秀传统文化。新媒体已经成为博物馆进行宣传教育的必然选择，在实施《“互联网+中华文明”三年行动计划》中发挥重要作用。其应用途径包括智慧博物馆、博物馆App、微博平台和微信公众号等，具有即时性与广泛性、引导性与针对性、参与性与互动性等特点。博物馆应当通过将传统媒体与新媒体进行融合，拓展新媒体宣传教育的内容与途径，提升新媒体宣传教育工作的整体水平。本文旨在对新时代博物馆利用“互联网+宣传教育”进行初步探索。

关键词：新媒体；互联网；宣传教育

一、互联网+宣传教育的政府支持

为了贯彻习近平总书记关于文化遗产保护的系列重要论述精神，落实国务院《关于积极推进“互联网+”行动的指导意见》和《关于进一步加强文物工作的指导意见》，2016年11月，由国家文物局、国家发展和改革委员会、科学技术部、工业和信息化部、财政部共同编制了《“互联网+中华文明”三年行动计划》，提出对于文博行业发展的总体目标、主要任务与保障措施。新媒体技术作为互联网技术发展的产物，它的存在使信息传播速度更快，数据服务更加便捷，对于博物馆文化资源的共享、利用、挖掘与创新具有重要作用。在这份行动计划的支持下，“互联网+宣传教育”的探索与实践也有更为有力的政策支持与保障。

二、改革升级博物馆宣传推广部门结构

对于传统的博物馆而言，宣传教育部门都是单一的职能部门，即宣传与教育，人员包括讲解员与社会教育员等。但是在这样的结构体系下，缺乏熟悉使用信息化手段推广的技术人才，无法打破传统宣传教育模式的壁垒。所以对于传统博物馆的部门结构和业务流程需要随着宣传推广工作的发展趋势而作出进一步的调整。要改革升级博物馆宣传推广部门组织结构，增强业务流程管理，使博物馆在资源、技术和管理模式上均进行转型，在资源建设方面可以和腾讯、百度、新浪等大流量的资源供应商合作，减少娱乐性内容，增加学术性资源内容，提高用户的文化素质。在博物馆的宣传推广技术业务方面，利用先进的现代化信息技术，提高宣传推广的安全性和可靠性。在管理模式上，博物馆要在已有的传统管理经验上改进管理观念，以多种管理方式相结合来适应这种宣传推广环境，满足用户宣传推广需求的新变化。

三、运用新媒体技术

（一）永不闭馆的大学堂

“网上博物馆”“数字博物馆”“虚拟博物馆”是实体博物馆社会教育功能重要的延伸。近年来，随着时代的不断进步，在实体博物馆和数字博物馆的基础上，文博界又提出“智慧博物馆”的概念。智慧博物馆建立在互联网、云计算、数字化、大数据、物联网等技术基础上，对博物馆全业务进行信息化，构建博物馆大数据中心，打造统一的智慧博物馆生态体系，有效提升文物的数字化保护、管理和利用水平，实现博物馆精准化管理、创新和拓展博物馆服务模式，提升博物馆综合实力，实

现博物馆的核心价值和社会使命。改变以往传统博物馆由物到人的单向的教育手段。《行动计划》提出了“互联网 + 文物教育”的任务，要求研究提炼博物馆资源与教育的有机结合点，利用互联网与多媒体技术表现形式丰富多样、信息获取方便快捷等优势，鼓励通过社会力量开发数字化、网络化的文物教育课程及其他教学资源。新媒体技术可以为网络化的文物教育提供途径，让公众享受到文物数字化的成果。智慧博物馆作为 24 小时为公众提供博物馆服务的知识殿堂，公众通过互联网可以浏览任何一家博物馆的网站，从而获取历史、艺术与科学知识，成为一个永不闭馆的在线大学堂。

（二）博物馆小程序：随时随地参观的博物馆

在微信小程序普及之前，博物馆曾经兴起建设自身独特 App 的热潮，但是在实际使用过程中存在了一定量的问题。比如 App 本身占用大量的空间，游客在参观时需要耗费一定的时间进行下载，在参观结束后又往往把 App 当成累赘，需要卸载。那如何使得观众在参观的同时，更加便捷地享受博物馆带来的相关服务？随着微信小程序的诞生，这一问题便得以解决。近年来，由于微信的普及化程度很高，博物馆顺应“互联网 +”的发展趋势，可以将博物馆 App 转化为博物馆小程序，作为文化传播的重要辅助手段。这也契合了《行动计划》所提出的“文物价值挖掘创新”的要求。《行动计划》提出，开展多视角、多维度、多层次的价值挖掘，阐述文物背后的故事，突出文物的历史、艺术和科学价值，加强文物间关联性和系统性研究，为后续产品研发、领域融合等提供更具专业性和科学性的文物信息资源。

以腾讯公司制作上线的小程序“博物官”为例，博物官与多家博物馆、美术馆和艺术机构进行合作，用户使用手机上的博物官小程序或 App，扫描博物馆、美术馆里的各类展品，便可获得对应的解读信息，包括与其相关联的图片、文字、音频、视频、增强现实动画等，帮助用户更好地理解文化艺术产品，以弘扬中华文化，同时也为公众提供了一种全新的参观模式，带来具有科普性、趣味性与个性化的参观感受，是“互联网 + 宣传教育”实践的一个重要参考方向。

（三）微博平台：双向交流的宣传窗日

微博是通过特定的关注机制，发布和分享简短实时信息的社交网络平台，虽然使用普及率以及宣传效果不如微信，但是作为曾经的第一大社交平台，微博仍保留了大量用户。国内很多博物馆建立了官方微博，如中国国家博物馆、故宫博物院、陕西历史博物馆等。以故宫博物院为例，截至 2017 年 9 月，故宫博物院新浪微博发布讯息 7 100 余条，粉丝量达到 380 余万，微博几乎每天都在更新，有时一天发布多条信息，包括故宫新闻、展览介绍、讲座预告、文物赏析等内容，并配合发布相应的照片、海报和视频等。故宫博物院微博具有非常强大的传播功能，是故宫博物院进行中华优秀传统文化宣传的利器。微博具有收藏、转发、评论和点赞功能，而且无论在手机或电脑上都可以方便使用。对于博物馆而言，微博应用的优势在于可以整合图片、文字、视频等多种信息，即时进行宣传教育工作；对于公众而言，在通过微博接收各种展讯和知识的同时，可以将自己的感情和需求通过转发、留言、点赞的功能传递给博物馆。

（四）微信公众号：善于沟通的便捷渠道

微信能够为智能终端提供即时通讯服务，可以发布文字、图片、视频、语音短信等，并且具有公众号、消息推送、朋友圈等功能。其传播信息的特点类似于微博，因此越来越多的博物馆申请并运营微信公众号，发布相关的展览信息和文博知识。微信是普及率最高、日常使用最为频繁的即时通信工具，在传播和接收信息的功能上更加具有个性化的特点。对于博物馆的宣传教育工作而言，其使用的便利程度和信息传播的速度超过了智慧博物馆、博物馆 App 和博物馆微博平台。博物馆的官方微信号一般由团队运营，包括策划人员、专业人员、技术人员等。微信的即时通信功能可以使博物馆工作人员在信息发布后的第一时间得到公众反馈，因此在预约参观、讲座、活动方面发挥极大作用，同时通过朋友圈的转发，博物馆的各种信息可以在很短的时间内快速传播。

四、“互联网＋宣传教育”对于新形势下的创新与展望

（一）重视宣传教育中的儿童教育引导

教育职能是博物馆宣传教育的重点。根据对国外大型博物馆的研究

可以得知，我国在儿童教育这一方面的引导还存在差距。我国的大型博物馆中，故宫博物院在儿童教育引导方面做得比较突出，在网站中专门设置了儿童窗口，通过生动的清代卡通人物形象激发儿童探索知识奥秘的兴趣；在官方微博建设方面，陕西历史博物馆通过及时的定期推送卡通风格的博物馆信息，吸引和引导儿童宣传教育。虽然我国尚且没有完全意义上的推广新媒体的应用，然而博物馆依然要积极引导，实施宣传。比如，可以通过设计儿童版的内容，在宣传中显现出展览活动给儿童带来的帮助，促进家长带领儿童参加展览的积极性，增加儿童型的博物馆活动，利用官方微博或微信进行活动宣传，吸引更多的家长和儿童来参与。只有将教育职能与儿童引导有机联系起来，让儿童从初始就对文化信息形成良好兴趣，才能够促进博物馆的发展，并实现精神文明建设的大目标。

（二）依据文化，发展特色的博物馆宣传教育

网络媒体环境中，信息呈现碎片化特征，人们在互联网运行中会获取大量信息，同时因各种因素的影响，其信息筛选、分析、挖掘能力在不断下降。这种情况下，博物馆需要紧随时代变化，增强自身分辨、整理能力。博物馆需要根据具体发展现状，确定好自我的文化定位，发展特色化，通过不断探索并结合时事动态，针对大众的反应情况进行优化调整。比如故宫博物院在开展文创产品宣传中，其微博“故宫淘宝”账号，前期发展得并不理想。其在日常微博更新的基础上，紧紧把握明清宫廷文化特征，通过结合当下流行趋势实施产品营销，偶尔还会推广新产品，并配以长微博进行解读，微博文章利用诙谐的网络图文，同时综合历史知识，实现了新颖而生动有趣的产品推广，受到大众的喜爱。“买了，就是朋友”等一系列的推广语言让人们感觉既搞怪又有创意。微博“故宫淘宝”账号给人们带来一种可爱的风格，与故宫博物院官方微博的严谨、庄重形成鲜明对比，相互衬托，很好地考虑了大众的心理喜好。

（三）开展在线互动交流

我国的社会经济体系在不断完善，这一过程中互联网发挥了至关重要的作用，它在现阶段的信息传播过程中扮演了重要的媒介角色，许多的论坛、贴吧等通过互联网汇集众多的网民，各方面的信息交流在网络互动形式下不断开展。基于这一爆炸式的信息网络环境，开展网络形式的互动交流是博物馆实施对外宣传教育的有效举措。比如，博物馆能够利用网络设计虚拟论坛、网络之友等博物馆网络沟通模块，及时解答网友的困惑和问题，积极促进大众间的彼此交流和讨论，耳口相传，可以更好激发网友重视和学习的积极性，另外，这些模块还可以对大家形成一种积极的引导作用，带领大家在正确的研究探讨道路上达到学习的目的，从而实现博物馆的宣传教育目标。

（四）互联网媒体跨界融合的探索

2018 年 5 月 18 日的国际博物馆日，很多博物馆粉的微信都被一个视频刷屏了。文物戏精大会，是抖音联合国内七家著名博物馆发布的一条文物短视频。视频虽然只有短短几十秒，却集合了当时最流行的各种段子和元素，“古老 + 新潮”的反差也是“萌翻”了大批网友。视频一经发布就被疯狂转发，获得超过 1 亿的播放，670 万次赞，8.9 万次评论，不得不说是一个现象级的传播案例。于是，在这次成果辉煌的案例的激励之下，许多国内知名的、不知名的大馆、小馆，都纷纷在抖音平台上注册账号。不得不说，这是一个全新跨界融合的成功案例，也是“互联网 + 宣传教育”的一次成功实践成果，目的就是向公众展示博物馆鲜为人知的一面，让公众更了解博物馆，不仅了解文物藏品，也了解博物馆行业的点点滴滴。

（王子安，陈云纪念馆助理馆员）

参考文献：

［1］张彬：《虚拟现实技术在文物遗产保护和博物馆教育中的应用研究》，《计算机产品与流通》2019 年第 4 期。

［2］刘露媛：《浅析博物馆社会教育工作的创新》，《文物鉴定与鉴赏》2019 年第 4 期。

[3] 朱廷水：《如何进一步加强基层博物馆的宣传教育功能——以福建省龙岩市14家国有基层博物馆为例》，《中国民族博览》2018年第9期。

[4] 石本秀、蔡郎与：《新媒体经营管理》，中国传媒大学出版社2012年版。

场馆建设与人物思想

城市文化浪潮与中国博物馆的发展之路探微

邓普迎

摘要：博物馆是现代社会物质文明和精神文明发展的一个成果，是城市文明的象征，在城市文化传播中具有独特的地位，是一个城市重要的文化空间。城市如果没有博物馆，将会是一个贫瘠的城市，一个没有灵魂的城市。随着我国社会经济的发展，思想观念的进步，城市文化迅速发展，当前，在我国城市建设中掀起一股发展城市文明、弘扬城市文化的浪潮，这一浪潮，既给博物馆的发展带来难得的外部环境和重大机遇，也带来不小的压力和挑战，必然给博物馆发展带来一定程度的影响。在良好机遇与巨大挑战面前，博物馆该如何发展，成为一个需要探讨的问题。

关键词：城市文化；浪潮；中国博物馆；发展

博物馆是现代社会物质文明和精神文明发展的一个成果，是城市文明的重要象征，是反映城市文化发展程度的一个重要参数。在城市文化建设中，博物馆已经成为城市文化的标志和形象的代表，被形象地称为“城市的会客厅”。在我国城市形态由功能性城市向文化性城市的转型中，博物馆与城市文化的关系变得愈加密切，使得我们必须考虑城市文化浪潮下中国博物馆的发展问题。

一、城市文化浪潮的出现与表现

文化是一个国家、一个民族的灵魂，是一个城市价值品位、风尚气质的全部体现。城市文化，是城市生活的灵魂和核心，也是城市赖以存在的基础。城市文化的发展水平在一定程度上代表着一座城市文明程度所能达到的最高水平。“一个没有文化的城市不是一个完整的城市，也可以说，根本就不是一个城市。”[1]城市文化是一个复合概念。从形成上讲，城市文化是城市市民在长期生活的过程中，共同创造的具有城市特点的文化模式，是城市人为环境、生活方式和生活习俗的总和。[2]从内涵上讲，不仅包括教育、科技、文学、艺术、体育、服务业的服务质量、居民素质、企业管理及政府形象等非物质实体，而且还包括建筑艺术风格、街景美化、广场规划和设计、雕塑装饰、公共设施、环境卫生状况等物质实体。[3]从构成上讲，它由物质文化、制度文化和精神文化三个层次组成，这三个层次互动共生，交互作用，构成一个有机联系的城市文化系统。从功能上讲，城市文化起着保存城市记忆、明确城市定位、决定城市品质、展示城市风貌、塑造城市精神、支撑城市发展的作用。[4]

我国城市文化浪潮的出现，有着特定的历史背景和原因。随着我国经济体制的逐渐转型，工业化、现代化、信息化的步伐加快，在当今城市社会中，各种各样的城市病也随之而来，如城市规模的畸形发展、城市人口的迅猛扩大、城市交通的极度拥挤、城市环境的深度恶化、城市生态的巨大破坏，等等。与此同时，一些不和谐的因素也在与日俱增，比如市民日益增长的美好生活需要和不平衡不充分的发展之间的矛盾；现代城市建筑的大规模涌现与城市记忆、历史传统的大量丢失的矛盾；

---

[1] 朱铁臻：《城市发展战略》，中国统计出版社 1996 年版，第 70—75 页。

[2] 杨章贤、刘继生：《城市文化与我国城市文化建设的思考》，《人文地理》2002 年第 4 期。

[3] 王承旭：《城市文化的空间解读》，《规划师》2006 年第 4 期。

[4] 单霁翔：《关于“城市”“文化”“城市文化”的思考》，《文艺研究》2007 年第 5 期。

社会主义的核心价值观、道德观与利己主义、拜金主义、享乐主义等思想的矛盾，等等。这些因素已经越来越多地给城市的发展带来障碍，给城市生活和社会的安定有序带来挑战。如何发展，如何处理好人与人、人与社会、人与自然的和谐相处，让城市生活变得更加美好，已经成为各地政府努力探求的一个时代主题，而城市文化建设浪潮就在这样的背景下应运而生。

城市文化浪潮的表现有以下几个方面：

一是中央和地方政府高度重视，通过举办城市文化发展论坛、文化旅游节等形式，邀请世界各国的相关科研院所、知名教授参与，积极探求城市文化建设的方向和模式，倡导发展可持续的、和谐的、创新的、健康而富有生命力的城市文化。

二是近年来，国务院及其有关部门连续出台多个政策和文件，加大对历史文化遗产保护的力度，通过实施大遗址保护规划，推动国家文化遗产保护良性、有序发展，各地政府主动将文化遗产规划纳入城市发展建设规划，探索多种形式的文化遗产保护模式，使得城市自然环境和人文环境得到很大程度的改观，城市历史文化得到最大限度的保留和修复，文化遗产保护与规划正成为带动城市文化繁荣发展的助推器。

三是以深化文化体制改革为契机，积极发展城市文化产业。党的十九大提出，文化是一个国家、一个民族的灵魂，要发展中国特色社会主义文化，推动社会主义精神文明和物质文明协调发展。推动文化事业和文化产业的发展，深化文化体制改革，完善文化管理体制，深入实施文化惠民工程，加强文物保护利用和文化遗产保护传承。在国家大力发展文化产业的推动下，在一些城市中，国家级、省市级文化产业示范基地纷纷建立，许多骨干文化企业在政府的大力扶持下重新焕发生机，文化创意产业园、动漫基地如雨后春笋，拔地而起，各种形式的文化会展活动精彩纷呈，引人入胜。

四是地方政府大力促进城市文化建设。越来越多的城市对发展作出“文化定位”或者提出“文化城市”目标，城市文化建设充分发挥出保存城市记忆、体现城市特色、提升城市品质、展示城市风貌、塑造城市精神、支撑城市发展的巨大作用，已经成为一些城市的核心竞争力。一个个有鲜明个性的城市品牌不断涌现，如“国际会都”北京市、“美丽之都，智慧之都”杭州市、“设计之都”深圳市、“凤凰之都”唐山市、“冰城夏都”哈尔滨市、“中国新盐都”淮安市、“满城尽是牡丹花”的洛阳市、“中华文明多媒体——西安·亚欧国际都会”西安市、“苏式生活”苏州市、“天下泉城”济南市、“绿城　水城”南宁市、“中国药都”石家庄市、“白酒文化之都”宜宾市，等等。

五是加大城市文化公共服务体系建设，注重市民的参与度与共享性，使得城市文化休闲、娱乐设施得到很大程度的改善，比如大规模兴建城市公园、广场、文化娱乐场所等，让市民真切地体会到城市发展的成果。

二、城市文化浪潮给博物馆带来的机遇与挑战

博物馆不仅是每座城市文明的标志，也是展现现代城市文化魅力的窗口，它在城市发展过程中担负着弘扬历史文化，普及公众文物考古知识，为城市经济发展提供精神动力的重任。同时，博物馆作为城市文化环境的组成部分，对于增强一座城市的认同感、归属感、凝聚力起着重要作用，也是城市参与国际竞争、彰显城市地位的重要文化竞争力。我国掀起的城市文化浪潮，既给博物馆的发展带来难得的外部环境和重大机遇，也带来不小的压力和挑战，能否主动融入这股城市文化浪潮，完成一座博物馆与城市文化发展的完美对接，是不少博物馆需要面临的抉择。

城市文化浪潮的出现，越来越多的城市开始从“功能城市”走向“文化城市”，说明不少政府已经认识到城市的地位和影响力不仅仅是工业、商业产值的简单相加，也不单单是靠城市规模、人口数量来衡量，而需要重视文化生态建设，发展城市文化。这种转变，毫无疑问给博物馆的发展带来了良好的外部环境。以往博物馆常常被认为是古物收容所，主要收藏一些考古发掘出土的文物。那时无论是博物馆的场馆建设、周边环境治理，还是博物馆展品陈设、展览，政府相关部门给予的

关注度都不够，使得博物馆的功能和价值得不到应有的发挥。例如以“青铜器之乡”闻名全国的宝鸡市青铜器博物馆院，在20世纪90年代，由于在馆址建设、馆藏文物保管和藏品展陈上，政府给予的投入均不够，使得原本在青铜器、玉器、铜镜上拥有得天独厚优势的该馆经营管理困难，各项事业发展举步维艰，造成专业人才大量流失，也使得原本处于陕西省文物强市的宝鸡在城市知名度上要落后于延安、铜川和咸阳。21世纪伊始，宝鸡市政府下功夫打造全国青铜文明故乡，将宝鸡市青铜馆迁入城市的中心地段，并正式更名为宝鸡青铜器博物院，在博物馆建筑设计理念、藏品陈列手段与方法上，政府也投入大量的经费予以支持。在一个良好的外部环境的衬托下，该馆发展上了一个新台阶，一跃而成为全国最大的青铜器博物院，气势恢宏的新馆也成为该市城市文明最璀璨的一颗明珠。

同样，我们也能体会到城市文化浪潮给博物馆发展带来的一些新的变化，这集中表现在以下几个方面：

一是大遗址保护与规划的实施，促进城市兴建遗址类博物馆、遗址公园，在大遗址规划中采取的一些新的展陈理念、手段，为博物馆陈列设计增添了一些新的元素，在如何做好人类文明与自然、历史文明与现代文明的和谐相处上，大遗址规划也为博物馆树立了一个可供参考与借鉴的模型。以西安市为例，近几年西安市的大遗址保护与规划走在了全国的前列，先后建成的有汉阳陵遗址博物馆、曲江池遗址公园、唐城墙遗址公园、唐慈恩寺遗址公园、大明宫考古遗址公园、汉长安城遗址公园、杜陵遗址公园、秦始皇陵遗址公园（秦始皇帝陵博物院）等，这些以考古遗址、历史遗迹为依托而建立的遗址类公园，扩大了遗址博物馆的概念和外延，将遗址本身及周边自然、地理、人文环境进行保护与利用，这本身就是一种创新。而在遗址公园的建设中，大批考古类遗址博物馆纷纷建立。如2010年正式对外开放的秦始皇陵遗址公园是由秦始皇兵马俑博物馆和骊山园两部分组成，其中，骊山园包括已经建成开放的百戏俑坑博物馆、文吏俑坑博物馆以及秦始皇陵地上建筑等，相信随着秦始皇陵考古工作的不断深入，一些新的遗迹也会以建立博物馆的形式加以保护与利用。在展陈的手段与方法上，博物馆也能从中获取营养与水分。例如在汉阳陵遗址保护与展示中，根据遗址不同的性状采取了多种实践形式，例如对高出地面的高台建筑遗址采取防风、防雨、防紫外线的保护与展示，对已发掘的建筑遗址采用覆土回填、地面复原遗址、玻璃罩防风防雨、小体量木结构立体局部复原展示，对帝陵外藏坑采取全地下、全封闭式展示，对园区不同区域出土文物标本的陈列展示、对封土的复原展示等[1]，这些不同的展陈手段与方法，为全国遗址类博物馆陈列设计提供了可供借鉴的经验。

二是城市文化产业蓬勃发展的同时，客观上也带动国立博物馆、民营博物馆、行业博物馆的大发展，无论是从所有制形式、管理模式上，还是从营销策略、文化服务产品的设计上，都有了许多新的变化。2008年我国实施博物馆、纪念馆免费开放，博物馆越来越受到民众的关注和喜爱，一些地方政府甚至提出“博物馆之城”的目标。2010 年 3 月，西安市出台《关于大力发展博物馆事业的实施意见》，提出要把西安建成名副其实的“博物馆之城”的发展目标，力争用 3 年时间，使博物馆的总数突破 100 家，形成富有西安特色的博物馆发展新格局。在这一政策的刺激下，西安的博物馆尤其是民营博物馆得到前所未有的发展，如大唐西市博物馆、秦砖汉瓦博物馆、关中民俗博物馆等，均是在西安市文化产业发展浪潮中新建而成的。值得一提的是在原唐西市遗址之上建立的大唐西市博物馆，是一座由民营企业投资兴建的，秉承文物保护、文物展示、商旅开发为一体，以反映盛唐代商业文化和丝路文化为主题的私营博物馆，是文化产业与文物、博物馆结合的典范。同时，文化旅游产业的兴起，使得博物馆丰富的文物资源得到有效的开发与利用，集公司、博物馆、手工艺品、餐饮娱乐为一体的营销模式成为带动文化旅游产业发展的重要力量。如陕西文旅集团通过与陕西历史博物馆、秦始皇兵马俑博物馆、乾陵博物馆、法门寺博物馆等的联合，实现文化旅游产

---

［1］王保平：《论北方黄土地区大遗址的保护与展示——以汉阳陵博物馆为例》，《四川文物》2010 年第 5 期。

业发展的一条龙。

三是城市文化观念的更新，市民文化生活需求的增加，也给博物馆的发展带来机遇，使得博物馆在发挥其社会功能方面的重要性与日俱增。作为社会一员的博物馆，其基本使命便是关注社会发展、关注人的发展，为公共利益服务。博物馆的历史往往是一座城市发展缩影的真实写照，保留着这座城市前进的每一个脚印，而在沧桑巨变中，城市的面貌发生了很大的改变，城市记忆变得越来越模糊，这种心灵的无所寄托与失去归属的感觉让越来越多的市民陷入了精神上的真空与空虚。城市人口密度的增加，生活节奏的加快，工作强度的加大，使得人们生活空间不断地被缩小，人们的幸福指数受到了来自城市生活压力的挑战。在各种腐朽思想、西化思想的侵蚀下，在不良文化的感染下，在个人主义、利己主义以及金钱至上等观念的影响下，一些丑恶的社会现象层出不穷，城市思想道德素质亟待加强，而这些城市发展中所产生的种种社会问题，使得城市观念发生了很大的改变，由过去单纯发展经济规模与总量，注重吃穿住用行等生活指标过渡到注重经济、政治、社会、文化的协调发展，发展城市软实力，关心市民身心健康与精神状态，弘扬丰富多彩的城市文化，这无疑给博物馆的发展带来机遇。例如南通市是我国近代最早开始现代化的城市，也是我国博物馆的发祥地。近年来南通市大力弘扬“中国近代第一城”的城市理念，围绕“江海文化”“近代文化”“博物馆文化”等城市个性文化，动员社会各方面力量投资兴办博物馆，以南通博物苑为龙头，兴建环濠河文博馆群，继而塑造“博物馆城”新形象。到目前为止，“环濠河文博馆群”共有各类博物馆（纪念馆）17 座，市区平均不到 5 万人就拥有 1 座博物馆，这一指标达到发达国家水平，南通因此被誉为“博物馆城”。[1]

当然，在当前城市文化浪潮的冲击下，我国博物馆的发展也面临诸多的考验，主要有以下几个方面：(1) 博物馆如何融入城市文化建设的

---

[1] 黄振平：《博物馆：城市记忆、标志及通向未来文化的桥梁——以江苏南通市为例》，《江南论坛》2005 年第 11 期。

浪潮，如何做到博物馆不掉队、不超前，紧贴时代主题，把准城市文化发展脉络。20 世纪末至 21 世纪初，我国国有博物馆建设的高潮已基本结束，绝大多数省、市、县博物馆的场馆已经建立起来，有的已经免费开放，而随着国家“十三五”计划纲要的实施以及深化文化体制改革的推进，城市文化浪潮才刚刚开始，今后可能成席卷之势，对整个城市文化发展产生深远影响。(2) 如何准确定位一座博物馆在城市文化服务中的作用，制定符合博物馆实际的发展目标，充分发挥其社会功能。不同级别的博物馆、不同所有制形式的博物馆以及不同类型的博物馆，在一座城市文化中的影响力是不同的，在文化宣传的主题、形式上也可能有所差异，所吸引的观众在年龄、知识结构、身份等方面也会有所区别，这就需要准确定位一座博物馆在城市文化服务中的地位与作用。随着一座城市博物馆数量的增多、类型的多样化，观众可供参观的地方也越来越多，若一座博物馆办得没有特色，吸引不了观众，就会逐渐泯灭在博物馆海洋之中。(3) 大遗址保护与规划的实施，就地而建的遗址类博物馆纷纷建立，这使得很多室内博物馆在充实藏品数量、举办新的展览上面临难题。协调馆际之间利益，丰富藏品征集途径，刻不容缓。(4) 如何在市场经济条件下坚持博物馆的公益性、服务人民群众的宗旨，做好文物的保护工作，抵制因发展文化旅游产业而对博物馆及其环境的破坏，防止文博单位文物所有权与经营权被变相的卖掉。(5) 大多数博物馆在陈列设计水平、文物保护手段、藏品管理科学化上，都需要改进与提高，以适应观众的需求和科学研究的需要。

三、在城市文化浪潮下中国博物馆的应对之策

城市文化浪潮来得如此迅猛，其发展速度之快、影响之深远，已经极大地改变许多城市的整体面貌，也给博物馆发展带来新的机遇和挑战。在新的时代背景下，博物馆若要适应城市文化发展的需要，不妨从以下几个方面入手：

首先，“博物馆应当更加自觉关心城市文化的进步，主动融入到当前城市文化发展浪潮中，承担更多的社会责任。在城市文化的建设中，

博物馆应该充当更加积极、更加直接的角色，博物馆应该成为‘精神的家园’‘文化的绿洲’‘知识的殿堂’‘城市的客厅’‘文明的窗口’，承担更多的社会责任，更加自觉地关心城市文化的进步，以推动社会发展为己任，注重自身业务活动与人居环境改善的内在联系，塑造公平、公正、民主、法治的价值观，鼓励人们创造更加和睦与和平的生存环境，从而使民族文化薪火相传，人类文明赓续绵延”。[1]

其次，博物馆要转变思想观念，响应“和谐城市”建设的号召，努力建设博物馆的和谐文化。具体来讲，就是要在博物馆文化属性上实现科学与人文的和谐，在博物馆文化职能上实现收藏与展示、教育与娱乐（欣赏）的和谐，在博物馆文化理念上实现“以物为核心”和“以人为本”的和谐，在博物馆文化目标上要实现主旋律与保护多样性的和谐。[2]

第三，博物馆要转变服务态度，坚持以人为本的服务理念，关注观众的愿望，尽可能将地域文化的展示与观众需求结合起来。一般而言，博物馆和公众交流的主要途径是陈列展览，所以，陈列展览水平的高低，能否得到观众的认可，就会直接影响到人们对一座博物馆的评价。以往的博物馆在陈列展览方面很少花心思，一个展览可以一年甚至几年都不更新，这种缺乏新意的展览，不仅不能抓住观众心理，给观众带来深刻的印象，而且也间接地影响了博物馆在观众心目中的形象。近些年来，随着人们思想观念的改变和思维方式的逐渐开阔，电视节目对观众文物考古知识的普及，越来越多的人对古文化、古文物产生了浓厚的兴趣。博物馆作为一个古文化和古文物集中的地方，无疑就成了广大人民群众满足猎奇心理和学习文物知识的地方。这就要求博物馆关注观众的心理需求，认真策划好每一个展览，认真研究确定符合时代特点和大众需求的主题思想，认真编写陈列大纲展览，并且在展览的形式设计上有所突破和创新，举办几次有一定水平、有较高观赏性、有一定轰动效应的好展览，通过自身不断的努力来吸引观众，拉近与观众的距离。

---

［1］ 单霁翔：《博物馆的社会责任与城市文化》，《中原文物》2011 年第 1 期。
［2］ 陈卫平：《建设博物馆和谐文化的思考》，《中国博物馆》2008 年第 2 期。

第四，博物馆应该与当地的旅游相结合，在发展当地文化产业中发挥自身的优势和特色，为城市的文化建设贡献力量。尽管博物馆本身不一定能带来多大的经济效益，但因博物馆有着巨大的潜在观众群体，如果将博物馆与旅游结合起来，定能促进当地城市消费，带来不菲的旅游收益。在我国的一些城市，博物馆已经成为发展当地文化产业的重要支撑点，以文博旅游为特点的文化旅游正如火如荼，吸引了成千上万的游客慕名而来。

最后，博物馆要加强学习，通过不断吸收与借鉴成功经验来完善与发展自己。当前大遗址保护与规划确实有许多先进的理念值得学习，也有很多成功的规划案例值得研究。比如在一些大遗址保护与规划案例中，往往注重历史文化遗产保护与城市规划、城市生态环境建设的和谐发展，注重遗址开发利用与遗址区居民生活水平改善的对接，在遗址展示中，将一些国外新的展示理念、手段引入到国内，做到展示效果的人性化、大众化、娱乐化，这些都是博物馆可以学习和借鉴的。再比如在博物馆宣传与策划上，可以借鉴一些优秀的文化传媒公司、有影响的文化企业做法，打造更具魅力的博物馆形象，等等。

（邓普迎，西安事变纪念馆馆员）

浅议红色老镇的开发利用

——以毛泽东故里韶山银田老镇为例

张　旭

摘要：老镇一般是指有着百年以上历史的，供集中居住的建筑群。它们是各地传统文化、民俗风情、建筑艺术的真实写照，反映了历史文化和社会发展的脉络，是珍贵的历史文化遗产。无论选址、布局还是单栋建筑的空间、材料上，都体现出尊重自然、爱护自然、顺应自然的可持续发展思想。毛泽东故里韶山银田老镇，作为韶山最古老的和最具代表性的乡镇，曾发生了不少革命事件，具有韶山古镇典型特色。如何从古镇的文化特色、建筑特点、历史文脉着手，进行科学保护开发和利用，具有重要意义。

关键词：老镇；韶山；开发；利用

老镇一般是指有着百年以上历史、供集中居住的建筑群。它们是各地传统文化、民俗风情、建筑艺术的真实写照，反映了历史文化和社会发展的脉络，是先人留给我们的珍贵历史文化遗产。无论选址、布局，还是单栋建筑的空间、材料，都体现出尊重自然、爱护自然、顺应自然的可持续发展思想。研究历史古镇，总结先人千百年来与自然和谐共处的思想经验，对于更好地延续中国传统建筑文化精髓，具有重大意义。

一个国家的城镇和建筑往往承载着本民族的文化内涵，体现着当地的风土人情，从现存的中国古镇中可以清晰地看到这一点。但当下研究古镇一方面是为了对遗存的保护；另一方面需要从本民族建筑中汲取精华并与现代的工艺和生活形态相融合从而使我国的民族建筑文化得到传承，在对古镇村落的保护中发掘中国民居的建筑艺术精髓，在对古镇的保护中需要体会中国建筑艺术的真正智慧，只有这样才能更好地传承中国本土的建筑艺术文化，并在保护古镇建筑遗存的时候也将古镇承载的民间文化加以发扬。银田，位于韶山市东部，联络着韶山、湘潭，是韶山名副其实的东大门，也是韶山最古老和最具代表性的乡镇。有水路经云湖河（今韶河）至涟水，达湘江，通湘潭，下长沙。明清时期的古银田便是方圆上百里范围的交通要道和商业中心，清光绪年间《湘潭县志》记载了当时银田水运的繁华。古镇上曾发生不少革命事件，也给古镇增添了几分神秘和传奇。

一、繁华的昨天：商贾云集，鼎盛一时

船运一直是韶山 20 世纪 60 年代以前最主要和最重要的交通工具，云湖河（即韶河）银田段张公桥是韶山境内现存最大的三墩四孔桥，初名宁丁桥，修建于明朝初年，由进士张嘉言捐资主修，清嘉庆三年重修，同治年间三修，1973 年桥墩由原 3 孔增加至 4 孔。

图 1　四孔桥墩

桥主体由花岗岩砌成，桥面两侧均有 1 米高的花岗岩栏杆，栏杆东侧的栏板正中位置刻有“中流砥柱”四字，两端有 10 余级石阶相连，该桥是两岸居民来往的必经通道，桥墩下方两侧各有一码头，这两个码头也成为出入韶山人员和物流的集散地，所有物流均由此装卸。韶山历史上多次革命事件也在此发生。

1915 年毛泽东就读于湖南第一师范时，在学生花名册上填写的通讯地址即“湘潭县银田市长庆和号”。这也是毛泽东笔下最早关于银田的记载。早在毛泽东外出求学前，其父通过前期的劳动打下了一定的经济基础，1903 年毛顺生（毛泽东的父亲）在银田寺的“长庆和”米店入股，从此，在银田镇的商铺中有了一席之地。在随后多年的求学生涯中，毛泽东每次回乡探亲寒暑往来都会在银田境内的张公桥码头登岸，与朋友通信中也多次提到银田一带的风光。

韶山区境内的云湖河弯多河窄，但到银田却豁然开朗，由此形成银田镇境内的水运码头，由于其独特的地理位置和时代特点，借助水运成就了银田镇老街的繁华。鼎盛时期老街共有店铺 82 家。经营项目涵盖人民生活的方方面面，呈现出一派商贾云集、人群熙攘的热闹景象。

图 2　水草丰茂的云湖河

银田镇老街共计 4 条，以云湖河（即韶河）为轴，由张公桥相连，河北面有河街、老岸街和半边街，在云湖河南岸有一条全长 140 米的四亩街。老街街道多由石块铺砌而成，房屋结构也颇有特色，一般为两层木结构青瓦房，房间间壁为木板相拼或用竹篾编织后敷泥巴或石灰，户与户共垛相连，若房屋有多进则房屋之间有三合土或青砖砌成跺墙，跺墙包台阶而砌，其中又以四亩街房屋跺墙外观最具特色，檐口处不用木挑，而是以青砖加石灰相砌，向前凸出，并向上高高翘起，具有很强的欣赏性，远远看去颇有宫殿亭阁之美感。在河两侧修有“吊楼”，据当地老人介绍吊楼不仅能极大扩大房屋空间，增强使用价值，且在当时银田老街也能起到一定的广告作用，当时银田老街之繁华可见一斑。

新中国成立前夕，四亩街主要经营药材和南杂百货，另有铁铺、家具店、银器首饰店和染坊。著名商号有鸿祥药店、明大南杂百货店和摩登布店等。从水路贩运进来的枯饼、谷米、棉花等农产品远销湘乡、宁乡等地。进入 60 年代四亩街更为繁华，设有银行、公共卫生院、供销合作社、打米厂等，每日行人络绎不绝，生意非常兴隆。每逢端午时节，由各店铺和单位赞助的龙舟赛在张公桥河段进行，好不热闹。

图 3　白庙内银田寺

张公桥北岸河街全长 90 米，以豆制品为主要经营项目，有规模较大的新昌号斋馆磨坊。新中国成立后豆腐作坊兴盛不衰，邮政所、书店等设在此街。这极大地方便了附近居民的生活生产，并辐射到整个韶山地区。在河街中段有三口水井，俗称上、中、下三井，附近居民将上井水用于饮用，中井洗菜，下井洗衣。三井紧紧相挨却又并不混合，井水清澈见底，即使遇大旱之年也不枯竭，至今仍在使用，在人们日常生活中发挥着重要的作用。河街北侧分别为半边街和老岸街，两街北面山坡上，有明代所建的银田寺，俗称白庙，老街古称银田寺即由此而来。银田寺内现存一株 700 多年的古银杏树，系国家二级保护树木，其胸径 1.3 米，高 22 米，时至春夏枝繁叶茂郁郁葱葱，犹如一把撑开的绿伞，实为一大景观。

二、励志的今天：充满革命历史激励人心

1925 年正月，毛泽东携家人在银田寺张公桥码头登岸回到家乡开展农民运动。这一年夏韶山大旱，粮食极为紧缺，正值青黄不接，农民待哺之时，而地主豪绅却乘机囤积谷米，哄抬粮价，米价由 60 文涨到 120 文。上七都团防局长成胥生一面以“没有粮谷”搪塞，一面乘夜间偷运谷米出境，牟取暴利，眼看韶山将形成有钱无市的态势。毛泽东得知这一情况后指示中共韶山支部和中共银田支部采取“先礼后兵”的策略。一路与成胥生当面谈判，要求平粜；另一路则以雪耻会的名义发动群众数百名开展平粜与阻禁，群众手持火把，肩扛梭镖、短棍，迅速奔赴云湖河（今韶河）张公桥码头，毛福轩、毛新梅等人也早已在此等候，率领银田附近农民在四亩街附近隐藏，将成胥生准备在张公桥码头装船的大批稻谷拦下，群众肩挑箩筐扣下全部稻谷。钟志申、庞叔侃等人则再进成家，揭穿其谎言，其无计可施，只得答应平粜。杨林、如意、永义等地的地方豪绅也只好效法执行。农民平粜阻禁运动取得胜利。

这一年 8 月下旬，成胥生向湖南省省长赵恒惕告密毛泽东在韶山组织“过激党”，赵命令捉拿。8 月 28 日晚毛泽东在群众掩护下来到银田，在张公桥码头上船安全离开韶山。

此次毛泽东回韶山开展农民运动后，韶山农民运动逐渐由零散的自发的转变为有组织性的，由秘密进入公开的阶段。银田农民运动也蓬勃发展起来，1925 年 10 月，钟志申受党的委派到银田寺白庙小学任校长，并在学校厢房内创办“知行书践社”（又名合作书店），对外印刷学生书籍，对内印刷农民协会文件、符号、快邮代电，同时又是党的秘密交通联络站，有力地促进了党组织和农民运动的发展。后来毛泽东在《湖南农民运动考察报告》中将这一时期的运动总结为“是时虽无确定简章，其组织以一境为一村，一团为一乡，只注意实际宣传和训练工作而不拘形式”。

1925 年 11 月毛泽东从广州来信建议将雪耻会更名为农民协会。1926 年 2 月湘潭第一区农民协会在银田白庙正式公开。

1927 年毛泽东再次回到韶山，第一站便在银田寺白庙召开调查会，有党员、农协、商会、妇女各界代表 30 多人参加。会上，农民们将困惑、疑问、心中的不平之事全都倾诉出来，鸡叫了三遍代表还久久不愿散会。毛泽东的这一次考察极大地鼓舞了韶山人民的革命热情与斗志，并在银田寺白庙处置了罪恶多端、杀人不眨眼的银田团防局局长汤峻岩。后来毛泽东在《湖南农民运动考察报告》中说：“我的家乡湘潭县银田寺团防局长汤峻岩、罗叔林二人，民国二年以来十四年间，杀人五十多，活埋四人。……以前土豪劣绅的残忍，土豪劣绅造成的农村白色恐怖是这样，现在农民起来枪毙几个土豪劣绅，造成一点小小的镇压反革命派的恐怖现象，有什么理由说不应该？”“这样的大劣绅、大土豪，于肃清封建余孽，极有效力。”

三、展望明天：呼唤合理保护开发利用

随着公路运输业的发展，湖南省道 1823 线经过银田，韶山与外界的沟通交流工具逐渐由水路改为陆路，韶山的货物也逐渐依靠汽车运输，水运衰落而不再是主力交通方式，20 世纪 70 年代在韶河中偶尔能看见河中船只装运河沙、煤炭。1967 年韶山火车站建成，位于老岸街南面 800 米处的银田火车站投入运营，交通得到极大改善，与此同时韶山机械厂、韶山棉织厂等企业的发展，使银田延续着其商业繁华景象，与

此同时老街却越发显得拥挤不堪，供销社、银行、邮电局等机构也随之迁往省道两侧。

老街上集体所有的房屋因不能带来立竿见影的经济效益而逐渐被冷落，当时人们并没有意识到这些房屋的历史价值和深藏的文化底蕴，部分房屋闲置下来，后转卖为民房，有一部分居民随着生活水平的提高搬出老宅或将其拆毁重建，老街由商住混合型房屋逐渐转变为居民住宅区。四亩街沿河一侧的“吊楼”因洪水灾害的侵袭逐渐拆除，河街因韶河河堤改造拆除部分房屋。但是，由于商铺的迁移，民居也逐渐改变了屋内装修，拆除重建等使老街逐渐失去了原有的风貌和韵味。最早设在四亩街的“乐园”标识清晰，如一位饱经风雨的老人静看朝夕变化。

图 4　饱经风雨的四亩街

老镇内水运码头成为人们茶余饭后偶尔聊起的话题，镇内老者谈起当年往事仍然慷慨激昂，犹如发生在昨天，居民听起来也是热血沸腾。可是少有的几位老人提议要对此革命旧址进行立碑保护，却在人们片刻的热情之后迅速冷却，也没有引起相应的重视。

只有那银田寺被列为湖南省重点保护寺院之一，2008 年，经韶山市政府有关部门申请和省宗教局批准，寺庙才得以重建。目前，银田寺占地 7 000 平方米，总建筑面积为 2 800 平方米，延续着与南方其他寺庙迥然不同的风格，成为南方唯一的白色寺庙。

早在清代和民国时期银田作为韶山的物流集散地和交通要道，在整个韶山经济活动中独占鳌头，有客流集散的码头，曾设有中国人民银行、韶山供销社、韶山国药铺等一批关乎国计民生的店铺。其实银田老镇境内的古桥、古街、古寺不仅浓缩着银田居民的生活点滴，更见证着整个韶山的革命历程和经济发展，凝聚着韶山人民在生产生活中的智慧和劳动。该寺是韶山在很长一段时期内的历史见证，因此保护尊重和发展银田遗存建筑，迫在眉睫，同时这也是韶山人民尊重历史、保护本土文化发展的体现。

银田老镇承载着厚重的历史文化，值得从以下几方面对银田老镇和老街进行保护和开发：

各级相关部门应重视对银田老镇古寺、古桥、老街、老屋进行保护。银田老镇境内的白庙、张公桥及其码头、四条老街中现存的古民居等历史遗存都应该在政府的合理保护范围内。根据《文物保护法》规定，与重大历史事件、革命运动和著名人物有关的，具有重要纪念意

图 5　亟待保护的老宅

义、教育意义和史料价值的建筑物、遗址、纪念均属于文物。银田老镇内的白庙、张公桥及其码头、现存的老街建筑旧址已到达市级文物保护单位标准，均可申请市级文物保护单位，应该通过立法保护，贯彻实施“保护为主、抢救第一、合理利用、加强管理”的方针。

银田寺（白庙）于近年进行重新整修，庙内大殿基本恢复原样，得到了初步的保护，寺内那棵银杏树也日益受到人们重视，参观游客日益增加。但是与其临近的银田老街、张公桥及码头还没有进行数据资料的收集和整理，建议对老街现存的古民居划定有效保护范围、进行精确的影像采集、文字数据记录，立碑进行保护。可通过有效的行政手段对老镇所辖范围内古建筑群进行干预，对老街内仅存的老屋限拆势在必行，可以对老屋的房主发放适当补助金提高其保护积极性，并调动其他居民自觉保护的意识。

与此同时，充分发挥政府的引导作用，有效激发本地居民对这一范围内文化资源、建筑遗存、历史信息的自觉保护意识。可以通过印发各类宣传资料来普及保护知识，提高居民保护意识，对于历史遗存的保护，并不仅仅是对遗址遗迹的原样保护、修旧如旧，更要注重银田老镇

图 6　打造老街特色产品

历史传统的保护和文脉的延续，如对河街古井的保护：人们可继续在此洗衣洗菜，取水饮用，但是应通过宣传激发居民的保护意识。可以采用形式多样、内容通俗易懂的、当地群众喜闻乐见的方式进行宣传，提高居民对银田老镇的认同感和自豪感，让当地居民意识到保护历史遗存、尊重历史事件就是在充分保护我们的本土文化和有效传承祖先留给我们的宝贵财富。银田老镇的存在不仅仅在于小桥、流水、老宅，更在于生活于此的人家。有了生活在这里的居民，文化才是鲜活的，才是充满魅力的。同时也只有充分调动起居民保护老镇的积极性，让其能够在保护之中发展相关产业并从中得到相应的收益，银田老镇的意蕴与文脉才能延续下去。

另外，需要积极申请“古镇”，挖掘银田老镇的历史文化资源，结合韶山本地的红色文化资源，对发生在银田老镇范围的历史事件、革命传奇进行有效整理和合理宣传，适时申请“古镇”。

在制定完成的保护规划和初步成型后，应设立长远规划，寻求在保护中发展的模式，创新保护意识，虽然这个过程是长期的，也必定是困难重重的，但只要我们不急功近利，贪大求全，分步骤有计划地进行，即可带动银田老镇在已有的基础上更上新台阶，在保护中求发展，实现社会效益和经济效益的双丰收。

（张旭，韶山毛泽东同志纪念馆馆员）

从赵一曼的文学作品探究其革命思想发展变化轨迹

胡晴立

摘要：文学作品是以语言为工具，以各种文学形式，形象地反映生活，表达作者对人生、社会的认识和情感，以唤起人的美感，给人以艺术享受的著作。文学作品是一面镜子，透过一个人的文学作品可以看出一个人的思想；纵观一个人的文学作品，可以看出其思想发展变化的轨迹。

赵一曼烈士是我国著名抗日民族女英雄，是100位为新中国成立作出突出贡献的人物之一。赵一曼能文能武，生前曾留下数篇文学作品，其中著名的有律诗《滨江述怀》等。为探究赵一曼烈士革命思想的发展演变历程，现择其部分文学作品进行浅析。

关键词：赵一曼；文学作品；革命思想；发展变化

一、赵一曼简介

赵一曼（1905—1936），女，原名李坤泰，学名李淑宁，又名李一超，1905年出生在四川省原宜宾县白花镇（现翠屏区白花镇）一个殷实的家庭，1923年加入中国社会主义青年团，1926年加入中国共产党，先后进入黄埔军校武汉分校、莫斯科中山大学学习。1928年秋回国，先后在宜昌、南昌党组织和上海党中央工作。1932年春，到东北地区工作，任满洲总工会组织部长、哈尔滨市总工会代理书记，并更名为赵一曼。1934年春，任中共珠河中心县委常委、特派员、铁北地区书记。1935年秋，任东北抗日联军第三军二团政委，同年11月，所带领的部队被日伪军包围，突围失败被捕入狱；在狱中，面对敌人的威逼利诱，坚贞不屈。1936年8月2日，在珠河小北门英勇就义，年仅31岁。

赵一曼是中国著名抗日民族女英雄、党的忠贞好女儿，被誉为“巾帼英雄”“蜀中女英豪”“女中模范”“中华好儿女”“女先锋”等。2010年，赵一曼被评为“100位为新中国成立作出突出贡献的英雄模范人物”之一。

二、赵一曼文学作品浅析

文学作品是以语言为工具，以各种文学形式，形象地反映生活，表达作者对人生、社会的认识和情感，以唤起人的美感，给人以艺术享受的著作。文学作品是一面镜子，透过一个人的文学作品可以看出一个人的思想，纵观一个人的文学作品，可以看出其思想发展变化的轨迹。赵一曼能文能武，曾留下了不少文学作品，如《被兄嫂剥夺求学权利的我》《中山中学开校记》《滨江述怀》等。为探究赵一曼烈士革命思想的发展演变历程，现择其部分文学作品进行浅析。

（一）浅析《被兄嫂剥夺求学权利的我》

1924年7月，年仅19岁的赵一曼把自己对封建礼教的代表——哥哥李席儒的一腔怒火宣泄在纸上，以《请看我的家庭》为题，写了一篇3 000字左右的纪实性文章，并寄给了大姐夫郑佑之。郑佑之立即将其修改，并以“一超”的笔名将修改后的文章推荐给上海的《妇女周报》和天津的《女星》杂志。8月6日，赵一曼题为《被兄嫂剥夺求学权利的我》的文章在《妇女周报》第49期“言论”栏目刊登。8月11日，题为《在家长式的哥嫂下生活的李一超女士求援》的文章在《女星》杂志刊登。文章中开篇就写道“全世界的姊妹们，请看我的家庭，是何等的守旧，是何等的黑暗！我自生长在这黑暗的家庭中，十数载以来，并没有见过丝毫的光亮。阎王似的家长哥哥死把我关在那铁篱城中，受那黑暗之苦”。文章开门见山，直入主题，综合使用比喻、夸张等修辞手法，表现出赵一曼竭力摆脱封建家庭束缚的愿望，以及对封建家庭、封建礼教的控诉。文章还写道“近数载以来，多蒙现社会的新学诸君，在那高山顶上，大声疾呼，隐隐的声音，也吹入我铁篱城中来了。我将我的聋耳掏空，仔细一听，岂不是唱的‘社交公开’‘平等自由’吗？我到这个期间，已经觉悟了。觉得我们女子受专制礼教之压迫，专供男权的玩弄，已经几千年了！觉得我们女子受了几千年不平等不人道的待遇……”这表现出赵一曼受进步思想影响，已经有了自由、平等、开放等民主进步思想。文章中还写道“我感觉到这个时候我极想挺身起来，实行解放，自去读书。奈何家长不承认我们女子是人，更不愿送我读书”。表现了赵一曼想通过读书实现自由平等的强烈愿望，也表现了想读书却不被允许的愤怒和无奈之情。文章还写道“全世界的姊妹们呀！他太把我们女子的人格看轻贱了”。表现了赵一曼对哥哥污蔑女子人格之语强烈的愤懑之情和批判态度。文章还叙述了赵一曼与哥哥关于读书的激烈争论，罗列了哥哥不让自己读书的种种借口，表现出哥哥对自己读书的百般刁难，表现出赵一曼外出读书、追求平等自由的强烈愿望和极力争取。文章最后写道“务望亲爱的同志，援助我，替我作主呀！”表达了急切寻求帮助之情。

这篇文章所表述的思想，不仅是赵一曼对自身个体命运的悲号，也体现出她对五四运动以来民主、自由、平等、人权等时代精神的感悟与认同。

（二）浅析《青年女子与国民会议》

1925 年 4 月 19 日，赵一曼以一超的名字在《妇女周报》上发表《青年女子与国民会议》一文。文章开篇写道“社交公开，男女平等的呼声，早已灌注于一般人的耳鼓。但至今犹未见诸实行。并且还有大多数的女子——尤其是青年女子，深深感受无穷的悲哀，无穷的痛苦……近数年虽有女子参政同盟、女权运动同盟之发现，可是终不免男尊女卑的歧视……”这表达了赵一曼对“社交公开”“男女平等”等空有呼声、难以实现而感到失望和悲哀。文中还写道“适才读到《中国青年》第五十期，《为国民会议奋斗》一文不觉喜极而泣！这真是数千年莫逢的大好机会呵！我们女界——尤其是青年女子，正应努力参加此会，提出要求，求得将来果与男子平等，才不枉我们前此的牺牲”，表现出赵一曼注重学习，关心时事，具有较强的政治敏感性，对国民会议这一政治体制充满期望，为追求男女平等不怕牺牲。文中还写道“但同时亦赞成《中国青年》上面所提出的各种主张，尤其要望他们——有良心的男子——大家协同努力为我们青年男女求平等的幸福！”这表明赵一曼革命思想渐趋于成熟，在追求男女平等的道路上并没有把男女双方对立起来，而是要说服开明的、有良心的男子一起努力。文中还提出了 13 条关于男女平等、维护女权、保护女性的要求，诸如“废除旧礼教”“社交公开”“婚姻自由”“男女平等”“普及女子教育”“男女同工同酬”“月经期、妊孕期优待政策”“废除娼妓制度”等，其中部分在今天看人仍具有较强的现实意义。可是，这些要求在男女极度不平等的旧社会简直是惊世骇俗、“天方夜谭”。由此可见，赵一曼的革命思想在当时是多么超前。

这是一篇杰出的妇女解放宣言。文章以有力的论据和强烈的革命激情，发出妇女解放运动和女子参政议政的呼声，并提出实行妇女解放的具体办法和措施。这些表明，此时的赵一曼已有了较成熟的革命思想和较明确的革命目标，已将领导妇女解放运动视为己任。

（三）浅析《白花场妇女解放同盟告女界同胞书》

1925 年 12 月 13 日，在“白花场妇女解放同盟会”成立大会上，赵一曼发表激情澎湃的演讲。其间讲道“我们妇女自古以来还是有许多有能为的人的，古代有梁红玉，现代有秋瑾，都是因为受了几千年的封建压迫，才要求得到解放……她们已为姐妹们做出了榜样”，这表明赵一曼崇拜女英雄，以女英雄为学习榜样。同时，注重通过发挥榜样的力量来唤起女同胞的革命意识，增强革命力量。

（四）浅析《“不如归去”与“炒米糖开水”的叫声谁最凄惨》

1926 年农历正月十六日，赵一曼经过不懈的斗争和努力，终于到宜宾女子中学（现宜宾市二中）读书。开学后的第一堂作文课，国文老师尹绍洲（当时是中共党员）出了一道作文题《“不如归去”与“炒米糖开水”的叫声谁最凄惨》。那个年代，能来女中读书的多数都是富商巨贾的名门闺秀，她们大多没有接触过进步思想，不懂得贫穷压迫，不了解社会现实。这个政治思想性强又委婉含蓄的题目她们几乎无法理解。

赵一曼却与众不同，她阅读过五四以后进步刊物上的许多政论文章，了解当时劳动人民生活的苦难，加上她还亲自参加过反对封建势力的斗争，于是，她略作思考后便奋笔疾书。她在文章中指出，“不如归去”指的是杜鹃鸟凄惨的叫声，“炒米糖开水”是街头巷尾小贩的叫卖声；强调的是杜鹃啼血固然凄怆，但老百姓为求生存而舍命叫卖的声音却更加凄惨。文章进一步分析了老百姓凄惨的原因，即我们的国家外受帝国主义侵略，内受军阀官僚、土豪劣绅盘剥，国势衰危、民不聊生。文章猛烈批判社会中像寄生虫一般的人物，表达了对广大苦难人民的同情。文章揭示了社会严重不公平现象，并指出要改造社会不平等现象。从文章可以看出，赵一曼革命思想益加深刻，革命胸怀益加博大，革命态度益加坚决，逐步将解决社会不公平现象视为己任。

（五）浅析《中山中学开校记》

1926 年 6 月，赵一曼在中国宜宾特支指导下，组织开展抵制“仇油”的斗争，随后遭到当局的报复，赵一曼等十三人被学校斥退。赵一曼随即带领被斥退的学生代表到教育局请愿，与教育局局长赵舜臣展开针锋相对的斗争。教育局拒绝收回斥退爱国学生的成命，女中的学生便集体退学以示反抗。赵一曼带领退学团的学生，在中共宜宾特支的帮助下，到宜宾中山中学学习。宜宾中山中学是一所以国民党县党部名义创办的学校，专门招收女中退学学生及被各校斥退、开除的学生代表和支持退学的学生，支持爱国学生的正义斗争，培养革命力量。11 月 12 日，中山中学正式开学，赵一曼写了一篇题为《宜宾中山中学开校记》的日记体作文。

赵一曼在文章中写道“……刚走至门首，见门上扎了许多红花绿花，一直看进去，出处当如是。当真令人好不快乐呵”。让我们看到了赵一曼复学时喜悦的心情。“……回头又向左一看，更见妇女部空无一个女党员在内。当令我乐转为悲。”这表现她对妇女部有名无实的难过。紧接着又写道“何以故！因为妇女部是该我们女党员住的，然而因那般自私自利、根本莫认识的男党员，轻蔑女子，假借环境恶劣的名，不容女党员在其中办事，又因女党员不用心，无人与伊争，故终于失败了”。这段话分析了妇女部有名无实的原因，对男子的自私自利、轻蔑女子进行了批判，同时对女子自甘堕落、无心争取表示无奈和惋惜。文中还写道“见路中高悬了孙先生一张照片，此时不觉令我越加悲愤，因悲愤过极，不觉失声对先生道：先生为民革命，为革命奋斗，为奋斗牺牲。现在先生死了，一般人说先生虽死，先生的精神不死。但是就以此地的老党员来说，谁能继续先生的奋斗精神呢？谁能照先生这样的不怕牺牲呢？”这段话表现出赵一曼对孙中山无比的崇敬和怀念之情，也表现出对继承孙中山先生革命精神者之少的悲哀、难过和无奈，又表现出自己愿继承孙中山革命精神、奋斗精神、爱国爱民精神的决心。

（六）浅析《滨江述怀》

1932年秋，赵一曼来到哈尔滨不久，为当时担任哈尔滨《国际协报》编辑的文学青年方未艾辅导革命理论课。方未艾称赵一曼为良师益友。根据方未艾回忆，赵一曼生前曾写过一首题为《滨江述怀》的七言律诗，内容如下：

誓志为人不为家，涉江渡海走天涯。男儿岂是全都好，女子缘何分外差？未惜头颅新故国，甘将热血沃中华。白山黑水除敌寇，笑看旌旗红似花。

“誓志为人不为家”表现出赵一曼大公无私、为国为民的伟大革命志向和崇高革命品格，在广大人民与个人家庭之间，她果断地选择了前者，为革命事业不惜别家、别夫、别子；“涉江渡海走天涯”表现了赵一曼为革命事业而跋山涉水、漂洋过海的经历，以及不辞辛劳、不怕艰辛的艰苦奋斗精神；“男儿岂是全都好，女子缘何分外差？”赵一曼用反问的语气，表达了对男女不平等现象的痛恨和否定，也间接表达了对男女平等、公平公正等的强烈呼唤；“未惜头颅新故国，甘将热血沃中华”表现出赵一曼为改变国家积贫积弱、任人宰割、人民生活于水深火热之中等面貌，不惜牺牲生命、奉献热血的坚强决心；“白山黑水除敌寇，笑看旌旗红似花”反映出赵一曼在东北白山黑水间英勇抗战、杀敌报国的事迹，也表现了赵一曼的革命乐观精神和大无畏革命英雄气概。

这首诗可以说是赵一曼传奇人生和超凡事迹的生动写照，也是赵一曼伟大爱国情怀、坚定理想信念、艰苦奋斗精神和顽强拼搏精神的真实写照。赵一曼用年仅31岁的有限生命对这首诗作出了最好的诠释，不愧是位伟大的母亲、中国共产党忠诚的女儿和中华民族杰出的女性代表。

（七）浅析“赠方未艾诗三首”

1933年9月11日晚，赵一曼与方未艾分别。临别时刻，赵一曼从笔筒里取出一支笔，写了三首五言诗送给方未艾。这三首诗内容如下：

天上多风云，人间有聚散。今宵若别离，他日喜相见。

友爱与生命，人人都看重。一身不自由，两者将何用。

理论与实践，纷纷说短长。只能为社会，万古可流芳！

第一首诗表达了赵一曼与方未艾分别时的不舍与豁达；第二首诗表达了赵一曼对友爱、对生命、对自由的看法，并明确表示自由是友爱与生命的前提和基础，没有自由，友爱与生命将一无所用、毫无意义；第三首诗表达了赵一曼的理论与实践观，表达了赵一曼为社会发展进步而无私奉献的精神品格。

这三首诗不只是惜别，也表达着自己的内心与志向，包含着对方未艾及芸芸众生的教育和期望。这三首诗在一定程度上反映出赵一曼的世界观、人生观和价值观，反映出赵一曼在革命面前的乐观与豁达、果敢与坚决、伟大与无私。

（八）浅议赵一曼遗书

1936年8月2日，赵一曼临终前向押解她的宪兵要来纸和笔，写下了一个母亲对儿子诀别时想说的话，内容如下：

宁儿！母亲对于你没有能尽到教育的责任，实在是遗憾的事情。母亲因为坚决地做了反满抗日的斗争，今天已经到了牺牲的前夕了。母亲和你在生前是永久没有再见的机会了。希望你，宁儿啊！赶快成人，来安慰你地下的母亲！我最亲爱的孩子啊！母亲不用千言万语来教育你，就用实行来教育你。在你长大成人之后，希望不要忘记你的母亲是为国而牺牲的！一九三六年八月二日你的母亲赵一曼于车中

这既是一封家书，也是一封遗书，让人泪如雨下。信中表达了赵一曼作为一位母亲对于儿子的爱与遗憾，更表达了赵一曼作为一名革命战士对于反满抗日斗争的坚决；表达了一名母亲对儿子的思想教育，也表达了希望儿子继承自己革命志向的愿望。人们读起来不禁为赵一曼的爱国报国情怀、伟大无私品格肃然起敬。

当赵一曼刚写完这封遗书时，她又转念一想，首先看到这遗言的是杀害自己的敌人，这些残酷而暂时强大的敌人可能会拿着她的遗书去迫害她的宁儿。于是，她拿起笔，又写了一份与她编造的口供一致的遗书，内容如下：

亲爱的我的可怜孩子啊！母亲到东北来找职业，今天这样不幸的最后，谁又能知道呢？母亲的死不足惜，可怜的是我的孩子，没有能给我担任教养的人。母亲死后，我的孩子要替代母亲继续斗争，自己壮大成人，来安慰九泉之下的母亲！你的父亲来东北死在东北，母亲也步着他的后尘。我的孩子，亲爱的可怜的我的孩子啊！母亲也没有可说的话了。我的孩子自己好好学习，就是母亲最后的一线希望。一九三六年八月二日在临死前的你的母亲

这封遗书表达了自己不怕牺牲的品格、对儿子的遗憾和希望，看起来像是余言未尽有所补充，却更加真实地流露出一个母亲辞世前的无奈和悲哀。

三、结论

赵一曼的一生，是光辉的一生，壮丽的一生，革命的一生，战斗的一生。青年时代，赵一曼在大姐夫郑佑之的引导下，接触和阅读进步书刊，逐渐萌发革命思想，走上革命道路，在反抗封建主义、反动军阀和日本法西斯军国主义的斗争实践中，在党组织的教育、帮助和引导下，

在坚持不懈、持之以恒的革命学习下，革命思想逐渐发展成熟，最终成长为一名革命胸怀宽广、革命品格高尚、革命意志坚定、革命思想成熟、对党无比忠诚的共产主义战士和抗日民族英雄。

加强对革命英雄、革命文物、革命精神的研究，传承红色基因、弘扬革命精神，是为了激励广大人民为实现中华民族伟大复兴的中国梦而不懈奋斗。赵一曼矢志不渝、坚如磐石的崇高理想信念，热爱祖国、无私奉献的伟大民族气节，坚忍不拔、百折不挠的艰苦奋斗精神，勇往直前、奋不顾身的顽强拼搏精神永远值得后人学习、传承和弘扬。新时代对革命精神的最好继承和发扬，就是以英雄为榜样，更加紧密地团结在以习近平同志为核心的党中央周围，不断增强“四个意识”、坚定“四个自信”、践行“两个维护”，不忘初心、牢记使命，立足岗位建功立业，为决胜全面建成小康社会、夺取新时代中国特色社会主义伟大胜利、实现中华民族伟大复兴的中国梦而努力奋斗。

（胡晴立，宜宾市赵一曼纪念馆馆员）

铁人王进喜廉洁自律的思想行为解析

张讯枫

摘要：铁人王进喜从一名普通的钻井工人成长为油田领导干部，他处处走得正、行得端，在广大职工中，树立了共产党人的良好形象。解析铁人王进喜廉洁自律的高贵品质，对于我们实现伟大“中国梦”有着重要的启发作用。

关键词：铁人；廉洁自律；现实意义

铁人王进喜从一名普通的钻井工人成长为油田领导干部，他十分清醒地意识到：手中的权力是党和人民给的，所以决不能用来为自己谋私利。他处处走得正、行得端，要求别人做到的，自己先做到，不贪不占公家的一分东西，在广大职工中，树立了共产党人的良好形象。解析铁人王进喜廉洁自律的高贵品质，深入挖掘其现实意义，对于我们开展好党的群众路线教育活动，搞好中国特色社会主义建设，实现伟大“中国梦”有着重要的启发作用。

一、铁人王进喜廉洁自律高贵品质的具体表现

铁人王进喜廉洁自律的高贵品质首先表现为他对自己的要求非常严格，工作中、生活上，时时处处发挥表率作用，在职工当中有着良好的口碑；其次，他要求家里人不多贪占公家一分东西，这样自己说出来的

话，职工愿意听，也有分量；另外，他还用实际行动，为子女树立了好的榜样，他的一言一行，潜移默化中影响着他们人生观、价值观和世界观的形成。

正人正己，打铁还需自身硬。铁人王进喜当了钻井二大队大队长后，肩上的担子重了，他意识到：他说出来的话，做出来的事，都在职工眼皮底下，所以，“打铁还需自身硬”，工作要让大家佩服。只有这样，大家才会心甘情愿地跟着他干。正如中国有句古话所说：其身正，不令则行；其身不正，虽令不从。如此，才能开展好二大队的各项工作，带领大队职工圆满完成全年的生产任务。

会战初期，正值三年困难时期，粮食定量低，职工填不饱肚子。为了不给井队增加负担，他每次下井队都让妻子把玉米面炒熟，装在炒面袋里随身带着。不论到哪个队，赶上开饭时间，他就用开水冲把炒面充饥。有时他忘记带炒面袋了，开饭时就借故走开，饿上一两顿是常有的事。井队干部、工人看不过去，就打来饭菜让他吃，他拒绝了，认为现在粮食定量一人一份，他吃了，职工就没得吃。所以，他不能从他们嘴里抢粮食。他的行动，职工看在眼里，感动在心里，觉得只有拼命工作，才能对得起大队长的一片真情。

类似这样的事还有很多，当时由于条件特别艰苦，组织上考虑到钻井工人体力消耗大，决定每月给他们补助六两保健肉。但这却被主管生活的副大队长从每个工人身上扣了一两，分给了大队领导。王进喜了解情况后，立即组织班子成员开会。决定谁把肉吃了谁花高价买肉补上，没吃的把肉退回，今后谁也不许从钻工嘴里抠肉吃。铁人本人还带头做了思想检查。王进喜的老伴儿 1960 年就跟着来大庆，别的长期临时工上级都给转了正，唯独她却成了普通家属。等二大队成立作坊时，王进喜还安排她去喂猪兼烧茶炉。别人看不过眼儿，就想把她给安排到缝纫组、理发室或者浴室，找个轻松点儿的活干。王进喜愣是不让，他认为他作为大队领导，决不能让别人戳脊梁骨。就这样，老伴儿一辈子跟着他，也只是个油田家属工。

铁人王进喜用自己人格的力量，成为职工学习的楷模，鼓舞着会战职工战胜工作和生活上的一切困难，夺取会战的胜利。

“公家的东西一分也不沾。”王进喜手中有了权力以后，同外界的接触多了起来，方方面面的照顾也多了起来，但他始终把自己当工人对待，保持劳动人民的本色不变，他说：“我就是个工人，不管当了什么，我首先是个工人。”所以，绝不能搞特殊。他同母亲商量，为全家人规定了一条制度：公家的东西一分也不能沾。

那时候，他们家的条件很差。眼瞅着炕上铺的席子旧了，有的地方还大洞套小洞，破得没法再铺。1205 队有几个职工实在瞅不下去，就在一起商量，他们认为席子这玩意儿也不是什么好东西，井队搭棚子用剩的，还有那么多，不如给老队长去取几领吧。铁人的老伴儿听说后，把他们给挡了回来。工人们说，席子不让换了，草垫子总可以领几个吧，谁家不用呢。铁人的老伴儿因为刚拒绝了别人的好意，一时之间，不好说什么。铁人母亲站出来了，她硬是不让取，她认为儿子当了领导，更应该注意自己的形象，公家的东西一分也不能沾。

像这样的事还有很多，比如王进喜老母亲重病住院，单位安排人给送了一点糕点，可老太太却一块都不动，嘴里反复说：“进喜说过，公家的东西一分也不能沾。”铁人患有严重的关节炎，为了方便工作，上级部门配给他一台吉普车，铁人坚决不要，领导说定下来的事儿，就这么办吧。这台车，铁人用它上井、拉料、送粮、接送钻工，可唯独家里人不能用。铁人的老母亲病了，还是他的大儿子用自行车推着奶奶去卫生所看病的。

俗话说，身正不怕影子斜。铁人用行动向职工表明，他做人堂堂正正，光明磊落，绝不贪占公家的一点便宜。他做出来的事硬气，说出来的话大家也信服，职工工作起来劲头更足，他们觉得在这样的领导手底下干活，苦点儿累点儿不算啥，拼命拿下大油田才行。

廉洁带出了好家风。王进喜家是个大家庭，有母亲、妻子、弟弟、妹妹、两儿三女共 10 口人。当时，王进喜的工资虽然很高，但按人口平均算下来，他家是困难户。去过他家的人都知道，王进喜家除了床，好像没别的。这也没啥奇怪的，他家常住人口多嘛。虽然如此，王进喜却用无言的行动，影响着他的家人，他们其乐融融地生活在一起，困难一些，却充满温馨。

在他家里，老母亲年过花甲，体弱多病，是重点保护对象；弟弟在玉门读石油学校，也是重点照顾对象，但要按计划花钱不准超支。

王进喜最了解家里的情况，所以，他勒紧裤腰带生活，抽烟要抽旱烟，就算买香烟也是比较次的，只有到了重要应酬的时候才买“前门”“恒大”什么的。上井经常以炒面充饥的他，吃饭没那么多讲究，只要干净啥都行。穿衣服是属老虎的，“上山下山一张皮”，常年工作服不离身。

在他的言传身教下，家里的几个孩子从小就养成了不乱花钱的好习惯。有一回，大妹妹王进莲从西北老家来探亲，王进喜领着孩子们接站，小儿子王月甫看见路边有卖小饼的，想吃一个。王进喜说啥也不给买。大姑都有点儿不乐意了。她瞪了哥哥一眼说，你不买我买。王进喜硬是把她拉住没叫买。大儿子王月平当兵，有出差的人正好路过那儿，王进喜便叫那个人顺便去看看儿子，他给儿子带去的是铅笔和本子，唯独没有钱。许多年之后，王月平回忆起往事时说：“我从小就没有花钱的习惯，不需要钱。”

廉洁带出了好的家风。王进喜就是用这种特有的方式教育他的子女成长的。

二、铁人王进喜廉洁自律高贵品质形成的条件

铁人王进喜廉洁自律的高贵品质不是生来就有的，也不是一朝一夕养成的，有其形成的条件。在苦难深重的旧社会，他们家生活条件差，王进喜从小就懂得勤俭过日子；他还特别愿意听秦腔，《铡美案》里的包公、《海瑞训虎》中的海瑞等清廉为官的形象，深深地刻印在他的脑海里；玉门油矿解放后，通过对比，他认识到共产党把他从苦海里救出来，所以，他要忘我劳动报答党的恩情；多年的钻井生涯，身边油田领导干部以身作则，党组织的多年教育和培养，让他深深知道，党的宗旨是全心全意为人民服务。所以，他要在群众中树立共产党人清正廉洁的

形象，为石油事业发展贡献自己毕生的力量。

从小生活环境的影响。王进喜 1923 年 10 月 8 日出生于甘肃省玉门县赤金堡，他 6 岁要饭，13 岁下矿背煤，苦难的生活经历和恶劣的生存环境炼就了他刚毅坚韧、倔强不屈的性格。也让他明白了一个道理，穷人的日子不好过，要节省着过。所以，他从小就养成了艰苦朴素的生活作风。

他出生的甘陇大地，长期处于半农半牧状态，经济发展缓慢，手工业比较落后，人们祖祖辈辈安贫乐道，生活简朴。那里还是秦腔诞生的地方，《铡美案》《铡国舅》《海瑞训虎》《金沙滩》《武家坡》《花木兰》《火焰驹》《钓金龟》《斩单童》《单刀会》等里面的故事和人物，打小就在他脑海里打下了深深的烙印。关云长的信义、杨家将的忠勇、王宝钏的坚贞，特别是包公、海瑞的廉洁自律、刚正不阿等，对铁人思想性格的形成和人生观与价值观的完善都产生了重要影响。

新旧社会的对比。1949 年 9 月 25 日，玉门油矿解放。王进喜当时在矿里工作，他慢慢地发现，新生的玉门油矿和原来相比，发生了翻天覆地的变化：首先是食堂吃上了大米、白面，有了油、肉和各种蔬菜。宿舍里扒掉了土炕，换上了木板床，铺上了新被褥。窗子全换上玻璃，屋子里亮堂堂的。矿里还为每人发了一身工作服，大家舍不得穿都留起来。留着下了班或者出门、回家当“礼服”穿。部队的剧团来演《白毛女》，工人平生第一次在大广场上看到了新歌剧。军事总代表康世恩坐个吉普车来到井场，看见工人正在安装井架，他也和大家一起抬横梁、拉绳子，还有说有笑。

王进喜深刻感受到新旧社会的变化，共产党是代表劳动人民利益的。在旧社会饱受磨难的他，开始感受到党的恩情，旧社会把人分成三六九等，把人变成鬼，新社会让他成为国家的主人，不但可以和军事总代表康世恩在一起干活，还能和他一起说笑，这在以前是想也不敢想的。所以，他要当个勤快的钻工，为玉门油矿的发展出力。

党组织的教育和培养。1956 年 4 月 29 日，王进喜光荣加入中国共产党，在他人生的履历中，翻开了崭新的一页。此后，他担任钻井队队长、钻井大队大队长、钻探指挥部副指挥、大庆油田副指挥等职务。他的每一次进步，都离不开党组织的教育和培养，身边领导和同志们的热心帮助。正如他在“五讲”题词本中所写的那样：讲进步不要忘了党，讲本领不要忘了群众，讲成绩不要忘了大多数，讲缺点不要忘了自己，讲现在不要割断历史。

1959 年 9 月，王进喜因业绩突出，参加甘肃省劳模大会，被推举为国庆观礼代表，同时被推选为出席“全国群英会”代表。出发前，领导要为他做身新衣，他说不用。领导说，“你出去开会，代表的不光是你自己，你是代表石油工人去观礼，见毛主席，这不是你一个人的事”。这便给他做了一身中山装，还做了一顶他最喜欢的前进帽。由此可见，王进喜朴素到了极致。他的成长进步和组织的教育培养密不可分。

会战初期领导干部的“三个面向，五到现场”“约法三章”“工人三班倒，班班见领导”等，耳闻目染，对铁人的影响和教育很深，让他认清为了早日拿下大油田，上至中石油领导余秋里、康世恩，下至大队领导等，深入生产一线，吃苦在前，享受在后，廉洁奉公，无私奉献，今后他要像他们看齐，在工作上高水平，在生活上低标准，做一名让群众佩服的共产党员。

1964 年，王进喜参加全国三届人大一次会议。令他难忘的是，毛主席过 71 岁生日，请他和陈永贵、董加耕、邢燕子三位劳模出席生日便宴。这顿饭吃得简朴，王进喜很少说话，就是坐在那里看毛主席，听毛主席讲话。他把这看成是大庆工人的光荣，自己除了巨大的幸福感，就是在反复记忆和琢磨毛主席那句话：“不要翘尾巴！”毛主席请吃饭，在别人看来是多大的荣耀呀，可铁人从来没对别人讲过。直到有一天，董加耕在《文明导报》中发表回忆文章，人们才知道有这么回事。

对自身的严格要求。铁人曾经说过，“我是个普通工人，没啥本事，就是为国家打了几口井。一切成绩和荣誉都是党和人民的，我的小本本上只能记差距”。可以说，他对自身的认识自始至终是清醒的，对自己的要求也是非常严格的。

《大庆精神大庆人》播出后，大庆油田公之于众，传遍全国。人民日报社派出一名以写人物通讯见长的著名记者随新闻采访团来大庆专门采写铁人的稿子。这位记者点灯熬夜写出一篇近万字的长篇通讯，铅印出来让铁人审查核对。交换意见时，王进喜认为稿子把他写成了孤军作战、独来独往的英雄，文章中没有体现党、领导和人民群众的作用，所以不真实。结果在第一轮报道大庆的高潮中，没有宣传铁人的专稿见报。直到 1966 年，《工人日报》才发表了该报记者采写的《工人阶级的光辉形象——王铁人》。

铁人对自己的严格要求，一直贯穿生命的始终：他弥留之际，用颤抖的手从枕下边摸出一个小纸包，交给守候在床前的一位领导，说："这笔钱，把它花到最需要的地方去，我不困难!"打开纸包发现，里面是从住院以来党组织给他的补助费和一个红色塑料笔记本，笔记本里夹着一张他亲笔写的记账单。记账单上一笔一笔写着住院期间组织上给他送来的钱数。大家凝视着这一分不少的现金和这张字字千金的"记账单"，无不为之动容，流下感动的热泪!

三、铁人王进喜廉洁自律高贵品质的现实意义

近年，党中央集中开展了以为民务实清廉为主要内容的群众路线教育实践活动，按照"党要管党，从严治党"的要求，聚焦作风建设，集中解决"四风"问题，从而使党群干群关系进一步密切。这就启发我们把开展党的群众路线教育活动同学习铁人王进喜廉洁自律的高贵品质有机结合起来，像铁人那样堂堂正正做人，公公正正办事，让人民群众信服。

学习铁人廉洁自律的高贵品质是开展党的"不忘初心，牢记使命"教育活动的需要。回顾党走过的光辉历程，无论是革命年代筑起胜利的铜墙铁壁，还是 1949 年以来确立人民主体地位，推动中国特色社会主义事业蓬勃发展，历史都充分证明，我们党是在同人民群众的密切联系中成长、发展和壮大起来的。

铁人王进喜当了干部后，还是钻工，不管工作多忙，都要抽出时间参加集体劳动，他急群众所急，想群众所想，干工作踏踏实实，一是

一，二是二，从不搞花架子，尤其是他从来不跟群众“吃拿卡要”，所做的每件事，群众看在眼里，从心里佩服。他“公家的东西一分也不沾”，成为全国人民学习的光辉榜样。所以，把开展党的“不忘初心，牢记使命”教育活动同学习铁人廉洁自律的高贵品质联系起来，很有必要。

学习铁人廉洁自律的高贵品质是提升领导干部素质的需要。我国已成为世界第二大经济体，人民的生活水平逐年提高，国家日益富强。但随着网络技术的日新月异，来自海外的信息冲击着我们的头脑，加上物质条件越来越丰富，个别领导干部放松了政治理论素质的提升，不愿意再艰苦奋斗，甚至腐化堕落，在人民群众中产生了极坏的影响。这些人之所以出现问题，与他们放松政治理论学习、放松对自身的要求、放松人生观世界观价值观的改造有很大关系。所以，在领导干部中开展群众路线教育活动，学习铁人王进喜的廉洁自律高贵品质很有必要。

学习铁人廉洁自律的高贵品质是保持各级领导干部同人民群众血肉联系的需要。“一切为了群众，一切依靠群众，从群众中来，到群众中去”是我们党的性质和宗旨的重要体现，在中国工人阶级的先锋战士铁人王进喜身上也得到完美展现。铁人王进喜当了领导干部以后，虽然比以前忙了很多，但一有时间，他就到群众中去，就到生产一线去，急职工所急，想职工所想，帮职工解决生产生活上的难题。

所以，我们也要像铁人那样，适应形势任务发展的要求，大力弘扬党的优良传统，进一步强化群众观点，增强群众观念，坚持群众路线，虚心向群众学习，真心对群众负责，热心为群众服务，诚心接受群众监督，针对当前存在的难点热点问题，主动帮群众解决问题，永远保持同人民群众的血肉联系，进而团结凝聚形成推进发展、富民强国的强大力量，为实现伟大“中国梦”而不懈奋斗。

（张讯枫，王进喜纪念馆馆员）

李叔同文化思想的解读与传承探究

李　亚

摘要：李叔同先生是博古通今的国学大师，是我国近代重要的文化人物，是一位集诗词、书画、篆刻、音乐、戏剧和文学于一身的艺术全才，在多个领域开中华灿烂文化艺术之先河。他是中国新文化运动的前驱，是卓越的艺术家、教育家、思想家、革新家，是中国近现代佛教史上最杰出的一位高僧，又是国际上声誉甚高的知名人士。先生的大爱品格、处世之道、为人之道、学习之道、人生态度等，值得我们传承和学习。本文以李叔同先生为研究对象，通过对先生生平及文化成就的简要介绍，分析其文化思想的形成条件与具体内容，剖析先生在文化各领域中的传承作用，并着重在历史传承角度，对先生在音乐、话剧、美术等文化领域中的贡献予以探究。

关键词：李叔同；思想解读；文化传承

一、李叔同生平介绍与文化成就

（一）生平介绍

李叔同（1880—1942），幼名成蹊，学名文涛，字叔同，祖籍浙江平湖。1880 年 10 月 23 日生于天津。1905 年留学日本，1911 年学成归国。1912 年至 1918 年在浙江省立第一师范学校执教。1918 年 8 月 19 日，在杭州虎跑定慧寺出家，法名演音，号弘一。1942 年 10 月 13 日圆寂于福建泉州。他是中国近现代佛教史上一位杰出的高僧，是南山律宗的第十一代世祖。他在众多文化领域有着开创性的贡献，是我国著名的书画篆刻家、音乐家、戏剧家、教育家、诗人、学者，并先后培养出一大批优秀艺术人才，丰子恺、潘天寿、吴梦非、刘质平等文化名人出其门下。

（二）文化成就概述

李叔同是国内最早从事乐歌创作且取得丰硕成果并具有深远影响的人。在音乐方面，先生是作词、作曲的大家。他倡导乐歌，是“学堂乐歌”的最早推动者之一；最先接受西洋音乐，并把西洋乐引入师范音乐教学；最早用五线谱作曲，并主编中国第一本音乐期刊《音乐小杂志》，对音乐发展、中西音乐融合、音乐理论等内容作出介绍，展现出杂志自身的深厚社会价值与文化价值，将音乐教育的范围作出更加广阔的拓展；他在国内最早推广西方“音乐之王”钢琴。同时，先生又是著名的戏曲艺术家，不仅创作诸如《祖国歌》《我的国》等大量的爱国歌曲，也创作脍炙人口、经久不衰的《送别》，对后世的音乐发展产生了广泛而深邃的影响。

李叔同是中国话剧运动的先驱。他编写的新戏册《文野婚姻》是中国近代话剧的第一个剧本；他在日本组织的春柳社，是中国近代第一个话剧团体；他组织演出的《茶花女》，是中国近代第一个外国戏剧的翻译本；他绘制的《黑奴吁天录》的舞台布景，是中国近代第一次出现的舞台美术；他绘制的《黑奴吁天录》的剧情说明书，是中国近代第一次出现的艺术说明书。[1]李叔同的戏剧活动时间相较于他的其他艺术活动时间，似乎短了一些，犹如星光一闪，但却照亮了中国话剧发展的道路，开启了中国话剧的帷幕。特别在话剧的布景设计、化妆、服装、道具、灯光等许多艺术方面，他更是起到开风气之先的启蒙作用。

李叔同在绘画领域的贡献同样可圈可点。他是中国最早介绍西洋画知识的人，也是第一个聘用裸体模特教学的人。在倡导现代艺术的过程

[1] 郭长海、金菊贞：《李叔同的戏剧活动与文献资料》，载《弘一大师艺术论》，西泠印社2001年版，第1—2页。

中，他将西方的美术派别与艺术思潮进行整理，成为中西艺术融汇交流的践行者。他组织西洋画研究会，撰写的《西洋美术史》《欧洲文学之概观》《石膏模型用法》等著述，皆创下同时期国人研究之第一。在学校美术课中，他不遗余力地介绍西方美术发展史和代表性画家，使中国美术家第一次全面系统地了解世界美术大观。在先生的画作中，炭笔画《少女》、水彩画《山茶花》、油画《裸女》不仅是其绘画创作的代表，而且从侧面说明了其涉猎的广泛性。创作于 1909 年的《裸女》，被中央美院美术馆作为“镇馆之宝”进行珍藏。

二、李叔同文化思想的构成条件与内容分析

（一）李叔同文化思想的形成条件

一个人受到的教育形式，会对其思想文化认知产生明显的影响。李叔同年轻时接受的教育，不仅有学堂的传统文化内容，也有蔡元培先生的现代思想理念。而在其文化思想成型的过程中，受到的多种文化思想内容的熏陶，便成为构筑李叔同丰富、多元文化思想的基础条件。

1. 文化思想核心

究其文化思想核心，主要为少年时期所学习的儒家文化。在“孔孟之道”的影响与教育中，“仁爱”“性善”的观点，贯彻了先生的一生，也对其整个人生轨迹产生明显的影响。正是这种思想道德观念的塑造，使得李叔同产生了“悲天悯人”的“忧世”情节。这具体表现在先生随时随地流露出的爱国情绪中，通过对时事的愤慨不断地警醒并影响着当时人们的思想。

同时，李叔同的思想也有明显的西方印记。在接受新时代思想的同时，将西方社会中“人本学”的思想与中国传统的儒家思想结合在一起，形成“泛爱众，而亲仁”的自我道德准则。而这一内容，也是其提出“器识为先”思想的根基。

2. 蔡元培的影响

南阳公学的学习经历，对李叔同有着十分强烈的影响。此时，作为中国新教育制度奠基人的蔡元培，正是李叔同的授课教师，其对于新教

育制度的推崇，在先生心中埋下了深深的种子，甚至在其后期的音乐教育事业中，也能找到蔡元培思想的影子。尤其在建立“美育”教育精神品质内核的思想中，他加入了大众化、实践性的发展条件，为实际的教育开放化发展奠定了基础，并由此形成了培育健全人格为目标的教育思想，对中国的近代社会变化起到了积极的影响。[1]

3. 明治维新的启示

日本的留学生活，开拓了李叔同的视野，也使其心中的世界变得更加广阔。在留学日本期间，日本明治维新的改革成果，让李叔同产生强烈的思想震撼。观察到日本社会剧烈变化的同时，他对这一变化成果进行归因分析，看到了人们心灵变化对于社会的影响。由此，也再次明确了自己“教育救国”的决心，这为其回国以后的工作指出了方向。

(二)“美育主张”与“救世理念”

李叔同对于艺术的理解，汇聚在对于人性的认知中，并表现在“先器识而后文艺”的艺术主张中。简而言之，就是要在形成艺术素养之前，培育自身做人的品性，只有良好的人性道德品质，才能塑造出高尚的艺术品质与能力。而在李叔同参与的艺术教育中，也践行着这一思想，并对与其同时代的文化界人士产生了明显的影响。

在这一理念下，他先是强调基础的“美育”思想，在他出家之后，便上升到了“救世”的高度。意识到“救国必须改良人心”之后，李叔同的所有思想便向着这个方向进行汇聚与整合。在形成完整人格之后，还要保持对于现实世界的辩证态度，并在改造、批判的思想条件下，完成自我心态的塑造。也正是这一思想，逐渐形成社会思潮，与当时的文化精英思想汇聚成共识，构筑了当时的“五四新文化运动”核心价值观念，对时代产生了剧烈影响。[2]

---

［1］ 钱章胜：《李叔同出家后的文学创作及其文风变化》，《中国文学研究》2018年第3期。

［2］ 陈安琪：《李叔同于〈太平洋报〉时期的广告思想与实践》，《美育学刊》2018年第1期。

三、李叔同在各文化领域的思想与内容传承

(一) 现代音乐的先行者

1840年鸦片战争以后，西方近代音乐传入中国，并在上海、广州等地得到一定的发展。不过这种传播，仅局限在教会记录“教会音乐”的范围条件下。在经历了“康梁变法”之后，“乐歌”在新社会环境中的地位得到相应的改善，并在沈心工等留学青年的带动下，将西洋的音乐知识传入国内，且在诸如《江苏》等杂志中，专门发表文章予以介绍。同时，在教育界，也出现了《学校唱歌集》《教育唱歌集》类似教材的刊物，为中国现代音乐注入了新的动力。

李叔同所处的时代，正是学堂乐歌出现并开始流行的年代。这一社会现象的发展初期，大部分音乐作品，是填词歌曲，在大量的西方、日本的歌谣中，重新填注中文词句，很少在中国传统民间曲调的基础上重新填词。而此时的李叔同，表现了时代的先驱性与创新的精神品质。[1]

1904年，李叔同邀请沈心工加入其创办的“沪学会”，并专门开设音乐课程，自己也加入这一课堂的学习，接受西方音乐的系统化教育。此时，中国正处在西方列强的欺凌与压榨中，国内的爱国主义精神也展现出蓬勃的发展活力。李叔同正是受到这一社会环境的影响，结合自己所学的西方乐理知识，为“沪学会”创作了一首名为《祖国歌》的歌曲。这首曲子，与当时流行的西洋乐填词音乐不同，在四四拍减慢的节奏中，加入中国民间曲调“老六板”的节奏，使其艺术特征十分明显。而在歌曲的填词创作中，将民族特色的内容加入其中，更是表达出坚韧不拔、自强不息的民族精神。《祖国歌》从“沪学会”内部，逐渐传唱到整个上海乃至全国。这一歌曲，也奠定了李叔同在音乐领域的艺术地位，成为全国闻名的音乐家，使中国的文化内核，与西方的艺术形式有

---

[1] 邱玥：《爱国情怀扬天下——李叔同故居纪念馆馆藏弘一大师有关抗日誓言之信札赏析》，《文物鉴定与欣赏》2018年第1期。

效地融合在一起，为中国音乐艺术的现代化发展，开创了一条新型的发展道路。[1]

到日本留学之后，李叔同主持创办了《音乐小杂志》这一音乐期刊。从艺术美学的角度，强调音乐对于陶冶性情的重要作用，并通过杂志，宣传自己“美育救国”思想。同时，在向国人介绍西方音乐知识的过程中，他完成了社会性的音乐启蒙教育。从日本归国以后，在担任浙江省立第一师范学校教师的这段时间，李叔同又不断进行音乐创作，创作了《送别》《春游》等一系列脍炙人口的歌曲，并为我国培养了第一批音乐教育与音乐创作人才，其中不乏吴梦非、刘质平、曹聚仁、钱仁康、江定仙等大师级的音乐人。而在 20 世纪二三十年代的音乐教育领域，绝大多数的音乐课程教员，都是李叔同先生的弟子或再传弟子。

（二）话剧运动的奠基人

话剧发展进程中，中国与其他文化戏剧形式有明显的差异条件。世界绝大多数国家的戏剧，是以话剧为类型，而中国的戏剧形式，则始终保持着近于歌舞剧的艺术形态。尤其演出人员基本素质，也由于其表现形式的歌唱化，而被称作“唱功”，所以，人们“看戏”这一文化活动，又被称作“听戏”。即便是集合了我国多种戏剧形式，并进行百余年融合、转化、改造、发展的京剧，也没有摆脱传统戏剧的形式，仍然以自有的艺术特征进行文化传播。

而在战火纷飞、国难四起的 20 世纪初期，虽然京剧舞台上，也创作出了《打渔杀家》《岳母刺字》等带有爱国主义思想的艺术剧目。但这种传统的戏剧形式，无法与人们呼吁新文化形态的艺术要求相适应，也就不足以成为引领中国艺术发展的原动力条件。此时的新文化倡导中，如陈独秀，也在自己的文章中大肆呼吁新文化的风向，并在《二十世纪大舞台》等杂志中，强调对于新剧种的引进。此时虽然在戏剧的艺术题材上出现了明显的改观，但在表演形式上，仍然无法实现突破，甚

[1] 颜榴：《百年中国印象派画家群落（下）——从李叔同到罗尔纯》，《荣宝斋》2017 年第 10 期。

至在“时装新戏”“学生戏”“文明戏”的一系列变化中，仍然保留着传统的“唱功”。

李叔同在主持“沪学会”时期，就将戏剧作为移风易俗的重要手段，在新戏的创作中，尝试着组织了一出名为《文野婚姻》的剧目。在这出戏剧中，没有具体的图像留存下来，仅可凭借“系诗”的内容，确定其处在“学生戏”与“文明戏”中间的过渡剧种类型。在此之后，李叔同仍然坚持进行中国新剧的探索，在借鉴并融合日本“新剧派”创新理念的同时，与同学曾孝谷共同组织了“春柳社”。在组织多场演出活动的同时，为新戏剧的开发奠定了基础。

1907年春节，数百名中国留学生，在中国青年会的组织下，开展“游艺会”活动，在庆祝春节的同时，也为国内徐、淮两地的赈灾筹措资金。在这次活动中，李叔同组织的“春柳社”进行了一次公开演出。[1]将小仲马的著名剧目《茶花女》，转变成中国版本。在剧中，李叔同扮演女主角“玛格丽特”，曾孝谷扮演“阿芒之父——杜瓦”。演出在这场游艺会活动的映衬下，获得巨大成功。这一次活动，大大地激发了留学生的戏剧热情，甚至有大量的学生由于此次演出申请加入春柳社。如后来著名的戏剧大师欧阳予倩，就是通过此次演出加入春柳社，并走上艺术道路。

之后，李叔同为了扩大戏剧演出的影响效果，巩固文化转型的发展状态，在春柳社的多次活动中，分别设计并组织了《黑奴吁天录》等多种剧目。而经过这一系列的发展与积累，春柳社在国内戏剧领域的影响地位也与日俱增，并成功地掀起国内的新剧改革热潮。在1908年之后，以中国上海为中心，话剧团体如雨后春笋般兴起。其中革命党人王熙普创办的春阳社、春柳社成员任天知组织的“进化团”，陆镜若和欧阳予倩继承的春柳社，都在新剧弘扬发展的进程中，起到关键性的作用。而这系列文化行为的产生，以及整体话剧文化形式的发展，都是以李叔同

[1] 李轶南：《中国现代艺术思想的肇始：以李叔同、丰子恺、钱君匋为中心的考察》，《艺术百家》2017年第5期。

组织的“春柳社”，以及话剧《茶花女》为核心展开的。也正是这一标志性的文化内容，证明了李叔同在整体话剧成长与发展领域中的重要地位。

（三）近代美术的开拓者

中国近代美术的发展，主要体现为西洋画的成长与壮大。所谓西洋画，主要以油画为主，在素描、水彩、水粉等多种形式画法的支撑下，形成了新型的绘画艺术系统。在文化形式上，其明显地区别于中国传统绘画形式。

1906 年，李叔同考取东京美术专科学校，成为中国第一批美术留学生。由于其所学的内容为“西画科”，对于中国学生来说是史无前例的。因此，从入学开始，李叔同就受到日本媒体的高度关注。在开学之初的 10 月，日本的《国民新闻》更是直接发表了对李叔同的专门采访，并形成《清国人志于洋画》这一文稿，配以李叔同的画作习稿共同发表。在后续的学习生涯中，李叔同还曾多次参与“白马会”年展活动，并将自己的《停琴》《朝》《静物》《昼》这四部作品作为参展作品进行展示。这是他的老师黑田清辉在 1896 年成立的外光派油画团体，能够跻身其中的都是日本一流画家。参加这种艺术评价较高的展会，是对李叔同画作质量的客观评价，在一定程度上，也说明了李叔同学习西洋绘画的成功之处。在展会活动的评语内容上，李叔同更是获得了“用笔、用色大胆”的评价，同时，也对李叔同这一“新时代清国人”作出肯定，评价其画法“新奇独特”。

而李叔同先生对于中国近代美术的贡献，还主要体现在其回国之后的教学及工作中。1912 年，李叔同任《太平洋报》的美术编辑，兼管广告。先生作为中国报纸广告画的创始人，他的广告画在中国美术史上不应该被遗忘。当时中国的报纸尽管有广告，但均为文字广告，先生图文并茂的广告画达到前所未有的广告宣传效果。在回国任职教师期间，李叔同先后在天津直隶模范工学堂、浙江省立第一师范学校、南京高等师范学校担任教师。在教授西洋美术史、美术理论、美术知识的过程中，他编著《白阳》《文美》等多份报刊。在内容上，他发表大量关于新艺术形式的文献。尤其在现代美术基础理论、美术教育思想的内容中，他为开启中国艺术发展奠定了基础。他是中国现代版画艺术的最早创作者和倡导者，通过与夏丏尊先生的合作共同编辑了《木刻板画集》。尤其在1914年，李叔同于浙江师范开设的裸体写生课，更是开了中国绘画界裸体写生的先河。作为美术教育家，他在浙江一师授课采用现代教育法，培养出丰子恺、潘天寿、吴梦非等一批负有盛名的画家。他与弟子丰子恺合作的《护生画集》，诗画合璧，图文并茂，为世人所称道。

综上，李叔同先生，是我国近代极具才华的文化界人物。在音乐、话剧、美术、教育等领域的近代化发展中，李先生都起到积极的影响作用。当前，通过对先生文化思想理念的整理，结合先生在各文化艺术领域中所创作的优秀作品，确定李叔同先生在我国近现代文化发展中的积极作用，很值得我们后学学习、思考、研究、借鉴。

（李亚，浙江省平湖市李叔同纪念馆馆员）

博物馆：城市文化的标本、载体和名片

——以中国第一馆南通博物苑为例

曹玉星

摘要：博物馆是保护和传承人类文明的重要殿堂，是连接过去、现在、未来的桥梁。博物馆是科学典藏城市博物文化的标本，是艺术呈现城市多样文化的载体，是传播城市品位文化、传递城市先进文化的名片，中国第一馆南通博物苑是这样的重要范例。

关键词：城市文化；载体；南通博物苑

一、城市博物文化的标本

标本一词的英文翻译有 Specimens，指样品、范例；有 Root and Branch of Meridian 或者 Muter："标"原意是树梢，引申为上部，与人体头面胸背的位置相应；"本"是树根，引申为下部，与人体四肢下端相应。根与梢，路由与经络，正是历史脉络。每一个城市都有属于自已的历史，每一个城市都有区别于其他城市的历史传统和独特记忆。而博物馆作为非营利的永久性机构，为社会的利益而保存、保护、研究、阐释、收集和陈列具有教育和欣赏作用的物品及具有教育和文化价值的标本，包括艺术品、科学标本（有机物和无机物）、历史遗物和工业技术制成品。显然这些物品或标本，恰恰是人类物质和精神之产品，这些物质和精神产品之路由与经络，其物质或非物质表现形式就是一个城市的历史传统和独特记忆，是该城市的文化。

（一）城市文化标本在博物馆中科学典藏

一个城市的文物最为集中之处，是当地综合性博物馆，江苏的南京博物院如此，其他省馆也如此。就国家而言，中国国家博物馆和故宫博物院自然成为国家级珍品文物较为充实，也较为齐全的博物馆。地方博物馆会成为具有文化标本意义的博物馆，如四川广汉的三星堆博物馆。

南通博物苑也是如此，1903 年，张謇赴日考察深受触动，而作为日本学校教育重要补充的博物馆也给他留下深刻的印象。回国后，他写了《上南皮相国请京师建设帝室博览馆议》和《上学部请设博览馆议》，分别向当时的洋务派重臣张之洞和新成立的学部上书，建议在北京创设合图书、博物二馆为一体的博览馆，并逐步推广到全国各省、府、州、县。尽管这些奏折石沉大海未得到任何反应，但张謇并没有气馁，而是躬行实践，1904 年张謇决意把在家乡南通规建中的植物园改建为博物苑。1905 年，张謇终于实现了自己的愿望。1905 年博物苑占地 23 300 平方米，后扩大为 71 800 平方米，建立了中馆、南馆、北楼和东楼。园内有 4 个陈列馆，陈列自然、历史、美术、教育四部分文物与标本。中馆为三间并列中式平房，上部加盖一间二层尖顶小楼。南馆平面呈凸字形，为一座西式二层楼房。北楼为五开间二层中式楼房，东楼为一座中式楼房。苑内有假山、池沼及亭台楼榭等园林构筑物与景观景点。馆外种植树木花草，各种植物按类栽植，以药材居多，专设有药圃、菊花圃、竹坛、列外竹坛及花卉等共种植植物 307 号；饲养的动物有 460 号，鸟类有家鸡、金鸡、火鸡、鸵鸟、白鸽、水鸭、鹭鸶、鸳鸯、鸸鹋、孔雀、鹳鹤等；兽类有鹿、兔、猴猿、山羊、熊鼠等，俨然一个小型植物园和动物园。除活体引进引种引养外，展品也不断广收博征，到 1930 年，所谓天产部即自然部分的展品即近万件之多：矿物有岩石 1 000 余种，金类矿 1 400 余种，非金类矿 700 余种，土壤 400 余种，矿物标本 10 余座，矿床 7 座；植物计有显花、隐花 4 000 余种；动物标本中，哺乳类百余种，鸟类 300 余种，爬虫和鱼类共 500 多种；无脊椎动物 1 400 余种。它是国内第一座实现“现代博物馆与古典园林相结合，室内陈列与室外活体展示并举，既有民族特色又有科学内涵”的博物馆。从早期展品来看，这显然是中国最早的自然科学类博物馆。张謇创办的博物馆，一开始就有自己的特色，站在一个很高、很好的起点上。张謇将博物馆取名为“苑”，苑内设有“博物馆”楼，园林有动物、植物陈列，有这么大的空间，张謇的做法真是太先进了。创新了一个模式，形成了一个标本。而这些路由与经络正是南通城市博物文化的样品和范例，是中国博物馆的代表。

2009 年 2 月，台南艺术大学博物馆学研究所所长陈国宁女士专程来到南通，她说自己在学博物馆史的时候，对南通博物苑十分向往，因为讲到博物馆史都要讲到中国的第一个博物馆是南通博物苑，心里一直有这个决心，无论如何一定要到这里来看一看。陈国宁了解南通的历史人文底蕴和环濠河博物馆群的建设后，大为称赞地方政府的做法，认为南通是一座城市博物馆，全国也鲜有这样的案例。2013 年 11 月 6 日，国家公共文化服务体系示范区（项目）创建工作会议召开，以南通博物苑为龙头的南通环濠河博物馆群作为全国唯一的文博项目，被文化部列为“第一批国家公共文化服务体系示范项目”，并在全国 47 个项目评选中获得优秀等级。南通博物苑作为中国博物馆的鼻祖，在引领带动南通环濠河博物馆群的建设中发挥着龙头作用。

（二）城市文化标本在博物馆中艺术呈现

城市史以及城市文化史、城市发展史，具体的实证和历史的说明都在博物馆。寻找一个城市的历史，可以到书籍中寻求答案。如果到博物馆，就可以通过实物标本获得更为具体、真实、贴切、清晰的感受。博物馆的基本陈列，这一功能是其他任何社会机构、任何物质载体都无法取而代之的。很难设想，一个城市没有一个综合性较强的博物馆而能形象、生动艺术地展示这个城市走过的历程。博物馆能艺术地映照城市个性特质和文化标本，而这种反映除在综合性博物馆中得以体现外还常常在专题、行业博物馆呈现出来。如果一个城市建有比较完整的博物馆体系，城市特色能更多、更深刻地得到凸显。南通纺织博物馆是中国纺织行业第一个博物馆，也创造了 20 世纪 80 年代初改革开放早期创办行业博物馆的“中国经验”。南通是知名的“纺织之乡”，1895 年张謇就开始筹办纺织企业——大生纱厂，近代纺织文明也由此从南通等地肇始。还可以到南通蓝印花布艺术馆去参观一下，那是一个物质与非物质遗产相结合得更为专业的博物馆。南通滨江临海，有黄海、有长江，还有濠河，“给水技术博物馆”则呈现了南通城市文化标本的灵气和秀气一面。

南通博物苑新的基本陈列，有三大板块分别是：讲述南通古代文明的“江海古韵”、呈现博物苑精品文物的“馆珍遗韵”，以及陈列南通江海鲸类及生物资源的“巨鲸天韵”。“江海古韵”从“自然、经济、政治、人文”四个方面演绎南通江海历史遗存。与以往陈列不同，新布置的展馆十分注意讲故事，以多方位的呈现方式，将观众带回悠久年代的大背景，自行感受、品味。“盐棉兴邑”板块讲述南通盐棉经济的发展，一进门映入眼帘的便是一块足有一人高的盘铁，其文字资料显示：“盘铁是古代煮盐工具，由数块拼合成直径一丈左右的大盘，称为‘牢盆’，盆下砌灶燃薪。盘铁由国家铸造，以限制私盐生产。”为了还原近代南通人民制盐、纺纱的场景，博物苑工作人员在南通各地民间搜集到不少老器具，包括国家一级文物 5 件、二级 94 件、三级 365 件，共 1 421 件(套)，这些藏品都是第一次展出。展陈融入了不少多媒体设备，将文物背后的故事通过画面生动地展现。“馆珍遗韵——博物苑精品文物展”主要介绍南通博物苑所藏的陶瓷器、玉器、金属珐琅等精品文物共 132 件（套)，包括国家一级文物 6 件、二级 46 件、三级 59 件。除了四周的橱柜，中间几个单独的橱柜格外醒目，里面不乏国宝级文物、镇苑之宝越窑青瓷皮囊式壶（晚唐—五代)，以及其他如黑釉剔花牡丹纹罐(西夏)、红绿彩人物花卉大罐（元末明初)、刻花龙泉瓶（元代)、仿哥窑梅瓶（明 · 宣德)、霁红釉太极洗（清 · 康熙）等精品文物。“巨鲸天韵——江海鲸类及生物资源专题陈列”，则突出介绍南通博物苑与收藏鲸类标本的历史情缘。在展览路线设计上展馆一层、二层均是顺时针路线，沿线而行有远观近赏的便利，能对厅中的陈列作局部和整体相结合的观察和欣赏。在展馆一层看过“海大鱼”，往前走迎接观众的是“浊海欢歌”单元。包括大黄鱼、小黄鱼、带鱼、鲳鱼、梅童鱼、海鳗、鲥鱼、黄鲫、马鲛鱼、乌贼等在内的20多种海洋类水产的标本，“不但是‘大鱼’的食物，也是丰富人们餐桌的美味”。拾级而上，展馆二层打头阵的则是沿海滩涂上的“虾兵蟹将”，文蛤、青蛤、竹蛏等各种贝类穿插其中。“大江浪曲”单元，展示了以鲥鱼、刀鱼、长吻鮠、暗纹东方鲀长江水产“四大名旦”为首的淡水鱼类。“湿地鸟语”单元则被布置成了各种珍稀、野生鸟类栖居的快乐家园，“所有展示鸟类的身影都曾在南通本地出现过”。另外还有多媒体放映区与观众互动。通过标本的科学性体现展陈的科学性。以“分享自然的奥秘，展现自然与人的和谐与矛盾，激发人类对自然的好奇心与责任感”，以“回忆过去、定义现在、教育未来”的价值观，全方位、多视角地展现南通靠江靠海的鲸类自然生活，再现自然发展的历程及人类活动的足迹，营造一个能够震撼人们心灵、使之用心思考的科学殿堂。纵观“三韵”基本陈列，江海古韵：和谐幸福之韵；馆珍遗韵：标致美丽之韵；巨鲸天韵：自然情趣之韵。“三韵”基本陈列是南通博物苑“回忆过去、定义现在、教育未来”的价值体现。

二、城市传统文化的载体

（一）博物馆是多样化城市文化有效的载体

在南通城市博物馆群的建设中，作为综合性博物馆的南通博物苑，无论是“中国近代第一城”的提出地，还是南通博物馆城的龙头地，南通博物苑均发挥着城市绿色文化遗产的传承、保护载体作用，是城市传统文化的珍宝地。南通博物苑与创办人张謇是密切不可分割的，张謇从19世纪90年代开始，为实现其“建设一新新世界雏形”的救国理想和区域现代化宏伟蓝图，对南通进行了全方位的苦心经营，留下许多绿色文化遗产。其开辟了新工业区和港区，开展了近代教育、文化和市政设施建设，建立了功能分布比较科学合理的多层次城镇体系。南通一城三镇、城乡相间的城市规划理念，可以和英国著名规划思想家霍华德于1898年创立的曾对现代西方城市规划产生革命性影响的“花园城市”理论相媲美，且其实践早于这一理论的提出。此外，近代南通的城市建设还涵盖了生产、生活、工业、农业、文化、教育等诸方面内容，张謇按照“父教育、母实业”的思想，在发展生产、改进交通、发展农垦、兴修水利、创新文化、兴办教育的前提下，逐步进行近代化城市建设，从而为城市发展提供了有力的支撑。张謇同时还以一种文人情怀经营南通，率先创办了符合当时政府学制标准的中国第一所师范学校、第一所纺织高校、第一所戏剧学校。这些都使得南通在当时就已成为全国著名的“模范县”“理想的文化城市”，外国人眼里的“中国的人间天堂”。城市建设环境宜人、自成体系，是留给南通的绿色文化遗产。张謇于1895年筹建大生纱厂，将厂址定在南通城西北8公里处的唐闸镇。又在唐闸镇创建了广生油厂、复新面粉厂、资生铁厂等企业，并建置了若干工人居住区，使唐闸镇成为布局合理的工业镇。选定位于南通城西南长江边的天生港作为港口区，于1904年建造码头，成立大达轮步公司，其后又创办通燧火柴厂等工厂企业，形成天生港港口镇的雏形。张謇结合狼山镇自然风光，在狼山、军山、黄泥山等处建筑了林溪精舍、赵绘沈绣之楼、东奥山庄、西山村庐、望虞楼等别业和景观，与这里原有的古刹融为一体，使狼山镇成为宗教区和游览风景区。张謇在南通旧城的南部开辟新市区，把学校、文化机构集中于东侧。于20世纪初先后创办中国第一所师范学校——南通师范学校，建立中国第一座博物苑——南通博物苑，还创办图书馆、医院等设施；在南通旧城西侧以桃坞路为中心，开辟商业街、戏剧场，建成一些大型建筑物，如总商会、更俗剧场等。在旧城的南濠河，修建东、南、西、北、中5个公园，大大美化城市的环境，成为人们游览与休息的好去处。南通城和唐闸镇、天生镇及狼山镇之间酷似三鼎护香炉状，香炉（南通城）居中，三鼎均布在外，彼此之间自然分布着绿色的田园，城乡相间，各自可以合理发展，但又相距不远，中间有河道及公路连接，在城市功能上浑然一体，形成一城三镇独特的城镇空间布局。社会事业注重崇教扬德，谋求协调发展。这也是留给南通的绿色文化遗产。在张謇的辛勤操持下，南通的近代教育从零开始，建立起层次齐全的新式大中小学教育体系，以及门类众多的职业教育体系。据《二十年来之南通》记载：20世纪20年代初，南通的高等教育有南通农科大学、纺织专门学校（全国最早）及医学专门学校；中等教育有南通师范学校（全国最早）、女子师范学校、甲种商业学校、南通高级中学农科、江苏省立第七中学，初级中学 7 所（市区 5 所）；还有高级小学 60 余所，初级小学 350 余所。学校设备之周，计划之详，办理之完善在全国范围内亦不多见。学前教育有幼稚园（全国最早）3 所（市区 2 所）。特种教育方面设有全国第一所盲哑学校。职业学校有女红传习所、蚕桑讲习所、发网传习所、镀镍传习所、伶工学社等。为地方自治之需还举办过法政讲习所、巡警教练所、监狱传习所、宣讲练习所；另外还有测量讲习所、国文讲习所、小学教员讲习所等。南通的近代教育体系，紧密配合了南通实业发展的需要，具有学科完备、层次齐全、由简单到高级、有计划发展的特点。南通成为当时全国教育最发达的地区。地方公益方面，“只认定凡自治先进国应有的事，南通地方应该有”（张孝若《南通张季直先生传记》），南通有第一座中国人自己创办的博物苑、气象台，拥有图书馆、公园、体育场、更俗剧场，兴办了新育婴堂、养老院、医院、贫民工厂、残疾院、公墓等。社会事业的发展为南通增添了文明气息，提高了南通人的文化素质，成为南通城市近代化的又一重要标志，使南通在近代迅速崛起，从一个无名的小城变为全国的“模范县”之一。在 1900 年至 1920 年短短 20 年间，张謇结合南通本地实际，发展棉纺工业、垦牧业及相关产业，以此为基础，规划南通、建设南通，并以城促乡，以资本集团带动区域发展，在城市建设、经济发展、文化事业、教育事业、慈善事业等诸多方面取得巨大成就，影响和辐射了周边尤其是广大苏北地区的发展，成为近代经济的地区性中心，并直接影响了南通的现代及将来的城市建设和经济发展。今天南通的“港口城市”“世界冠军的摇篮”“教育之乡”“文博之乡”“体育之乡”等城市美誉都离不开张謇为南通在近代打下的良好基础。正是因为张謇为南通在近代打下的良好基础和许多历史文化遗存，南通历史文化名城得以申报成功。而张謇的这些绿色历史文化遗产，唯独南通博物苑规划格局发展历史最一致；无论是文物标本史料之“容”，其典藏最丰富，还是历史建筑之“器”也保护最完整；办馆理念传承最悠久。南通博物苑，“中国第一博物馆，世界无二珍宝地”（江泽慧），是张謇的绿色文化遗产地中“最有价值的珍宝地”（裴文中），是传递“中国近代第一城”传统文化、承载城市绿色文化遗产的物质与精神载体。

（二）博物馆是当今文化的基石

文化是人类创造的物质财富、精神财富及其过程。文化是一个永久累积的过程，更是一个不断创新的过程。没有过去就没有现在，也就没有将来，文明就成为空中楼阁，文化也会成为无源之水。一个城市的建设和发展，其漫长的道路不是一两句话乃至一两本书就能说清楚的。通过对博物馆典藏的研究，我们能比较理性地找到一条清晰的路径。创办南通博物苑的张謇，其文博思想凝聚并集中体现在南通博物苑全部文化中。张謇用现代理念创办的南通博物苑，成为南通历史的真实写照，其馆园相结合、人文科学与自然科学相结合的科学、先进的办苑思想，凝结在藏品、标本中，更体现在馆舍及其园囿之中。南通近代文明的辉煌，正是南通博物苑所记录并镌刻的。如今，我们建设现代文化，就是在历史及其文化基石上通过创新、提升，建设当今文化。而现、当代文化都是从历史文化发轫的。即使今天已经发明了网络技术，我们也不可能像无源之水树立起一种全新形态的所谓文化。其过程需要作为人本的人及其固有的价值取向而确定的生产方式和生活方式，通过嫁接、磨合，抗争、嬗变，实现一种本土化的再创造。博物馆作为历史文化之主要载体，集中收藏和映照历史文化。塑造先进文化、创设地域文化，需要一个过程，承载历史文化诸多信息的博物馆是这个过程中不可缺少的伟大基石。

三、城市先进文化的名片

（一）人类意识唤醒的场所

1905 年，张謇先生对于南通师范“因授博物课仅持动植矿之图画，不足以引起兴味”，因而建了公共植物园，后创建了博物苑。《二十年来之南通》记载：“……南通各校，凡讲关于动、植、矿物，常由教师率往参观，因之人多称之为南通各校专设之标本室也。”这些记载可以充分说明当时的南通博物苑是“普及知识、启迪民智”唤醒人类意识之场所。这也印证了张謇办馆宗旨。南馆月台门旁高悬着一副对联“设为庠序学校以教，多识鸟兽草木之名”，其意图一目了然。这副对联上联出自《孟子·滕文公》“设为庠序学校以教之”，意思是设立“庠序学校”，都是为了教育，而教育的目的则在于使学生懂得做人的道理。下联出自《论语·阳货》，原文为：“子曰：小子何莫学夫《诗》，《诗》可以兴，可以观，可以群，可以怨；迩之事父，远之事君；多识于鸟兽草木之名。”意思是说，孔子勉励学生读《诗经》，因其近有助于侍奉父母，远能够报效国君，还可以增加自然界鸟兽草木的知识。张謇用这两句作对联就是强调博物馆辅助学校教育的功能，“以为学校之后盾”。为此他将博物苑归于通州师范学校管理，后来又归农校管理。“一个博物馆的价值，不在于教化，而在于启蒙”，博物馆是普及文化、启迪民智的知识体系中重要的一环，也是一个城市、一个国家、一个民族的文化符号，具有增进人类进步价值重要的意义。南通博物苑正是这样的传播城市品位文化的民族符号、传递先进文化的城市名片！

（二）人类理解增进的工具

早与蕙兰标国秀，更与芍药灿天葩。
有风不害都围竹，无鸟常鸣莫摘花。
倚杖每愁云锦脆，当怀惯看日轮斜。
诸君要惜方春好，放过重寻一岁差。

这首《邀客看国秀坛牡丹》是张謇当年博物苑建苑之初，国秀坛内所种植牡丹盛开之时，邀文人雅士赏花时所写。显然博物苑也是张謇与文人雅士理解增进之场所。1922 年，中国科学社第七次年会在江苏南通博物苑举行。包括蔡元培、马良、张謇、汪精卫、熊希龄、梁启超、严修、范源濂、胡敦复九人组成的第一任董事，以及竺可桢、胡明复、王琎、任鸿隽、丁文江、秦汾、杨杏佛、赵元任、孙洪芬、秉志、胡刚复等理事，均是中国科学社的核心人物，在南通博物苑共商中国科学社之大事。1979 年 10 月 6 日至 10 日在南通博物苑召开了中国自然科学博物馆协会筹备工作会议，参加会议的正式代表有 68 名。会议由中国科学技术协会主持，国家文物局派人到会指导。会议产生了由 27 人组成的筹备委员会，并通过了《中国自然科学博物馆协会章程（草案）》。2005 年南通博物苑一百年暨中国博物馆事业发展百年纪念大会在南通举行。来自联合国教科文组织、国际博物馆协会和全国文化、博物馆界一千余人出席了这一盛大庆典。2009 年，经过中日美三方近两年的共同协调、磋商、筹备，“中（南通）日美实业家与近代化”特别巡展及国际学术研讨会在南通博物苑成功举行。这是继 2005 年南通博物苑百年苑庆后又一次高规格、高层次、高水平的国际性学术活动。从日常的开放，接待了数百万的嘉宾、游客和市民，到国际国内重要学术交流展览会议等活动，博物苑不仅是学生、民众民族主义、爱国主义教育之场所，也是上层社会精英、国际人士理解增进之载体。

（三）人类命运共同体的培育力量

国际博协主席汉斯马丁博士说“博物馆，作为教育者和文化中介，在界定和实施可持续发展与实践方面起着越来越重要的作用。博物馆必须能够保证其在保护文化遗产方面的作用，鉴于生态系统不断增加的不稳定性，政治不稳定局势和可能出现的有关自然和人为方面的挑战。博物馆工作，比如，通过教育和展览，应该努力创建一个可持续发展的社会。必须尽一切可能确保博物馆是一部分促进世界可持续发展的文化驱动力”。和谐社会建设强调充分认识和确定人的主体地位和人与环境的双向互动关系，把关心人、尊重人和满足人体现在精神文化建设的创造中，满足人们的休闲、游憩、观赏、博物活动的需要，使人、城市和自然形成一个相互依存相互影响的良好生态系统。现代人的休闲生活方式越来越丰富多彩，人的需求越来越多种多样。当传统的一些休闲活动（郊游、自驾游、农家游、游乐场等行、住、吃、看、听、玩、练）越来越提高人们的兴奋阈值的同时，人们的科学文化生活却略显滞后。博物活动成为一种人们的休闲新方式，它提供常识与艰深现代科学之间的一种友好的“界面”或者适宜的“缓冲区”。它门槛很低，人人都可以介入。走进国人自创最早的公共博物苑和公共植物园——南通博物苑看一看，110 年前张謇年谱中记有：“十一月，因公共植物园营博物苑。”

其为生态型博物馆建设奠定了基础。110 年的南通博物苑有名木和大树共 40 科 80 属 200 多种 500 余株（其中古树名木 18 棵，一级保护 1 棵，二级保护 17 棵），另外灌木、草本、花卉、地被、水生、竹类等有 58 科 220 属 300 多种，以及各种鱼虫花鸟。各馆舍濠南别业、东馆、西馆、南馆、中馆、北馆、国秀亭、藤东水榭、博物楼、相禽阁、谦亭、味雪斋等建筑物有机分布；园林设施景观国秀坛、菊花圃、晚春塄、秋色坪、花架长廊、荷花池、水禽森、风车、水塔、九曲桥等恰当点缀；户（馆）外文物石狮、石马、石人、石碑、石磨、石臼、石刻、石槨、柱础、龟趺、辟邪、盘铁、铁炮、铁线石、石元宝等独特博物景观素材十分丰富。博物苑成为人们贴近自然、感悟自然的理想场所，当人们注意其中的草木、石头、动物，找到它们的名字，发现它们的故事时，会产生恬淡的心情、雅致的情趣。“小小科普员”的品牌、“生态文明教育基地”的殊荣等，生态型的南通博物苑为生态文明教育提供了良好的典范，是南通乃至中国博物文化一张靓丽的名片。

（曹玉星，南通博物苑高级工程师）

参考文献：

[1] 吴云一：《新博物馆学语境中的当代博物馆建筑设计》，上海人民出版社 2016 年版。

[2] 李明勋、尤世玮主编：《张謇全集》第 7 卷《诗词联语》，上海辞书出版社 2012 年版。

[3] 李明勋、尤世玮主编：《张謇全集》第 8 卷《柳西草堂日记啬翁自订年谱》，上海辞书出版社 2012 年版。

[4] 宋伯胤：《博物馆人丛语》，陕西人民出版社 2002 年版。

[5] 江谦：《南通地方自治十九年之成绩》，南通翰墨林印书局 1914 年版。

[6] 黄振平：《博物馆：城市记忆、标志及通向未来文化的桥梁——以江苏南通市为例》，《江南论坛》2005 年第 11 期。

[7] 吴良镛：《张謇与南通“中国近代第一城”》，《南通师范学院学报》（哲学社会科学版）2005 年第 3 期。

[8] 曹玉星：《论新博物思想在生态文明建设中的和谐作用——南通博物苑生态文明教育基地建设体会》，《中国博物馆》2012 年第 2 期。

[9] 曹玉星：《标本意义与价值传播——兼谈南通博物苑“三韵”基本陈列》，《博物馆研究》2015 年第 3 期。

[10] 曹玉星：《南通博物苑之标本意义与价值传播》，《中国博物馆》2015 年第 4 期。

[11] 曹兵武：《生态博物馆仍然是一种文化工具》，《中国文物报》2006 年 4 月 17 日。

[12] 梁吉生：《中国博物馆的骄傲——关于张謇及其博物苑的随想，回顾与展望：中国博物馆发展百年——中国博物馆学会学术研讨会文集》，紫禁城出版社 2005 年版。

[13] 江志伟：《南通博物苑和张謇握手》，《经济日报》2014 年 9 月 21 日。

海宁市米谷故居的历史文化因素深度挖掘与运用*

查苏生

摘要：斜桥镇米谷故居已有超过100年的历史，是历史文化名人米谷的出生地和成长地。它的保护与再利用宏观上统筹故居保护、旅游市场、城乡建设等多元目标，中观上协调、集聚旅游资源，微观上采用差异化、多元化、多维度布局设计。通过比较、权衡，选择以综合模式统领，以纪念馆模式为主，兼采文化休闲场所开发和公私协作模式。

关键词：米谷故居；历史文化；名人故居；保护模式

1918年11月4日，米谷出生于浙江省海宁县斜桥镇万缘桥（俗称西环桥）北堍朱家内宅，取名朱禄庆。1927年插班进入斜桥镇斜川小学初小二年级就读，1931年6月于斜川小学毕业。1931年7月，按母亲的意愿考取海宁县城盐官的海宁乙种商科职业学校，母亲希望他三年商科毕业后回家掌管店铺，做个安分守己的店老板。[1]1932年该校与中山中学合并为海宁县立初级中学，此间得到艺专毕业的美术教师周佩华系统栽培。1934年7月毕业，同年考入杭州国立艺术专科学校高中部

---

* 本文系2019年海宁市社科研究预立项规划课题“斜桥镇米谷故居的历史文化因素深度挖掘与运用”的阶段性研究成果。

[1] 沈云汉：《艺坛猛士政治漫画家米谷》，《炎黄春秋》1996年5月。

(即西湖艺专)。1935 年转学上海美术专科学校西画系，逐步走上漫画创作的道路，成为一位著名的漫画家。[1]

坐落于海宁市[2]斜桥镇西街的米谷故居，是米谷的出生地和成长地，如今的状况却是“门前冷落鞍马稀”。它既没有成为吸引行人目光的场所，也没有成为旅游景点。本文希望在整合现有资源的基础之上，把握其历史文化优势：充分利用集集小镇所形成的外在改观，将历史、文化等资源予以充分挖掘，为历史名人旅游资源的保护和开发提供参考。

图 1　米谷故居正门

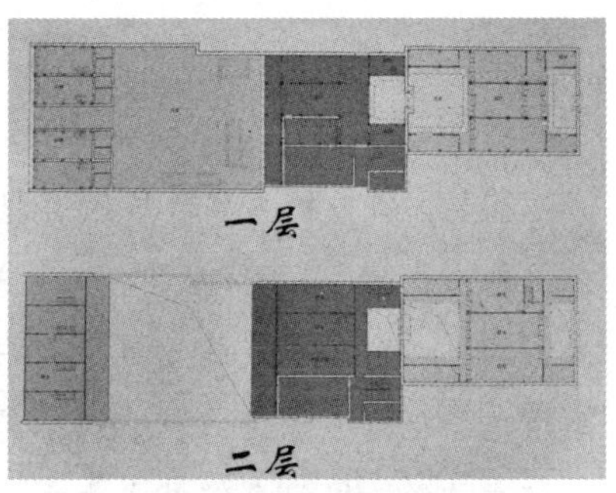

图 2　米谷故居空间布局图

一、米谷故居现状概况

米谷故居建于 1918 年，坐落于海宁市斜桥镇西街 12—16 号，坐北朝南，南临西街，西街傍洛塘河东西延伸。米谷就是在这里出生并度过了童年。现存故居为三进三间二楼及厢房、天井等建筑，占地面积 947 平方米，建筑面积 1 100 平方米。米谷故居第一、二进处于空置状态，第三进一楼为米谷的生平介绍及其作品展示，第三进二楼为“洛溪[3]历史名人”集中介绍展览。第三进一、二楼展示形式都是平面展板悬挂陈列，介绍形式单一。

[1] 根据米谷故居第三进一楼的陈列展板——“米谷概述”中的内容整理而成。
[2] 1986 年 11 月，撤海宁县，设海宁市。
[3] 明代成化年间（1465—1487），已有斜桥之称，别名斜川、洛溪。

2017年底，囊括西街、东街的斜桥集集小镇开始施工改造，现已初显华容。但是，因为地理位置、道路交通、规划设计、文化宣传等因素的制约，米谷故居并未获得应有的重视，也没有吸引游客的目光而成为旅游景点。

表1　2019年米谷故居周边主要旅游资源及开发利用状况[1]

项目	物质性旅游资源 Material tourism resources				非物质性旅游资源 Non-material tourism resources				
	米谷故居	路仲古镇	盐官古城	集集小镇	漫画品牌	米谷研究	影视作品	乡村文化	名人评价
内容特点	江南特色 民国民居	江南水乡 明清风格	江南特色 明清风格	仿古风格 江南民居	批判现实漫画 独立自由精神	纯学术 研究	有关米谷 传奇	地方习俗 文艺表演	历史文化 名人评价
旅游利用	展览展示 参观点	开放对外 居住、参观	旅游景区 参观点	开放对外 居住、参观	简单陈列 文字介绍	简单知识 宣传介绍	无	无	较多

二、名人故居及其保护模式

（一）什么是名人故居？

名人主要是指已经故去的历史名人，既包括正面人物也应当包括反面人物，正面人物的故居能起到积极的教育作用，而反面人物的故居则能让人牢记历史，起到警示作用。名人故居不仅应包括名人的出生地、祖居老屋，还应包括名人长期生活工作过的住所，以及虽短暂居住但却为其人生重要阶段取得重要成就的住所。无论名人住过的房屋是自有还是租赁，不应该影响对名人故居的界定，主要应看名人居住时间长短和居于该房期间所发挥的作用。[2]

---

[1] 赵飞、彭华：《虚实结合·品牌运作——名人故里旅游开发模式的探讨》，《安徽农业科学》2009年9月。

[2] 成志芬、张宝秀：《名人故居保护与利用的比较研究》，《北京联合大学学报（人文社会科学版）》2006年第4期。

（二）名人故居的保护模式

1. 欧美名人故居的保护模式、思路和特点

欧美对于名人故居的保护和利用，形式多样，保持原始、真实场景，功能多样，资金来源多元化。[1]外在表征上，与国内最大的不同在于：布置确保时代感和真实感，高度尊重历史，尽量还原名人原有生活样貌，不仅保有居住功能还具有参观娱乐游览等多种功能。[2]欧美部分典型的保护模式归纳汇总如下：

表 2　欧美名人故居保护与利用模式、思路与特点

保护模式	典型特征	具　体　操　作	典型案例
纪念馆模式	政府购买，原貌修缮，对外开放	加拿大联邦政府主导购买、修缮、运营等；列为加拿大历史名胜；故居内部按照当年白求恩在此生活时的状态进行布置。	加拿大 白求恩故居[3]
挂牌保护模式	专门机构，审核蓝牌，法律保护	英国由专门的“蓝牌委员会”负责对名人故居进行审核，审核通过后挂上蓝牌，一经挂上蓝牌，即属国家保护文物，不得随便拆除或改建，定期进行合理修缮。[4]	拜伦故居等 英国名人故居
委托民间组织托管模式	政府鼓励，签订契约，权力下放	法国，包括名人故居在内的文化遗产的保护工作绝大多数是通过委托民间社团组织托管的方式实现的。[5]政府与民间组织签订契约宪章，肯定民间组织的地位，给予它们制定政策的参与权，把部分的鉴定权和管理权下放给它们。[6]	法国部分 名人故居

[1] 参见成志芬、张宝秀：《名人故居保护与利用的比较研究》，《北京联合大学学报（人文社会科学版）》2006 年第 4 期。

[2] 参见钱焱：《名人故居保护与利用的比较研究》，《理论观察》2014 年第 12 期。

[3] 成志芬、张宝秀：《名人故居保护与利用的比较研究》，《北京联合大学学报（人文社会科学版）》2006 年第 4 期。

[4] 王哲：《保护名人故居的国外经验和国内尴尬》，《中国报道》2013 年第 12 期。

[5] 秦红岭：《论名人故居的人文价值与保护原则——以北京名人故居为例》，《华中建筑》2011 年第 7 期。

[6] 刘望春：《法国鼓励民间组织在保护文化遗产方面发挥作用》，《北京观察》2003 年第 3 期。

续表

保护模式	典型特征	具体操作	典型案例
作品与建筑融合模式	个人出资 个人主导	选择一处废弃建筑遗址，将名人作品和故居的内容、精神与建筑的气质相融合，共同成为一件艺术品。	日本犬岛精炼所与三岛由纪夫作品的结合体[1]
综合模式	保护模式多元，还原历史场景	在法国巴黎，名人故居除实行挂牌保护制度之外，对一些重要的文化名人还以博物馆、纪念馆的形式进行更为综合的保护与利用，并成功地实现保护文化遗存与发展特色旅游业的有机结合。	巴黎奥维尔镇的凡高故居[2]

2. 国内名人故居保护案例研究

国内大多数名人故居在保护和利用方面，形式、功能、展示方式、资金来源等方面都较为单一，缺乏多元的利用方式，保护理念上只注重陈列，缺乏恢复名人原始、真实生活场景的尝试。国内部分典型的保护案例归纳汇总如下：

表 3　国内名人故居保护与利用思路、模式、特点和典型案例

保护模式	典型特征	具体操作	典型案例
纪念馆模式	政府主导，服务公众，对外开放	故居原貌大体不变，侧重于对名人的生平、事迹、作品及相关照片和物品的展示。	青岛沈从文故居、梁实秋故居、闻一多故居等
文化茶室或文化酒吧模式	政府鼓励引导，资本注入	将故居文化与茶室、酒吧等现代休闲产业结合，在不失文化色调的前提下，使冷冰冰的故居增添现代生活气息。	青岛王统照、王献唐故居、张玺故居等
后人居住经营模式	名人后代主导实践	后人居住或者经营，部分空间展示名人的生平事迹、作品成绩等，部分空间由其后人在保护的前提下进行开发利用。	湖南凤凰古城田兴恕故居[3]

［1］张京令：《名人故居展陈形式的另一种可能——以日本犬岛精炼所为例》，《中国博物馆协会名人故居专业委员会 2018 年年会论文集》，上海人民出版社 2019 年版，第 243 页。

［2］秦红岭：《论名人故居的人文价值与保护原则——以北京名人故居为例》，《华中建筑》2011 年第 7 期。

［3］谢莎、刘焱：《凤凰古城名人故居旅游开发研究》，《建筑与文化》2011 年第 5 期。

续表

保护模式	典型特征	具 体 操 作	典型案例
企业经营保护模式	企业出资 企业主导	保留原有的建筑结构，外墙装饰，改造故居内部的装饰和功能，将故居建筑改建成宾馆、酒店、饭店等其他功能的旅游服务空间。	上海的马勒故居改为“衡山马勒别墅饭店”等[1]
故居+纪念馆（文物馆）	政府主导 政府出资 集聚资源 有偿开放	政府主导，资金有保障，通过文物保护，使得基础坚固。具体操作上，将名人的故居和纪念馆（文物馆）等资源聚集集中，形成集聚优势。	上海孙中山故居[2]
综合模式	多元参与，保护与利用兼顾	针对比较大型的名人故居，可将上述几种模式相融合。在保护、阐释故居历史文化的前提下，适当进行现代性开发利用，来满足不同的品位和需求。	青岛老舍故居、康有为故居[3]

三、米谷故居历史文化因素挖掘与运用存在的不足

（一）地理位置及地域限制

米谷故居仅有一个出入口，为面朝西街的南门，西街南接洛塘河。因此，人流只能通过西街往东、西方向集散，而西面不远处就是一座狭窄的石拱桥，东面需要在斜桥[4]、利桥北堍北转，不利于大量人流的进出。而周边地理位置同样不利于车辆、人流的集散：斜桥、利桥将洛塘河北岸与南岸相连，但是南北向的斜桥两头道路极为狭窄，道路两旁均为店铺，车辆进出和停靠极为不便；利桥北岸新建一小型停车场，但是面积较小，无法提供游客车辆进出、转向、停靠等服务，利桥南岸为较为发达的商业区，无法保证大量人流及旅游车辆的进出。

---

[1] 朱琼：《上海名人故居旅游开发利用研究》，华东师范大学 2011 年硕士学位论文，第 33 页。

[2] 王京芳：《关于上海名人故居保护和开发利用的几点思考》，《中国博物馆协会名人故居专业委员会 2014 年年会论文集》2014 年，第 91 页。

[3] 参见荐洪梅、李辅斌：《青岛市名人资源旅游开发研究》，《曲阜师范大学学报》2011 年第 2 期。

[4] 此处的“斜桥”特指横跨洛塘河的桥梁，而不是指行政区划的斜桥（镇），文中的斜桥专指这座桥梁，指称行政区划的都将使用斜桥镇称谓。

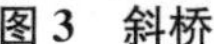

图 3　斜桥　　　　图 4　利桥北岸小型停车场

(二) 周边基础设施稀缺、陈旧

作为历史名人旅游资源，其开发、运用应当配备与人流量相匹配的基础公共设施，米谷故居内及周边缺乏足够的公共厕所、休息区、路灯、指示牌等设施。同时，也还缺乏延伸的需求与消费设施，如缺乏足够的环保健康的餐饮店、缺乏安全正宗的土特产店、缺乏文化旅游产品店、缺乏针对不同人群的特色消费场所。

图 5　古镇斜桥导览

(三) 旅游资源集聚效应差

旅游资源，要充分彰显其游览价值不仅需要一定的质量，还需要一定的数量。米谷故居单就其本身的质量而言，具有一定的历史、文化、教育、旅游等价值；但是把它放海宁区域范围内来考察，它只不过是个孤点，无法与其他景点共同构成一组布局紧凑的景观群，直接导致米谷故居的游览价值极大受限。[1]米谷故居所在的集集小镇缺乏一定数量的旅游资源，与东北方向的路仲古镇直线距离大约 5.5 公里，与偏西南方向的盐官古城直线距离大约 8.5 公里，三处未集聚布局，缺乏相应的交通规划，旅游线路未成线性布局，具有深度开发空间。

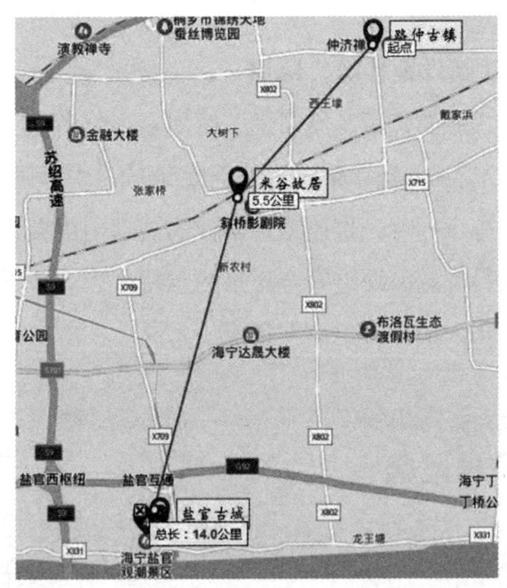

图 6　米谷故居、路仲古镇、盐官古城位置[2]

（四）米谷故居开发太浅、挖掘形式单一

米谷故居第一、二进现为空置状态，第三进一楼为米谷的雕像、生平介绍及其作品展示，第三进二楼为“洛溪[3]历史名人”集中介绍展览。但是，展示形式都是平面图文介绍，内容单一、介绍形式单调。这种展陈方式，与嘉兴多数名人故居相同，采用图文和实物的陈列方法，

[1] 杨森林：《旅游资源开发条件评价》，《科学·经济·社会》1987 年 2 月。

[2] 本图为笔者根据“兰图绘”在线制作。

[3] 明代成化年间，已有斜桥之称，别名斜川、洛溪。

罗列名人生平，单一宣传名人的卓越功绩。这种陈列展示过于单调，缺乏本土特色。在功能上，米谷故居功能比较单一，游人只能参观、被动地接受名人故居展览的信息，而得不到感官体验。在资金上，米谷故居主要靠政府的财政拨款来维持。[1]

四、米谷故居保护模式的选择及其具体操作

（一）米谷故居保护模式可行性比较研究

针对米谷故居的保护和利用，既应当借鉴国内外的理论与经验，又应该对多种开发模式的优劣势进行综合权衡，选择最优的方案。

表 4　米谷故居保护模式可行性比较研究

保护模式	优　势	劣　势
纪念馆模式	现有基础好，现有布局、陈列设施、管理机制已经形成雏形并运营，它们与纪念馆模式契合。	斜桥古镇，文化氛围较差；潜在消费人群极少；文艺工作者少，文化输出能力差；尚不具备吸引和接待大批外来游客的能力。
文化茶室或文化酒吧模式	潜在消费人群大众化、平民化，有利于吸引游览消费群体；可使米谷故居保护资金来源多元化，减轻财政压力。	依靠本地潜在的消费人群无法支撑茶室（酒吧）的运营；当前又不具备吸引和接待大批外来游客的能力；难以维持生存。
企业经营（公私协作）模式	可以保留原有的建筑结构；可使米谷故居保护资金来源多元化。	造成故居的封闭，无法对外开放，不利于故居历史文化的传播；企业的经营可能涉及内部装饰改造，可能对故居造成损害。
委托民间组织托管模式	有利于政府与民间组织之间明确权能分工：政府负责政策制定、资金保障，民间组织负责具体的保护管理。	国内的相关民间组织阙如或不发达，无法胜任保护管理的职责；相关法律法规、政策、管理实践等阙如或不健全。
综合模式	有利于故居的保护与传播；故去时代的记忆与现代生活的交融；多种模式之间可以形成互补、减少乃至消解风险。	缺乏主体模式，容易造成故居特色的模糊和迷失；多种模式之间主次不分、位序不明，容易造成模式之间的冲突。

［1］王莉：《名人故居的保护与人文价值的利用——以嘉兴名人故居为例》，《中国博物馆协会名人故居专业委员会 2016 年年会论文集》2016 年，第 123 页。

（二）米谷故居保护模式选择及具体操作

根据表4之比较，综合考虑地理区位、米谷故居历史文化基础、周边主要旅游资源、周边基础设施等因素，笔者建议以综合开发模式，主要涵括纪念馆（博物馆）模式、文化茶室或文化酒吧模式、企业经营（公私协作）模式，以纪念馆（博物馆）模式为主模式，兼文化休闲场所开发和公私协作模式构建。具体操作如下：

1. 微观上：差异化、多元化、多维度布局

第一、二进，采用历史文化与适当商业化结合模式进行开发。第一进一楼，分列不同销售柜台，分别销售经米谷生前的事迹、作品等开发的饰品、挂件、纪念品、留念品以及米谷不同时期、不同版本的作品等小件物品；第一进二楼，可以分柜台销售海宁特产，如斜桥榨菜、盐官汪菜、长安宴球、硖石皮影道具、硖石灯彩、海宁缸肉等。通过这些实物立体展现名人当年的生活场景，以此作为旅游吸引物，使旅游者有遗物可追思，有景观可观赏。[1]第二进一楼，开设茶馆、咖啡馆、书吧等文艺休闲场所；第二进二楼设为“洛溪历史名人”集中介绍展览体验，展览方式除了平面悬挂介绍外，可增加作品展柜，尤其增设“互联网+”背景下符合年轻人口味的电子体验设施，如通过LED电子显示屏展示生平作品事迹等、通过VCR等电子影像来展示名人的成就和不足（包括遗憾、缺点、失败）、通过VR设备直接进入名人所处的时代背景，体验他们的真实生活及所取得的成就和不足。

第三进依然以纪念馆模式进行开发，在现有格局基础上进行适当调整，开辟米谷专馆，集中展示米谷。第三进一楼在现有格局上微调，保留现有陈列设施，同时分室陈列生平介绍、作品展示等；第三进二楼，可参照海宁市区干河街“诗人徐志摩故居”二楼布局，将现有“洛溪历史名人”陈列设施整体搬迁至第二进二楼，部分开辟为家族系谱及生活场景重现区域，另一部分通过现代科技挖掘为展示米谷作品的影像区、

---

[1] 赖燕波：《海宁市历史名人文化旅游资源开发刍议》，《科技信息》2011年第20期。

体验区等，让参观者更加直观清晰。米谷故居内部环境清静优雅，一、二、三进之间可布置回廊、亭台、小型水榭等休息、赏玩场所设施。

2. 中观上：协调、集聚旅游资源

立足于古典风格的斜桥镇集集小镇建设，现已初显华容，米谷故居前横贯东西的东、中、西街，翻新后粉墙黛瓦，颇具几分徽派建筑风格。在充分挖掘米谷故居的历史文化内涵的前提下，米谷故居的开发利用应当融入当下的集集小镇建设。

以米谷故居为中心，周边应当更新、重建基础设施：在米谷故居内部、南门的西街两侧、停车场附件增设休息区；在停车场、休息区附件增加公共厕所的数量；在重要街区、转角处增设路灯、指示牌等设施。在交通规划方面，与海宁大元公交公司合作，开设盐官古城、米谷故居、路仲古镇旅游专线，将三地的旅游资源串联循环。

3. 宏观上：统筹故居保护、旅游市场、城乡建设等多元目标

近期，海宁市重点打造硖石景区，兼顾底蕴深厚的盐官古城，但是斜桥镇的米谷故居毗邻盐官古城和硖石景区，应当兼顾修缮更新，将其纳入文化旅游市场开发。在融入集集小镇建设中的同时，还应当注重借鉴、吸收国内著名的沿河古街的保护经营经验，如苏州平江路和山塘街，嘉兴月河老街，桐乡乌镇沿河村落、沿河长廊等宝贵经验。以苏州平江路的商业开发为例，它首先经过商业规划或商业策划，然后定位为“文化、旅游、休闲”场所，最后据此定位制定招商门槛“文化休闲主题内容”来招商。[1]开发利用的同时，还需要统筹考虑原住民的传统生活形态，一旦破坏，隐藏在历史街区原住民身上的地域文化则会丧失。[2]

4. 品牌特色：主打“漫画”文化品牌，淡化意识形态宣教

作为“政治漫画家”诚然具有个性与特色，这是特定时代背景下的产物。而在当下语境中，如果以文化艺术的视角来审视，应当更多地寻

---

[1] 张佳：《城市特色空间解析——以苏州平江路、山塘街和李公堤为例》，中国城市规划设计研究院 2014 年硕士学位论文，第 54 页。

[2] 邬荣亮：《苏州山塘街历史街区改造中的问题分析》，《美与时代（城市版）》2019 年第 5 期。

找历史文化内在、共性的元素，淡化乃至摒弃不同国籍、政治信仰、宗教信仰等个性的因素。只有这样，才能在历史、文化的吸引下，既实现参观游览者的最大公约数，又体现一种开放包容的心态。如此一来，不会因为意识形态化的不同，导致不同国籍、政治信仰、宗教信仰的潜在参观者产生排斥感和抵触感。

五、结语

名人故居是一个城市独特的文化基因和人文积淀的重要载体。对名人故居的保护与价值的利用既关系着一个海宁市名人故居的当代命运，又关系着海宁市文化血脉的历史延续问题。无论从传承历史文化遗产、保护历史风貌与文化内涵、增强海宁市文化吸引力和辐射力的角度，还是出于对米谷的缅怀与尊崇，都应该走好保护和利用两手棋。[1]米谷故居的保护和利用在宏观上要统筹故居保护、旅游市场、城乡建设、原住民的传统生活形态等多元目标；在中观上协调、集聚周边旅游资源，将盐官古城、米谷故居和路仲古镇进行旅游路线的串联开发；微观设计上对第一、二、三进按不同保护模式分别进行设计，第一进作为纪念窗口主推米谷与商业结合的纪念物件、海宁地方特产，第二进按照文化茶室休闲模式设计，兼顾斜桥镇名人展示，第三进以纪念馆模式，多元化、多角度生动集中展示米谷的作品成就。通过综合模式整合现有资源与构想，应适度关注年轻人的兴趣爱好和休闲娱乐方式，以文艺、休闲娱乐吸引本地民众，以地方特色、历史文化旅游吸引外地游客。

（查苏生，浙江省海宁市港航管理处工作人员）

---

[1] 王莉：《名人故居的保护与人文价值的利用——以嘉兴名人故居为例》，《中国博物馆协会名人故居专业委员会2016年年会论文集》，2016年，第125页。

博物馆技术与管理

新时代人物类博物馆群人文地标之考量

万　玲

摘要：新时代博物馆的核心价值回归到参与推动社会变革的神圣责任，社会是实现博物馆价值的主体。博物馆作为城市文化的挖掘者和传播者，是守护城市灵魂的圣殿，是城市的记忆，是文化的遗存，是精神的家园。尤其是人物类博物馆，作为博物馆群体中的极具特殊意义的一类，成为城市历史的缩影和城市精神的载体，所蕴含的人文精神和人文情感是其灵魂。人物类博物馆以纪念性为主要特征，以实现价值引领为核心作用，真正意义上实现见人见物见精神。本文拟从博物馆在新时代的使命和价值为出发点，以人物类博物馆群在唤起城市记忆，传承历史文脉中的核心作用为研究对象，借用文化产业的发展模式，思考打造人物类博物馆群人文地标的发展路径。

关键词：新时代；博物馆；人文地标；考量

海伦·凯勒（Helen Keller）说："假如给我三天光明，第一天我要看人，第二天去博物馆、剧院和电影院，第三天给我生活的城市。"提起巴黎，怎会不想到卢浮宫？去伦敦怎会错过大英博物馆？博物馆是城市或国家的历史缩影，而不同的历史孕育的不同文化则让博物馆聚集了独特的精神气质。欲真正了解或融入一个城市或者国家，最简单也是最重要的途径就是到博物馆"取经"。

新时代博物馆的核心价值回归到参与推动社会变革的神圣责任，成为揭示精神主题、展示地域文化特征的主阵地。它所彰显的既是一个城市的历史，又是一个城市的灵魂，博物馆成为现代城市发展指向的新象征、新坐标。尤其是人物类博物馆，作为博物馆群体中的极具特殊意义的一类，成为城市历史的缩影和城市精神的载体，以实现价值引领为其核心作用，真正意义上实现见人见物见精神。

一、新时代人物类博物馆的核心价值和使命

人物类博物馆作为博物馆中重要的组成部分，既包括有一定影响力的人物的名人故居，又包括以纪念为主题的人物类纪念馆。它们作为一种特殊的文化载体，既有着博物馆的共性，又有其特性，是一个城市历史的重要书写者，更是城市文化的重要组成部分。

（一）“纪念情感”是新时代人物类博物馆的核心价值

人物类博物馆既包括有一定影响力的人物的名人故居，又包括以纪念为主题的人物类纪念馆，旨在通过人物的精神感召力而达到教化的效果，其灵魂是情感，以纪念情感作为核心的价值，以纪念性为其主要特征，在文化传承中是各项价值引领的核心价值。

简单来说，就是昨天、今天和明天。功能是保存昨天记忆，职责是服务今天发展，价值是促进明天持续。首先是要保存昨天记忆。无论固化的，还是行走的，是文字的还是实物的。保存不是为保存而保存。其次是服务今天发展。我们的功能是保存昨天记忆，而职责是服务今天发展。如果说对今天发展没有意义，那我们保存也没有意义。保存故宫不是为了复制故宫，而是让它活起来，通过故宫看到我们民族的历史、文化的灿烂和先人的智慧。最后则是其价值即促进明天持续。它不仅是为今天，我们知道了来龙，才能知道去脉。把昨天好的东西传承下来，我们更能够指引明天往哪里走，不忘初心，方得始终。“社会是实现博物馆价值的主体，博物馆社会价值的实现决定于价值主体对博物馆价值的认识和需要程度。”[1]博

[1] 苏东海：《苏东海论文选》第3卷《博物馆的沉思》，文物出版社2010年版，第24页。

物馆的展示空间决定了其在知识传播中作用有限。在未来，价值的教育应该成为博物馆陈列展览必须考虑的一个重要因素。

从国际上来讲，国际博物馆协会的倡议："博物馆不仅是旧遗产的投影机，还应成为新文化的发生器。"法国卢浮宫馆长亨利·路瓦莱特认为，"今天的博物馆不能仅仅满足于'接待'。今天，博物馆应该在城市生活占据重要的地位，扮演重要的角色，它是公民责任感的工具，是批判精神的孵化器，是品位的创造地，它保存着理解世界的钥匙。当然前提条件是它必须有能力通过各种手段，不仅将这些钥匙传递给它的同道，而且还要传递给所有其他的人"。可见，人物类博物馆应在价值教育上发挥更多的作用。价值教育的实质是一种完善人性与灵性的教育，是一种生命教育、生活教育、情感教育。情感教育的目的就是培养人对价值的感受和态度的体验，并将其升华为积极的价值观。

（二）"为社会和社会发展服务"是新时代人物类博物馆的使命

"一国的文野，视乎其文化程度的发达与否，唯其文化的真精神，全恃博物院代为表现。故欧美各先进国莫不视博物院为文化的宝库、科学的大本营、教育的试验场、宣传的集团军、专家的资料库。其政府既目此为国家元气，其人民复借此求知识源泉，诚有以也。"[1]这段论述，可谓精辟至极，寥寥数语将博物馆在一个国家中的重要地位和作用以及欧美诸国对博物馆的重视程度描述得淋漓尽致。

"博物馆的社会责任在于努力发扬博物馆固有的核心价值，朴实无华地把文物风险给社会，哺育社会。"[2]"教育职能是第一、第二职能的伸延和扩展。"[3]简言之，博物馆的基本职能是收藏、研究和教育。收藏、研究为手段，教育为目的。早在 1990 年，美国博物馆协会首席执行官爱德华·埃博（Edward Able）明确提出："博物馆第一重要的是

[1] 杨成志：《现代博物院学》，收录于《博物馆历史文选》，陕西人民出版社 2000 年版，第 26 页。

[2] 苏东海：《苏东海论文选》第 3 卷《博物馆的沉思》，文物出版社 2010 年版，第 33 页。

[3] 苏东海：《苏东海论文选》第 3 卷《博物馆的沉思》，文物出版社 2010 年版，第 265 页。

教育。事实上教育已经成为博物馆服务的基石。"[1]1992年，美国博物馆协会继续致力于强化博物馆的教育角色，将"教育"放在公共服务(角色)的中心，指出，博物馆是"公共服务与教育机构，而'教育'这个字眼包括了探索、研究、观察、理性思考、沉思与对话之意涵"。[2]

2007年，修订后的博物馆定义中最重要的变化之一，是将"教育"调整到博物馆功能的首位，即博物馆"为教育、研究、欣赏的目的征集、保护、研究、传播并展出人类及人类环境的物质及非物质文化遗产"，表明教育功能不仅是博物馆对社会的责任，而且是首要的任务。事实上，"单一的、阶段性的学校教育如今已不能满足社会就业的需要，终身教育被提上历史日程。'活到老，学到老'成为当下时兴的潮流，当今社会呈现学习型的发展趋势。终身教育的兴起，必然要求有相应的机构来满足这种需求。作为公共文化设施并拥有大量教育资源的博物馆成了全面提高公众科学素质教育的重要场所"。[3]

博物馆的存在就是"为大众开放，促进社会发展，并以研究、教育及娱乐为目的"。从真正意义上的博物馆出现到现在，博物馆从贵族、社会名流、研究人员等少数人的古物陈列所、学术据点，到成为人们的"精神的家园""文化的绿洲""知识的殿堂""城市的客厅""文明的窗口"，经历了深刻的文化演变。[4]可以说，博物馆"为社会和社会发展服务"的定义，为博物馆功能与职能注入了面向社会服务的最新时代内涵，成为博物馆当代形态的主要特征，使博物馆开始强调"以人为本"理念，倡导"博物馆既关心物更关心人"，使博物馆真正成为社会公众

---

[1] 杨玲、潘守永主编：《当代西方博物馆发展态势研究》，学苑出版社2005年版，第162页。

[2] Dr. Hugh H. Genoways，Lynne M. Ireland著，林洁盈译：《博物馆行政》(*Museum Administration：An Introduction*)，五观艺术管理有限公司2007年版，第337—338页。

[3] 杨玲、潘守永主编：《当代西方博物馆发展态势研究》，学苑出版社2005年版，第157页。

[4] 单霁翔：《从"馆舍天地"走向"大千世界"——关于广义博物馆的思考》，天津大学出版社2011年版，第5页。

生活中的朋友，要做到“人”“物”并重服务理念的提升。

（三）人物类博物馆是城市文化和城市精神的重要载体

1977年，在秘鲁首都利马签署通过的具有宣言性质的《马丘比丘宪章》，提出“文物和历史遗产的保存和保护”问题，更多地考虑了城市的文化功能和“人文关怀”，强调，不仅要保存和维护好城市的历史遗址和古迹，而且还要继承一般的文化传统，一切有价值的说明社会和民族特性的文物必须保护起来。保护、恢复和重新使用现有历史遗址和古建筑必须同城市建设过程结合起来。其核心实质是让历史充满活力，让未来与传统融合。

一座城市各个时期的文化遗存像一部部史书、一卷卷档案，记录着一个城市的沧桑岁月。每个时代都在城市中留下了各自的记忆，包括古代遗址、传统建筑、历史街区以及民间艺术和市井生活，都是构成一个城市记忆的重要因素。冯骥才先生认为“城市和人一样，也有记忆，因为它有完整的生命历史。从胚胎、童年、兴旺的青年到成熟的今天——这个丰富、坎坷而独特的过程全部默默地记忆在它巨大的城市肌体里。一代代人创造了它之后纷纷离去，却把记忆留在了城市中”。[1]从这个意义上来说，一座城市从它诞生之日起就有了生命。越是历史悠久的城市，其文化积淀越是深厚。深层次的城市文化是城市的集体性格，它是历史的积淀。城市一旦形成深层的文化，形成市民的集体性格，这个城市便有了灵性，有了魅力，也就有了城市精神。因此，在挖掘城市文化特色时，更重要的是研究城市的精神和特质。

人物类博物馆由于其蕴含的人文精神，是城市精神的重要载体，在传承文化，塑造城市人文地标的某种意义上等同于权威性、可靠性、奇异性和“国家建设”。从文化景观到历史街区，从文物古迹到地方民居，都是形成一座城市记忆的有力物证，也是一座城市文化价值的重要体现。一片片积淀丰富人文信息的历史街区，一座座具有地域文化特色的传统民居，一处处文物保护单位，这些都是历史性城市文化空间，历史

[1] 冯骥才：《思想者独行》，花山文艺出版社2005年版，第22页。

文脉，汇成不同城市的独特记忆。在面对席卷而来的强势文化，人物类博物馆更应该挖掘人文精神，打造人文地标，构建城市集体记忆，提升城市的文化内涵，让人们理解和继承优秀传统文化。

二、新时代人物类博物馆人文地标的实现路径

文化，顾名思义，以文化之，“文化合在一起则是一个过程，既包含了主体对自然界的改造，也包含了主体自身的变化”。[1]文化是由各种元素组成的互相依存或互相联结的复杂的整体，共同发挥社会整合和社会导向的功能，是合作的基础和共同行为的基础。新时代，文化不仅是综合国力的重要组成部分，而且是一种核心力量。人文地标的当下含义就是唤起城市记忆，传承历史文脉。人物类博物馆作为城市历史的缩影和城市精神的载体，人文心理地标多于建筑地标，是可以造就的，即深度挖掘精神内涵，勾勒历史细节，服务现实。

（一）注重研究，挖掘人文精神

博物馆的研究工作是博物馆三大功能中的重要环节。博物馆研究是极为宽泛的概念，博物馆事无巨细皆有文章，可谓“世事洞明皆学问”，因此，各个博物馆根据自身特点，选择研究对象，侧重点略有不同。

作为人物类博物馆的研究，要侧重于对人物精神的挖掘和提炼。首先，要注重对城市历史文化的研究，重构记忆。其次，根据研究成果，要不断更新展览内容，进行恰当其时的展览升级尤为重要。历史学研究不断推进，艺术理论进步不迭，都督促着展览自身进行必要的变革，满足大众日益提高的文化品位。尤其是当前社会进步步伐日趋加快的大背景下，展览自身更新周期也在日益缩短，换展周期逐渐变短，程度逐渐加深。

武汉革命博物馆以深入研究中国革命史、武汉 1927 年革命史，中共老一辈无产阶级革命家的人物精神而形成的科研体系，成为有深度的展览体系的基础，在一个良性循环中完成自我的升级，适应日新月异的

[1] 孟晓驷：《文化经济学思维——物质与文化均衡发展分析》，人民出版社 2005 年版，第 11 页。

环境，保持持久的新鲜度。

（二）以集群模式构建展览体系

集群发展模式就是打破单一格局，以联动共享的方式，推动周边资源整体发展的一种思路。在条件允许时，联合同类型的场馆，发挥集群优势。需要说明的是，集群发展的意义在于规模效应，并不意味着用单一的模式去套用“集群”内所有的纪念馆，事实上，在集群发展的内部，也可以有不同的发展模式。在这里可以看到，集群发展模式作为纪念馆发展的一种思路，是有适用条件的。由于历史原因，不少大城市中的纪念馆往往地理位置较为集中，天然形成聚落，于是，对一块区域内的纪念馆进行整体保护和开发就成了一种新的发展模式。

博物馆展览体系的探索是一个大量收集资料、多方考察学习的过程。没有合理规范化的展览体系，博物馆展览特色就很难体现。因此，一个科学、严谨、独特的博物馆展览体系的构建，必须经过全方位、多角度的思考，对自身有综合全面的认识是不可忽略的必要过程。尤其是人物类博物馆群。博物馆的定位决定了展览体系的走向。首先，分析博物馆自身的科研、人才、地域特点等。其次，展览项目之间的逻辑关系决定着整个展览体系有机协调。最后，以人文精神为中心，举办各类临时展览。临时展览作为基本陈列的延伸和拓展，其内容涉及范围广，题材丰富，几乎可以涵盖社会生活的方方面面。

以毛泽东旧居、农讲所等旧址群为中心的武昌都府堤片区，是武汉地区红色景点最多、内涵最丰富、知名度最高的红色旅游资源富集区。作为革命中心的武汉，在武昌都府堤，四处内涵丰富、各具特色的重要革命旧址遗迹在此扎根绝非偶然，集中反映了 1927 年发生在武汉的重大革命活动，见证了风云 1927 的革命历史。而这些名人故居，正是后来领导中国革命走上胜利的老一辈无产阶级革命家，他们在这里的革命实践和探索，奠定了中国革命胜利的初始之基。因此，这里成为展示中国革命历史的窗口，成为宣传革命精神的基地，具体地呈现出中国共产党在武汉的诸多历史记忆，成为大革命时期党在武汉奋斗发展历程的一个重要缩影，也使得都府堤这条仅数百米的僻静小巷，成为在中国革命历史上产生过重要影响的红色圣土。

为此，围绕本馆的展览主题和人文精神，为如此庞杂的展览制定展览框架，步入规范的展览流程，推出展览精品，让公众喜闻乐见，从中汲取营养，陶冶情操，同时也有助于策展人思索寻找精彩的主题并细致策划。武汉革命博物馆制定了“风云 1927”的展览体系，并形成未来几年的发展规划，制定展览季制度，形成品牌效应。每年推出有影响力的“大”展、有研究深度的“精”展、与百姓生活相关的“趣”展，保证公众常看常新，博物馆充满生机活力。

总之，基本陈列与临时展览相互依托，紧密联系。基本陈列是展陈基础，专题陈列是基本陈列的补充和深化，临时展览是基本陈列的拓展和延伸。基本陈列、专题陈列、临时展览都以新视角重新审视、组合、使用实物资料，以反映“风云 1927”的社会全景。

（三）以旅游的体验感提升公众参与感

古德（G. B. Goode）曾有句名言：“博物馆不在于它拥有什么，而在于它以其有用的资源做了什么。”[1]我听到了就忘记了，我看见了就记住了，我做过了就理解了。1932 年拉斯维尔提出了一个传播模式：“谁？说什么？对谁说？产生什么效果？通过什么渠道？”于是这模式就成为“谁（who）说什么（say what），通过什么渠道（through which channel），对谁说（to whom），产生什么效果（with what effect）”。因此，博物馆要实现其社会使命，需要研究如何调动公众的求知欲、兴趣、爱好和探索精神，使他们能够轻松而愉快地获取所需要的各类知识，用体验吸引公众，拓展公众参与途径。

评价一座博物馆的价值，不仅要看其收藏的丰富和精优程度，更要看其在鼓励观众参与和学习方面所取得的成绩。好的博物馆教育活动，不仅契合展览主题、内容甚至形式，拓展、深化和补充了常规的陈列展览，更重要的是，还能彰显博物馆的使命。

为了让观众以走进历史的方式，融入历史生活，体验活生生的历

[1] 郑奕：《博物馆教育活动研究》，复旦大学出版社 2015 年版，第 22 页。

史，武汉革命博物馆和长江人民艺术剧院联合创作开发、精心打造的湖北省首部博物馆环境剧——情境党课《历史的回望》。以实景表演的形式，将毛泽东在武汉创办农民运动讲习所的点滴历史瞬间真实再现，以实景表演的形式引领观众一同追忆早期无产阶级革命前辈不畏艰险、慷慨激昂的峥嵘岁月。在参观过程中，参观者跟随讲解老师和演员的脚步，在武昌农讲所旧址的不同场景里，一幅幅生动的党史画卷铺陈开来：在教务处，周以栗与教员、学生共同讨论和制定《农讲所规约》；大教室里，毛泽东正在慷慨激昂地给大家讲述《湖南农民运动考察报告》；操场上，教官正在带领着学员进行军事训练，伴随着慷慨激昂的口号声，奋力练习突刺；在膳堂，毛泽东正与一些教员和学员们在进餐，兴之所至，他带领着学员一起高唱《国际歌》。整个参观过程中，参观者都可以身临其境，与学员们交谈，了解农讲所内学习和生活的各项情况。该情境党课一经推出，就受到了现场观众的一致好评和真心欢迎，现场气氛十分热烈。

（四）勾勒历史细节，讲述背后故事

博物馆要通过精心制作和深入浅出的阐释，让公众在高雅的殿堂中增长知识、陶冶情操、提高文化素质，用通俗性取代学术性，用普及性取代专业性，以“提高指导下的普及”和“普及基础上的提高”为处理雅俗关系的指导原则。

城市是人类生存的部分载体，城市的文化与内涵经过世世代代积淀而成。城市文化凝固了千百年的文化基因，在城市中孕育了一处处历史名胜、一条条古老街巷和一座座传统民居。它们都在默默地述说着曾经发生的故事，见证着城市的历史和今天。每个城市都有不同的故事，它们启迪人们对城市文化更加深入理解，可以使城市文化变得更加鲜活、使城市生活更加引人入胜、使过往宾客长久驻足。因此“城市故事”是城市的宝贵资源，是全体市民的共同财富，我们应该认真加以挖掘和弘扬。

在历史性城市里，几乎每一个院落都有很多故事，每一处历史文化街区本身就是一本关于城市与城市人的书。“无论哪一个巍峨的古城楼，或一角倾颓的殿基的灵魂里，无形中都在述说，乃至于歌唱，时间上漫不可信的变迁；由温雅的儿女佳话，到流血成渠的杀戮。”[1]

各个城市都有自己的历史文化名人，他们由于为国家或为本城市的文化发展作出卓越的贡献而备受人们尊敬，他们出生和成长的场所应成为人们进行缅怀的纪念地。城市可以通过展示这些历史文化名人生前典型的生活场景，系统叙述他们的生平，揭示该地点的文化意义。在这方面欧洲一些城市有着成功的经验。如走在英国伦敦的历史街巷里，除了随处可见那些极具特色的民居和店铺外，还会发现许多街巷拐角和建筑物上悬挂着精致的标志，讲述历史上哪位文学家、艺术家、科学家或者是对社会有杰出贡献的人物曾经在此生活或工作，或曾经常在此街巷里散步思考，令人充满敬意。他们甚至把我国著名作家老舍在那里住过不长时间的房子也挂上了保护标志牌。因此城市政府小心翼翼地保护历史先贤和文化名人的故居，很多地方都挂有纪念牌匾，述说着街区的骄傲。走在街巷中，人们会感到仿佛正在与那些文化名人并肩散步，走进历史，不经意之间接受了一次文化的熏陶与洗礼，同时，一种深深的敬意油然而生。这就是城市的文化，是城市深厚的底蕴，是城市一道永远的风景，是构筑文化城市的坚实基础。

三、结语

新时代面临新挑战，带来新机遇。作为博物馆人，必须对社会发展提出的机遇和挑战作出及时回应，打造人物类博物馆群在城市发展中的人文地标，唤起城市记忆，传承历史文脉。

（万玲，武汉革命博物馆馆员）

[1] 林徽因：《林徽因讲建筑》，九州出版社 2005 年版，第 280 页。

浅谈多媒体技术在人物类博物馆的运用

张克令

摘要：人物类博物馆是我国博物馆中一个非常重要的组成部分。人物类博物馆通过对名人事迹、故居的纪念和展示，让公众重新认识和感知他们的精神文化和人物生平轨迹，从而促进社会精神文明建设。本文以人物类博物馆为出发点，对博物馆的多媒体技术运用进行研究和分析，以期能够深入研究人物，充分挖掘人物的价值，促进人物类博物馆的发展和展陈对象精神文化的开发和传播，弘扬展陈对象优秀的品质和精神，在实现中国梦的进程中发挥相应作用。

关键词：人物类博物馆；多媒体技术；辅助展项；展陈亮点

人物类博物馆是以我国各个历史时期的社会精英、民族英雄、人民领袖、革命先锋，乃至一些存在争议，但具有重大影响的人物作为传主而建立起来的博物馆、纪念馆。有的是一个人，如韶山毛泽东同志纪念馆、北京鲁迅博物馆；有的则是一群人，如龙华烈士纪念馆和一些名人博物馆。这些人物，在一定时期的社会中得到了很高的社会评价和取得了合法的地位，与社会的发展紧密相连。作为榜样和楷模，他们的贡献、他们的品格，已成为极其宝贵的精神财富。由于人物类博物馆题材相对严肃、教育性强，未应用多媒体技术前，陈列内容相对于常规博物馆比较单调，陈列方式也比较单一，一般都是“通柜、实物、说明牌”

的方式，以历史实物和图片资料等展示内容来说明事件的发生经过和历史人物的活动情况，使得大多数人物类博物馆展陈设计不吸引观众，某种程度上弱化了人物类博物馆的教育意义。2010 年上海世博会之后，多媒体技术形式逐渐多样化和成熟化；党的十九大以来，党中央一再强调展馆的教育价值，在国家的大力支持下，人物类博物馆的建设日益繁荣。作为精神文明教育的重要阵地，通过对视频、声音、动画等媒体加以组合应用，以多媒体和数字化技术的展示技术，融入主题鲜明的展厅，深度挖掘展览陈列对象所蕴含的精神文化内涵成为迎合时代所需，作为辅助展项的多媒体技术在当下的人物博物馆建设中作用愈发凸显。

一、多媒体成熟技术在基本陈列中的应用

（一）龙华烈士纪念馆

龙华烈士纪念馆原展陈开放时间有二十年之久，因展陈内容和设备老化等问题，在新时代的背景下，迎来了重大调整和改造。新的陈列展示内容由“序厅”“信仰的召唤”“使命的执着”“信念的坚守”“民族的脊梁”“胜利的奋争”“时代的先锋”“尾厅”八个部分构成。

新的龙华烈士纪念馆打破了原有的模式，用国内外展示的新技术手段、新理念，更好地将龙华烈士纪念馆内丰富的史料、所蕴藏的革命传统和民族精神等全面弘扬和展示了出来，让纪念馆中的烈士精神“活了起来”。改陈后的重点多媒体技术案例如下。

1. 序厅“照亮信仰的殿堂”

纪念馆序厅作为整个场馆的重点，围绕龙华烈士纪念馆“祖国之上、无私奉献、锐意创新”的龙华精神，序厅设计以共产党人的“信仰殿堂”为主题定位，采用动态雕塑结合多媒体与灯光的主题演绎，打造了参观者举行仪式的殿堂。

对序厅原建筑高度进行了改造后，设计营造了简洁、现代与圣洁的大空间。10 米高的序厅正面为抽象上海城市玻璃浮雕，主雕由“祖国至上”“无私奉献”“锐意创新”三组雕塑组成，天幕用 LED 大屏，空间环境是爵士白大理石，序厅两侧是烈士警句格言的塑造，简洁、

明快的空间氛围将历史以现代的理念方式阐述。序厅主题演示时长为2分钟，随着主题音乐的节奏与主题雕塑渐渐融合，最终组成“英雄壮歌”龙华精神主雕。主雕背景为上海城市，天幕LED将演示共产党人近百年的抗争、奋斗、胜利，直到桃花盛开进入新时代的抽象意念主题画面。

纪念馆内采用动态雕塑，用多媒体艺术装置作为序厅主雕，应该是当时国内首次，它的神圣感、仪式感也是中国纪念馆序厅设计一次有意义的探索。

2. 二十四烈士雕塑多媒体剧场

展项作为独立空间，位于主展线的中后区域，是展陈节奏的高潮所在。展项聘请了国内著名雕塑家根据二十四烈士的不同人物事迹和精神，设置了人物群雕场景，通过高低前后的总体构图，很好反映了主题人物的个性和气质，具有较强的现场震撼力，是龙华二十四烈士英雄气概的集中反映。展项在雕塑的基础上，又首次采用现代舞的形式阐释英烈精神的内容，通过视频、朗诵、音乐、灯光、全息等多媒体结合，演示了二十四烈士工作、生活、牺牲和缅怀的画面，反映了二十四烈士由生而死、死而永生的感人事迹和史诗般的英雄壮歌。

3. 尾厅“仰望”多媒体360°环幕剧场

展项是开放式的环幕剧场，视频整体选取了龙华主题音乐和极具视觉冲击力的画面，视频的主题是“英烈——城市的繁星照亮上海”，英烈的付出迎来了上海创新之城、人文之城、生态之城的成果和远景。走进展厅之中，可以重温烈士的精神，感受到英雄城市孕育英雄，英雄激励后人奋进，继续建设英雄城市的情怀，这是对英烈精神的重温，也是参观情绪的舒缓释放。

（二）董其昌书画艺术博物馆

董其昌书画艺术博物馆位于上海市松江区醉白池公园内。明朝末年，松江著名书画家、礼部尚书董其昌在醉白池建造“四面厅”“疑航”等建筑，并团结了当时一批文人在此处吟诗作赋。董其昌书画艺术博物馆，是松江人文历史的传承和延续，它生动地描述了董其昌的人生历程，不仅是展示董其昌书画艺术的壮丽画卷，更是一部活生生的艺术文化教科书，是教育和启迪子孙后代的精神丰碑。在展示设计上，既充分体现了董其昌书画的历史、文化造诣；又反映了时代语言，具有行业前瞻的特质。展陈融合了传统的陈展手段，又结合了当今新媒体展示技术，提升设计理念，创造全方位、多视角、大容量的信息传递方式，营造出了让参观者探索的、难忘的、互动的参观体验。代表性的多媒体技术展项如下。

1. 云间厚土

展项位于展馆的序厅，在空间环境内设置圆屏，使圆屏仿若时光之窗，通过屏中的动画，让游客有身临历史长河中的松江府，并看到其发展、兴盛的状态。通过多媒体技术将董其昌的家乡——松江数字化；通过数字影像技术还原当时文化重镇的城市面貌，华亭人士的生活气息，展示工商业的蓬勃发展造就的松江地方的富庶，社会形态的开发铸就的文化艺术的百花齐放，使观赏性更具新意，情感表达形式更庄重、沉稳、严肃、浑厚，折射出一方水土养一方人的意蕴。

2. 交友天下

交游、鉴藏活动是董其昌与其他藏家、文人联系的重要纽带。设计通过 LED 大屏幕实现场景还原，让参观者集强烈的带入感、真实感、沉浸感于一身，通过投影机投射影像渲染场景，并通过声、光、电技术结合，渲染出董其昌与莫是龙、嘉兴项氏家族、韩世能等文化名人的社交活动场景氛围，包括林间郊游、亭中切磋、书房交流等场景，将参观者带入董其昌与文化名人进行社交的场景中。展示董其昌饱览前人优秀画作、研读传统书画理论、切磋名家书画技艺、临摹中国经典作品，“破万卷书、行万里路”，山川沟壑了然于胸的过程。

3. 3D 复原董其昌书画作品

展项采用最新的裸眼 3D 技术，为参观者提供优质 3D 画面，参观者不用佩戴任何眼镜就可以观看到逼真的 3D 效果动画，画面具有强烈的立体效果，高清画质，给人明显的景深沉浸感。通过高清数字技术的运用，将董其昌书画作品立体化、形象化，向参观者展示董其昌的优秀画作，更好展示其作品“萧散疏秀、平淡天真”的特点。

二、现代多媒体技术在人物类博物馆中的文化开发性

以上的案例，可以显示出多媒体技术作为一种展示语言表达方式，它愈来愈成为现代人物类博物馆新建、重建和升级改造中重要的组成部分，让参观者不由自主地走近传主的人生，去感受那些可歌可泣的革命精神、优秀的品格才情，激发他们的民族情怀和爱国热情。尤其是青少年观众，平时就被多媒体包围着，习惯于靠多媒体来学习知识、接受信息和传播文化。多媒体技术在展览中的功能和作用可以总结概括为如下几个方面。

（一）再现历史，活化展项

展陈中的文物、照片是历史的呈现，但却是“死”的，静止不动的。多媒体展示技术在人物类博物馆陈列展览中可以不断渗透，采用声、光、电多媒体技术和自动控制手段，把幻影成像、实时人景合成、虚拟、激光、三维动态成像等高新技术结合传统的展示内容，合成脚本，产生全新的展示效果，让观众产生身临其境和面对面交流的感觉，使历史具有可视性、可感性。前文中的“二十四烈士雕塑多媒体剧场”“3D复原董其昌书画作品”和“交友天下”等展项作为精神文化的演绎，合理地运用了技术，把故事讲得有声有色、深入浅出，以“内容为王”，深挖人物和事件背后的内涵，再现人物的精神世界，让观众感受到历史与现实的对话。

（二）纵深拓展，增加内容含量

在传统的陈列中，展线有多长，展览内容就有多长。因为所有的展览物品，如照片、文物、文献资料等都是顺着展线的延伸排列的，照片、文物、文献资料都是平面呈现，对观众来说，其内容的含量有限。多媒体技术作为辅助陈列展项，避免辅助内容对主要内容的喧宾夺主，可以合理规划利用展陈面积，保证展陈主线清晰，同时又避免了因舍弃布展而带来的遗憾。上文的尾厅“仰望”多媒体360°环幕剧场、“云间厚土”等展项，在人物线的穿引下，浓缩了一个地理区域的过去、现在

和未来；用一个展项的空间承载了众多的展示内容，也优化了展示内容的排布组合，让多媒体技术成为整个展陈“交响乐”音符的序曲、高潮和尾声等不同“乐章”。

（三）营造氛围，打造“镇馆之宝”

人物类博物馆与其他展馆之间的差异主要集中在三个方面：其一，人物类博物馆主题更加鲜明；其二，人物类博物馆设计思路更加清晰；其三，重点突出，开展设计兼顾重要人物、重要事件、重要机构等因素。传统的历史照片、文物加文字说明的展览过于僵硬，甚至枯燥。展陈在参观节奏上，很容易流于平淡，缺乏调动参观情绪高点的营造。多媒体技术的使用，使展线动起来，陈列活起来，声光电相结合，用交互性调动观众。交互性是多媒体最重要、最根本的属性，其在人物类博物馆展陈设计中主要表现为，参观者的本能参与意识被调动，并且能够满足参观者猎奇的心理需求，在此过程中，参观者可以通过触摸、操作、体验等多种互动方式来获得逼真、丰富，抑或沉浸式的感受，从视觉、听觉、触觉和嗅觉上全方位获取信息和知识，从而加深对展陈主题的理解以及对人物类博物馆的整体印象；并使参观者全身心融入人物类博物馆展陈的氛围里，对展示内容进行思考，在精神层面产生情感共鸣，使人物精神的传承上升到新的高度。这也就是多媒体技术在人物类博物馆中应用的重要意义，可真正做到“寓教于乐”。上文中的龙华烈士纪念馆序厅“照亮信仰的殿堂”等展项用多媒体技术，使具有仪式感的常规静态序厅更具新意，使人物的精神力量更易于观众感受和接受。

（四）开发文化，助推展馆定位升级

在文旅融合的过程中，以博物馆、美术馆、艺术馆、书店等为代表的资源与机构，因各自的资源属性，正发挥着越来越重要的作用。近些年来，旅游业已成为国民经济的支柱产业之一，人物类博物馆也逐渐成为旅游景点，观众到人物类博物馆参观，不只是学习，同时也是休闲、娱乐。通过多媒体技术演绎，讲好故事，对人物身上的隐形文化进行创造性展示，增加文化的可参观性，提升游客的参观体验，实现资源产品化；让观众参与陈列，充分享受现代交互式陈列的乐趣，从而使人物类博物馆成为人们乐于前往的集旅游、休闲、娱乐为一体的具有高雅文化的场域，满足人民美好生活需求的当代使命。龙华烈士纪念馆二十四烈士雕塑多媒体剧场的现代舞艺术形式社会反响良好，是一种成功将艺术与展陈相结合的样态，人物类博物馆可以探索其他类型艺术形式与展陈整体的结合，将展示对象的精神文化融合到国家文化发展的大步调当中。

三、当前国内人物类博物馆多媒体技术应用的缺陷及探索

尽管多媒体在人物类博物馆展陈设计中发挥了巨大的作用，并有着广阔的前景，但不可否认的是，我国人物类博物馆展陈设计中也出现了诸如多媒体形式与主题内容相脱节、多媒体技术滥用、信息传播重点模糊、同质化等问题。合理的多媒体技术应用大多具有以下几个特点。

（一）形式与主题内容相契合

既然是人物类博物馆，那么在多媒体设计上就更要注重内容的选择，要以诉说历史、人物精神传承为初衷，设计要充分理解展示内容，要贴合历史人物或者历史事件，通过展陈设计中情感的传递，呈现人性的光芒。不能一味追求高科技的绚丽多姿来博得观众的眼球，而与历史毫不相干。为了技术而使用技术，造成技术堆积，而对外则是以技术为噱头，不断扩大技术的影响力，导致内容与技术脱离，达不到预期效果。最先进的多媒体技术不一定是最好的呈现方式。

（二）突出展馆个体特色

由于多媒体技术的相对成熟，新建和改建的展馆存在照搬其他展馆成熟案例的现象。不管是技术也好，创意也好，可以利用和借鉴，但不可盲目复制。人物类博物馆要有其个性化特征，要有自己的独特创意理念衬托出自己特有的时代背景等信息。技术是互通的，但表现形式却是千变万化的，深入挖掘自身的特点、定位、地域、环境的不同，在使用相应的多媒体技术手段时应当根据自身需要和受众定位，因地制宜，推陈出新，创造个性鲜明的多媒体展项，避免人物类博物馆的千篇一律，这对于人物精神文化的传播和开发具有重大意义。

（三）重视参观者心理引导

众所周知，博物馆的受众对象是人，而多媒体技术在人物类博物馆陈展中的应用，其目的也是更好地为观众服务。苏东海先生曾总结人物类纪念馆的三个基本特性：精英性、学术性、社会性。因此，多媒体设计除了要服从内容外，还要处理好展馆与观众的关系，由于观众受教育的层面和年龄等因素的不同，人物类博物馆要详细了解各个受众群体的背景及实际需求。要以人为本，满足观众的真实需求，不断提升博物馆的人性化服务效率，尽可能利用多种设计形式来满足不同人群的理解力和心理需求。

（四）多媒体技术使用比例因地制宜

文物、照片、文献等原生态的展陈形式虽然跟不上时代的发展，但始终是人物类博物馆陈展的主体内容。技术虽然可以激发观众的热情，但过度使用技术有可能造成反面后果。因此，绝不能为了凸显技术而摆脱展陈大纲需求，随意使用技术，最好的办法是根据内容需要和博物馆陈展节奏一步一步呈现技术手段，这样才能达到技术与内容的完美融合，从而呈现出较好的展陈效果。

（五）合理布局多媒体场景

很多人物类博物馆实际建设中，场景之间的灯光和声音都有交汇，形成灯光和噪声污染，严重影响了观众的参观效果和情绪。应该引入建筑声学、电声学的理念，根据自身的建筑构造和参观路线合理地分布场景，基本作到灯光和声音不互相干扰。有投影机的场景也不宜布置在强光源附近，免得投影效果大打折扣。

（六）注重美观性原则

人物类博物馆展陈多媒体在设计时要注意其造型、色彩与展陈主题、展陈空间总体设计风格的匹配，不要过分花哨复杂，使参观者眼花缭乱。既要避免一味追求美观的设计，脱离甚至相悖于展陈内容的多媒体表现形态，又要避免靠新技术遮掩设计缺失的粗糙情况。

（七）定期作好多媒体设备维护工作

多媒体展示一般需要高新电子设备的协助，这些设备的正常连续工作是陈列展示效果的重要保证。因此，管理人员必须重视设备的运行环境、运行水平、负荷强度和操作规程，并且作好展览前期设计和后期维护的相关问题。应该让博物馆展览中的多媒体设备有足够的后期维持成本，并作好日常和长期的管理维护工作，以免出现大面积瘫痪，做到有效运用，防止出现不必要的浪费。

四、结语

虽然国内多媒体技术的应用仍存在诸多问题，但其综合运用传统和现代手段，把人物类博物馆打造成具有文化性又不缺乏知识性、观赏性的教育殿堂的作用是毋庸置疑的，这也是行业发展的趋势。多媒体技术在人物类博物馆陈展中的应用还是要以传统模式为根本，在技术上保持前瞻性，将各不相同的表现手法融会贯通，本着经济适用、新颖独特、少而精的原则，充分考虑观众的感受，注重精神诠释，发挥出高端科技在展陈中的价值，紧扣展陈主题，打造展陈的重点和亮点，通过重点和亮点的展示将整个展览串联起来，营造基调大气、庄重、简洁、明快，融思想性、艺术性、观赏性、参与性为一体的展陈，挖掘人物对社会价值、精神价值、文化价值的历史贡献，为我们伟大的国家、民族的时代精神，注入生机盎然、富有营养的活力，使文化百花齐放。

（张克令，上海美术设计有限公司文案指导）

浅析人物纪念馆对标国家一级博物馆运行评估指标的难点与对策

郭 程

摘要：为了深入了解各国家一级博物馆的实际运行状况，总结国家一级博物馆的运行经验，明确指出发展过程中存在的问题，更好实现以评促建、以评促改，中国博物馆协会按照国家文物局要求，开展国家一级馆运行评估工作。2017 年 12 月 27 日博物馆协会发布《关于展开 2014—2016 年度国家一级博物馆运行评估工作的通知》，本文着重解读人物纪念馆对标国家一级博物馆运行评估指标的难点与对策，旨在为人物纪念馆在一级馆运行评估工作中取得良好的成绩献计献策。

关键词：人物纪念馆；国家一级博物馆运行评估；难点与对策

中国国家文物局为加强博物馆行业管理，充分发挥博物馆的社会服务功能，促进博物馆事业发展，组织设立全国博物馆评估委员会在综合管理与基础设施、藏品管理与科学研究、陈列展览与社会服务等各方面对中华人民共和国境内所有正式登记、注册并接受年检，具有文物、标本收藏保管、科学研究、陈列展览功能的，对外开放的各类博物馆，进行综合评议，并以打分方式将博物馆划分为一级、二级、三级三个等级。国家一级博物馆是博物馆划分的最高等级。国家文物局于 2008 年 5

月确定第一批国家一级博物馆，截至 2018 年 10 月，共有 130 家博物馆被评为国家一级博物馆。

为深入了解各国家一级博物馆的实际运行状况，总结国家一级博物馆的运行经验，指出发展过程中存在的问题，更好实现以评促建、以评促改，中国博物馆协会按照国家文物局要求，开展国家一级馆运行评估工作。一级馆运行评估工作于 2009 年 11 月首次展开，每年一次，2009—2013 年共开展了 5 年，将评估结果以报告形式下发给各博物馆。后因种种原因运行评估工作改为 3 年一次。

在我国，纪念馆被纳入博物馆体系，是博物馆的一个重要组成部分。纪念馆又分为人物纪念馆、重大历史事件纪念馆。当纪念馆尤其是人物纪念馆与其他综合性历史博物馆一起被纳入一级馆运行评估体系时，这实际上对人物纪念馆来说非常有难度，因为人物纪念馆在其自身的特点、所在环境和其提供服务的对象等诸多方面都存在特殊之处，在统一的评估体系中评比时很难达到绝对公平和统一，本文着重解读人物纪念馆对标国家一级博物馆运行评估指标的难点与对策，旨在为人物纪念馆在一级馆运行评估工作中取得良好的成绩献计献策。

一、国家一级博物馆运行评估指标及权重

2017 年 12 月 27 日，博物馆协会发布《关于展开 2014—2016 年度国家一级博物馆运行评估工作的通知》，《通知》指出评估期为 2017 年 12 月至 2018 年 5 月，填报方式为线上线下两部分。运行评估的结果分为优秀、合格、基本合格和不合格四个等级［结果对应的总得分分别为：总分 80 分及以上、80 分（不含）以下 60 分及以上、60 分（不含）以下 50 分及以上、50 分（不含）以下］。博物馆协会对评估结果为“不合格”的一级博物馆作出警告、通报批评降低或取消等级的处理。评估结果为“基本合格”的一级博物馆，应根据评估意见进行整改。连续两次评估结果为“基本合格”的国家一级博物馆，由所在省、自治区、直辖市博物馆行业组织重新对其进行定级评估并提出意见，报博物馆协会审定，审定结果报国家文物局备案后向社会公布。

《通知》还明确了对国家一级博物馆的总体要求："国家一级博物馆（以下简称一级馆）应当是代表全国同类博物馆中综合水平最高的一批博物馆。一级馆的发展目标是：博物馆管理专业化、社会化、科学化，博物馆功能完备，在科学研究、陈列展览、社会教育和文化传播等业务方面具有全国领先优势，能够为教育、研究和满足公众文化需求提供优质服务，发挥行业示范和引领作用。"同时还下发新的《国家一级馆运行评估指标体系说明》。

一级馆运行评估指标体系，共设一级指标 3 个，二级指标 8 个，三级指标 17 个，考察要点 44 个，以及相对独立于评估指标体系的附加项 2 个。三个一级指标为"内部管理""服务产出""社会反馈"。"内部管理"指标主要对博物馆的内部管理情况进行评估，具体分为"组织管理"的规范性和"藏品管理"的规范性两个方面，"内部管理"的指标权重为 20%。"服务产出"指标对博物馆主要业务功能的效率和质量进行评估，具体分为"科学研究""陈列展览""社会教育"和"文化传播"四个方面，"服务产出"的指标权重为 60%。"社会反馈"指标通过"观众数量"和"公众评价情况"对博物馆的社会服务产出的效果进行评估，"社会反馈"的指标权重为 20%。

这里要着重指出的是附加项：附加项共分为两项，"创新加分项"和"一票否决项"。创新加分项，指对创新能力突出的博物馆给予加分，即参评博物馆如在藏品保护修复、科研、陈列展览、教育、文化传播方面有重大改革创新，在全国范围内对博物馆行业有重要引领示范作用的，可增加附加分，并计入总得分；一票否决项，指对安全方面有重大事故的博物馆予以处罚，即参评博物馆出现重大文物安全事故或游客安全事故，直接判定为不合格。附加项是一级馆运行新体系中的新增指标，对人物纪念馆对标一级馆运行评估指标，起着非常重要的作用。

二、人物纪念馆对标国家一级馆运行评估指标的难点

我国有 130 家国家一级博物馆，其中纪念馆 24 家，人物纪念馆 13 家。人物纪念馆在一级馆中占 10%。所占比例不高，一级馆运行评估体

系庞大，参与评估的博物馆种类繁多，一些较重要的评估指标会向综合性的大馆倾斜是不可避免的，根据现实的情况来看，由于人物纪念馆特定的纪念对象，对标一级馆运行评估指标还是有一定的难度，现就一些对标难点进行简要分析。

（一）藏品搜集资源少，藏品定级难

一级馆运行评估藏品管理的指标重点考察：一级馆是否合法搜集藏品，充实馆藏；藏品的建账、建档，特别是文物藏品的登录备案情况；以及藏品的安全管理。对于人物纪念馆来说合法搜集藏品和藏品建账、建档、文物安全是可以通过人力物力的投入来确保的，但是关于藏品收集充实馆藏对大多人物纪念馆来说都面临严峻的挑战。一级馆对馆内藏品的要求有一个硬性的指标：博物馆需同时满足藏品总量达到 20 000 件/套或三级以上珍贵文物 2 000 件/套以上，且具有很高的历史、文化、科学、艺术价值，或其中一类价值具有世界意义。要达到这个指标，人物纪念馆往往要付出比其他类型的博物馆多几倍甚至十几倍的努力。人物纪念馆藏品资源少的原因主要有以下两点：首先，人物纪念馆由于纪念特殊人物的定位，藏品资源往往只能围绕着特定人物和特定人物生活的年代来搜集，本身稀少。其次，人物纪念馆的藏品大多非金非银，不属于人们印象里的文物范畴，对于一些很重要的“不值钱”藏品，人们往往没有收藏的意识，导致许多有价值的藏品被当作废品卖掉、被当作垃圾扔掉。除藏品资源少这一不利因素外，人物纪念馆藏品定级难也是人物纪念馆对标一级馆评估的另一难点。我们前文说人物纪念馆藏品大多非金非银，最具有价值的一类当属“名人遗物”，此类藏品是指纪念人物和与纪念人物相关的人物生前使用或保存下来的物品，这些物品真实存在可以反映历史也可证明纪念人物的某一品质。但怎样证明这件藏品就是纪念人物所用过的呢？这就需要证人证词，要有人或事儿来认证这件文物，但随着时间的推移，许多人和事儿也都流逝掉了，藏品定级的契机也就无从谈起。

（二）科学研究“养在深闺”研究平台有待加强

如果说藏品是博物馆一切活动的物质基础，那么科学研究就是博物馆一切活动的后勤保障，科学研究是认识事物、创造知识的基本方式，也是传播知识的前提和基础。一个博物馆的收藏水平、陈列与展览的科学性和艺术性、社会教育的功效往往取决于其科学研究的能力和水平。由于人物纪念馆类型条件的制约，人物纪念馆研究的范围相对狭小，研究内容与其他综合性大馆或专业性强馆有所区别，传播区域在广度上也有所限制。人物纪念馆的科学研究往往处在“养在深闺”的状态，自己在自己的领域上有独特的见解，深入的研究，但在横向交流上存在欠缺，研究方式上也比较传统。没有一个纵横的交流平台，特别是国际化的交流平台来宣传、发展、扩大代表性研究成果。

（三）临时展览国际化难度高，对外文化传播的能力有限

在新运行的一级馆运行评估的体系中二级指标“陈列展览”下设两个三级指标“基本陈列”和“临时展览”。在“基本陈列”上人物纪念馆能够找准自己的定位抓住本馆藏品的特色进行布展，“基本陈列”是博物馆的灵魂，用体现本馆特点的展品组织科学的陈列体系，常年对外开放。这是人物纪念馆在对标一级馆运行评估指标时执行最好的部分，如铁人王进喜纪念馆在 2009 年 10 月 18 日就获得“第八届全国博物馆十大陈列展览精品奖”，这是专家学者和普通观众对馆内基本陈列的一个肯定。“临时展览”的对标是人物纪念馆对标一级馆运行评估指标的又一个难点。“临时展览”是博物馆为观众提供展览参观服务最灵活有效的方式之一。从来源上看又可分本馆特色临时展览和引进境外或其他省份博物馆临时展览。对于人物纪念馆来说临时展览国际化的难度很高，我们经常可以在媒体上看见如故宫博物院、国家博物馆的境外输出展和境外引进展，这些国际知名博物馆在境外展览的领域已经形成模式渠道，打造了独特的文化品牌。可是由于人物纪念馆展示内容和研究方向上的局限，还受到资金、安全、受众等许多客观条件的影响，境外临时展览的举办可能性不夸张地说几乎为零。怎样突破这个“零”，还需要人物纪念馆的同仁共同努力，打破僵局。

（四）社会教育的模式趋于“同一”

社会教育，考察重点如下：一级馆策划各类教育项目并开展社会教育活动的数量情况；代表性教育项目的水平；利用互联网开展社会教育的情况；为学校利用博物馆资源开展教育教学、学生社会实践提供的支持和帮助。引导博物馆在网站公布有关教育活动、教育服务的信息。社会教育下设“教育活动”“学校教育服务”和“文化传播”，在这个二级指标上人物纪念馆都能充分利用馆内馆外资源，最大限度地发挥博物馆的教育功能，服务社会、服务学校、传播文化，社会教育是人物纪念馆对标一级馆运行评估指标的加分项。这里的难点在于社会教育的模式，这个难点并不限于人物纪念馆，而是所有博物馆存在的难点。社会教育的开展是一项旷日持久的工作，一般来说一项工作开展得越久，延续传统的成分就越大，创新模式的难度也就越大，现在社会的模式一般来说有几种：专题讲解、宣讲报告、座谈讨论等模式日趋“同一”，这些教育模式是最基本的、放之四海而皆准的教育模式。教育模式上的创新使社会教育模式多样化，立足本馆的特色教育，在众多展馆中脱颖而出是人物纪念馆对标一级馆运行评估的难点之一。

（五）社会反馈公众评价的渠道单一

“社会反馈”下设“观众数量”和“观众评价”两个指标项。观众数量，重点考察到馆参观的总人数、结构性数量以及未成年观众的数量。公众评价重点考察观众满意度和社会关注度。通过观众数量和公众评价情况对博物馆社会服务产出的效果进行评估。观众数量是一个硬性的指标，在一定意义上来说观众数量越多代表着博物馆各项功能的发挥越好，小众的人物馆如何吸引更多的观众来参观是人物纪念馆对标一级馆指标的一个难点。社会反馈传统的方式为填写调查问卷和当面访谈、抽样分析并得出结论，这两种调查方式在今天互联网自媒体时代来看局限性很大，调查范围不够广泛，结论也稍显单薄，利用怎样的新技术新手段，怎样利用好新技术来开展观众调查，改变观众反馈渠道单一的现状，从多个角度来了解观众，把握观众进而服务于观众是人物纪念馆对标一级博物馆评估指标的另一个难点。

三、人物纪念馆对标国家一级馆运行评估指标的对策

上文分析了人物纪念馆在对标国家一级馆运行评估指标中遇到的一

些难点，导致这些对标难点的原因多种多样。最根本也是最不能改变的便是人物纪念馆的藏品、科研、展览、教育都是基于特定的纪念人物，纪念人物给了人物纪念馆开馆办展的基石，同时又在一定程度上限制了纪念馆的发展。怎样在不改变的前提下进行创新发展解决这些难点，下面以铁人王进喜纪念馆（以下简称铁人馆）为例来分析如何解决对标难点。

（一）扬长避短，发动社会力量建立特色藏品体系

首先，基于人物纪念馆藏品资源稀缺的限制，人物纪念馆在藏品的搜集上，应该积极拓宽藏品的搜集渠道，比如民间征集、收购、馆际交流、调拨、捐赠、接受转移等，向社会各界宣传藏品征集的重要性，提高人们的文物意识，让更多的社会力量参与藏品搜集的队伍，同时也应该适时地向公众展示搜集文物的成果，通过展示、科研、新闻媒体、出版书籍等各种渠道，让文物的捐赠者、受让者随时可以了解到文物的现状，让这些人有一种荣誉感，从而带动周边人群为博物馆的藏品搜集贡献力量。其次，还应充分发挥自己的特色，把握好展馆的定位和使命，逐渐构建和形成具有自己鲜明特色的藏品体系。纪念馆要表达的主要是历史的再现与经验，具体到人物纪念馆来说即是表达所纪念人物和人物生活时代背景历史的再现与经验。人物纪念馆的藏品就是这些历史再现与经验的真实反映和物证。每一个纪念馆的藏品都是独一无二的，优化整合好这些藏品资源，打造人物纪念馆鲜明特色藏品体系是解决藏品指标难点的一个重要途径。铁人馆就打造并形成具有鲜明特色的大庆精神铁人精神藏品体系，扬长避短，用特色藏品说话，让铁人馆里有最详实的铁人生平业绩资料；让铁人馆里有最真实的铁人生活时代物证。用藏品的特色来弥补藏品的稀缺。

（二）勇于创新，纵横联合形成国际范围研究平台

面对“养在深闺”的这种情况，首先，应该进一步认清人物纪念馆的使命，认真规划科研工作的方向，让发展规划中科学研究所设定的目标不停留在纸面上，而是形成有本馆特色的导向性研究和支撑性研究，拿出体现自身发展定位的代表性研究成果。其次，在研究方式上应该有所创新，纵横连和，通过与高等院校、科研单位、国际化组织以及其他博物馆的合作来开展相关课题研究并推动促进本馆的科研发展。近年来，铁人馆先后与大庆油田党委组织部、大庆油田党委宣传部、肇源县政府等企事业单位合作开展了“传播载体复制修编及数字化”的项目；与东北石油大学社会人文学院、计算机学院师生合作开发油田藏品管理软件、教育基地管理软件及中英文讲解词、专有名词英译等项目；与大庆师范学院大庆精神研究中心合作，开展“大庆石油会战口述会战历史研究”项目。通过这些合作与服务扩大铁人馆研究展示的平台，实现馆藏资料和各类研究成果的共享和传播，进一步提升铁人馆在文博业界的知名度，极大提升了铁人馆在全国教育基地中的引领示范作用。第三，科研的国际合作也成为博物馆科学研究的新趋势。注重培养国际化的纪念馆研究人才是纪念馆科学研究发展中的重要一环，以便为人物纪念馆研究平台的国际化延伸和发展积蓄力量。

（三）解放思想，突破思维定式让临时展览国际化

在这个问题上应该解放思想，突破思维定式让展览走出去，让展览国际化。这里说的解放思想是指突破资金和各种不利条件的限制，临展不一定是大型展览，可以用很小的地方在短时间内展出一件或两件有关联的藏品突出一个主题，或两幅宣传海报的组合讲述一件事情，来宣传展馆，这在狭义上就可以定义为一个小的临时展览。铁人馆有一个大胆的设想，依托大庆油田海外业务资源，依托大庆油田特殊的地理和企业背景，与大庆油田有海外业务的单位合作，铁人馆制作宣传图片、资料和数字化的3D虚拟展馆光盘，让这些宣传品随着海外打井的队伍走南闯北，把这些宣传品摆放在井场，井打到哪里，大庆精神铁人精神就宣传到哪里，铁人馆的临展就办到哪里。虽然这个设想还在沟通协调的筹备阶段，但为人物纪念馆临展国际化提供了一条可行的思路。当然也希望一级馆运行评估体系的设计者能够找出更合理更贴切的评估指标，从根本上解决人物纪念馆国际化展览的困境。

（四）优中选优，利用红色资源让教育模式多元化

为改变社会教育模式的日趋同一，找到更多资源，使纪念馆社会教育的模式多元化，我们引入“红色文化”的概念，红色文化是在革命战

争年代或中国发展的特殊时期，由中国共产党人、先进分子和人民群众共同创造并极具中国特色的先进文化，蕴含着丰富的革命精神和厚重的历史文化内涵。红色文化是一种重要资源，包括物质文化和非物质文化。一级馆中共有 13 家人物纪念馆，这 13 家纪念馆有 12 家姓“红”。把人物纪念馆与红色文化联系起来，一是因为红色文化是开展青少年德育的有效载体。红色文化资源内容丰富，每一处革命遗迹、每一件珍贵文物都折射着革命先辈崇高理想、坚定信念、爱国情操的光芒，其感召力是学校和书本不可比拟的。唱红歌、读红书、看红色电影、写红色励志格言、办红色徒步活动都是有效的社会教育模式。二是因为红色文化形式的多样化，可使人们在寓教于乐中受到润物细无声的熏陶。近年来兴起的红色旅游也正是一种新兴的社会教育模式，这一时尚方式将历史知识、革命传统和革命精神传输给大众，让大家在不知不觉中接收了文化的洗礼，发挥了社会教育的最大功力。优中选优，“红姓”展馆联合起来，利用红色资源让教育模式多元化，是解决纪念馆社会教育模式日趋同一的有效方法。

（五）打破局限，做互联网和自媒体时代的受益者

互联网和自媒体时代的到来，为纪念馆更快更好了解社会反馈提供了新的畅通渠道，让网民也成为纪念馆的观众，让大家足不出户就可以身临其境地感受到纪念馆的魅力。以铁人馆为例，铁人馆是人物纪念馆中第一批开通官方微博、微信公众号的纪念馆之一。铁人馆共有人民网、新浪网、腾讯网三个官方微博账号，官方微博粉丝人数达三十余万(粉丝人数还在更新)，社会影响力巨大，在微博上发布重要信息单条阅读量可达到十万，回复量动辄上千。在微信上开展的“萌娃讲铁人”评选活动，累计投票人数达到 16 393 人。在这种情况下铁人馆利用微博、微信作为社会反馈的重要途径。微博微信上都设有意见、建议反馈专栏，派人专职运作，可以最快最直接地获取观众反馈的第一手资料。互联网的运用更好地发挥了铁人馆的文化影响力、辐射力，活跃了群众的文化生活，最大限度地体现了铁人馆的价值。随着互联网的应用和自媒体时代的到来，随着铁人王进喜纪念馆社会知名度的不断提升，越来越多的境内异地以及境外观众慕名而来参观。截至 2018 年，境内异地观众比 2017 年上升 11%。良好网络运作和先进的媒体技术让人物纪念馆最终成为互联网和自媒体时代的受益者。

最后，一级馆运行评估体系中新增的创新附加项对整个评估系统起到一个平衡的作用，是新系统中最为人性化的设计，是对特色展馆的一个加分项，各人物纪念馆应该抓住这一点，立足本馆特色，突出本馆的创新能力，让纪念人物成为国际化的文化品牌。认真对待评估系统中这一指标，使人物纪念馆在整个一级馆运行评估工作中提交一张令人满意的答卷。

2018 年 8 月 24 日中国博物馆协会在官网公示了 2014—2016 年度国家一级博物馆运行评估结果：本次评估共有故宫博物院、山西博物院、上海博物馆、南京博物院、苏州博物馆、浙江省博物馆、河南博物院、广东省博物馆等几家博物馆获得优秀。八路军太行纪念馆、吉林省自然博物馆、云南民族博物馆三家馆为基本合格，其他馆都为合格，没有博物馆不合格；同时，中国人民革命军事博物馆因评估期内馆舍改扩建开放受限，而申请暂不参加本次评估，不予核定评估成绩。希望在下次的运行评估中能有人物纪念馆站在优秀的队列中。

习近平总书记说："每一种文明都延续着一个国家和民族的精神血脉，既需要薪火相传、代代守护，更需要与时俱进、勇于创新。"代代守护文明，这也正是博物馆存在的价值吧！

（郭程，铁人王进喜纪念馆馆藏研究室干事）

参考文献：

[1]《国家一级博物馆运行评估报告》，《中国博物馆》2012 年增刊，总第 108 期。

[2] 王宏钧：《中国博物馆学基础》，上海古籍出版社 2001 年版。

[3] 李淑芳：《刍议讲解员的工作》，《黑河学刊》2007 年 1 月。

[4] 李易志：《对我国博物馆志愿者工作的思考》，《博物馆研究》

2004 年第 3 期。

[5] 张金萍:《陈列中的文物保护》,《保存科学》1999 年第 38 期。

[6]《中国大百科全书·博物馆卷》,中国大百科全书出版社 1993 年版。

[7] 张雷:《铁人王进喜纪念馆文物身份提档升级国家三级以上文物达到 476 件》,http://10.65.56.234:8080/default.htm。

[8] 孙景:《让纪念馆文物"会"说话——关于纪念馆文物展示的思考》。

[9] 大庆市第一次全国可移动文物普查领导小组办公室编,《大庆市第一次全国可移动文物普查工作手册》,2013 年。

新时代背景下大学生志愿者服务创新

——博物馆事业又一新的发展方略

刘　洪

摘要：随着时代的发展和社会的进步，志愿者服务愈来愈成为一种国际潮流，志愿者的服务领域也非常广泛，涉及文化、教育、体育、环保、展会、公益等范畴。博物馆的发展和建设需要在校大学生的参与，将志愿者服务和博物馆管理的改革有机结合起来，可以让观众在与博物馆进行沟通与交流的过程中认识博物馆，从而最终充分发挥博物馆的育人作用，消除观众与博物馆之间的隔膜，实现博物馆与观众的和谐共处。因此，把志愿者服务引入博物馆的建设，最大限度地利用大学生志愿者的知识结构和人员优势，是新时代博物馆深化服务和强化管理的发展方向。

关键词：大学生；志愿者；服务创新；博物馆；发展机遇

习近平总书记在党的十九大报告中提出："推进诚信建设和志愿服务制度化，强化社会责任意识、规则意识、奉献意识。"志愿者（Volunteers）也叫义工、义务工作者或志工。他们致力于免费、无偿地为社会进步贡献自己的力量。志愿者工作指的是一种助人为乐、具有组织性并基于社会公益责任的参与行为。大学生志愿者服务作为一种社会现象的客观存在，一直演绎着自身的价值逻辑。当前，博物馆大学生志愿者服务的建设与创新，不能仅靠无私奉献精神的支撑，更重要的是营造一个能使其精神价值得以充分实现的氛围，并建立一套科学的管理与运作模式。因此，对“新时代背景下大学生志愿者服务创新——博物馆事业又一新的发展方略”的理论研究就显得尤为迫切与需要。

大学生志愿者服务活动是促进博物馆事业发展的新的有效载体，在新时代环境下，大力开展大学生志愿者服务活动，并将其融入推动博物馆事业发展的过程，已经成为进一步加强和推进博物馆事业不断取得新发展的重要内容。

一、志愿精神的基本内涵

志愿精神是当代全球社会推崇的重要价值理念，国际上对志愿服务作出的概括，一是自愿，二是不为报酬，三是利他。一般意义上认为，志愿精神是基于人类的道德和良知，以自愿和不图物质报酬的方式，为他人和社会提供服务的一种奉献精神，是个人对世界观、人生观和价值观的一种积极态度。在我国，志愿精神的内容体现为“奉献、友爱、互助、进步”，其内涵非常丰富。

公共服务意识的提高是志愿精神的基础。志愿精神表达了社会成员的公共服务意识。在现代化进程中，当个体自身权利、利益要求得到一定程度的实现之后，人们的社会责任意识也将会逐渐增强，从而表现出对于他人和社会的关怀倾向，公共服务意识的提高就是其中最具体的表现形式，而志愿精神就是公共服务意识的提高的最好表达。

参与和表达的需要是志愿精神的动力。志愿行动是现代人参与公共事务的一个重要途径，是人们在经济、社会、政治、文化等方面参与和表达的需要，也是展示个性、发挥才能、实现价值等方面的需要。志愿者在服务他人、服务社会的同时，自身得到提高、完善和发展，精神和心灵得到净化和满足，这种净化和满足激发了人们积极投身于志愿事业，成为志愿事业长盛不衰的动力。人们常用“赠人玫瑰，手留余香”来形容志愿者，“余香”其实就是一种志愿精神，是一种超越物质回报的精神愉悦，是一种参与和表达的快乐。

自愿为人服务是志愿精神的本质。其主要表现为：其一，自觉自愿是志愿精神首要的本质特征，志愿是强制的对立物，所谓志愿是指在没有强制的前提下人们的自由选择。所以，志愿精神往往是指在政府以及各种强制组织之外形成的自由选择精神，政府可以通过有组织的方式去动员志愿者，但应该让每一个志愿者都在没有任何压力的情况下自愿投入志愿者服务。相反，如果一些志愿者服务不是个人自愿参加，而是在某些组织或个人的强迫和压力下去参与，则其社会意义就会大打折扣。并且，被迫参与志愿者服务的人员不是真正意义上的志愿者，他们即使参加了志愿者服务活动，也很难持续发挥积极的作用。其二，真正的志愿者将为人民服务作为自己的社会责任和应尽的义务，出于为了他人和社会生活更美好的信念，希望能利用空余时间不计报酬地帮助有需要的人，做对社会有意义的事情。

推动社会进步是志愿精神的结果。志愿精神的产生基于个人对人类及社会的积极认识以及对社会发展进步的积极价值取向。志愿者行动不仅直接提供社会服务，而且也是国家、政府与民众相互沟通的桥梁，为社会各个阶层提供广泛参与社会活动的渠道。通过志愿者服务，各个阶层、各个群体都能为社会作出贡献，很多社会群体也会受到来自社会各界的帮助与支持，从而弥补政府机制和市场机制在社会保障、社会救助等方面的不足之处。因此，志愿精神的焕发可以激发人们的爱国热情，使其热爱社区事业，迸发建设美好家园的强大力量，不断促进社会进步与发展。

二、博物馆大学生志愿者服务工作实践

（一）大学生志愿者的招募

博物馆志愿者的组成以在校大学生为主，结合博物馆的工作特点和大学生的学习任务，主要吸收大一和大二的本科生。大学生志愿者无论从知识结构还是人员素质方面都有得天独厚的优势，他们热心公益事业，具有志愿者服务工作经验，且服务时间相对稳定，愿意发挥自己的特长服务于社会，他们代表观众利益加入博物馆，可加强博物馆与观众

之间的互动交流，从而改进博物馆工作，提高博物馆服务质量。

（二）大学生志愿者的培训

为社会服务是博物馆的宗旨。博物馆的社会服务内容既专业又多样，博物馆为社会服务的内容可归纳为业务服务和为观众提供便利的服务两个方面。

1. 业务服务

业务服务指的是主要为教育、科学研究、咨询、旅游提供服务。

教育服务是社会服务的主要方面。世界各国博物馆十分重视为教育服务。博物馆观众中，半数以上是学生。服务的方式，除向青年学生讲解，还可以为学校提供教学用的文物、标本，协助学校建立小型博物馆，组织各种辅导活动，如组织夏令营活动、参观名胜古迹等。西方博物馆特别重视儿童教育，设有儿童服务部、儿童俱乐部，有摄影、绘画、手工等兴趣小组培养儿童，发现有特殊天才者，进行个别教育。对残疾儿童进行特殊教育与服务。成人教育也是多方面的，有各种专题培训班、讲座。博物馆成为人们的“终身学校”。

博物馆的文物、标本是科学研究的珍贵资料，供社会研究使用，可充分发挥文物、标本的作用。群众可以直接或间接利用馆藏文物、标本，满足他们职业或业余的研究需要。历史工作者运用文物考证史实，自然科学工作者利用馆藏自然标本开展研究工作。博物馆出版藏品目录、专著和研究成果，可供社会利用。博物馆加强与社会科学和自然科学部门的联系，交流信息，不仅为科学研究部门提供服务，也为博物馆自身的发展和科学水平的提高创造条件。

博物馆为社会各方面提供咨询服务，设立咨询处。咨询服务的方式，有上门咨询服务、电话咨询服务、通信咨询服务等。

博物馆是旅游者参观游览、娱乐的场所。博物馆以科学性、知识性、趣味性的陈列展览，满足旅游者的需要，使人们在游览、欣赏的同时，获得文化生活的满足，受到潜移默化的教育。

2. 为观众提供便利的服务

为观众提供便利的服务和设施有：为观众提供休息场所的休息室、

茶室，为远道而来的观众提供食宿方便的餐馆、旅馆，供应与本馆有关的纪念品、图书、说明书、幻灯片以及文创产品的销售部、售书亭，为旅游者拍摄照片的摄影部，供吸烟者使用的吸烟室，预防观众突发性疾病的急救室，为残疾人和儿童提供出租轮椅、儿童车。博物馆还在入口处设物件寄存处，让带有物件的观众存放。

对大学生志愿者进行集中培训，一方面使大学生志愿者了解博物馆社会服务的工作流程，另一方面可以引导大学生志愿者有效地开展服务。博物馆在合理安排大学生志愿者参加常规性的服务活动的同时，结合馆情、人员等，创造性地开辟新的服务专题工作项目，形成特色，既充分利用了大学生志愿者本身资源，又使大学生志愿者在以满腔热情无私奉献的同时，收获知识和能力，既吸引观众，又为大学生志愿者提供了一种寓学习于服务的模式，从而达到双赢的效果。

（三）大学生志愿者的管理

博物馆对大学生志愿者需要进行专门的管理，结合大学生志愿者的工作特点和时间不固定等因素，应该由专门人员负责管理大学生志愿者，制定一整套、一系列详细、明确的规章制度，以此来引导和规范大学生志愿者在博物馆的行为。博物馆可以按照实际工作要求适时编写“博物馆志愿者服务指导手册”，帮助大学生志愿者适应博物馆的运作方式和工作要求，建立起大学生志愿者服务的长效机制。

三、博物馆大学生志愿者服务创新的对策

志愿者服务精神提倡欣赏他人、与人为善、有爱无碍、平等尊重、诚信公正。为把志愿精神作为进一步加强和改进大学生思想政治教育和未成年人思想道德建设的重要内容，充分发挥志愿服务活动的育人作用，建立健全学生志愿服务活动长效机制，深入推进学生志愿服务活动有一个新的更大发展，中华人民共和国教育部 2009 年 6 月 23 日出台的《关于深入推进学生志愿服务活动的意见》，强调“要将高校学生参加志愿服务活动的有关记录纳入到中国高等教育学生信息网的毕业生信息库中。要将高校学生参加志愿服务活动情况纳入到评优评奖体系中，把志

愿服务作为培养入党积极分子的实践环节，对学生党员开展志愿服务提出明确要求”。由此可见，大学生参与博物馆志愿者服务活动，对他们世界观、人生观和价值观的形成非常重要。鉴于当前我国博物馆大学生志愿者服务活动尚需进一步发展，我们提出博物馆大学生志愿者服务创新的五大对策。

（一）建立博物馆大学生志愿者培训工作体系，提高志愿者的服务技能

思想培训。志愿者服务活动是一种自发的行为，是以自愿服务他人或组织为出发点的，因此，在培训过程中，要引导大学生以服务社会、锻炼自己的初心去履行责任和义务，增强大学生志愿者的光荣感、使命感和责任感，这也是博物馆志愿者服务活动取得良好效果的先决条件。让大学生带着一份服务之心去参与相关活动，大学生也会在志愿者服务活动中进一步提升自我境界。

技能培训。对于大学生志愿者的专业技能，在培训出富有志愿者服务意识和概念的大学生志愿者后，我们挑选博物馆大学生志愿者的标准就仅有一个关键词——技能。对技能的要求已经成为博物馆志愿者服务走向有效的、可持续发展之路的必然。大学生志愿者在参与博物馆志愿者服务活动中，应该具备三种素质：文明礼仪的道德修养、有效交流和沟通的技能、良好的专业服务技能。文明礼仪体现着大学生志愿者的道德修养，直接影响到博物馆大学生志愿者服务活动的质量和成效；有效的沟通技能，能使大学生志愿者在工作、生活中顺利获得他人的理解和支持，顺利达到博物馆志愿者服务的目标；学会倾听和赞美，可以拉近大学生志愿者与服务对象的距离，增进双方彼此的了解和信任感，为博物馆志愿者服务工作作好铺垫，同时也有利于卓有成效地开展工作。

随着博物馆志愿者服务质量的不断提高，大学生志愿者的语言表达能力、文字运用能力、计算机使用能力、人际交往能力、英语能力等服务技能显得尤为重要，对博物馆这个组织者来说，可以聘请富有经验的馆内外指导教师开设专题讲座，聘请博物馆学及有关学科的专家讲解博物馆相关基础知识和服务要求，或者召开大学生志愿者服务研讨会，通过这样的形式，树立大学生志愿者正确的服务理念，学习掌握专业知识与服务技能。

（二）建立博物馆大学生志愿者服务中心，丰富志愿者活动项目

由于志愿者服务活动组织缺乏有效的资源整合，加之活动项目分散和缺少，大学生很难在志愿者服务活动中发挥创意，而在博物馆，志愿者服务应该有一个比较完整的管理体系，应建立志愿者服务中心，这个中心主要根据各个博物馆的实际情况，确定志愿者服务项目，并收集国内外有关这方面服务项目的信息。这无疑为大学生志愿者服务活动带来便利。当前，比较适合大学生参加的博物馆志愿者服务活动项目主要有以下几种。

社区志愿者服务活动。社区志愿者服务活动在满足社区居民的美好生活需要方面，发挥着积极的作用。博物馆可以引领大学生志愿者为改善社区环境进行清洁服务，为特困失业下岗家庭小孩进行家教辅导，为孤寡老人送温暖、关怀和爱心，为居民群众送去流动展览、专题讲座、文艺表演等。譬如，2017 年 3 月 5 日，陕西历史博物馆联合所属社区开展学雷锋志愿服务活动，40 名志愿者参与了此次活动。在活动中，陕西历史博物馆和育华社区的志愿者手持垃圾袋、垃圾钳以及抹布，对所属社区主干道的烟头、垃圾进行清理与打扫，并对书报栏、栏杆、垃圾桶等进行清洁，让周边环境焕然一新。在参与这些活动的过程中，大学生志愿者更了解到生活的不容易，同时树立起自立自强、和谐友善、乐观向上的精神，对于大学生道德品质的培养和世界观、人生观、价值观的实现，起到了教育意义。

环境保护志愿者服务活动。以大庆市博物馆为例，2017 年 6 月 4 日，大庆市博物馆举行世界环境日大型公益志愿服务活动，来自黑龙江八一农垦大学的 30 多名大学生积极加入大庆市博物馆志愿者的队伍参与此次活动。活动分为签名留念、环境保护知识宣讲、观众互动答题抽奖三个环节。

另外，每年 3 月 12 日植树节，博物馆也可组织大批大学生参与义务植树活动，大学生志愿者通过开展以倡导绿色生活为主题的绿色环境保护宣传活动，提升社会人群对环境保护的关注热情，形成良好的社会风尚。

文明交通志愿者服务活动。以山东省胶州市博物馆为例，2017年7月，胶州市博物馆开展文明交通劝导志愿服务活动。活动现场，胶州市博物馆志愿者头戴志愿者服务帽，身穿志愿者服装，对车辆乱停乱放、行人闯红灯、不走斑马线、翻越隔离栏等行为进行文明劝导。

大型志愿者服务活动。随着城市的不断发展，大型活动的举办日益频繁，志愿者对大型展会、赛会、各类文博会等的成功举办起到关键作用。2012年12月5日，秦陵博物院西安工程大学志愿服务队在兵马俑一号坑前广场举行“12·5国际志愿者日之秦始皇帝陵博物院万人签名”活动。活动开始不久，许多中外观众在活动横幅上留下自己的姓名。同时，志愿者向观众发放了关于志愿者工作的相关调查问卷，包括观众对志愿者形象的看法、志愿者工作的需要等问题。活动中，志愿者还协助秦陵博物院员工向观众发放《文物保护法》《陕西省秦始皇陵保护条例》等宣传资料。对大学生志愿者来说，在大型活动中，既服务了社会，又可以从中学到知识，锻炼自身的组织能力和实践能力。

博物馆日常志愿者服务活动。博物馆是一个微缩的社会，在博物馆大学生志愿者服务活动中，应该发挥大学生的主人翁意识，鼓励大学生积极实践、大胆创新。博物馆可以设置以下服务岗位：一是展厅导览、讲解与咨询；二是观众阅览室开放管理；三是活动辅助及课程辅导；四是协助资料收集整理、文字编辑、设计；五是协助“博物馆志愿者服务中心”的信息宣传、管理、执行、服务与发展；六是绿化保洁等。参与志愿者服务活动，既促使大学生督促自我，服务他人，又给大学生自我发现和开拓创新提供了机会。

（三）构建博物馆大学生志愿者服务活动激励机制，确保志愿者服务活动的有效、持续开展

博物馆志愿者服务工作的考核项目包括出勤、服务态度、工作热情、工作技能等。以贡献时间的多少为主要评定标准，同时结合大学生志愿者的服务热情、业务能力进行综合打分。博物馆对大学生志愿者的服务工作一般以精神鼓励为主，奖励的形式可以采取公开表彰、授予优秀大学生志愿者、通报所在高校的院系等，从博物馆实际出发，也可以在使用博物馆时给予便利条件，比如在参观特展、参观范围、参与各类学术研讨会和专题讲座等博物馆资源上享受更加宽松的优惠措施和待遇，积极联络相关高校，对表现突出的博物馆优秀大学生志愿者予以特殊奖励如提供或增加奖学金、提高一定的综合素质评价的评分、各类选优评优优先考虑，做到以人为本，以充分调动大学生投身志愿者服务的主动性和积极性，从管理层面完善制度创新，是促进博物馆大学生志愿者服务活动可持续发展的有效方式。

对于未经请假无故旷工、违反博物馆相关规定、行为有损博物馆声誉的大学生志愿者，博物馆完全可以取消其志愿者服务资格。制定博物馆志愿者管理办法及服务守则，规范组织内部的管理和运作。

要使博物馆大学生志愿者服务活动得以有效、持续开展，应该扩大宣传，营造氛围，保证博物馆大学生志愿者服务活动社会化发展，各级各类新闻媒体应当加大对博物馆大学生志愿者特色服务工作和重大活动的宣传报道力度，广泛而有力地进行宣传，使志愿者服务理念深深植根于广大人民的思想意识，使志愿者服务逐步渗入社会生活的各个领域。

（四）建立完善的工作运行机制，规范博物馆大学生志愿者的行为

博物馆大学生志愿者服务工作内容非常广泛，几乎囊括博物馆业务服务工作的各个领域，如陈列展览部门的展品征集、展品整理、布展撤展、展览开幕式、展览宣传品编印与发放、展览的宣传与推广、流动展览等，社会教育部门的前台值班、维持参观秩序、展览导引与讲解、讲解器的发放与收回、送展到学校等，对于大学生志愿者参与博物馆工作的具体岗位、服务目标、工作规范，以及在服务过程中出现的问题等都应该制定相应的规范予以确认，以便执行起来有章可循。一整套完整的规章制度有助于引导和规范大学生志愿者在博物馆的行为。

在校大学生应当以学习为主，这是毋庸置疑的，但对于参加博物馆

志愿者服务活动的学生而言，在保证完成学习任务的前提下，也应该对参加博物馆志愿者服务活动的时间有相应的规定。如可以规定大学生志愿者每周和每月的最少工作时间，并且通常须连续工作一学期或六个月以上，以此来保证大学生志愿者队伍的稳定，同时也方便博物馆有充裕的时间招募其他大学生志愿者。

（五）确立合理有效的保障机制，为开展博物馆大学生志愿者服务活动提供组织和经费支持

博物馆志愿者服务活动的保障机制主要包括组织保障、经费保障。组织保障方面，博物馆志愿者服务活动必须有专门的负责人，建立有效的管理组织，由办公室统一负责协调，各个部门积极配合，建立起志愿者管理委员会，由工作人员领导，志愿者自行组织，设立相应的组织结构。经费保障方面，博物馆应设法确保大学生志愿者服务活动的经费，大学生志愿者服务活动需要专项经费，需要完善活动设施；增加活动内容，邀请专家学者开设讲座，举办科普知识有奖竞猜和参观展览有奖征文等活动，无一不需要相应的经费支持。博物馆应积极筹措活动经费，同时也要拓展思路，利用自身独具特色的资源优势，对外寻求合作，争取在地方和企业得到赞助。

四、结语

汶川地震、北京奥运会、上海世博会、中华人民共和国第十三届运动会和中华人民共和国第十三届学生运动会等，引发了我国民众志愿者服务的新热潮，同时也促进了志愿精神的弘扬和志愿文化的普及。博物馆应该借此良机，创造条件，充分利用高校大学生的人才优势，积极探索志愿者服务经验，将博物馆大学生志愿者服务纳入良性与可持续发展的轨道，使博物馆真正成为充满生机和活力的大学生“第二课堂”。

赠人玫瑰，手有余香，汇聚爱心，温暖你我。大学生正处于成长过程的青年期，正是世界观、人生观、价值观形成的关键时期，倡导大学生志愿者服务活动已成为大学生关注社会、认识社会、服务社会、锻炼成长的有效方式。

（刘洪，连云港市博物馆副书记、研究馆员）

参考文献：

[1] 陕西志愿者：《陕西历史博物馆联合所属社区开展学雷锋志愿服务活动》，陕西文明网，http://shx.wenming.cn/zyfw/hdjj/201703/t20170310_4107675.shtml。

[2] 大庆市博物馆：《大庆市博物馆举行世界环境日大型公益志愿服务活动》，国家文物局官网，http://www.sach.gov.cn/art/2017/6/9/art_723_141605.html。

[3] 高凤翰纪念馆：《胶州市博物馆开展文明交通劝导志愿服务活动》，青岛文明网，http://qd.wenming.cn/syjj/201707/t20170727_4644755.html。

[4] 陕西省文物局白玉、韩凤：《陕西：秦陵博物院志愿者举办“万人签名”活动》，新华网，http://news.xinhuanet.com/politics/2012-12/07/c_124061242.htm。

浙江文学遗迹的保护和开发

傅祖栋

摘要：浙江历史悠久，文化底蕴深厚，历代名家辈出、名作纷呈。对浙江历代作家的故居（旧居或祖居）、祠馆（如祠堂、庙宇、纪念馆、纪念室）、萍踪地（如求学地、工作地、活动地）、墓葬等文学遗迹加以保护和开发，不仅可以更大程度上促进浙江文学的传播、浙江文学遗产的传承，而且可以彰显地域旅游形象、助推旅游经济发展。

关键词：遗迹；文学；保护；浙江

浙江文坛群星灿烂，名作纷呈，特别是近现代以来，以鲁迅、茅盾为代表的一大批文学巨匠领风气之先，在中国现代文学史上留下了浓墨重彩的一页。这些作家或留下了故居（祖居），或塑造了经典的文学形象世界，或在萍踪所至处留下了怀古追今之作。对丰富的浙江文学遗迹进行合理保护和开发，不仅可以更大程度上促进浙江文学的传播、浙江文学遗产的传承，而且可以彰显地域旅游形象、助推旅游经济发展。

一、浙江文学遗迹保护和开发的现状

近年来，浙江以地方文学为主题的文物保护事业已经取得不小的成绩，而且有的文学遗迹已经被开发成旅游胜地，如鲁迅故里（包括鲁迅故居、鲁迅祖居、鲁迅纪念馆、三味书屋）、茅盾故居及纪念馆，它们和绍兴、桐乡等地的旅游大环境构成良好的互动关系，因而取得不错的经济和社会效益。像绍兴鲁迅故居和桐乡茅盾故居均已被列为全国重点文物保护单位，每天游人如织，绍兴鲁迅故居甚至已经成为各大旅行社安排绍兴游线路时的必选项目。根据鲁迅作品还原的鲁镇，与柯岩、鉴湖“三位一体”，成了绍兴文化游的重点项目之一。

目前，浙江文学遗迹的保护和开发呈现出以下特点：一是文保级别较低，保护现状不容乐观。目前，浙江的文学遗迹类全国重点文物保护单位数量微乎其微，作家故居和墓地的保护现状尤为堪忧。有的作家故居年久失修，甚至面临倒塌的威胁；有的则早已在历史的烟雨中香消玉殒；有的作家墓地保护乏力，破败不堪；很多作家故居和纪念馆参观人数寥寥，造成资源的极大浪费；更多的文学遗迹则有待进一步深入调查、寻访。二是纪念馆开辟得较多，原址保护相对薄弱。作为文物的文学遗迹，其保护侧重于建筑本身，特别是一些价值较高的古代建筑和精美的近代建筑。而对于那些不美观、“不值钱”的文学遗迹，则疏于保护。且对文学遗迹及其周边环境一起加以整体保护的为数不多，而以单体保护居多。浙江拥有为数不少的文学类纪念馆，它们为参观者了解浙籍或寓居浙江的作家提供了极大的便利，但同时我们也要看到，“高大上”的纪念馆远不如原汁原味的遗迹对参观者的吸引力更大。三是开发重点不够突出，缺少对资源的充分整合。浙江众多的文学遗迹处于地理空间上的自然分布状态，而且空间分布较为分散，难以形成集聚效应，急需加以整合，打造几条著名的文学旅游线路。目前设立的作家故居或纪念馆主要集中于现当代作家，无法反映浙江近代乃至古代文学的历史面貌。现有的作家故居或纪念馆较多地集中于进步的左翼主流作家，其他流派作家资源的开发则相对较少。相对于浙籍作家遗迹开发而言，非浙籍作家遗迹的开发则相对薄弱。四是内涵挖掘不深，史料征集滞后。多处文学遗迹仍然停留在旅游观光的低级层次上，文学内涵挖掘严重不足，文学传播效应未能凸显。浙江文学史料的征集、保管和研究工作相对滞后，许多珍贵的物质或非物质史料因未能妥善保存和整理而已经惨遭损毁、流失严重。

二、浙江文学遗迹保护和开发存在的问题

（一）保护现状堪忧

总体而言，浙江文学遗迹的保护和开发力度有待提升，有的作家故居年久失修，有的作家墓地保护乏力，很多故居、纪念馆类文学遗迹参观人数寥寥，更多的文学遗迹则有待进一步深入调查。像位于杭州严家弄的夏衍旧居，2013 年发布了闭馆公告，据说将以夏衍旧居为核心打造夏衍影视文化街区，但三年后四周仍是杂草丛生，满目疮痍，毫无维修、重建的迹象。

（二）开发模式陈旧

多方收集文物、资料，以纪念馆形式宣传作家，是文学资源保护的重要形式之一，但不能不顾资源、条件的限制，而一味采用这种形式加以开发。像位于天台的许杰纪念馆，游客能见到的仅有几幅名人的书法作品，根本无法通过感知始丰溪畔的民风民俗来加深对许杰乡土小说的理解。现有的文学遗迹往往采用“文物 + 图片”的形式加以呈现，甚至有的还仅有文字和图片，没有实物，对文学内涵的挖掘严重不足。这种多年沿袭的展陈模式，往往缺少互动性和吸引力，由此导致大多数文学遗迹参观者寥寥就不足为奇了。有的文学遗迹内虽然设置了游览线路，但却游离于作家作品之外，参观者无法深入感知作家创作的时代背景、地域氛围、创作心态，因此参观时也是走马观花，未能深入了解作家作品。

（三）展陈内容单调

开发利用较充分的作家故居（祖居）、纪念馆一般都是围绕作家本人做文章，介绍作家的家世、生平，展览作家的著作（包括手稿）、信件、生活用具、本人及他人书法作品等，千篇一律，可看性不强。有的甚至仅有他人书法作品的展出，像设于天台博物馆内的许杰纪念馆，就仅仅展出了数幅许杰友人的书法作品，而与作家相关的生平介绍、著作、用具等全都没有。现有的已经对外开放的文学遗迹中，缺乏对文学内涵的深入挖掘，馆藏品的取舍、布展的形式等缺乏主题思想的贯穿和作家

生平及故事情节的认同，讲解词无法满足不同参观者的差别化需求。

（四）资源利用低下

大多数文学遗迹门庭冷落，参观者寥寥。在很多参观者看来，文学遗迹类景点展出的东西往往大同小异，尤其是文字、图片等资料大多可以通过网络等途径查看，根本无需实地考察。这些文学遗迹，大多在作家诞辰或逝世纪念日，以及相关节假日能“物尽其用”，平时总是恍如虚设，甚至长期闭门维修。杭州等城市虽然已经将部分文学遗迹列入中小学第二课堂教学，但更多的文学遗迹仍散落街巷无人问。个别文学遗迹则因不尽合理的开放时间而将很多游客挡在了门外。如游客要想参观位于桐乡乌镇的茅盾故居，则必须先花 100 元购买东栅景区门票才能进入参观，即便名义上茅盾故居是免费对外开放的。这就无形中影响了其利用率。

三、浙江文学遗迹保护和开发中存在问题的原因分析

（一）保护意识淡薄

在当今社会生活中，唯经济热、唯实用热观念丛生，文物保护让位于城市建设的现象不绝于耳。一些决策者甚至文学遗迹的管理者往往没有认识到文学资源所蕴含的历史文化价值和对文学传播、城市发展的重要意义，在与经济建设、政绩工程发生冲突时往往舍前者而取后者。像上文提到的杭州夏衍旧居，在问到旧居将在何处易址重建时，仅有的一名工作人员就曾告诉我：“有可能就这么没了，所有的文物也已经放到其他单位保存了。”夏衍旧居门前大块的拆迁空地，其用途是能想见的。像位于金华市区浮桥街的邵飘萍故居，前几年也曾被报道现状堪忧，仅靠一块大雨布挡风遮雨，里面青苔丛生，已属危房。直至近日才在原址重建作为邵飘萍旧居陈列馆对外开放。还有一些用作私人住宅的作家故居年久失修，里面电线乱拉现象严重。

（二）管理体制不顺

文学遗迹的产权关系较为混乱，国有、私有并存。即便是产权属于国有的，也分属于不同的管理部门；产权属于私有的则更为复杂，既有

属于作家后人的，又有属于购买者的。文学遗迹尤其是已经被列为各级文物保护单位的文学遗迹，一般有相适应的《文物保护法》及相关的地方法规、规章加以约束，因此保护较好；而未被列为各级文物保护单位的文学遗迹，则往往因缺少法律法规的支撑而保护现状不容乐观。

（三）队伍建设不强

一些管理者对文学遗迹的开发利用重视不够，加上自身的业务管理和组织协调能力欠缺，导致文学遗迹的发展理念落后，发展思路不清。很多文学遗迹内的工作人员文化水平不高，甚至简单地由地方文物部门聘请当地居民负责日常管理，每月支付少量工资。如绍兴鲁迅外婆家就由当地一对老夫妻进行日常管理，主要任务就是定时开、关门，他们每月从当地文物部门领取千余元工资，根本无法承担任何讲解任务。前往文学遗迹参观的大多是特定群体，如研究人员、教师、学生、文学爱好者，如果能提供个性化的讲解，往往更能吸引参观者前往。

（四）后续营销缺位

文学遗迹尤其是已经被定级为各级文物保护单位的文学遗迹，因为其"公有身份"而无需考虑发展问题，因而很多文学遗迹懒于出门"吆喝"，疲于市场推广，营销问题往往没有摆上议事日程，既没有基于自身特点定位重点参观群体，也没有建设完善的配套旅游基础设施，又没有开发与自身特点紧密相关的旅游产品，而是静等参观者上门，导致众多文学遗迹躲在深巷人未知。可见，文学遗迹资源利用率低，与其自身不重宣传，不重市场调研，不设法吸引特定参观群体不无关系。

四、浙江文学遗迹保护和开发模式的建议

（一）故居模式

故居模式，指通过展出作家的著作（或手稿）、信件、生活用具等，向参观者展示作家的家世、生平及其文学成就。对于历史、艺术、科学价值较大的文学遗迹，实行"原址、原状、原物"保护，重点开展一些对文学遗迹危害较小的修学游、考察游等。故居要尽可能还原作家当年生活、工作的状态，一应生活用具均按原样摆设，门前还可以树立作家

雕像，让参观者最大限度地接近作家的真实生活状态，并在造访过程中了解作家的人生经历、文学成就以及作品的写作背景。可以在作家的诞辰、逝世等纪念日举办纪念活动，邀请文学名家开设专题讲座，并通过微博、微信等形式，传播他们对作家作品的认知。

（二）纪念馆模式

纪念馆模式，指以馆藏形式完整呈现浙江文学状貌及作家文学成就，并将之打造成为大中专院校开展文学教育和爱国主义教育的场所、浙江文学和浙江作家研究的学术基地和重要资料库。依托建立浙江文学馆或作家纪念馆对浙江文学和浙江作家的相关史料进行抢救性搜集和整理，为后人留下更多的浙江文学遗产。故居（旧居）并非传播作家文学成就的唯一形式，也可以借鉴青岛、重庆的做法，如老舍在青岛的旧居已更名为《骆驼祥子》纪念馆，在重庆北碚的旧居也已更名为《四世同堂》纪念馆，这就更加突出了故居（旧居）的文学价值。如在绍兴鲁迅故居内可以开设《狂人日记》纪念馆或《故乡》纪念馆，向参观者呈现作家创作的背景、作品的传播流布情况等。

（三）历史街区模式

历史街区模式是指保护、恢复和打造作家生活场所的历史风貌，建成集民俗风情、休闲观光、餐饮住宿于一体的历史街区。可以整体打造作家故里，使之成为文学小镇，复原作家生活年代的风貌，道路、土特产店、餐馆、客栈等均以作家或作品中的人名、地名等来命名，使旅游者深入了解作家的故乡及其生活年代的社会风貌。精心布置文学场景，反映作品细节，再现故事发生地的状貌，开展作品故事情节游，让旅游者在表演式体验、品尝性体验等过程中受到教育和启发。可以开设以浙江作家命名的文学旅馆，里面的房间以人物名字命名，房内的摆设体现作家生活场景或文学场景。这样，旅游者在住宿的同时，还能通过房间内的摆设产生文学遐想，“体验”作家的创作心境。同时，可以设计制作一些具有文学内涵、融入地方元素的旅游指南、风物志、导游词、宣传片等，既可以加强对文学遗迹本身的宣传，又可以让旅游者留下日后可资回忆的纪念品。

（四）专线旅游模式

专线旅游模式，指通过区域合作整合浙江各地文学遗迹，联合开发、打造文学旅游线路，实现文学遗迹和游客资源的充分共享。独立的、小规模的文学遗迹或许没有足够的吸引力，尤其是对远距离的参观者而言，但将几处独立的文学遗迹联结起来，凝练成一个独立或多重主题，就可以互相支持，形成更大规模的旅游产品。浙江文学遗迹虽然丰富，但空间分布却很分散，难以形成集聚效应。因此，可以通过开设文学旅游专线将这些分散的文学遗迹加以组合，形成优势互补的旅游产品群。如可以借鉴新昌县“浙东唐诗之路”、天台县“重走霞客之路”等旅游专线开发模式，以鲁迅在浙江的足迹为线索开发旅游专线，面向中小学生推出“跟着鲁迅作品游浙江”活动，助推学校开展文学感知教育。可以开设从杭州到绍兴的运河航船，推出文学旅游专线——“浙江故事馆”，让游客领略运河沿线古往今来的动人故事。

五、浙江文学遗迹的开发策略

（一）理清文学家底

开展浙江文学遗迹普查，了解其分布情况、保护现状、存在问题等，在此基础上建立“浙江文学遗迹名录”，建构浙江文学遗迹资源库。同时，可以搜集浙江各个城市不同时期散见于各类典籍中的文学遗迹，绘制“浙江文学地图”、“浙江文学遗迹地图”。实施“浙江文学记忆工程”，面向社会广泛征集有关文字、图片、影像等资料，并对其进行抢救性现状拍摄。还可以拍摄作家传记片或电视纪录片，以影像形式保存与作家有关的文字和图片资料。

（二）实行分类开发

浙江文学遗迹的开发应遵循“差别化开发”的原则，进行综合性开发、专题性开发和辅助性开发。对知名度大、内容大众化且与附近实体旅游资源结合得较好的文学遗迹，可以进行综合性开发，使之适应国际旅游、国内旅游、大众旅游、特种旅游等目标市场。对知名度大、内容专业性强但与附近实体旅游资源结合得不够的文学遗迹，可以进行专题性开发，使之吸引国内旅游、区域旅游、特种旅游等目标市场。对知名度小、内涵不深的文学遗迹，则可以作为其他文化旅游资源的陪衬，进行辅助性开发，以增加该旅游景区（景点）的总体吸引力。[1]此外，对于名家名作中描写过的真实景观，应进行区别性开发。如山水诗文中涉及的自然景观，不宜过多进行商业开发，而应保持其天然性，让游客在相对静谧的氛围中体会作品中的意境；小说中的故事发生地，以及作家故居（旧居）等，则应保持其原真性，便于游客寻找“在场”感。对于作品中描写过的依托真实景观而进行“合理”虚构的景观，以及完全虚构的景观，则应深入领会这些虚构景观在作品中的意义和作用，尽可能还原故事发生地的状貌，开展故事情节游、故事发生地游等。

（三）加强宣传营销

在调查文学旅游消费市场的基础上，有重点地选择在校大中专学生、教师、文学研究人员等特定人群进行宣传，并依托作家的国际影响力积极开拓海外市场。可以在各大文学遗迹播放文学旅游专题片，介绍浙江的文学遗迹、神话传说、风土人情、自然风光等；可以联合作协、旅游局等部门共同开展采风活动，借助作家、学者的影响力宣传文学遗迹；可以既利用已有的影视剧资源，又可以根据作家的经典名作新拍一些影视剧，通过影视剧加强宣传；可以在各类城市景观、旅游景点等融入浙江文学元素，在城市交通网中增设作家故居公交站点；还可以依托微博、微信等社交媒介加强网络营销，从而形成立体互动效应，构建浙江文学遗迹的大宣传格局。

（四）开发旅游商品

“对于很多旅游者来说，收集和购买手工艺品是一种重要的消遣活动。”[2]游客到了一个新的旅游目的地，首先的反应便是购买一些典型的旅游纪念品。因此，旅游商品市场一直以来方兴未艾。旅游商品的开发设计既要考虑文学因素，又要考虑游客需求。大体可以分为免费赠送

---

［1］ 参见肖洪根：《再论文学旅游资源的开发》，《华侨大学学报》1998 年第 3 期。

［2］［美］Dallen J. Timohy：《文化遗产与旅游》，孙业红译，中国旅游出版社 2014 年版，第 59 页。

和付费购买两类。免费赠送的文学旅游纪念品如“浙江文学地图”、“浙江文学遗迹地图”、印有作家名言警句的文化衫与书签、印有作家故乡风情的明信片等。付费购买的旅游商品如作家塑像、文学场景小摆设、Q版人物形象、各类版本的作家文集和文学作品、作家书画作品、印有作家故乡风情的折扇、镇纸等。

（傅祖栋，宁波城市技术学院副教授）

名人故居运营管理的案例研究

——以台北林语堂故居为例

王　波

摘要：名人故居记载着名人的生活与活动，是许多重大事件的发生地，记载着城市的历史变迁，具有重要的历史价值和文化价值。城市名人故居的发展和利用是城市文化发展的一个重要方向，实现名人故居及优秀历史建筑的保护有利于推动城市文化旅游发展。台北林语堂故居由林语堂亲自设计，以中国四合院的架构模式，结合西班牙式的设计取向，兼具东、西方风格，融合了现代感与古典美，具有极高的历史、科学和旅游价值。本文以林语堂故居运营管理的案例研究为例，探讨了名人故居运营管理的方法，希望从发展目标和战略的角度为名人故居运营管理与创新发展提供参考。

关键词：名人故居；林语堂故居；运营管理

一、名人故居

《辞海》将“名人”解释为著名的人物。语出《吕氏春秋劝学》，“不疾学而能为天下魁士名人者，未之尝有也”。对于“名人”这个词本身的含义，几乎没有什么争议。关键是什么人能算作名人，需要标准。所谓历史名人，“顾名思义，即在历史上在某一领域崭露头角，在某一方面对国家、对民族、对人民起过重大作用，并对后代有着深远影响的那类历史人物”。[1]

《现代汉语词典》将“故居”解释为从前曾经居住过的房子。顾名思义，名人故居就是名人从前曾经居住过的房子。有人认为名人故居指的是其祖址或出生时的场所，而凡是后来借住、建造、暂住、租赁或购买的房屋，都只能称“旧居”。有些城市在实际工作中将名人故居界定为名人的出生地或祖居老屋。

本文所指的名人是已故去的历史名人，名人故居既包括名人的出生地、祖居老屋，还包括名人长期生活工作过的住所、虽短暂居住却为其人生重要阶段取得重要成就的住所。无论名人住过的房屋是自有还是租赁，不影响对名人故居的界定，主要看名人居住时间长短和居于该房期间所发挥的作用。

二、林语堂故居

林语堂先生的故居在全国有三处，分别为林语堂先生祖籍地福建省漳州市的林语堂纪念馆、厦门鼓浪屿漳州路的U形别墅、台北阳明山的宅院。本文介绍的是位于台北的林语堂故居。

台北的林语堂故居坐落于台北阳明山仰德大道二段141号，是林语堂先生生前最后十年定居台湾的住所。1976年3月林语堂先生辞世，家属尊重其遗愿，将林语堂先生归葬台北林语堂故居。1985年林语堂夫人廖翠凤女士将整个家园及林语堂先生的藏书、著作、一部分手稿及代表性遗物捐赠台北市政府。台北市文化局有意扩充活化林语堂故居原有图书馆功能，向“名人故居”及“文学生活馆”之方向规划。台北市政府于1985年5月在此成立“林语堂先生纪念图书馆”，并向公众开放。其后，台北市文化局以委外招标的方式，由佛光人文学院经营，以活化古迹，加深其人文广度，让隐遁山林的文学重现踪迹。林语堂故居于2002年3月26日开馆，入内门票30元，成为结合参观、艺文讲座、餐饮休憩的多元化空间，完整呈现了林语堂先生的格调思想、发明创意、

[1] 章采烈：《论历史名人级差及其效应》，《旅游学刊》1994年第4期。

生活态度与文学成就。2005 年 10 月 1 日改由东吴大学接手，以研究为宗旨，活络林语堂故居。新开馆的故居内，仍完整保存大师生前规划的一草一木。当年林语堂使用的手稿、信笺、照片、书籍、笔、墨以及座椅、眼镜、烟斗、打字机等，真实地再现了大师质朴的人生。

三、林语堂故居的运营与管理

（一）故居的空间结构

从文化空间的角度看，林语堂故居可分为十个部分：书房展示间、卧室展示间、客厅及餐厅展示间、生平略影走廊、有不为斋、中庭、阅读研讨室及史料特藏室、露天览景平台、林语堂先生墓地、观景平台。书房展示间将林语堂先生的书房以原貌呈现，陈列先生的手稿、藏书、英文打字机等；生平略影走廊主要介绍了林语堂先生人生轨迹以及重大事迹；卧室和客厅及餐厅展示间也都保留了原有的风貌。“有不为斋”是原餐厅位置，现在主要作为公众餐厅使用，提供餐饮服务，占地面积 14 坪，约 46 平方米，设 36 人座，适合文人雅叙。阅读研讨室定期举办“有不为斋”系列书院讲座活动、学术研讨会以及文艺活动，同时提供会议、座谈、聚餐、课程空间服务。史料特藏室整理了现有的林语堂研究成果，是全世界林语堂研究成果聚集地。

（二）故居的功能设计

从空间功能的角度看，林语堂故居分为四个部分，分别为故居展示区、阅读研讨室、有不为斋、中庭露天览景平台。故居展示区由书房展示间、生平略影走廊、卧室展示间、客厅及餐厅展示间组成。阅读研讨室主要用作举办讲座、研讨会、座谈会。有不为斋原是林语堂先生家的餐厅和客厅所在地，把餐桌椅搬到了会客厅，现已改作公众餐厅，林语堂手书“有不为斋”这四个大字挂在这里的墙上。餐桌椅都是林语堂先生自己设计的，椅背上都刻有甲骨文“凤”字。如今委托经营，开放为用餐品茗空间，名为“桌子咖啡”。这里的餐饮营业时间较展示参观时间延长 4 个小时，除周一休馆外“桌子咖啡”与露天览景雅座，每日上午 10 时至晚上 9 时开放，提供外界精致套餐、饮料与饮茶服务。“桌子咖啡”餐点价位经济实惠，然而经营团队对餐点的要求极为讲究，比如德式熏烤猪脚、无锡肉骨头和林语堂先生都有文化渊源；此外翡翠高丽菜卷，则是林夫人生前最爱的素菜。

（三）故居的活动策划

在林语堂故居四合院的左边，原来是车库，现在是一个阅读研讨室。书橱里的书有两千多册，大多是林语堂先生曾经使用过的，和在书房中的书一样，全部有编号标签，目录储存在电脑中，查找借阅很方便。这里经常举办林语堂先生的学术研讨会。每周五下午有讲座，既有阅读方面的，也有科普方面的。每周六，还有读原著学英语的活动，旨在“从阅读林先生的《京华烟云》开始，树立学习英语的正确观念，贴近林语堂的作品世界”。这里还供社会各界有偿使用，可召开会议或举办讲座等。比如推出的“有不为斋书院讲座”“邂逅作家下午茶”等文学活动，通过作品导读赏析，让民众深入了解林语堂的作品。

（四）故居的经营形式

林语堂故居能在运营中保证自给自足，并产生盈利。林语堂故居的参观门票为每人 30 元，团队票 25 元，并提供租借服务。比如阅读研讨室提供会议、座谈、聚餐、课程租借服务，每小时 500 元，开放空间租借针对商家广告摄影每小时 1 000 元、婚纱摄影每次 1 000 元，这种租借服务为林语堂故居带来大量收入。同时林语堂故居出售许多颇有创意的纪念品，有书包、拎包，有茶杯、咖啡杯，有 U 盘、光盘，有林先生爱喝的茶叶、爱吃的零食，还有林语堂款的眼镜框。当然少不了林语堂先生的作品，如先生所著《京华烟云》等 20 余种著作和林语堂次女林太乙的著作《林语堂传》等。

（五）故居的人员管理

配备一定数量的运营、管理人员需要较高的成本。林语堂故居则采用志愿者参与管理的方式。在一些工作难度较小的岗位比如答询服务、展区维护、现场解说等，林语堂故居采取了义工招募方式。同时，林语堂故居是台湾东吴大学学生“勤工俭学”的基地，每年都会有来自东吴大学的学生在这儿“勤工俭学”。志愿者参与管理的方式既保证故居正常运转，也在一定程度上让故居健康地发展。

四、启示与建议

（一）名人与名人故居文化的深度挖掘

名人故居是文化价值、科学价值、思想价值较高的人文资源，但不同的名人因所在的领域不同，所作贡献不同，具有明显的个性，在开发时应充分反映这方面的特点[1]。随着名人故居热的出现，大量资本涌入，由于缺乏对名人以及名人故居文化的深度挖掘，很多名人故居布局相似，同质化严重，名人故居面临的竞争形势愈加激烈。

林语堂故居则不同，故居完整保存了大师生前规划的一草一木、一桌一椅，处处体现原主人的生活智慧和人生哲学，无声地诉说着他的笔耕生涯。比如林语堂的书房铺着红色的地毯，摆着黑色的沙发，墙壁上是他与张大千、钱穆的合照，门口处就是他的写字台，桌面上放着笔、稿纸、文镇、放大镜、书籍和茶壶、茶杯，仿佛作家刚刚起身离去，书桌前还留着他的墨迹余香。一架他亲自设计的写字台，在台子的前面凹进去一块弧形，使他略显肥胖的身躯在写作的时候更加舒适一些。他认为，要写出好文字，首先姿势要舒服。他在书桌前的经典姿态是，脚踏着半开的抽屉，一手拿书，一手持烟斗，嚼着牛肉干、花生仁，品着热咖啡，身心都沉浸在无尽的乐趣中。游客通过书房的展示仿佛看到了林语堂生前的生活场景，参观完林语堂先生的书房再来到艺文讲座空间感受林语堂文学的魅力，餐饮区餐点的要求也极为讲究，大都与林语堂先生有渊源。这种对林语堂文化深度挖掘与契合的故居运营模式，给游客提供了难以忘怀的体验经历。

（二）以名人文化为核心的活动策划

对于游客而言，名人本身就具有较强的吸引力，其故居所承载的文化也具有较强的精神感召力，甚至不需要旅游产品规划者的精心设计，只需要原汁原味地保留名人故居的原始风貌就可以吸引大量游客的到

---

[1] 魏明：《浅谈名人故居的开发》，《重庆科技学院学报》2008年第9期。

来。简单的参观活动很难满足旅游市场多样化的需求，很多人有走近名人、拥抱名人文化的梦想，因此可以在名人故居内策划符合故居文化内涵的个性化的活动。林语堂故居就经常举办学术研讨会和讲座，此外，每年都会举办各类艺术活动，比如“花间雅集”“月下雅集”，把诗歌、书法、舞蹈与优美的环境相结合，实践林语堂的生活艺术，提升林语堂的影响力。

（三）与相关文化机构建立互动与联合

历史名人是宣传地方形象，展现地方特色的最好资源。“一个个文化名人就是一座座文化经济的宝矿，是一道道靓丽的风景线，是一张张认同度很高的与外界交流的名片。”[1]但仅仅只依靠名人故居的宣传，其影响力是有限的，故居应与相关文化机构建立互动与联合，借多方力量对名人故居进行运营推广。林语堂故居与台北市文化局、东吴大学建立互动与联合，在台北市文化局的支持下，由东吴大学运营管理，以纪念林语堂先生对于文学创作作出的贡献。为推广大家对于文学艺术的热情，在台北市文化局、东吴大学的指导下，由林语堂故居主办、POPO原创网协办林语堂文学奖征文比赛，且已经成功举办 12 届，在文学创作领域有着较高的地位，成为文学领域含金量较高的奖项。

（四）注重市民参与管理、游客参与体验

博物展馆需要工作人员按照科学的管理方法去管理，因此，工作人员建设是每个博物展馆事业中一个极重要的环节。是否拥有一支高素质的人才队伍，直接决定了博物展馆能否快速、健康地发展。对于盈利能力不强的名人故居而言，拥有一支专业的工作人员队伍就意味着需要较高支出，这无疑增加了名人故居的运营成本。如何在控制运营人工成本的同时又能拥有一支较为专业的工作人员队伍，是值得每个名人故居的运营团队思考的问题。林语堂故居采用了市民参与管理的方式，这不但节省了运营开支，还能更有效地促进林语堂故居的发展。参与林语堂故

---

［1］ 章玉钧：《开发文化名人资源铸造沫若文化品牌》，《郭沫若学刊》2003 年第 4 期。

居管理的市民有一种自豪感，他们是故居最好的传播者，而且说服力还很强。另外，市民作为大众的一分子，更能直接从游客的角度考虑需求，为游客提供更好的参观体验，让他们成为最好的传播者，吸引更多的游客来参观、体验。

（五）满足顾客需求，增加空间服务功能

名人故居空间的服务核心是满足游客的需求，而不只是展示。唯有游客的深度参与，才能使名人故居真正成为游客心目中有分量的公共文化空间。林语堂故居采取游客高度参与的运营模式，在呈现它的艺术化和生活化特色的同时，还结合展示参观、艺文讲座、餐饮休憩等需要增加多元化的空间功能及服务，满足了顾客的需求。

五、结语

名人故居实质上是一个城市、地区名人文化资源的载体，如何让文化资源变为文化资产，进而形成文化资本，是名人故居经营管理十分重要的理论脉络。本文希望通过对台北林语堂故居运营管理的分析和探讨，能为相关名人故居的经营管理单位提供有价值的思考。

（王波，南京大学博士后、南京中智文化创意研究院院长、研究员）

图书在版编目(CIP)数据

人物类博物馆与文化产业的互动发展:中国博物馆协会名人故居专业委员会 2019 年年会论文集/吴瑞虎主编.—上海:上海人民出版社,2020
ISBN 978-7-208-16596-0

Ⅰ.①人… Ⅱ.①吴… Ⅲ.①名人-故居-博物馆-工作-中国-文集 Ⅳ.①G269.263-53

中国版本图书馆 CIP 数据核字(2020)第 133987 号

责任编辑 刘华鱼
封面设计 王 蓓

人物类博物馆与文化产业的互动发展
——中国博物馆协会名人故居专业委员会 2019 年年会论文集
吴瑞虎 主编

出　　版 上海人民出版社
(200001 上海福建中路 193 号)
发　　行 上海人民出版社发行中心
印　　刷 上海商务联西印刷有限公司
开　　本 635×965 1/16
印　　张 31.75
插　　页 2
字　　数 447,000
版　　次 2020 年 8 月第 1 版
印　　次 2020 年 8 月第 1 次印刷
ISBN 978-7-208-16596-0/Z·228
定　　价 108.00 元